한반도 정치론

이론, 역사, 전망

※ 이 책은 2011년 정부재원으로 한국연구재단의 한국사회기반연구(SSK) 사업의 지원을 받아 수행된 연구임(NRF-2011-330-B00011).

한반도 정치론 이론, 역사, 전망

초판 1쇄 발행 2014년 6월 30일

지은이 ㅣ 정영철 손호철 신종대 전재호 서보혁 방인혁
펴낸이 ㅣ 윤관백
펴낸곳 ㅣ 도서출판 선인

등 록 ㅣ 제5-77호(1998.11.4)
주 소 ㅣ 서울시 마포구 마포대로 4다길 4(마포동 324-1) 곳마루 B/D 1층
전 화 ㅣ 02)718-6252/6257
팩 스 ㅣ 02)718-6253
E-mail ㅣ sunin72@chol.com
홈페이지 ㅣ suninbook.com

정가 26,000원

ISBN 978-89-5933-737-8 93300
ISBN 978-89-5933-736-1 (세트)

· 잘못된 책은 바꿔 드립니다.

한반도 정치론

이론, 역사, 전망

정영철 손호철 신종대 전재호 서보혁 방인혁

도서출판 선인

▌ 책머리에 ▌

　지난 3년 동안 한국연구재단의 지원을 받아 여러 선생님들과 함께 고민하고, 토론하면서 보낸 시간들이 이렇게 작은 결실을 맺게 되어 무척이나 기쁘고, 고맙기 그지없다. 각 연구자들의 개별적인 논문들이야 여기저기 학술지들에 실려 있지만, 이처럼 『한반도 정치론』의 이름으로 단행본을 출간하게 되어서 그 의미가 새롭게 다가온다. 지금까지는 남한 정치와 북한 정치가 별도로 존재해왔다. 그렇지만 한반도 정치는 단지 수사로만 존재했거나, 지리적인 의미로 혹은 정치적인 의미로만 사용되어 왔다. 분단 시대를 살면서 분단의 극복, 통일을 당위적으로 주장해왔지만, 이에 대한 제대로 된 정치학 혹은 사회과학적 인식의 틀은 부재했다고 할 수 있다. 이런 점에서 이 책의 출간은 한반도 정치학의 출발이라고 할 수 있을 것이다. 이 책의 출간을 계기로 더 나은 연구에 대한 소망과 한반도를 온전히 품어볼 수 있는 학문의 길에 대한 기대감도 커지게 된다.

　이 책이 나오기까지 많은 분들의 땀과 노고가 함께 했다. 먼저, 우리 연구팀의 어른으로서 아낌없는 조언과 말씀을 아끼지 않았던 손호철 선생님, 공동연구원이지만 연구 모임에 빠짐없이 참석하고 본인에게 맡겨진 모든 연구를 성실하게 책임져 주셨던 신종대 선생님, 뒤늦게 연구팀에 합류하였지만 자신의 전공 분야를 넘어 연구팀에 활력을 넣어주신 서보혁 선생님, 연구팀의 전임연구원으로서 일상적으로 함께 생활하면서 토론과 연구를 주도하셨던 전재호 선생님, 그리고 연구원 선생님들의 투정과 불만을 몸으로 묵묵히 다 받아주었던 우리의 믿음직한 연구보조원 선생님들인 박설아, 김대환, 여지훈, 임소라 등 모든 분들의 땀과 노고가 이 책에 스며들어 있다. 또 한 분 연구팀의 간담회나 토론 자리에 참석하셔도 실상 고문으로서의 간섭과 질책을 아끼지 않으셨던 류석진 선생님의 노고도 이 책의 곳곳에 묻어있다. 이 자리를 빌어 모든 분들께 다시 한 번 감사의 인사를 드린다.

그렇지만 이 책을 내놓으면서 가장 안타깝고, 지금도 내 휴대폰 어딘가에서 웃고 있는 모습으로 잠들어 있는 방인혁 박사님을 잊을 수가 없다. 누구보다 한반도 정치론의 필요성을 주장했고, 같이 거창한(?) 꿈을 꾸면서 이 연구 과제를 준비했던 3년 전의 일부터 시작하여, 순진한 나를 꼬드겨서 연구책임자라는 막중한 과제를 안겨주었던 그때의 일들이 새록새록 떠오른다. 이 책이 나오면 가장 먼저 서강캠퍼스의 양지바른 곳에 한 그루의 나무로 서 있는 그에게 가져다 놓으려고 한다. 아마 가장 기뻐하고, 한편으로는 그것밖에 못했느냐고 질책도 하실 것 같다.

방인혁 박사님께 이 책을 두 손 모아 드린다.

2014년 6월 20일
정 영 철

▌차 례 ▌

■ 책머리에   5

■ 서문 ┃ '분단정치학'을 넘어 '한반도정치론'을 향하여 ┃ 손호철   13

제1부 남북관계: 이론

▪ 시선과 경쟁: 남북관계, 시선의 정치학 ┃ 정영철

1. 들어가며   29

2. '강요된 시선'에 갇힌 남북한   31

3. 천당과 지옥   39

4. 엇갈린 시선   48

5. 나가며: 남북관계의 변화와 시선의 변천   58

▪ 한반도에서 평화와 통일의 변증법적 통합 ┃ 정영철

1. 들어가며   61

2. 한반도 통일운동의 역사와 평화·통일의 분기(分岐)   63

3. 주체의 변화와 '평화와 통일'의 변증법   73

4. 평화와 통일 그리고 민주주의   80

5. 나가며   89

■ '적대적 상호 의존관계론' 비판: 1972년 남한 유신헌법과
북한 사회주의헌법 제정을 중심으로 | 손호철·방인혁
1. 들어가며 93
2. 1972년 남한 유신헌법과 북한 사회주의헌법 제정 과정의 비교 97
3. 맺으며 116

제2부 남북관계: 역사

■ 유신체제 수립을 보는 북한과 미국의 시각과 대응 | 신종대
1. 머리말 123
2. 유신 선포 전후 남한의 대북 및 대미 접촉 125
3. 북한의 시각과 대응 132
4. 미국의 시각과 대응 143
5. 맺음말 153

■ 서울올림픽과 남북관계 | 신종대
1. 머리말 157
2. 서울올림픽 유치의 배경 161
3. 서울올림픽에 대한 북한의 시각과 대응 164
4. 남한의 입장과 대응 182
5. 올림픽 후 남한과 사회주의권의 수교 조짐과 남북관계 191
6. 맺음말 204

■ 민주화 이후 보수정부의 대북정책 연구

　: 노태우, 김영삼, 이명박 정부 ∣ 전재호

　1. 들어가는 말 　　　　　　　　　　　　　　　　　　　　　207

　2. 민주화 이후 보수정부의 대북정책 　　　　　　　　　　　210

　3. 나가는 말 　　　　　　　　　　　　　　　　　　　　　　238

■ 민주화 이후 진보정부의 대북정책 연구

　: 김대중·노무현 정부 ∣ 신종대

　1. 머리말 　　　　　　　　　　　　　　　　　　　　　　　241

　2. 대북정책과 국내정치: 연관과 함의 　　　　　　　　　　244

　3. 김대중·노무현 정부 대북정책의 국내정치와 그 전개 　　254

　4. 김대중·노무현 정부 대북정책의 반성과 교훈

　　: 대북정책과 국내정치의 조화와 균형 　　　　　　　　　263

　5. 맺음말 　　　　　　　　　　　　　　　　　　　　　　　272

■ 김일성 시대 북한의 대남인식 변화 연구 ∣ 방인혁

　1. 서론 　　　　　　　　　　　　　　　　　　　　　　　　275

　2. 김일성 시대와 김정일-김정은 시대: 북한의 대남인식의 환경적 차이 　277

　3. 김일성 시대 북한의 대남인식 변화 　　　　　　　　　　283

　4. 결론 　　　　　　　　　　　　　　　　　　　　　　　　301

■ 김정일 시대 북한의 대남인식 변화 연구 ∣ 정영철

　1. 서론 　　　　　　　　　　　　　　　　　　　　　　　　305

　2. 김정일의 남북관계 인식 　　　　　　　　　　　　　　　308

　3. 김정일의 대남정책 　　　　　　　　　　　　　　　　　319

　4. 김정일 시대 남북관계와 통일정책의 평가와 유산 　　　326

　5. 결론 　　　　　　　　　　　　　　　　　　　　　　　　333

제3부 남북관계: 전망

▪ 북한인권 논의 성찰과 코리아 인권 ｜ 서보혁

1. 북한인권문제의 부상 배경   339
2. 각개약진의 허약함과 그 원인   343
3. 변혁적 중도주의와 코리아 인권   349

▪ 보편주의 통일론과 인권·민주주의 친화형 남북관계의 탐색 ｜ 서보혁

1. 문제제기   355
2. 통일 논의의 추이와 특징   357
3. 보편주의 통일론의 필요성과 방향   366
4. 인권·민주주의 친화형 남북관계 구축   373
5. 맺음말   381

▪ 북한의 민주주의론: 내재적 접근법에 기초하여 ｜ 방인혁·손호철

1. 들어가며   383
2. 분석틀－내재적 접근법   387
3. 북한의 민주주의에 대한 인식과 목표   392
4. 북한의 민주주의 실현 기제   402
5. 북한 민주주의의 현황과 문제점 및 전망   408
6. 맺으며   415

■ 참고문헌   417
■ 논문 출처   445
■ 찾아보기   447

서문

'분단정치학'을 넘어 '한반도정치론'을 향하여

손호철

어느 나라나 정치학에서 가장 발달된 것은 당연히 자기나라의 정치에 대한 연구이다. 그러나 우리의 경우 분단과 오랜 군사독재의 영향으로 한국정치에 대한 연구는 오랫동안 기피의 대상이었다. 이는 정치학자들을 대상으로 실시한 설문조사에서 정치학에서 가장 낙후한 분야가 어느 분야인가라는 질문에 한국정치라고 답한 사람들이 가장 많았다는 사실이 잘 보여주고 있다 (김계수, 1987:209). 그러나 1980년 광주민중항쟁 이후 한국현대사에 대한 관심이 폭발적으로 터져 나오면서 한국정치에 대한 연구, 나아가 북한정치에 대한 연구도 양적, 질적으로 급성장했다(한국정치연구의 역사는 손호철, 2006: 98-130).

그러나 양적, 질적 도약에도 불구하고 한국정치 연구, 나아가 북한정치 연구는 근본적인 한계를 안고 있다. 그것은 한국정치 연구, 나아가 북한정치 연구가 남북한을 하나로 어우르는 '전반도' 내지 '전한반도'적 시각에서 바라보지 못하고 각각의 정치를 따로 분석하는 '분단정치학'을 벗어나지 못했다는 사실이다(손호철, 1999: 84-86). 한국정치 연구와 북한정치 연구가 현재와 같은 분단정치학을 넘어 전반도적인 시각을 가진 '한반도 정치학' 내지 '한반도 정치론'으로 나가야 하는 이유는 두 가지이다.

우선 규범적 이유이다. 긴 말이 필요 없이 민족적 숙원인 통일이라는 과제를 완성하기 위해서는 정치학도 남북한 정치를 하나로 아울러 파악하는 인식론적 전환을 통해 전반도적 시각을 갖춘 한반도 정치론으로 나가야 한다. 남북한 정치 연구가 전반도적 시각을 가져야 하는 이유는 통일이라는 규범적인 목표 때문만은 아니다. 또 다른 이유는 학문적 이유이다. 지난 70년간의 한국정치는 북한정치와 밀접히 연관되어 일종의 체스게임처럼 상호영향을 미치는 상호작용 속에 전개되어 왔다. 이는 북한정치도 마찬가지다. 이 같은 상호연관성에 주목하여 일각에서는 남북한 지배세력이 서로 대립하면서도 내면적으로는 서로 의존하고 있다는 적대적 상호의존론과 분단체제론을 제시하기도 한다(백낙청, 1992). 이에 동조하지 않더라도(손호철, 1995), 남북한 간의 깊은 상호작용을 부인할 수 없으며 이 같은 사실을 고려할 때 한국정치와 북한정치의 과학적 인식을 위해서는 이 같은 상호작용을 파악할 수 있는 전반도적인 시각과 한반도 정치론이 필수적이라는 사실을 부인할 수 없다.

사실 이 같은 전반도적 시각의 필요성은 상당히 오래전부터 제기되어 왔다. 그러나 이 같은 시각에 충실한 연구는 아직도 나오지 않고 있다. 일찍이 이 같은 시각을 실험적으로 실제 연구에 도입해본 선구적 연구의 경우도 그 역사적 의미에도 불구하고 실제 내용에 있어서는 한국정치 연구와 북한정치 연구를 한 권의 책에 병렬해 놓는 수준을 넘어서지 못했다(장을병 외, 1994). 이와 관련, 명확히 할 것은 한반도 정치론이 단순히 한국정치 연구와 북한정치 연구를 단순히 하나의 책에 병렬해 놓는 것이 결코 아니라는 사실이다. 한반도 정치론은 한국정치와 북한정치가 각각 상대방의 정치에 어떠한 영향을 미쳤는가를 동태적으로 추적하고 분석할 수 있어야 한다. 다시 말해, 북한정치 연구에서 남한변수의 역할을, 한국정치 연구에서 북한변수의 역할을 제대로 설명할 수 있어야 한다.

이 책은 이 같은 문제의식에 기초한 집단연구의 결과물이다. 한국정치 전문가와 북한정치 연구자가 분리되어 있는 우리의 현실에서 전반도적 시각에 기초한 한반도 정치연구란 두 분야의 전문가가 머리를 맞대고 서로의 지식을 공유하며 함께 문제를 풀어나가는 공동연구가 필요하다. 다행히 이 같은 문제의식에 기초한 공동연구가 한국연구재단의 SSK(한국사회과학연구지원) 과제로 선택됨에 따라 연구재단의 재정적 지원 아래 어려운 공동연구를 진행할 수 있었고 그 결과물을 묶어 이렇게 한 권의 책으로 만들었다. 이 책의 글들은 다양한 주제를 다루고 있지만 모두 전반도적인 시각에서 남북한 정치를 다루려고 노력했다는 공통점을 가지고 있다.

아직 별로 시도하지 않은 실험적 연구인데다가 자료의 제약 등으로 많은 문제점을 안고 있지만 앞으로 애정 있는 비판을 기대한다. 연구가 아직도 진행되고 있는 만큼 비판을 수용해 더 좋은 연구를 만들어내도록 노력할 것이다. 통일이라는 규범적 측면에서 이야기하자면 이 책의 필자들은 통일이 보편적 인권과 민주주의가 관철되고 확대되는 과정으로서의 통일이어야 한다는 공통의 문제의식에서 통일을 고민하고 있다.

이 책은 모두 3개의 부로 이루어져있다. 제1부는 남북관계를 이론적으로 조망한 글들로 구성되어 있다면, 제2부는 남북관계를 구체적으로 다룬 역사적 사례들로 구성되어 있다. 마지막으로 제3부는 남북관계의 전망을 인권과 민주주의라는 시각에서 다루고 있다.

제1부에는 정영철의 "시선과 경쟁: 남북관계, 시선의 정치학"과 정영철의 "한반도에서 평화와 통일의 변증법적 통합", 그리고 손호철과 방인혁의 "적대

적 상호의존관계론 비판"이라는 세편의 논문이 실려 있다.

정 교수의 "시선과 경쟁: 남북관계, 시선의 정치학"은 푸코의 포스트모더니즘에 기초한 '시선의 정치'라는 독특한 시각에서 남북관계를 분석한 매우 흥미로운 논문이다. 구체적으로 이 글은 시선은 권력이며 특정한 시대 특정한 사회는 지배적 이데올로기에 기초하여 지배적인 '보는 양식'(시각양식)을 만들어 왔다는 관점에서 남북한이 역사적으로 상대방에 대한 이미지를 어떻게 만들어내고 강요된 시선에 의해 어떻게 상대방을 바라보도록 만들어 왔는가를 추적해 보여주고 있다. 남북한은 분단과 전쟁을 거치면서 단순한 상대방의 바라봄을 넘어서 타자를 통해 자신의 정체성을 확인하고 만들어가는 시선의 탄생과정을 거치면서 자신은 천당이고 상대방은 지옥이라는 이분법적인 시선이 생겨났다. 이어 1960~70년대를 거치며 전후 경제부흥을 둘러싸고 경제력 경쟁을 중심으로 상대방을 규정하고 자신의 정체성을 확인하는 '발전의 시선'이 새로 생겨났다. 그리고 당시는 북한이 상대적인 경제적 우위에 기초해 공세를 펼쳤다면, 1980년대 들어 경제력의 수준이 역전되면서 '시선의 역전'이 나타났다.

뿐만 아니라 이 시선의 정치는 지배−피지배의 이중적 분리 속에서 상대방 주민들에 대해서는 상층부에 의해 고통받고 노예상태에 놓여있는 주민들에 호소하고 해방을 약속하는 '동정의 시선'과 '시혜의 시선'으로 나타났다. 그리고 이 같은 동정과 시혜의 시선이 1960년대의 경우 경제력의 우위를 점했던 북한이 남한 주민들에 대해 보여준 것이었다면, 90년대 이후는 경제력의 역전에 기초해 남한이 북한 주민에 대해 보여준 것이었다고 분석한다.

정영철의 "한반도에서 평화와 통일의 변증법적 통합"은 평화와 통일이라는 개념 간의 관계가 한반도에서 어떻게 변해왔는가를 추적하고 있다. 분단 초기 남북한은 공히 통일을 지상목표로 상정하고 나머지 것들은 이에 종속시킴으로써 무력에 의한 통일까지도 배제하지 않았다. 따라서 평화는 사실상 통일을 위한 수단 이상의 의미를 갖지 않았다. 그러나 시간이 지나면서 평화공존에 대한 암묵적 동의와 인정이 자라기 시작해 1970년대에는 '7·4 남북공동성명'이 잘 보여주듯이 평화통일이 하나의 원칙으로 자리 잡게 됐다. 즉 '모든 통일'로부터 '평화통일'로 변화가 생겨난 것이다.

그러나 현실적으로 단기간에 통일이 이루어지기 어렵다는 인식은 과도적인 평화공존을 인정하게 만들면서 통일과 평화를 분리시켜 사고하도록 만들기 시작했다. 특히 북핵문제의 대두에 따른 한반도의 불안정의 지속과 시민사회의 성장에 따른 평화에 대한 시민적 역량의 증가는 1990년대 들어 그전까지 통일에 종속되어 있던 평화의 문제를 독자적인 영역으로 자리 잡을 수 있게 만들었다. 나아가 2000년 최초의 남북정상회담은 남북한 간에 평화적 공존에 대한 암묵적 합의를 증대시킴으로써 역설적으로 평화와 통일이 분기되는 결정적인 계기가 되고 말았다.

하지만 평화가 평화 그 자체를 위한 것이 아니라 한반도에서 평화는 반(反)평화의 근원인 분단의 극복 즉, 통일을 통해서만 완성될 수 있다는 현실에 주목해야 한다. 그렇다면 결국 평화는 보편적 가치로서만이 아니라 통일이라는 한반도가치의 실현을 위해서도 요구되며 또한 이를 통해서만 완성될 수 있다. 다른 한편, 통일 역시 한반도적 특수성에 갇혀 있어서는 안되며 평화라는 보편적 가치를 통해 정당성을 확인받아야 한다. 따라서 평화와 통일은 개념적으로, 분석적으로는 분명히 구별되지만 어느 것이 우선인가라는 문제가 아니라 현실에서는 하나의 여정일 수밖에 없기 때문에 '평화를 위한 통일'과 '통일을 위한 평화'로 상호보완적이며 연대해 나갈 수밖에 없다는 것을 인식해야 한다. 뿐만 아니라 이 평화와 통일은 민주주의에 기반을 두어서만 이루어질 수 있으며 동시에 평화와 통일의 진전이 우리의 민주주의의 공고화를 가져다줄 수 있다고 정 교수는 주장하고 있다.

과거 냉전시대에 우리는 남북한관계를 적대적 대립관계로만 인식해왔다면 1990년대 들어 남북한관계를 새롭게 인식하려는 움직임이 생겨났다. 그중 대표적인 것이 백낙청의 분단체제론으로서 한반도의 모순은 많은 사람들이 생각하듯이 남북한 체제 간의 모순이 아니라 분단체제의 유지를 바라는 남 북한의 지배세력과 남북한 민중 간의 모순이라는 주장이다. 이런 시각에 따 르면 남북한의 지배세력은 서로 대립하는 것처럼 보이지만 사실은 공생하는 적대적 상호의존관계에 있다는 것이다. 손호철·방인혁의 "적대적 상호 의존 관계론 비판"은 이 같은 적대적 상호의존의 대표적인 사례로 흔히들 인용되 는 1972년 남한의 유신체제 성립과 북한의 사회주의헌법 제정을 실증적으로 분석함으로써 적대적 상호의존론의 타당성을 검증하려고 시도하고 있다.

물론 두 사건의 시기적 근접성, 남북한 간의 직접적인 교류에 의한 '7·4 남북공동성명' 발표 직후라는 시기적 민감성, 남북한에서 도입된 권위주의적 인 헌법적 내용의 유사성 등을 고려할 때 적대적 상호의존의 사례로 생각될 수 있는 심정적 추론이 존재하는 것은 부인할 수 없다. 그러나 이 같은 심정 적 추론에도 불구하고 두 나라의 대응은 상대의 존재와 위협을 빌미로 한 자 기체제 강화라는 마키아벨리적 권력정치의 산물이라기보다는 닉슨독트린의 발표와 미·중 간의 국교정상화 등 세계적인 데탕트 분위기에서 분단국가로 서 남북한이 의존해 있던 냉전체제의 붕괴라는 국제 상황의 급변에 대처하 기 위한 전략적 산물이 강하다고 할 수 있다. 또 국내적으로 볼 때도 남한은 차관경제가 위기에 처하고 다양한 저항이 일어나는 등 체제가 위기에 처해 있어 박정희의 장기집권을 위해 필요했던 정략적 선택이었다면, 북한은 정치 적으로도, 경제적으로도 가장 자신감을 가질만한 안정된 시기였고 사회적 분 열의 징후도 없었던 시기여서 전혀 상황이 달랐다. 따라서 유신체제의 성립 과 북한의 사회주의헌법 제정은 적대적 상호의존이라기보다는 적대적 경쟁 의 변종에 더 가까운 사례라고 보아야 한다고 이 논문은 주장하고 있다.

역사적 사례분석을 다룬 제2부는 신종대, "유신체제 수립을 보는 북한과 미국의 시각과 대응", 신종대, "서울올림픽과 남북관계", 전재호, "민주화 이후 보수정부의 대북정책연구: 노태우, 김영삼, 이명박 정부", 신종대, "민주화 이후 진보정부의 대북정책 연구: 김대중, 노무현 정부", 방인혁, "김일성 시대 북한의 대남인식 변화 연구", 정영철, "김정일 시대 북한의 대남인식 변화 연구"라는 6편의 논문으로 구성되어 있다.

신종대의 첫 논문은 손호철과 방인혁이 다루고 있는 유신체제의 수립을 다른 각도에서 다루고 있다. 이 논문은 유신체제 수립에 대한 미국과 북한의 인식과 대응을 최근 입수된 동구권의 자료와 기밀 해제된 미국의 비밀문서를 통해 실증적으로 분석하고 있다. 이 논문은 우선 동구권 외교문서를 분석해 박정희 정권이 유신 선포 전에 북한에 유신 선포를 사전에 알리고 반공에 기초한 현행헌법은 통일문제에 제대로 대응할 수 없기 때문에 유신헌법으로의 개헌이 필요하며 새 헌법은 평화적 대화를 포기하는 것이 아니라 오히려 강화하고 평화통일의 기초가 될 것이라고 설명했다는 새로운 사실을 밝혀냈다. 박정희 정권이 이같이 북한에 공을 들인 것은 북한이 유신 선포를 이유로 대화중단을 선언할까봐 걱정했기 때문이다. 북한도 유신에 대한 대남비난이 대화중단으로 이어질까 우려하여 대남비판을 자제했다. 유신체제의 성립과 북한의 주석제 신설 간의 소위 적대적 상호의존론에 대해서 김일성은 '남한과 북한이 경쟁적으로 헌법을 고친다고 생각할 수도 있으나 남한이 헌법을 고쳤기 때문에 북한도 헌법을 고치는 것이 아니라 오래전부터 새로운 사회주의 헌법을 준비 해왔다'고 반박했다. 반면에 박정희 정권은 국가비상사태 선포에 대해 미국의 양해를 얻는 데는 상대적으로 소홀히 했는데, 이는 북한은 유신에 대한 불만으로 남북대화를 중단할 가능성이 있었던 반면 미국은 대한방위조약을 약화시키거나 철회할 가능성이 거의 없다고 판단했기 때문이라고 신 교수는 주장하고 있다.

　신종대의 "서울올림픽과 남북관계"는 88 서울올림픽을 둘러싼 남북관계를 분석한 재미있는 논문이다. 서울올림픽은 1980년대 후반 세계적인 탈냉전기를 맞아 냉전기 동안 진행되어 온 체제경쟁이 남한의 승리로 귀결되고 있다는 것을 응축적으로 보여준 사건이자 이를 계기로 남한 정부가 사회주의 국가들과 수교를 하는 기반을 만듦으로써 체제경쟁만이 아니라 외교 경쟁에서도 북한이 패배했음을 보여 주었다. 이 같은 사실과 관련해 이 논문은 서울올림픽 개최에 대해 북한이 외교적으로 어떻게 대응했으며 그 같은 대응이 어떠한 결과를 가져왔는가를 상세하게 추적하고 있다. 구체적으로, 북한은 사회주의 국가들에게 서울올림픽 보이코트(boycott)를 설득했지만 성공을 거두지 못하고 올림픽의 공동개최안도 좌절되는 과정을 잘 그려주고 있다. 결국 고립된 북한은 1987년 말 KAL기 폭파라는 긴장조성행위를 선택하게 된다. 올림픽 개최 후 노태우 정권은 올림픽 개최를 기반으로 북한의 반대에도 불구하고 사회주의권 국가들과 수교를 하면서도 미국과 일본 등이 한국을 제쳐놓고 북한과 대화해서는 안 된다는 입장을 고수해 북한의 교차승인을 저지했다.

　결국 올림픽 개최의 성공과 이에 기초한 사회주의권과의 국교수립을 통해 남북한 체제경쟁에서 남한이 일방적인 승리를 거두고 북한의 교차승인시도가 좌절하는 바로 그 지점에서 북한은 극도의 고립상태와 생존위협을 타파하기 위해 핵무장이라는 카드를 선택하게 됐다고 볼 수 있다. 따라서 서울올림픽을 통해 사회주의권과 수교를 확대하고 이를 통해 북한을 개방시킨다는 북방정책의 전략은 성공하지 못하게 됐다. 신 교수는 만약 노태우 정권이 북한의 입장을 고려해 미국, 일본 등 국제사회를 설득해 북핵해결과 교차승인을 동시 구동하는 보다 정교한 전략을 추구했더라면 북핵문제와 남북관계의 현주소는 지금과 많이 달라졌을 것이라는 아쉬움을 표시하고 있다.

　전재호의 논문은 민주화 이후 존재했던 노태우, 김영삼, 이명박 정부라는

3개의 보수정권의 대북정책을 비교한 것이다. 노태우 정부는 냉전체제의 붕괴라는 국제환경의 변화에 힘입어 '남북기본합의서'라는 합의를 이끌어 내는 등 '민족 중심적' 시각을 견지하는 전향적 태도를 보여주었지만 대항세력의 통일운동을 억압하고 북한의 핵 개발 등에 제대로 대응하지 못했다. 김영삼 정부는 초기에는 '민족 중심적 시각'을 가지고 대북화해정책을 폈지만, 북한의 핵개발과 김일성의 죽음에 제대로 대응하지 못함으로써 권위주의시대의 '국가 중심적' 적대적 대북정책으로 회귀하고 말았다. 이명박 정부는 초기부터 김대중·노무현 정부의 대북화해정책을 반대하는 적대적 대북정책을 추구해 전임 대통령들이 구축했던 남북관계의 성과를 모두 무산시켰고, 북한의 핵, 미사일 개발 및 남북 간의 무력충돌 등이 발생함으로써 화해하기 어려운 적대관계를 고착시켰다. 이처럼 세 정권은 보수정권임에도 불구하고 대북인식과 정책에서 상당한 차이가 존재한다. 이는 개별 정부가 처했던 시대적 환경과 북한의 대응이라는 외부적인 요인에도 기인하지만, 지도자의 대북인식과 이에 따른 정책적 판단에 달렸다는 점에도 상당히 기인하고 있다고 전 교수는 주장하고 있다.

신종대의 "민주화 이후 진보정부의 대북정책 연구: 김대중, 노무현 정부"는 적극적인 대북화해정책을 편 김대중, 노무현 정부의 대북정책 추진과정에서 국내정치적 요인들이 어떠한 영향을 미쳤는가를 분석하고 있다. 김대중, 노무현 정부의 대북정책은 지기기반을 획기적으로 확산하지 못하고 남남갈등을 전면화시켰는데 이는 1) 국제수준에 머물러있던 탈냉전이 국내수준까지 진입한데다가 2) 냉전 반공주의에 기득권과 이념적 성향, 정서적 유착을 가진 냉전적 보수세력의 위기위식이 발동한 상황에서 3) 정부의 단기적인 업적주의와 지나친 대북 저자세, 대북정책 추진과 관련된 미숙한 정국운영과 관련되어 있다. 따라서 남남갈등을 극복하고 대북화해정책을 효과적으로 추진하기 위해서는 냉전적 보수세력과 대화하고 설득하려는 노력에 적극 나서야

하며, 절대선에 입각한 일방적 리더십을 지양하고 부분선에 기초한 상호인정
과 타협적 마인드를 갖추고 반대세력의 목소리를 수렴해 사회적 합의와 통
합을 만들어내는 통합의 리더십을 갖춰야 한다고 신 교수는 조언하고 있다.

방인혁의 "김일성 시대 북한의 대남인식 변화 연구"는 북한의 대남정책을
이해하기 위해서는 북한이 남한을 어떻게 인식하고 있었는가 하는 대남인식
을 파악하는 것이 필요하다는 문제의식에 기초해 김일성 시대에 북한의 대
남인식이 어떻게 변화했는가를 추적하고 있다. 북한의 대남인식은 국제환경
과 남북 간의 힘의 관계, 남한의 정치정세에 크게 의존하는 바, 김일성 집권
기 동안 국제환경은 전체적으로 고정적이었던 반면, 남북한 간의 힘의 관계
와 남한의 정치정세가 변화하는 것에 맞춰 민주기지론, 남조선지역혁명론,
고려민주연방공화국 창립방안론이라는 3단계로 변화하게 된다.

북한이 남한혁명의 기지라는 민주기지론은 남한이 미국의 식민지예속상
태를 벗어나지 못했다는 대남인식과 남한에 대한 경제력 우위 등 국력의 우
월감에 기초해 있었다. '4 · 19혁명'과 '5 · 16쿠테타'를 보면서 북한은 대남정책
을 민주기지론에서 남조선지역혁명론으로 변화시켰다. 즉, 일국일당주의 원
칙에 수정을 가해 남한에 독자적인 전위적 혁명당의 건설을 통한 남한혁명
역량의 강화를 주장한 것이다. 이는 김일성이 '4 · 19혁명'을 보고 남한 민중
이 더 이상 단순히 민주기지인 북한에 의해 구원받아야 할 수동적 존재가 아
니라 미국의 제국주의 지배에 저항할 만큼 성장하고 있다고 판단했기 때문
이다. 1980년 김일성은 남북한의 사상과 제도를 그대로 인정하고 통일로 가
자는 새로운 통일방안(고려민주연방공화국안)을 내놓는다. 이는 1970년대 중
후반을 기점으로 남북한의 경제적 우월관계가 역전되고, 남조선지역혁명론
의 핵심인 전위당 건설에 실패했으며, 유신체제의 붕괴에도 불구하고 신군부
가 집권한 정치적 조건을 고려한 것이었다. 마지막 조건과 관련해서는 북한
이 고려연방공화국 창립의 전제조건으로 민주정부 수립을 제시함으로써 남

한의 민주화에 무게를 실어준 것에 주목할 필요가 있다.

정영철은 "김정일 시대 북한의 대남인식 변화 연구"에서 김정일은 국제적 고립과 봉쇄라는 상황변화에 적응하기 위해 김일성 시대에 비해 크게 3가지의 대남인식 변화를 하게 됐다고 분석했다. 우선 남한은 보수반동의 지배에 시달리고 있는 불쌍한 인민이라는 냉전적 시각에서 벗어나 남한을 경제 회생과 체제유지를 위해서도 협력해야 할 대상이며 봉쇄의 돌파구이자 세계로 나아갈 수 있는 통로라는 인식이 생기게 됐다. 대남정책에 있어서도 두 차례의 남북정상회담과 북핵문제를 둘러싼 새로운 협상틀로 상징되는 실리주의적 대남정책으로 변화가 생겨났다. 즉 그동안 이야기해온 정치군사적 문제의 우선적 해결이라는 원칙을 유지하면서도 현실적으로는 정치군사적 문제해결을 뒤로 미루고 기능주의적 교류와 협력을 적극적으로 수용한 것이다. 또한, 한반도 문제의 국제화를 인정하고, 새롭게 형성된 국제질서 속에서 남북관계를 구축하겠다는 현실주의적 사고를 보여주었다. 이는 북한이 지속적으로 주장했던 '자주'의 원칙이 원칙으로서는 여전히 유효하지만, 현실에 맞게 국제적 협력을 수용할 수밖에 없게 되었음을 의미한다. 바로 이러한 인식의 전환이 '서울-평양-워싱턴'으로 이어지는 새로운 삼각관계의 형성, 남한 당국자들과의 대화를 중시하는 상층통일전선의 강조로 나타나고 있는 것이다. 그리고 이러한 김정일 시대 대남인식과 정책은 오늘날 김정은에게서도 큰 틀의 변화없이 지속되고 있다고 분석하고 있다.

인권과 민주주의를 다룬 제3부는 서보혁, "북한인권 논의 성찰과 코리아 인권", 서보혁, "보편주의 통일론과 인권·민주주의 친화형 남북관계의 탐색", 방인혁과 손호철, "북한의 민주주의론: 내재적 접근법에 기초하여"로 구성되어 있다. 우선, 서보혁의 첫 글은 북한인권이 최근 들어 중요한 사회적 의제로 부상한 배경을 검토한 뒤 북한인권에 대한 진보진영의 입장을 1) 북한인

권문제를 통일의 하위문제로 보고 이를 비판하는 것을 반통일적인 것으로
보는 민족주의 시각, 2) 북한인권도 다른 나라와 마찬가지로 보편적 잣대로
판단해야 한다는 보편주의 시각, 3) 중도적 시각에서 전략적으로 접근하는
실용주의적 입장으로 분류해 비판적으로 평가한다. 서 교수는 대안적으로
"남북한이 국제인권원리와 상호존중의 정신 아래 인권개선을 위해 협력해 나
가는 과정으로서의 코리아 인권"을 제시하는 한편 북한인권은 인류 보편가치
를 한반도에 구현하는 노력의 일환으로 북한사람들의 인권 상황의 개선방안
등과 관련된 문제이며, 이의 원인과 해결은 북한체제는 물론 분단체제, 국제
정치질서와 관련이 있고, 북한인권 개선노력이 효과 있으려면 남북 간 협력
을 증진하고 분단체제를 극복하는데 힘써야 한다는 등 5가지 테제를 제시하
고 있다.

　서보혁의 두 번째 글은 기존 통일론을 비판적으로 검토한 뒤 대안적으로
'보편주의 통일론'을 제시한다. 기존의 통일논의는 민족주의 통일론, 국가민
족주의 통일론, 하이브리드 통일론으로 분류할 수 있는 바, 이들은 보편성이
부족하고 포용성도 미흡하며 정책정향과 정책 수단 간에 일관성이 결여되어
있다고 평가한다. 따라서 대안적으로 민주주의, 인권, 평화와 같은 인류 보편
적 가치를 한반도 전역에 달성하는 보편주의 통일을 제시한다. 통일정책은
대내적 지지, 대외협력, 북한선도의 세차원이 개입되는 바, 대내적으로는 민
주주의를 공고화하고 대외적으로는 보편가치 구현을 대외정책 목표로 삼으
며 남북관계에서도 보편주의 통일을 정립해야 한다. 특히 이를 위해 남북관
계 역시 남북협력과 국제협력, 정부차원과 비정부차원을 통해 북한의 인권과
민주주의 증진 역량강화에 초점을 맞춰서 인권·민주주의 친화형으로 나가
도록 노력해야 한다고 서 교수는 주장하고 있다.

　방인혁·손호철의 글은 북한의 민주주의를 '북한이 스스로 민주주의란 이
런 것'이라고 주장하는 자신들의 기준에 의해 평가해보는 내재적 접근에 의

해 분석한 특이한 논문이다. 절차적 민주주의를 민주주의로 이해하는 주류사회과학의 입장에서는 이해가 되지 않지만, 북한은 민주주의를 '인민의 지배'와 '인민을 위한 정치'로 규정하고 민주주의의 적인 관료주의 청산을 목표로 수령제 등을 강조한다. 그러나 이 같은 기준을 민주주의의 척도로 사용하여 내재적 방식으로 북한을 평가하더라도 수령제는 객관적인 절차의 부재로 인해 최소한의 절차적 민주주의도 부정해버릴 위험성을 갖고 있는 등 문제가 많다. 또 '인민의 지배'와 '인민을 위한 정치'라는 측면에서 북한의 성과를 평가해보더라도 경제의 파탄과 아사자들의 속출 등 북한정권이 스스로 자임하는 인민의 호주로서의 역할을 제대로 수행하지 못했다.

* * * * *

이 책이 있기까지는 여러 사람들의 노력이 있었다. 우선 이 책에 실린 논문들을 위한 연구를 지원해준 한국연구재단에 감사드린다. 서강대학교 박사과정의 박설아·김대환 조교, 석사과정의 여지훈·임소라 등 이번 연구를 행정적으로 도와준 지원팀에 감사를 표하고 싶다. 실질적인 공동연구를 위해 시도 때도 없이 모여야 하는 등 여러 어려움에도 묵묵히 좋은 글들을 만들어준 연구진들, 특히 연구책임자로서 모든 것을 총괄하느라고 많은 노력을 기울인 정영철 교수의 노고가 없었다면 이 책은 불가능했을 것이다.

정 교수와 함께 이 책을 가능하게 한 또 다른 산파가 있다. 그것은 이 책의 저자 중의 한 명인 방인혁 박사이다. 어느 누구보다도 민족을 사랑했고 통일을 위해 고민을 해온 방 박사는 사실상 이 연구의 기획자이자 연구과정에 부딪친 어려움을 가장 헌신적으로 솔선수범해 풀어나간 살림꾼이었다. 그러나 이 같은 연구과정에서 과로로 쓰러져 이 책을, 그리고 그토록 그리던 통일을 보지 못하고 너무도 일찍 어이없게 세상을 떠나고 말았다. 이 점에서 이 책은 방인혁 박사의 유작(遺作)이라고 해도 과언이 아니다. 따라서 이 책의 모든 필자들, 그리고 이 연구에 함께 한 조교 등 모두의 마음을 함께 모아 이 작은 책을 방인혁 박사에게 바친다.

방박사, 잘 가게.

제1부

한반도정치론

이 론

역 사

전 망

시선과 경쟁
남북관계, 시선의 정치학

정영철

1. 들어가며

작가들은 조국통일을 위하여 피를 흘리며 싸우고 있는 남조선인민들의 투쟁모습을 보여주는 작품과 공화국북반부는 〈천당〉이고 남반부는 〈지옥〉이라는 것을 실감있게 보여주는 작품을 써야 합니다.[1]

우리 자유대한이 농토를 기름지게 하고, 공장을 세우면서 평화롭고 복된 생활의 터전을 가꾸고 있을 때, 북한 공산집단은 불행하게도 총을 만들고 박격포를 만들면서 북한 천지를 살벌한 병영으로 만드는데 혈안이 되었으며, 김일성 괴수는 피비린내나는 숙청을 거듭하여 그를 우상으로 숭배하도록 강요하고, 극렬한 공산독재 체제를 굳혀 북한 땅을 자유와 희망이 없는 암흑과 공포의 생지옥으로 만들었습니다.[2]

---

[1] 김일성, 1980c, 「현실을 반영한 문학예술작품을 많이 창작하자(문학예술부문지도일군들과 한 담화, 1956.12.25.)」, 『김일성 저작집 10』, 평양: 조선로동당출판사, pp. 457~458.
[2] 박정희, 1972, 「북한 동포에게 보내는 메시지(1972.1.1.)」, 대통령기록관(http://www.pa.go.kr, 검색일: 2011년 12월 1일).

분단 이후, 남북한은 상대방을 지옥으로 묘사하는 데 주저하지 않았다. 그리고 상대방이 〈지옥〉인 것만큼 자신은 〈천당〉이요 〈정의〉였다. 앞의 두 글은 김일성과 박정희가 상대방을 규정한 발언의 일부이다. 〈천당〉과 〈지옥〉이라는 극명하게 대비되는 비유를 통해 나와 남을 비교하는 것은 곧 이미지를 통한 자기 정당성의 추구와 연결된다. 상대방을 어떻게 규정할 것인가의 문제는 곧 나를 규정하는 것과 동일하였고, 그러한 방식을 통해 상대방에 대한 '강요된 시선'을 만들어왔다.

일반적으로 시선은 권력이자 동시에 헤게모니의 응집이라 할 수 있다. 즉, 시선은 세계관의 계기이자, 현실 인식의 통로이며, 가치판단의 문제와 중첩되어 있는 것이다.[3] 이런 점에서 남북한은 상대방에 대한 이미지를 만들어내고, 강요된 시선을 통해 상대방을 바라보도록 해왔다. 그러나 상대방을 바라보지만, 그 대상은 곧 울타리 내의 사람들이었다. 그리고 이는 곧 '통치'의 문제였다. 즉, 상대방을 '적'으로 규정하고, 그럼으로써 자신들의 통치를 정당화했던 것이다. 이는 상대방에 대한 부정을 통해 자신을 긍정하는 이분법적 세계관의 강요였다. 그리고 이를 위해서는 어떠한 '시선'을 만들어내는가가 중요했다. 이는 시선이 곧 사회역사적인 것이자, 동시에 지배의 문제였기 때문이다.[4] 이를 주은우는 다음과 같이 표현한다. "특정한 시대 특정한 사회의 지배적인 당연시된 '보는 방식'은 그 시대 그 사회의 지배적인 이데올로기와 내밀한 관계를 갖는다. 그리고 이데올로기가 특정한 방식으로 개인을 주체로 호명하듯이, 보는 방식 역시 특정한 방식으로 주체를 구성한다."[5] 이를 남북

3) 김희봉, 2010, 「시선의 미학: 시선에 관한 현상학적 반성」, 『철학연구』 89집, 고려대학교 철학연구소, p. 40.
4) 서곡숙, 2007, 「북한영화에서 드러나는 인물들의 시선, 감시, 권력: 〈우리 누이집 문제〉, 〈우리 처갓집 문제〉, 〈우리 삼촌집 문제〉, 〈우리는 모두 한 가족〉을 중심으로」, 『문학과 영상』 8권 3호, 문학과 영상학회, p. 135.
5) 주은우, 2003, 『시각과 현대성』, 서울: 한나래, p. 21.

한의 경우에 대입한다면 어떨까? 남북한 모두 특정한 '보는 방식'을 만들어왔고, 이를 통해 자신들을 구성해왔다고 할 수 있을 것이다. 이처럼 '보는 방식'과 '보여지는 방식'에 따른 남북한관계는 '시선의 정치'였다고 볼 수 있다. 이 글은 바로 남북한의 분단 이후의 역사적인 '시선의 정치'를 추적하는 데 있다. 그리고 이는 상대방에 대한 '보는 방식'을 넘어서 오히려 내부의 통치와 직결되는 문제로 제기된다.

2. '강요된 시선'에 갇힌 남북한

가. 분단의 시선과 이중성

남북한은 분단 이후, 단 한 번도 서로의 존재를 무시할 수 없었다. 상대방에 대한 공포와 적대감에 기반하여 언제든지 특정한 '내부자'를 끌어들여, 자신의 정당성을 증명해주는 타자로 내세웠다. 그리고 이 과정은 곧 상대방을 나와 '다른' 존재가 아닌 '틀린' 존재로 부각시키고, 거울을 통해 자신을 바라보듯 상대방을 통해 나를 바라보는 '타자'화의 과정이었다. 때로는 열등감을 숨기기 위해, 때로는 우월감을 드러내기 위해 상대방을 적절히 활용하기도 하였다. 곧 끊임없는 감시의 과정이었던 것이다. 특히, 한국전쟁의 경험은 서로에 대한 이미지를 강화하고, 끊임없는 '기억의 재생산'을 통해 통치의 정당성을 추구할 수 있는 가장 큰 상처였다. 즉, '현존하는 이미지를 더욱 강화하고, 전반적인 안보 국가 만들기를 서둘게' 한 가장 큰 역사적 사건이었던 것이다.[6] 결국 분단과 전쟁의 경험은 남북한 모두에게 '이미지'의 정치와 상대

6) Robin, Ron, 2001, *The Making of the Cold War Enemy*, Princeton and Oxford: Princeton University Press, p. 9.

방에 대한 '강요된 시선'을 만들어낸 가장 큰 요인이었다. 그리고 이는 곧 상대방에 대한 끊임없는 감시이자 동시에 각각의 주민들에 대한 '감시와 처벌'의 체제를 형성하도록 하였다.

시선은 '바라봄'의 의미로 그치는 것이 아니라, 감시를 통한 지배의 정당화이자 사회역사적인 이데올로기의 반영이다. 그리고 이러한 시선의 정당성을 위한 여러 가지 담론이 '생산-유통-소비'됨으로써 사회적인 구조로 고착화되게 된다. 남북한은 분단과 동시에 이러한 구조적 질서를 만들어왔으며, 이런 점에서 상호 동형의 구조를 갖추게 되었다. 남북한이 서로를 인식하는 질서로서의 담론과 이미지, 그리고 바라봄의 구조는 〈천당〉과 〈지옥〉, 해방과 구원, 발전과 경쟁이라는 여러 가지 중첩된 담론들 위에 얹어진 것이었다. 지금까지 상대방에 대해 퍼부었던 '괴뢰', '역도', '반동'의 수사가 상대방에 대한 극단적 적개심의 표현이었다면, 정치적 담론으로 제시된 것은 '천당', '발전', '해방'의 구호였다. 이는 곧 자신감, 체제 우월성, 식민지로부터의 해방의 역사적 책무를 표현하는 것이었고, 민족 정통성과 체제 정당성의 표현이었다.[7] 따라서 이러한 시선의 부딪힘, 그리고 담론의 충돌은 결국 '민족'과 '체제'의 문제로 수렴되며, 이를 둘러싼 끊임없는 갈등과 대립의 역사가 곧 분단의 역사였다. 1990년대 이후, 이러한 '시선의 정치'에 일정한 변화가 찾아왔지만, 분단의 근본문제를 극복하지 못한 결과 언제든지 뒤로 후퇴할 수 있는 것이 또한 현실이다.

다만, 이러한 '시선의 정치'는 그 대상이 남북한 주민들임에도 불구하고, 시선이 직접 겨냥하는 대상은 남북한의 상층부라는 점에서 '지배-피지배'의 이중적 분리가 드러나고 있다. 실제 김일성 및 김정일 그리고 남한의 역대

---

[7] 남북한의 체제 정당성의 경쟁은 서로의 상징의 비교를 통해 잘 드러난다. 상징 대립은 곧 체제 정당성의 응축된 대립을 표현했고, 여기에는 '민족'과 '체제'의 정당성이 내포되어 있었다. 남북한 대립상징의 체계에 대해서는 정영철, 2007, 「남북한 대립상징의 구조와 변화」, 『북한연구학회보』 11권 1호, 북한연구학회, pp. 1~23.

대통령의 상대방에 대한 규정은 그 상층부에 의해 고통받는 주민들의 해방, 노예 상태에 처해있는 상대방 주민들에 대한 호소로 이어지고 있다.[8] 이런 점에서 분단의 시선은 곧 '분리된 시선'이었다. 그리고 이러한 모습은 후일 상대방 주민들에 대한 '동정의 시선'으로 표현된다. 1960년대까지 앞선 경제력에 기반하여 북한이 남한 주민들에 대해 '동정'과 '시혜'의 태도를 보였다면, 1990년대 이후는 남한이 북한의 주민들에 대해 '동정'과 '시혜'의 태도를 보이고 있다. 결국 남북한은 상층부에 대해서는 '적대감과 소멸의 대상'으로서의 태도를 취했다면, 주민들에 대해서는 '동정과 해방의 대상'으로서의 태도를 보였던 것이다. 그리고 이러한 '시선의 역사'가 있었기에, 1990년대 이후 남한에서 광범위하게 벌어진 '북한돕기운동'이 상대방에 대한 우월감에 기반하여 대중적으로 펼쳐질 수 있었던 것이다.[9]

아무튼, 남북한 '시선의 충돌'은 상대방에 대한 타자화가 궁극적으로는 내부 정치의 강력한 통제기제가 되면서, '바라봄'을 넘어 '바라보게 만드는 것'이었다는 점에서 이를 '강요된 시선'이라 이를 수 있을 것이다. 그리고 남북한의 주민들은 바로 이러한 '강요된 시선'의 틀에서 상대방을 바라보도록 강제되었고, 이는 사회화와 재사회화를 거치면서 어느덧 '진실의 시선'으로 고정되었다.[10] 분단 60년의 시간은 이러한 '고정된 틀' 속에서 새로운 시선을 확립해가는 과정이었고, 여전히 그 과정에 있다. 따라서 남북한관계는 정치·군사적 측면에서의 구조적 관계가 한편으로 존재한다면, 다른 한편으로

---

8) 이런 점에서 남북한 모두 '해방의 시선'을 한편으로 하지만, 다른 한편으로는 적대적인 상대방에 대한 '응징의 시선'을 모두 갖추고 있다고 볼 수 있다.

9) 물론, 이러한 모습은 한편으로는 상대방에 대한 오리엔탈리즘적 시각이 내재되어 있다. 이에 대해서는 구갑우, 2003, 「북한 인식의 정치적 회로: 국제관계학의 오리엔탈리즘 비판」, 『정치비평』 Vol. 10, 한국정치연구회, pp. 290~310.

10) 이를 법·제도적으로 뒷받침한 가장 강력한 규율장치는 바로 국가보안법이다. 국가보안법은 위로부터의 '시선'에 대한 수용만을 강제하였다. 이로부터의 일탈은 곧 처벌을 의미하였다.

는 이러한 정치 · 군사적 분단을 뒷받침하는 '담론과 시선'의 분단관계가 존재한다.

나. 남북한 시선의 교차와 담론의 생산

시선은 관계의 속성을 갖는다. 즉, 순수한 시선은 존재하지 않으며, '지식과 믿음에 의해 매개되며 타자들과의 관계 속에서 이루어지는 사회적이고 역사적인 것'[11]이 바로 시선이다. 따라서 시선은 항상 권력과 헤게모니와 관련된다. 벤담의 판옵티콘의 예에서 보이듯이, 푸코는 시각이 가지는 억압적이고 독재적인 본성, 그리고 폭력의 문제를 지적하였다.[12] 문제는 누가 '보는 자'이고, 누가 '보여지는 자' 인가이다. 이런 점에서 근대적 시선은 '한 사람이 만인을 보는 것'으로 변화하였고,[13] 이는 곧 감시와 처벌의 기제로 작동하였다. 즉, 바라보는 자가 시선이라면, 이는 곧 권력인 것이다. 남북관계에서 서로가 서로를 향해 바라보고, 또한 각자는 모두 바라보여지는 대상이 되기도 한다. 권력의 행사이자 곧 권력의 대상이 되는 것이다. 문제는 이러한 관계에서 바라보는 권력은 직접적으로 각자의 주민들을 또한 대상으로 한다는 점이다. 그것은 앞서 말한 '강요된 시선' 속에는 심각한 불균형이 내포되어 있기 때문이다. '적'으로 규정된 대상에 대한 정보의 독점—'적'에 대한 정보는 결코 '나'에 대해서는 말해주지 않는다[14]—을 통해 지배자의 시선을 주민

---

11) 김희봉, 2010, 「시선의 미학: 시선에 관한 현상학적 반성」, 『철학연구』 89집, 고려대학교 철학연구소, p. 61.
12) 서곡숙, 2007, 「북한영화에서 드러나는 인물들의 시선, 감시, 권력: 〈우리 누이집 문제〉, 〈우리 처갓집 문제〉, 〈우리 삼촌집 문제〉, 〈우리는 모두 한 가족〉을 중심으로」, 『문학과 영상』 8권 3호, 문학과 영상학회, p. 132.
13) 박정자, 2008, 『시선은 권력이다』, 서울: 기파랑, p. 8.
14) Horn, Eva, 2003, "Knowing the Enemy: The Epistemology of Secret Intelligence," *Grey Room* 70-11, pp. 61~67.

들에게 강요해왔다.

시선은 하나의 '시각양식'을 만들어낸다. 즉, 역사적, 문화적으로 형성된 개인들의 시각을 규정하는 사회적인 '보는 방식'을 만들어내게 된다.[15] 그리고 이러한 특정한 '시각양식'이 지배력을 행사하게 된다. '보는 방식' 역시 사회적이고 역사적이며, 이 안에는 지배와 종속의 관계가 내재되어 있다는 의미이다.

푸코가『감시와 처벌』을 통해 시각의 지배와 종속, 권력의 미시적인 작동 방식을 '바라봄'을 통해 밝혀낸 것에서 알 수 있듯이, 모든 사회적 관계에서 시선은 이미지를 만들어내고, 그러한 이미지를 과학으로 포장하는 지식이 작동한다. 남북관계에서도 이러한 미시적 권력의 작동은 끊임없이 일어나고 있다. 즉, 상대방에 대한 이미지를 만들어내고, 특정한 보는 방식을 강요하며, 이를 과학적이고 유일하게 올바른 것으로 규정하는 지식이 생산되고 사회적으로 확산되어 왔던 것이다. 그리고 이는 지금까지 남북한 사회를 지배해왔던 '반공주의'와 '반미주의' 혹은 '혁명주의'의 이름으로 정당화되었다. 물론, 이러한 시선의 정치학은 권력자와 그 아래에서 신음하는 주민들을 분리하고 있다는 의미에서 이중적이다. 그럼에도 불구하고 지배자의 시선이 한 사회를 규정하고 있다는 의미에서는 포괄적이다. 이러한 포괄성과 이중성이 남북한 시선의 공통된 특징이라 하겠다. 이러한 틀을 남북관계의 역사에 적용하면 다음과 같은 분석의 틀이 가능할 것이다.

---

15) 주은우, 2003,『시각과 현대성』, 서울: 한나래, p. 23.

〈그림 1〉 남북한관계와 시선의 정치

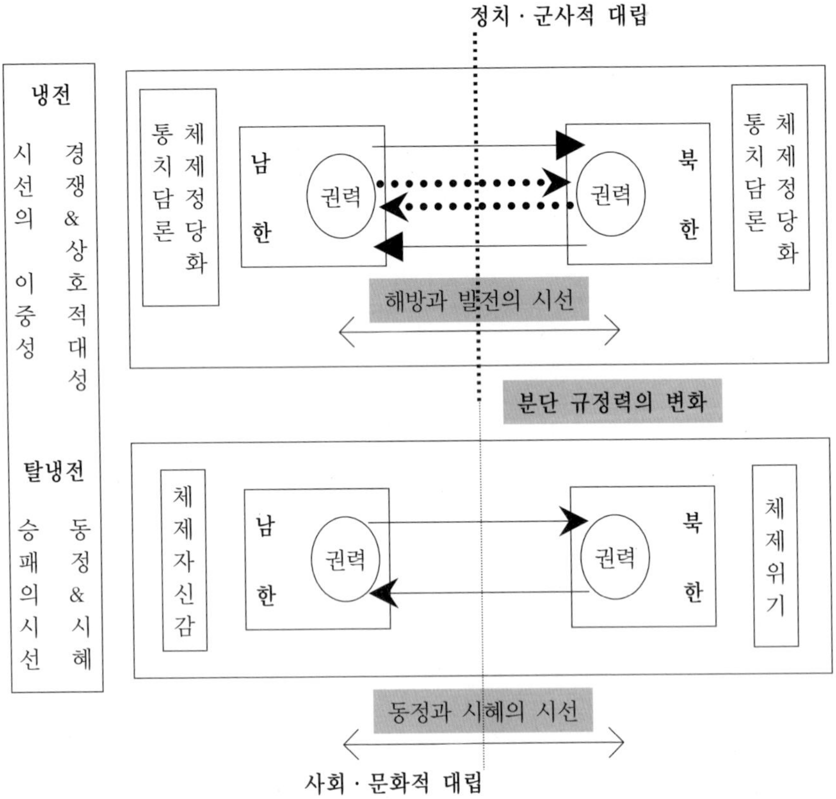

위의 그림은 냉전과 탈냉전의 남북한 시선의 변천을 나타낸 것이다. 분단의 규정력은 여전히 지금까지 지속되고 있고, 권력과 주민에 대한 시선의 이중성, 그리고 힘관계에 따른 시선의 위치가 변하고 있음을 나타낸 것이다. 또한, 상대방에 대한 시선의 이면에는 통치담론의 생산과 체제 정당화를 위한 전략이 숨어 있음을 드러내었다. 이러한 분석의 틀에 따라 지금까지의 남북한 '시선의 변화'를 추적할 것이다.

한편, 이러한 시선의 변화에는 담론의 생산과 유통, 그리고 소비 그리고

재생산의 구조가 놓여있다. 상대방에 대한 지식이 탄생하고, 이것이 과학의
이름으로 정당화되는 과정은 곧 담론이 사회적인 정당성을 획득하는 과정이
기도 하였다.16) 남북한이 지식과 과학의 이름으로 담론을 생산-재생산하는
과정은 다음과 같은 흐름도를 보인다고 할 수 있다.

〈그림 2〉 남북한 사회적 담론의 형성과 생산 과정 비교

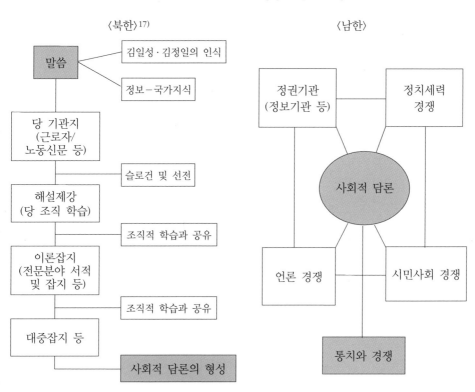

* 위의 그림은 북한과 남한의 담론 형성 과정을 단순화하여 도식화한 것이다. 북한

16) 이런 점에서 '정보'가 포괄적인 과학지식—국가지식—이 된다는 분석은 매우 유용하다.
 이에 대해서는 Horn, Eva, 2003, "Knowing the Enemy: The Epistemology of Secret
 Intelligence," *Grey Room* 70-11.
17) 조은성, 2008, 「김일성과 김정일 '말씀'의 사회통합적 기능: 1990-2000」, 북한대학원대학
 교 석사학위논문, p. 39의 그림에 기초하여, 수정·보완한 것임.

의 경우는 김일성·김정일의 교시로부터 출발한 담론의 형성과 재생산의 과정을
단순화한 것이고, 남한의 경우는 각각의 사회세력 간의 관계 속에서 형성되는 담
론의 형성을 단순화한 것이다.

위의 그림에 따르면, 북한은 사회적 담론의 형성이 수직적인데 비해, 남한
의 그것은 경쟁적이다. 물론, 남한에서도 북한에 대한 사회적 담론의 형성에
는 정보를 가진 권력과 일부 언론의 영향력이 크게 작용하는 수직적 모습을
보였었다. 그러나 현재의 모습은 대체적으로 경쟁적인 모습을 보이고 있
다.[18] 이러한 경쟁적 구조는 민주화 이후의 시기에 더욱 강화되었고, 정보의
독점 역시 일부분 완화되고 있다. 그럼에도 불구하고 여전히 북한문제는 '안
보'와 연관되어 정권과 일부 언론의 영향력이 담론의 형성에 가장 큰 영향을
미치고 있다고 볼 수 있다. 이에 반해 북한의 담론 형성은 수직적이고, 계획
적이며 의도적인 성격을 띠고 있다. 이는 북한체제의 성격에서 비롯된 것으
로 당을 중심으로 한 사상적, 정치적 통제의 결과라고 보아야 할 것이다. 특
히, 북한은 당을 넘어 '수령' 혹은 '영도자'의 역할이 대단히 중요하며, 이들의
'교시', '말씀' 등이 담론의 형성에 큰 영향을 미치고 있다.[19]

위의 그림에 나타난 담론의 형성 모습은 상대방에 대한 '시선' 이외에 상대
방을 타자화시키고, '내부의 정치'를 실행하는 데서 남북한이 상이한 모습을
띨 수밖에 없음을 암시한다. 북한의 경우 일원적인 '담론-통치'가 가능한 반
면, 남한은 '북한 담론의 형성'-'내부 갈등'-'정치적 경쟁' 등의 복잡한 구조
를 형성하게 된다는 점이다. 즉, 오늘날에 와서 '북한에 대한 시선'이 곧바로
내부의 정치적 자원으로 활용되지 않을 수도 있음을 의미한다. 북한에 대한

---

[18] 이러한 사회적 담론 형성의 경쟁적 구조는 북한을 둘러싼 소위 '남남갈등'의 구조를 설
  명하는 데 유용하다. 즉, 북한을 둘러싸고 경쟁하는 두 세력이 담론의 우위를 차지하기
  위한 갈등으로 '남남갈등'을 설명할 수 있을 것이다.
[19] 이에 대해서는 조은성, 2008, 「김일성과 김정일 '말씀'의 사회통합적 기능: 1990-2000」, 북
  한대학원대학교 석사학위논문을 참조할 것.

우월적 시각만으로 권력의 정당성이 더 이상 확보되지 않는다는 것이다.

아무튼, 남북한은 역사적으로 서로에 대한 '시선'을 정당화하는 '담론'을 만들어왔고, 이를 내부 정치에 활용하였고, 체제의 정당화와 연결시켰다. 오늘날 이러한 구조에 변화가 있지만, 여전히 그러한 구조적 동학은 유지되고 있다. 분단이 지금처럼 유지되고 있는 상황에서 이러한 구조는 쉽게 바뀌지 않을 것이다.

3. 천당과 지옥

가. 시선의 탄생: 이분법적 세계관의 탄생

분단과 전쟁은 남북한 모두에게 적대감과 동시에 상대방에 대한 공포감을 만들어내었다. 시선이 단순한 눈길의 마주침이 아니라 상대방에 대한 냉혹한 평가라고 한다면,[20] 남북한은 서로에 대한 바라봄을 통해 적에 대한 이미지를 만들어내고, 끊임없이 이를 울타리 내의 국민들에게 주입하고자 하였다. 특히, 상대방에 대한 시선은 분단의 초기부터 형성되었다. 일명 남북한의 서로에 대한 '시선의 탄생'이었다. 그리고 이러한 시선은 단지 바라봄이 아니라 상대방에 대한 자신의 정체성을 확인하고, 만들어가는 과정이었다. 이로부터 상대방은 '악'이고 나는 '선'이며, 상대방은 '지옥'이고 나는 '천당'이라는 단순한 이분법적 세계관이 만들어지고, 끊임없이 이를 확인하고 재생산하게 되었다. 타자에 대한 시선이 야만 혹은 시혜와 동정의 대상이 된다는 제국주의적 논리에 따르면,[21] 남북한은 서로를 제국주의적 시선에 따라 바라보고 평가해

---

20) 박정자, 2008, 『시선은 권력이다』, 서울: 기파랑, p. 37.
21) 최성민, 2009, 「제3세계를 향한 제국주의적 시선과 탈식민주의적 시선」, 『현대소설연구』

왔던 것이다.

남북한 모두 상대방에 대한 '바라봄'은 인위적인 분단선의 확정으로부터 시작되었다. 분단선이 아직 '분단선'으로서 기능하기 이전부터 남북한은 남과 북의 경계선에서 상대방에 대한 인식을 만들어왔다. 통일된 독립국가의 건설이 최우선의 과제였던 해방 정국에서 상대방에 대한 규정은 곧 자기 자신에 대한 정당화이자, 동시에 상대방을 무력으로라도 소멸시키고 통일의 과업을 성취해야 할 당위의 표현이었다. 이러한 표현은 이승만의 '북진통일'이나 김일성의 '국토완정'에 대한 공개적인 주장으로 이어졌다.[22] 특히, 남북 모두에서 정권이 수립된 이후, 상대방에 대한 규정과 자기 정당성의 추구는 더욱 강하게 표출되었다. 그리고 어떠한 접촉과 대화와 교류도 금지하였다. 이승만의 대통령 취임사와 그 뒤로 이어진 다음과 같은 발언은 상대방을 어떻게 바라보고 있는지를 잘 보여준다. 즉, 그가 대통령 취임사에서 "우리는 공산당을 반대하는 것은 아닙니다. 공산당의 매국주의를 반대하는 것이므로……일제히 회심개과(悔心改過)해서 우리와 같은 보조를 취하여"[23]라는 표현은 북한을 매국노로 규정하는 한편, 죄 지은 자의 회개를 요구하는 기독교적 세계관을 통한 우월성의 표현이라 할 것이다. 이는 김일성도 마찬가지였다. 김일성은 "지금 남조선에서 리승만을 비롯한 반동분자들은……제국주의의 쇠사슬에 얽어매려"라고[24] 표현하면서, "북조선에서 당의 력량을 강화하고 민주주의기지를 튼튼히 닦는다면 전조선의 민주화를 실현"[25]할 수 있다는 주장

40호, 한국현대소설학회, pp. 342~354.

[22] 해방 정국 당시 이승만과 김일성의 통일에 대한 입장은 다음의 글을 참고할 것. 임현진 · 정영철, 2005, 『21세기 통일한국을 향한 모색』, 서울: 서울대출판부.

[23] 이승만, 1948, 「대통령취임사(1948.7.24.)」, 대통령기록관(http://www.pa.go.kr, 검색일: 2011년 11월 30일).

[24] 김일성, 1979a, 「북조선민주청년동맹결성에 즈음하여(북조선민주청년단체대표자회의에서 한 연설, 1946.1.17.)」, 『김일성 저작집 2』, 평양: 조선로동당출판사, p. 18.

[25] 김일성, 1979a, 「우리당이 걸어온 길과 당면한 몇 가지 과업에 대하여(함경남도당 확대

으로 나아가고 있다. 김일성 역시 상대방을 '반동분자'로 규정하는 동시에 자신을 '민주화'의 진영으로 위치시키고 있는 것이다.

전쟁 이전까지 남과 북은 '말 대 말'의 공방을 통해 차츰 하나의 담론 질서를 만들어내었고, 이분법적 '바라봄'의 틀을 형성해왔다. 상대방에 대한 극단적 '호명'은 나에 대한 '극단적 주체'의 탄생을 의미하기도 하였다. 이러한 상황에서 남과 북을 모두 아우르는 '중간파'는 설 자리가 없었고, 그 입지는 갈수록 위협받을 수밖에 없었다.[26] 여운형과 김구, 김규식의 운명은 그들의 정치적 역량에서도 찾을 수 있지만, 근본적으로 남과 북에 형성된 구조의 결박속에서 결정되어 갔던 것이다. 이들의 주장은 남북 모두에서 '긍정'이자 곧 '부정'이었다.

초기, 상대방에 대한 규정과 자기 정당화는 남한보다는 북한에서 보다 더 강조되었다. 좌우가 어지럽게 대립했던 남한 지역보다 상대적으로 일찍 정치질서를 형성해갔던 북한 지역에서의 정치 담론과 대중 정치 교양이 시작되었던 것이다. 이 당시 김일성의 발언을 통해 드러나는 '남조선'은 곧 '반동의 폭압'에 신음하는 인민들의 해방을 요구하는 곳이었고, 그를 위해 '북조선'을 발전시키고 더욱 철저히 무장시키는 것이었다.

1948년을 전후하여 북한의 남한에 대한 인식은 '식민지'의 예속의 길로 가는 것으로 집중된다.[27] 이제 막 식민지에서 벗어난 한반도의 상황에서 상대방을 '식민지'로 규정하는 것은 곧 자기 정당화의 근거이자 동시에 해방 투쟁

위원회에서 한 연설, 1946.4.20)」, 『김일성 저작집 2』, 평양: 조선로동당출판사, p. 178.
26) 해방 정국에서 중간파의 역할과 운명에 대해서는 윤민재, 2004, 『중도파의 민족주의 운동과 분단국가』, 서울: 서울대출판부.
27) 김일성, 1979b, 「조선민주주의공화국 헌법 실시에 관하여(북조선인민회의 제5차회의에서 한 보고, 1948.7.9.)」, 『김일성 저작집 4』, 평양: 조선로동당출판사, p. 366. 여기서 김일성은 '나라의 인공적 분열은 남북조선이 서로 다른 길로 즉 북조선은 민주주의적 발전의 길로 나아가는 반면에 남조선은 식민지적 예속의 길로 나아가게' 하였다고 규정하고 있다. '민주주의와 식민지'의 길인 것이다.

을 위한 내부 정치의 정당화였다. 또한, 상대방의 침입과 침략에 맞서 싸울 수 있는 준비를 독려하는 근거이기도 하였다. 김일성의 발언에서 자주 강조되는 '남조선'으로부터의 전쟁 준비와 간첩, 파괴암해분자의 침투에 대한 대비는 내부의 긴장을 유지시키고, 상대방과의 '정의의 전쟁'을 위한 현실적 필요를 일깨우는 것이었다.[28] 그리고 이는 곧 통일의 필요성 혹은 지상과제로서 통일의 정당성으로 이어졌다. 한국전쟁이 끝난 이후에도 김일성은 "우리는 하루 빨리 조국을 통일하여야 하며 미제의 식민지통치밑에서 신음하는 남조선인민들을 구원하여야 합니다"라고 하여 '남조선의 해방'에 대한 정당성을 강하게 주장하였다.[29] 일종의 '구원'을 위한 해방 투쟁의 정당화였다. 전쟁이 끝난 후에도 〈천당〉과 〈지옥〉으로 남북한을 바라보는 시각은 여전하였다. 즉, "공화국 북반부와 남반부 사이에 〈천당〉과 〈지옥〉같은 차이가 생기게 되면 남조선인민들은 남북조선의 판이한 현실을 보고 더욱 각성하게 될 것이며"라는[30] 표현은 당시 김일성의 남한을 보는 시선을 정확하게 말해주고 있다.

이러한 〈천당〉과 〈지옥〉, 〈매국노〉와 〈애국자〉 등의 비유와 시선은 남한에서도 동일하였다. 이승만의 발언에서 공산당은 그리고 북한의 지도부는 절대 상종할 수 없는 무리였다. "앞으로 이북공산당의 인도자들과 합석하여 협의한다는 것은 아니해야 할 것이다"는[31] 표현은 아예 마주할 수 없는 적으로서 북한을 규정한 것이었다. 나아가 반공의 제일선에 선 자부심의 자기만족이 가감 없이 표현되기도 하였다.

---

28) 김일성, 1979b, 「부대의 당정치사업을 강화하기 위하여(경비대문화일군회의에서 한 연설, 1948.10.21.)」, 『김일성 저작집 4』, 평양: 조선로동당출판사, p. 466.
29) 김일성, 1980a, 「모든 힘을 민주기지강화를 위하여(조국통일민주주의전선 함경남도열성자회의에서 한 연설, 1953.10.20.)」, 『김일성 저작집 8』, 평양: 조선로동당출판사, p. 108.
30) 김일성, 1980b, 「현시기 우리 인민의 투쟁임무와 해군을 강화하기 위한 과업(해군군관학교에서 한 연설, 1954.7.6.)」, 『김일성 저작집 9』, 평양: 조선로동당출판사, p. 3.
31) 이승만, 1949, 「공산당과 협의 불가, 인권보증에 결사투쟁(1949.10.7)」, 대통령기록관(http://www.pa.go.kr, 검색일: 2011년 11월 30일).

1950년대까지 남북한은 서로를 '괴뢰'로 표현하였다. 즉, 상대방을 정당한 상대자로 인정하기보다는 '허구의 꼭두각시'로 보았다. 그리고 이는 단지 일부 정치가들로 한정되지 않고 모든 국민들에게 똑같은 눈으로 상대방을 볼 것을 강요하였다. 상대방에 대한 호칭이 중립적이거나 적어도 '괴뢰'에서 어느 정도 벗어난 시기가 1970년대부터였다는 점을 고려하면 1960년대까지도 이러한 시선은 결코 변화하지 않았다.[32] 그리고 이러한 자기 우월성의 확인에는 확인되지 않는 소문과 '정보'가 자리하고 있었다. 로빈슨에 따르면, "적에 대한 이미지는 아주 불균형하게 조합된 파편화된 정보들과 확실하지 않은 가정들로부터 얻어진다. 즉, 그것은 루머이다"라고 진단한다.[33] 나아가 이러한 이미지는 한국전쟁을 통해 적에 대한 현존하는 이미지를 더욱 강화시켰다.[34] 상대방에 대한 우월성과 정당성, 그리고 경쟁을 위한 자국민들의 동원과 하나의 이데올로기로 묶어놓기 위한 도구로서 상대방을 규정하고, 똑같은 시선을 강요한 것은 남이나 북이나 유사한 구조를 갖추게 되었던 것이다.

나. 경쟁과 우월성: 발전의 시선

해방 정국을 거치면서 형성된 시선은 남한에서는 반공주의의 이름으로, 그리고 북한에서는 반미주의 혹은 '남조선 해방'의 이름으로 고착화되어 갔다. 남한에서는 반공주의가 모든 것에 앞서 '절대적 선'이었고, 북한에서는 '반제

---

32) 남한에서 '북괴'의 호칭이 사라지고, '북한'이라는 표현이 사용되기 시작한 시점은 1972년 '7·4 남북공동성명'을 발표한 전후였다.

33) Robin, Ron, 2001, *The Making of the Cold War Enemy*, Princeton and Oxford: Princeton University Press, p.4.

34) Robin, Ron, 2001, *The Making of the Cold War Enemy*, Princeton and Oxford: Princeton University Press, p. 9.

국주의'에 기초한 혁명주의가 전 사회를 지배했다. 그리고 이는 남북한 사회 모든 영역에 침투해 들어갔다.[35]

1960년대에 들어와 남북은 적대적 시선을 그대로 유지한 채 경쟁을 통한 우월성의 과시로 이어졌다. 그러나 1960년대까지 적어도 경제적인 측면에서는 북한이 남한보다 한발 앞서있었다. 그리고 이러한 경제적 우위는 곧 상대방에 대한 자신감의 표출로 이어졌다.

전쟁이 끝난 후, 남북한은 직접적인 적대감에도 불구하고, 경쟁을 통해 자신들의 발전에 기초하여 상대방을 주시하였다. 이제는 무력을 통한 대결을 한편으로 하지만, 보다 더 중요하게는 누가, 더, 잘살 수 있는가의 문제가 체제 우월성의 문제로 집중되었다. 이러한 측면에서 이제 시선의 전쟁은 발전을 중심으로 한 영역으로 이동하게 된 것이다. 그리고 초기 경제적 자신감은 북한으로 하여금 우월적인 시선을 갖도록 하였다. 이미 1950년대부터 김일성은 "우리의 살림살이는 아직 어렵기는 하지만 남조선보다는 훨씬 낫습니다"라고 하여, 발전의 차이를 부각시키고 자신들 체제의 우월성을 표현하였다.[36] 그리고 이러한 보다 나은 살림살이를 근거로 〈천당〉과 〈지옥〉의 비유는 계속되었다.[37] 나아가 자신들의 발전은 자신들만이 아니라 전 한반도의 이익

---

[35] 1960년대부터 90년대까지의 남한 교과서를 분석한 결과에 의하면, 1980년대까지 지배적인 위치를 차지하던 반공담론이 사라지면서 점차 '국가주의 담론'이 애국주의 구성요소로 남는다고 한다. 즉, 적어도 남한에서의 반공주의 담론은 1980년대까지는 지배적이었으며, 남북한의 우월성이 뚜렷해진 1990년대 이후에서야 반공주의 담론이 점차 사라지게 되었다. 김현선, 2002, 「애국주의의 내용과 변화: 1960-90년대 교과서 분석을 중심으로」, 『정신문화연구』 25권 2호, 한국학중앙연구원, p. 198.

[36] 김일성, 1980b, 「인민군대의 간부화와 군종·병종의 발전전망에 대하여(조선 인민군군정간부회의에서 한 연설, 1954.12.23.)」, 『김일성 저작집 9』, 평양: 조선로동당출판사, p. 175. 물론, 이러한 김일성의 언급은 한국전쟁 이전에도 있었다. 그러나 50년대를 넘어서면서 '사회주의 발전'에 대한 성과에 기초한 우월성에 대한 언급이 잦아지고 있다.

[37] 1956년 김일성은 작가들 앞에서 "공화국북반부는 〈천당〉이고 남반부는 〈지옥〉이라는 것을 실감있게 보여준 작품을 써"야 함을 강조하였다. 김일성, 1980c, 「현실을 반영한 문학예술작품을 많이 창작하자(문학예술부문지도일군들과 한 담화, 1956.12.25.)」, 『김일

을 위한 것으로 선전되었다. 김일성의 표현을 빌리자면, "공화국북반부에서
의 사회주의 건설은 북반부 인민들뿐만 아니라 전민족의 사회적 이익에 부
합"하는 것이었다.[38] 이는 곧 내부의 사회주의 건설을 다그치는 한편, 자신들
의 발전에 항상 '남조선'을 포함시킴으로써 주민 동원에의 정당성을 확보하
는 결과를 낳았다. 또한, 자신들의 앞선 발전상을 통해 주민들의 '남조선'에
비한 발전과 생활에의 만족감을 드러내고 체제의 정당성을 부각시키는 것이
었다. 그러기에 "남조선인민들을 도와주는 것을……신성한 민족적 의무"로
규정할 수 있었다.[39]

그러나 북한 김일성의 이러한 발언은 1970년대를 거치면서 점차 사라져간
다. 즉, 1970년대 남북의 경제 상황이 역전되기 시작하면서 더 이상 북한의 발
전상을 내세우기 어려워졌고, 북한의 경제 침체 현상이 보다 더 중요하게 부
각되게 되었다.[40] 이제는 전반적인 경제 우월성에 기초한 자신감보다는 자신
들의 사회주의적 시책의 우월성을 부분적으로 드러내는 것으로 변화되었다.
즉, '남조선인민들은 우리의 전반적 무상치료제를 몹시 부러워하고 있습니다'
는 식의 제도적 우월성으로 강조점이 바뀌기 시작했다.[41]

북한 김일성 발언에서 나타난 이러한 변화는 1970년대 이후, 경제적 우월
성이 점차 사라지면서 구조적인 모순을 앞세우는 우월성으로 강조점을 바꿀

성 저작집 10』, 평양: 조선로동당출판사.
[38] 김일성, 1982a, 「조선민주주의인민공화국 정부의 당면과업에 대하여(최고인민회의 제3
기 제1차회의에서 한 연설, 1962.10.23.)」, 『김일성 저작집 16』, 평양: 조선로동당출판사,
p. 452.
[39] 김일성, 1982b, 「워싱톤에 있는 조선문제연구소 소장에게 보낸 회답서한(1965.1.8.)」, 『김
일성 저작집 19』, 평양: 조선로동당출판사, p. 45.
[40] 북한의 경제상황과 남북한 경제 비교에 대해서는 황의각, 1993, 『북한경제론』, 서울: 나
남.
[41] 김일성, 1987a, 「정무원 사업에서 혁명적기풍을 세우며 재정규률을 강화할데 대하여(조
선민주주의인민공화국 정무원 책임일군 협의회에서 한 연설, 1979.12.28.)」, 『김일성 저
작집 34』, 평양: 조선로동당출판사, p. 500.

수밖에 없는 사정과 관련된 것으로 보인다. 이와 다르게 남한 대통령의 발언
은 점차 공세적인 것으로 변화해갔다. 즉, 1964년만 하더라도, 박정희는 '국가
안전보장회의 훈시'에서 "……안으로 정치와 경제의 안정에 총력을 경주하고
있습니다. 또한 식량난과 실업자 구조 등 사회적 불안의 제 요소를 내포한
채 근대화의 막중한 대업을 추진시켜 나가야 할" 전환기에 처해있다고 말하
고,[42] 66년에는 "통일조건이 성숙되는 때는 우리의 절실한 염원에도 불구하
고, 상당한 시일을 요한다고 보아야 할 것"이라고 했다.[43] 나아가 "노예 생
활을 강요당하고 있는 북한 동포를 구출해야 하겠다는 우리의 염원이 절실
할수록……조국 근대화를 위한 우리의 노력을 더욱 더 크고 줄기차야 하겠
습니다"라고[44] 하여 북한과의 경쟁을 위한 내부의 동원에 더 많은 노력을 기
울여야 함을 주장하였다. 여기서 드러나는 인식은 북한의 처지를 '노예'의 처
지에 비유함으로써 여전히 〈천당〉과 〈지옥〉의 비유가 그대로 투영되고 있다
는 점이다. 그러기 위해서는 노예 구출을 위한 우리의 발전이 보다 더 앞서
야 했다. 이는 1960년대까지 아직 경제력으로 충분히 북한을 앞서지 못한 상
황에서 '조국 근대화'의 이름으로 경쟁에서의 승리를 위한 내부의 동원에 치
중했음을 말하는 것이자, 동시에 북한에 대한 적개심과 반공주의를 활용한
경제 발전에 총력했음을 말해준다. 물론, 이 당시에도 남북한의 제도상의
차이를 부각시키는 것은 여전하였다. 즉, '통일은 북한 동포에게 자유와 광복
을 가져다주는 민족적 과업'이며 동시에 '전 국토의 민주화'로 규정되었다.[45]

42) 박정희, 1964, 「국가안전보장회의 훈시(1964)」, 대통령기록관 (http://www.pa.go.kr, 검색
일: 2011년 12월 1일).
43) 박정희, 1966a, 「제21회 광복절 경축사(1966.8.15.)」, 대통령기록관(http://www.pa.go.kr,
검색일: 2011년 12월 1일).
44) 박정희, 1966b, 「아시아민족반공연맹 제12차 총회 치사(1966.11.3.)」, 대통령기록관
(http://www.pa.go.kr, 검색일 12월 1일).
45) 박정희, 1967, 「제22회 광복절 경축사(1967.8.15.)」, 대통령기록관(http://www.pa.go.kr,
검색일: 2011년 12월 1일).

그러나 이러한 주장은 1970년대에 들어와 변화하기 시작하였다. 제도적인 우월성 즉, 공산 독재체제에 비한 민주 제도의 우월성의 주장을 넘어서서,[46] 경제적인 측면에서의 우월성도 강조하기 시작하였다. 특히, 1970년대 말에 이러한 주장은 분명하게 드러나기 시작하였다. 1978년 박정희는 "우리는 이미 그들을 앞지르고 있는 국력 배양의 진군을 더욱 재촉해 나가야만 합니다"라고 하여, 북한에 비한 남한 경제의 우위를 분명하게 표현하였고,[47] 그해 말에는 "이제 우리의 국력은 북한을 제압하게 되었습니다"라고 선언하였다.[48]

결국 1960년대와 70년대는 앞서 형성된 〈천당〉과 〈지옥〉의 시선, 〈매국노〉와 〈민주화〉의 시선, 그리고 이를 응축한 이데올로기적 시선에 바탕하여, 경제력을 중심으로 한 국력의 경쟁을 중심에 두는 상대방에 대한 규정과 자기 정체성의 확인이었다. 이 과정에서 남북한은 경쟁과 우월성의 새로운 '시선'을 만들어내었다. 이제 '천사와 악마'의 위에 '잘사는 자와 그렇지 못한 자'로의 시선이 겹쳐지게 된 것이었다. 남북한의 경우, 정보의 독점에 따른 확실치 않은 소문이 서로를 그리고 자기를 확인하는 데 핵심적인 역할을 하였다. 사실, 이처럼 적을 원시적이고 야만적이며 결코 변하지 않는 것처럼 묘사하는 것은 방법론적인 편견을 넘어서서, 뿌리 깊은 제도적이고 문화적인 자원에서 비롯된 것이다.[49] 결국 눈에 보이는 적에 대한 이미지를 넘어, 남북한이 안고 있는 문화적인 측면에서 '적과 우리'의 이분법적 시선은 고착화되었고, 마

46) 박정희, 1971, 「국가비상사태 선언에 즈음한 특별 담화문(1971.12.6.)」, 대통령기록관 (http://www.pa.go.kr, 검색일: 2011년 12월 1일).
47) 박정희, 1978a, 「1978년 신년사(1978.1.1.)」, 대통령기록관(http://www.pa.go.kr, 검색일: 2011년 12월 1일).
48) 박정희, 1978b, 「제9대 대통령 취임사(1978.12.27.)」, 대통령기록관(http://www.pa.go.kr, 검색일: 2011년 12월 1일).
49) Robin, Ron, 2001, *The Making of the Cold War Enemy*, Princeton and Oxford: Princeton University Press, p. 7.

침내 이러한 시선이 사회적인 문화로 기능하게 되었다.[50] 그러나 아직까지 남북의 경제력은 그 격차가 크지도 않았고, 여전히 경제력에 의한 압도적 우위를 내세우기는 어려웠다. 전 세계의 냉전체제가 해체되지 않은 상황에서 경제력에 대한 비교 못지않게, 이데올로기에 기반한 제도의 우월성은 여전히 무너지지 않은 채 우월성의 기준으로 제시될 수 있었던 것이다. 이를 '발전의 시선'으로 이름 할 수 있을 것이다. 그리고 '발전'을 위해 적대감과 대립은 내부의 자원을 총동원하기 위한 도구로 적절히 활용되었다. 여기서 남북한이 모두 드러내놓은 공통성은 이러한 총동원을 통한 발전이 '민족'의 이름으로 정당화되었고, 추진되었다는 점이다. 남북 모두 경제 발전은 통일을 위한 '민족'적 과업이었던 것이다.

4. 엇갈린 시선

가. 공세와 방어

1970년대를 거치면서 북한의 남한에 대한 자신감있는 공세는 점차 수그러들기 시작했다. 북한의 경제적 우위가 약화된 반면, 남한의 경제적 성장은 최소한 외형적인 측면에서는 북한을 압도하기 시작했다.

---

[50] 북한의 반미 이데올로기의 문화적 변형에 대해서는 정영철, 2011, 「북한의 반미: 이데올로기, 문화 그리고 균열」, 『신아세아』 18권 2호, 신아시아연구소, pp. 146~170.

〈표 1〉 남북한 경제성장 비교

1 Year	2	3	4	5	6	7	8	9	10
	North Korea						South Korea		
	NK (백만) won	GNP (백만)US$		1인당 GNP US$		성장률 %	GNP (백만) US$	1인당 GNP US$	성장률 %
		공식 환율	무역 환율	공식 환율	무역 환율				
1946	511.9	426.6	232.7	46	25	−	na	na	na
1949	1121.0	934.2	509.5	97	53	−	na	na	na
1953	855.4	712.8	388.8	84	46	−	1353	67	−
1956	1610.4	1499.5	732.0	160	78	31.8	1450	66	-1.4
1960	4209.7	3508.0	1913.5	325	177	7.4	1948	79	1.1
1961	4763.4	3969.5	2165.2	357	195	13.1	2103	82	5.6
1962	5290.9	4409.1	2404.9	386	211	11.0	2315	87	2.2
1963	5790.3	4825.3	2632.0	411	225	9.4	2718	100	9.1
1964	6369.3	5307.8	2895.1	440	240	9.9	2876	103	9.6
1965	6603.2	5502.6	3001.5	454	248	3.6	3006	105	5.8
1966	6986.0	5821.7	3175.5	468	255	5.8	3671	125	12.7
1967	7391.2	6159.3	2876.0	482	225	5.8	4274	142	6.6
1968	7819.9	6516.6	3042.8	496	232	5.8	5226	169	11.3
1969	8263.4	6894.6	3219.2	510	239	5.8	6625	210	13.8
1970	10838.2	9031.8	4217.2	650	304	31.0	8105	252	7.6
1971	12572.3	11326.4	5327.2	794	374	15.9	9456	288	9.1
1972	14583.9	13201.6	6179.6	901	422	16.0	10632	318	5.3
1973	17354.8	15634.9	6353.7	1040	489	18.9	13446	395	14.0
1974	20339.8	21187.3	8618.6	1374	559	17.1	18701	540	8.5
1975	24407.9	25424.9	11906.3	1603	751	20.0	20795	590	6.8
1976	27092.7	28221.5	12601.3	1735	775	10.9	28550	797	13.4
1977	26009.0	27092.7	12097.2	1624	725	-4.0	36629	1008	10.7
1978	30430.5	32720.9	16360.5	1912	956	16.9	51341	1392	11.0
1979	34995.0	41660.8	19550.3	2374	1114	14.9	61361	1640	7.0
1980	35590.0	41383.7	20935.3	2295	1161	1.7	60327	1589	-4.8
1981	36479.7	39651.8	20610.0	2147	1116	2.5	66238	1734	5.9

1982	40930.2	42196.1	19306.7	2229	1020	12.2	71300	1824	7.2
1983	45923.7	45023.3	21065.9	2346	1042	12.2	79500	2002	12.6
1984	47163.7	39303.0	19984.6	2002	1018	2.7	87000	2158	9.3
1985	48437.1	45268.3	19933.0	2220	978	2.7	89695	2194	7.0
1986	49454.3	48484.6	22176.8	2324	1063	2.1	102789	2505	12.9
1987	51086.3	54347.1	23872.1	2544	1117	3.3	128921	3110	13.0
1988	52618.8	55977.5	25056.6	2558	1145	3.0	172776	4127	12.4
1989	54197.4	55873.6	25808.3	2481	1146	3.0	211200	4994	6.8
1990	55443.9	57158.6	26401.8	2233	1031	2.3	237900	5569	9.0

* 출처: 황의각, 1993, 『북한경제론』, 서울: 나남에서 남북한 통계표를 종합하여 작성.

결국 이때부터 북한은 남한 경제와의 물질적, 총량적 비교에서 벗어나 남한 경제의 구조적 문제점을 보다 더 강조하기 시작했다. 나아가 남한 경제만이 아니라 총체적인 남한의 종속적 구조를 강조하기 시작했다. 일명 김일성이 말하는 '갓끈론'이었다. 김일성은 "남조선괴뢰도당을 유지하는데서 미제국주의자들이 한 갓끈의 역할을 하고 일본군국주의자들이 다른 한 갓끈의 역할을 하고 있습니다"라고 하여, 남한이 미국과 일본에 동시에 종속된 처지에 있음을 강조하였다.[51] 그러나 아직까지는 남한에 대한 북한의 우위 혹은 우월성의 주장을 굽히지 않았다. 〈대한민국〉 정부를 허수아비 정권으로 규정한 것은 여전했으며, 제도의 우월성은 변함없이 강조되었다. 그러나 경제적인 역전현상과 남한 군사력의 성장 등은 북한으로 하여금 충분한 위협을 느끼게 하였다. 이제는 남한에 의한 〈북침위협〉을 주장하며, 이에 대한 적극적인 방어와 부당함을 강조하였다. 김일성의 표현으로는 "지금 우리에게는 북

51) 김일성, 1985, 「당, 정권기관, 인민군대를 더욱 강화하며 사회주의대건설을 더 잘하여 혁명적 대사변을 승리적으로 맞이하자(조선로동당 중앙위원회 제5기 제10차 전원회의에서 한 결론, 1975.2.17.)」, 『김일성 저작집 30』, 평양: 조선로동당출판사, p. 44.

으로부터의 〈남침위협〉이 있는 것이 아니라 남으로부터의 북침위협이 있습니다"[52]였고, "지금 미제국주의자들과 그 앞잡이들은 남조선에서 매일같이 군사연습을 하고 있는데 그것은 우리를 위협하고 남조선인민들을 위협하기 위해서입니다"[53] 등으로 나타났다. 과거 1950년대 미국과 남한의 전쟁 위협에 대해 가졌던 자신감은 어느덧 방어적인 논리로 변하고 있는 것이다. 김일성의 다음과 같은 표현은 군사력의 측면에서도 남한에 비해 결코 우위에 서지 못하고 있음을 말해주고 있다. 즉, "우리가 남조선보다 더 강대하다고 하면 그것은 정치사상적 면에서 그렇게 말할 수 있을 것입니다"라고[54] 하여 군사력 증강에 대한 미국과 남한의 움직임에 민감하게 반응하고 있음을 보여주었다. 그럼에도 불구하고 남한에 대한 시선은 여전히 '식민지'에서 벗어나지 못한 처지에 있음을 고수하고 있었다. "남조선 경제는 발전된 자본주의 나라들에 완전히 예속되어 있는 예속경제입니다"는 식의 발언은 남한의 경제성장과는 별도로 그 구조에서의 취약성은 여전히 벗어나지 못하고 있음을 지적한 것이라 할 수 있다.[55] 이러한 김일성의 인식은 "남조선 경제는 예속적인 수출주도형경제이고 그 명맥은 큰 나라들이 틀어쥐고 있기 때문에 이 나라들이 압력을 가하면 하루아침에 질식되고 맙니다"라는 표현에서도 드러난다.[56] 그러나 이러한 구조적 취약성에 대한 지적에도 불구하고 과거와 같

52) 김일성, 1985, 「일본 교도통신사대표단과 한 담화(1975.8.31.)」, 『김일성 저작집 30』, 평양: 조선로동당출판사, p. 441.
53) 김일성, 1987b, 「세계직업련맹대표단과 한 담화(1980.3.2.)」, 『김일성 저작집 35』, 평양: 조선로동당출판사, p. 13.
54) 김일성, 1992, 「쏘련 따쓰통신사대표단과 한 담화(1984.3.31.)」, 『김일성 저작집 38』, 평양: 조선로동당출판사, p. 286. 물론, 이 발언은 신중한 해석이 요구된다. 즉, 김일성의 강조는 미국과 남한의 군사력 증강에 대한 비판이며, 동시에 북한은 그에 비해 군사력 증강에 나서지 않고 있음을 강조한 것이라 할 수 있다.
55) 김일성, 1995, 「아일랜드로동당 총비서와 한 담화(1988.7.26.)」, 『김일성 저작집 41』, 평양: 조선로동당출판사, p. 206.
56) 김일성, 1996, 「재일교포들이 단합하여 조국통일 운동을 힘있게 벌릴데 대하여(재미교포들과 한 담화, 1993.3.11.)」, 『김일성 저작집 44』, 평양: 조선로동당출판사, p. 131.

은 남한 경제의 실업과 빈곤 등은 더 이상 언급되지 않고 있다. 〈지옥〉으로
묘사되어 온 '남조선'의 현실보다는 남한 경제의 구조적 모순만을 지적하고
있는 것이다.[57] 이러한 현상은 결국 과거의 공세적인 대남인식과 그에 따른
시선에서의 후퇴였다. 더 이상 〈천당〉과 〈지옥〉도 거론되지 않았고, 또한 '남
조선 혁명'과 '통일'을 위한 사회주의 건설도 강조하지 않았다.[58] 1980년대에
들어와 오히려 강조한 것은 한반도에서의 불안정한 평화였으며, 전쟁의 공포
에 대한 간접적인 표현이었다. 여전히 '냉전의 시선'에 갇혀 있었지만, 공세와
방어가 뒤바뀐 시선이었다.

반면, 남한은 점차 공세적으로 나아갔다. 박정희의 '국력'에 대한 자신감의
표출은 이를 표현하는 하나의 분기점이었다. 국력의 우위를 위해 겪어온 지
난 기간을 평가하면서 공세적인 대화마저 주장하고 나섰다. 그럼에도 불구하
고 여전히 전쟁에 대한 공포에서는 벗어나지 못했다. '남침위협'을 통한 국가
안정은 변함없는 통치의 수단으로 작용하고 있었다. 특히 박정희의 죽음 이
후, 사회혼란에 대한 최규하 당시 대통령 권한대행의 담화는 이를 뚜렷이 보

---

[57] 과거 김일성은 남한에 대한 구조적 모순을 지적하면서, 동시에 이러한 모순이 가난과
실업자, 여성들의 수난 등으로 나타나고 있음을 주장하였다. 김일성의 다음과 같은 발
언이 대표적이다. "서울에서는 녀자들이 속에 헌옷을 입고 다니면서도 얼굴에는 연지를
시뻘겋게 바르고 다니는데 여기 녀자들은 그렇지 않다고 하였습니다. 그래서 그에게 남
조선 녀자들이 왜 그렇게 하고 다니는가고 물으니 그는 말하기를 녀자들이 생활이 너무
어려워 자기의 몸까지 팔지 않으면 안 되기 때문에 그렇게 하고 다닌다고 하였습니다.
그의 말에 의하면 남조선청년들이 미제의 대포밥으로 남부 웰남 전쟁터에 끌려가는것
도 남조선에 있으면 굶어 죽겠기 때문에 하루라도 더 살기 위하여 돈에 팔려 간다는 것
입니다. 그러니 남조선현실이 얼마나 비참합니까? 정말 이것은 행복한 우리 북반부에서
는 상상조차 할수 없는 비참한 광경입니다."(김일성, 1983, 「우리 당의 인테리정책을 정
확히 관철할데 대하여(함경북도 인테리들앞에서 한 연설, 1968.6.14.)」, 『김일성 저작집
22』, 평양: 조선로동당출판사, p. 379). 즉, 국가로부터 아무런 보호를 받지 못하는 '남한'
의 비참한 처지를 강조하였던 것이다. 그러나 1980년대 이후 이러한 표현은 점차 사라
져갔다. 가난과 실업 등의 비참한 처지는 그의 발언에서 사라지고, 제도의 우월성 즉,
무상치료제나 무료의무교육 등을 강조하였다.
[58] 이는 과거 사회주의 건설이 곧 통일된 한반도의 경제적 토대로 주장되었으나, 이제 사
회주의 발전은 그 자체로 강조되었다.

여준다. "사회혼란이 일어날 경우 이는 북한 공산주의자들의 재침을 자초하게 될지도 모른다는 것을 각별히 명심하시고"의[59] 언급은 여전히 전쟁의 경험과 반공주의에 기댄 통치의 수단이 강력하게 작동하고 있음을 말해준다. 아직 냉전이 해체되지 않은 상황, 여전히 군부통치가 지속되고 있는 상황에서 반공주의의 해체는 쉽지 않았다. 더구나 지금까지의 반공이 발전과 통치의 이데올로기로 강력하게 작동해왔던 조건에서 국력의 우위가 반공주의의 약화로 이어지지는 않았다. 오히려 국력의 우위를 통한 더 강한 반공주의와 통치 이데올로기가 이어졌다. 그럼에도 경제력에 대한 자신감은 북한에 대한 제도적 우월성의 분명한 반영이었다. 특히, 1980년대 들어와 경제적 우월성은 보다 더 분명해졌다. 소위 '3저 호황'에 따른 남한 자본주의의 고도성장은 북한과 비교하여 경제적 우위를 확고히 할 수 있었던 배경이었다.

결국 1970년대 이후, 남북한의 서로에 대한 인식은 확연히 바뀌었다. 공세적이었던 북한의 자신감 있는 시선은 점차 방어적인 것으로 바뀌었고, 반면 남한은 점차 공세적인 것으로 바뀌었다. 그러나 1980년대 탈냉전이 도래하기 이전의 서로에 대한 시선은 '냉전의 시선'에서 한 발자국도 나아가지 못했다. 경제적인 격차에도 불구하고 권력의 공고성과 이데올로기적 대립성은 전혀 바뀌지 않았던 것이다. 이에 따라 북한은 방어적인 담론이 표출됨에도 불구하고 통일에 대한 공세적 입장을 바꾸지 않았고, 남한은 경제적 자신감에 기반하여 과거와는 달리 적극적인 대북 제안을 시작했음에도 통일문제에 대해서는 소극적인 자세로 일관하였다. 이러한 자세는 탈냉전이 도래하던 1980년대 말까지 큰 변화를 보이지 않았다.

---

[59] 최규하, 1979, 「시국에 관한 대통령 권한대행 특별담화(1979.11.10)」, 대통령기록관 (http://www.pa.go.kr, 검색일: 2011년 12월 1일).

나. 두려움, 동정 그리고 시혜

1980년대 중반부터의 남북관계는 '시선의 역전'이 확연히 드러난 시기였다. 소련 및 동유럽의 붕괴와 중국의 개혁 · 개방 심화 등으로 북한은 국제무대에서 고립감이 깊어갔다. 냉전의 해체는 더 이상 냉전에 기반 한 '시선의 정치'를 앞세우기 어렵게 되었다. 특히, 남한에서의 경제성장, 민주화 그리고 공세적인 북방정책 등은 북한의 위기감을 더욱 심화시켰고, 이제 과거의 공세적인 시선은 '위기와 공포'의 시선으로 바뀌게 되었다. 남한에서 노태우 정권은 이러한 주변 정세와 더불어 공세적인 대북 제안과 북한을 적극적으로 변화시키려는 노력을 동시에 진행하였다. 노태우의 다음과 같은 발언은 이를 극명하게 보여준다. 노태우는 1989년 신년사에서 "동포애에 바탕한 우리의 전향적인 민족화해와 평화통일정책은 개방과 협력으로 나아가는 세계적 물결 속에서 폐쇄적인 북한의 태도를 바꾸게 할 것입니다"[60]라고 하여, 과거와는 전혀 다른 태도를 보여준다. 더 나아가 "공산주의에 대한 자유민주주의체제의 우월성은 오늘날의 세계에서 공산주의자 스스로도 인정하는 사실"이라고 주장하였다.[61] 이러한 시선은 탈냉전의 유리한 국제정세, 남북한 국력의 격차 등에 기반한 자신감이었다. 즉, 이제는 두려움에서 점차 동정과 시혜의 대상으로 북한을 내려다보기 시작한 것이었다. 소위 '승리자의 시선'으로서의 태도인 것이다.

북한의 경우, 소련 및 동구의 붕괴는 새로운 사상교양의 문제를 제기하였다. 즉, 무너진 사회주의의 운명이 어떻게 되는지, 따라서 사회주의의 우월성이 무엇인지에 대한 교양이 강조되어야 했다. 김정일은 "사로청조직들은 청

60) 노태우, 1989a, 「1989년 신년사(1989.1.1.)」, 대통령기록관(http://www.pa.go.kr, 검색일: 2011년 12월 1일).
61) 노태우, 1989b, 「한국전쟁기념사업회 창립 축하 만찬 연설(1989.2.3.)」, 대통령기록관 (http://www.pa.go.kr, 검색일: 2011년 12월 1일).

년들에게 남조선사회를 비롯한 자본주의사회의 부패성, 사회주의가 좌절되고 자본주의가 복귀된 나라 청년들의 불행과 고통을 보여주는 자료를 가지고 대비교양을 잘하여 우리 나라 사회주의제도의 우월성을 깊이있게 체득시켜야 합니다"라고 하여,[62] 현실에서 제기되는 문제에 대한 북한식 답변을 마련해야 할 필요성을 지적하였다. 이것이 북한의 현실이었다. 그러면서 동시에, "우리에게는 자립적민족경제의 위력한 토대가 있습니다. 최근에 남조선에서 경제를 발전시켰다고 떠들고 있는데 그에 대하여 환상을 가지지 말아야 하며 남조선경제의 식민지적예속성과 기형성에 대하여 똑똑한 인식을 가져야 합니다"라고 하여,[63] 남한과 대비한 경제구조적인 우월성에 대해 강조하였다. 이미 경제적 차이가 심화된 조건에서, 북한으로서는 그 크기가 아니라 그 구조에 대한 문제로 초점을 이동시켜야 했던 것이다. 과거 '남한'에 대한 선전으로 사용했던 실업자와 빈부의 격차 등의 문제는 전면에 등장하지 않았다. 대신 여전히 남한 경제의 구조적 문제점—종속성—을 지적하는 한편, 문화적 오염과 같은 제국주의적 지배 질서에의 종속을 문제 삼았다. 이러한 변화는 곧 '국력'의 차이에 따른 문제이자, 동시에 탈냉전의 시기에 닥친 위기에의 대응이었다. 또한, 1990년대에 닥친 체제의 위기에 대응하여 내부의 문제에 모든 힘을 집중해야 했던 사정을 반영한 것이기도 하였다. 이 결과 북한은 〈두 개의 한국〉을 의미하는 유엔 동시가입을 받아들일 수밖에 없었으며, 남북기본합의서를 통한 '특수한 관계'로서의 남북관계를 규정하는 것으로 후퇴할 수밖에 없었다.[64] 이에 반해, 남한은 김대중 정부 들어 대북 3원

---

[62] 김정일, 1998, 「우리 나라 청년운동을 새로운 높은 단계로 발전시키자(청년사업부문 책임일군들과 한 담화, 1993.1.5.)」, 『김정일 선집 13』, 평양: 조선로동당출판사, p. 304.

[63] 김정일, 2000, 「경제사업을 개선하는데서 나서는 몇가지 문제에 대하여(조선로동당 중앙위원회 책임일군들과 한 담화, 1996.4.22.)」, 『김정일 선집 14』, 평양: 조선로동당출판사, p. 167.

[64] 통일부, 2004, 『남북합의서』, 서울: 통일부, p. 44. 남북기본합의서 전문.

칙[65]을 제시하고, 남북협력이 경제적 이득을 올릴 수 있는 방안이라고 주장
하는 등 적극적인 대북정책을 밀고나갔다. 겉으로 보기에, 남북관계는 이제
'적대적 관계'라기보다는 화해와 협력의 관계이며 동시에 동정과 시혜의 관
계로 전변되었다. 이러한 자신감은 "이만큼 긴장이 완화되고, 월드컵을 안심
하고 치른 것도 북한에게 우리가 약간의 도움을 준 대가인 것입니다"[66]라는
말에서 알 수 있듯이, 북한에게 '약간의 대가'를 주고 한반도의 평화와 긴장
완화를 얻어낸 것이라는 인식에서도 나타나고 있다. 또한, 노무현 정부에서
는 평화와 안보를 내세우면서 북한을 관리하겠다는 의지를 보다 더 명확히
했다. 노무현은 "대북정책의 핵심은 한반도의 평화와 안전입니다. 통일은 그
다음입니다"라고 하여[67] 평화와 안전을 우선시하는 대북정책을 공개적으로
천명하였다. 물론, 이는 여전히 해소되지 않고 있는 한반도의 불안정한 평화
를 반영한 것이었지만, 다른 한편으로는 '당위적 통일'보다는 현실적으로 우
리에게 요구되는 문제부터 해결해야 한다는 현실의 반영이기도 하였다. 하지
만 여전히 '냉전적 대립'이 소멸된 것은 아니었다. 이명박 정부의 강경한 대
북정책은 '냉전적 시선'에 더하여 우월한 국력을 앞세운 '북한 굴복'을 요구한
정책으로 나아갔고, 그 결과 남북관계는 과거와 같은 극단적 대결의 상태로
회귀하고 있다. 이는 여전히 남북관계의 핵심을 이루는 정치·군사적 대결
상태가 해소되지 않고 있음을 의미한다.

　결국, 이 시기 남북관계는 과거 북한이 그러했던 역할을 남한이 수행하는
것으로 바뀌었다. 즉, 과거 50~60년대 북한이 줄기차게 요구했던 적극적인

---

65) 대북 3원칙이란 무력도발 불용, 흡수통일 부정, 화해협력의 추진 등을 말한다. 김대중,
　　1998, 「제15대 대통령 취임사(1998.2.25.)」, 대통령기록관(http://www.pa.go.kr, 검색일:
　　2011년 12월 1일).
66) 김대중, 2003, 「2003년 신년인사회 말씀(2003.1.2.)」, 대통령기록관(http://www.pa.go.kr,
　　검색일: 2011년 12월 1일).
67) 노무현, 2007, 「2007년 신년연설(2007.1.23.)」, 대통령기록관(http://www.pa.go.kr, 검색일:
　　2011년 12월 1일).

경제 교류와 사회문화 협력은 남한의 공세적인 무기로 변하게 되었다. 또한, 북한이 남한을 점차 '선망의 대상'으로 바라보는 경향이 발생했다면, 남한에서는 이를 '동정의 시선'으로 바라보았다. 과거의 반공주의에 기반한 인식이 점차 약화되었지만, 여전히 반공주의의 시선을 거두어들이지 않는 가운데 '동정과 시혜'의 대상으로서 북한을 바라보는 경향은 강화되었다.[68] 그리고 이러한 '동정의 시선'은 한편으로는 대북 화해협력정책을 뒷받침하는 국민적 여론으로, 다른 한편으로는 북한 및 통일문제에 대한 부정적인 여론을 형성하기도 하였다. 그럼에도 불구하고, 아직까지 남북관계는 불안정한 상태를 지속하고 있다. '냉전의 시선'이 소멸되지도 않았고, 언제든지 과거로 회귀할 수 있는 구조적 장애는 해체되지 않고 있다. 이러한 조건에서 남북이 서로를 바라보는 시선은 냉전과 탈냉전의 경계선에 걸쳐 있을 수밖에 없다. 과거에나 볼 수 있었던 '괴뢰'와 '역도'의 표현이 등장하는가 하면, 냉전시대의 유물이라고 할 수 있는 '삐라 살포'가 심리전의 이름으로 재등장하기도 하였다. 이는 현재의 남북관계가 여전히 냉전의 적대적 대립관계에 뿌리 깊이 박혀 있음을 의미하며, 그에 따른 시선의 정치가 언제든지 부활할 수 있음을 의미한다. 아직 한반도에서 남북관계는 '아직 끝나지 않은 냉전'과 그에 기초한 '냉전의 시선'에 깊이 갇혀있는 것이다.

---

[68] 네그리는 국가와 민족의 테두리가 강조되는 한, 상대적으로 열악한 환경의 '타자'나 '타국'은 시비의 대상이거나 동정과 시혜의 대상이 된다고 한다(최성민, 2009, 「제3세계를 향한 제국주의적 시선과 탈식민주의적 시선」, 『현대소설연구』 40, 한국현대소설학회, p. 354). 또한 '교련'교과서의 경우에는 1990년대에도 여전히 반공사상이 짙게 나타나고 있으며, 과거의 반공사상과 거의 달라진 것은 없는 반공표어가 여전히 1990년대 사회에서도 발행 유포되고 있다(김현선, 2002, 「애국주의의 내용과 변화: 1960-90년대 교과서 분석을 중심으로」, 『정신문화연구』 25권 2호, 한국학중앙연구원, p. 199).

5. 나가며: 남북관계의 변화와 시선의 변천

1998년 11월 18일 금강호가 출범함으로써 역사적인 금강산 관광이 시작되었다. 냉전의 벽을 허무는 금강산 관광은 남북관계가 과거의 냉전시대를 지나, 이제는 탈냉전의 시대로 접어들고 있음을 알리는 상징이었다. 금강산관광을 비롯하여 개성공단 개발 그리고 남북한 왕래 연인원 10만을 넘어서는 '새로운 시대'는 순조롭게 진행되는 듯 보였다.[69] 이러한 활발한 남북 교류와 협력은 두 차례에 걸친 정상회담을 통해 드디어 한반도에서도 냉전이 해체되는 듯한 분위기를 만들어냈다. 그러나 한반도를 둘러싼 '북핵 갈등'과 남한 내부에서의 격렬한 '남남갈등'은 남북관계의 미래가 아직은 낙관적이지 않음을 보여주었다. 그리고 결국 이명박 정부 들어 남북관계는 과거로 회귀하고 말았다. 냉전의 언사들이 재등장한 지금, '북핵문제'를 비롯한 한반도 문제의 개선 전망은 크지 않아 보인다. 이는 한반도의 상황이 정치·군사적 문제의 해결을 비롯한 주변 국가와의 문제가 해결되지 않는 한, 쉽게 평화와 공존의 관계로 안착되기 어렵다는 것을 의미한다.

슈미트(Shumidt)가 말하는 '적과 동지를 구분하는 결정과 행위'로서 '정치적인 것'을 규정한다면,[70] 남북관계는 지금까지 서로를 '적'으로서 명확히 해왔지만, 점차 '적'으로서만 북한이 규정되지 않게 되었다는 것을 의미한다. 역으로 북한 역시 남한을 '적'으로서만 규정하지 않게 되었음을 의미한다. 그리고 이는 '적과 우리'라는 전형적인 냉전 논리가 일정하게 약화되고 있음을 말한다. 그리고 이러한 '적과 우리'의 이분법적 세계관과 시선에서의 변화가 있었

---

[69] 남북한 왕래 인원은 2008년 186천 명을 기록한 이후, 현재까지 점차 감소하고 있다. 2009년, 2010년 역시 10만 명 이상이 남북한을 왕래한 것으로 나타나고 있으나, 이는 대부분 개성공단 출입국 인원이다.

[70] 장준호, 2005, 「국제정치에서 적과 동지의 구분에 대한 소고」, 『國際政治論叢』 45집 3호, 韓國國際政治學會, p. 8.

음을 의미한다. 시선이 단순히 '바라봄'의 문제가 아니라 그 자체가 냉혹한
평가의 문제라고 할 때,[71] 남북은 끊임없이 서로를 바라보는 동시에 평가하
고, 그에 기반해 자신들의 정체성을 확립해왔다. 따라서 이러한 '바라봄'과
'바라보여짐'은 경계이자 동시에 자신을 정의하는 것으로서, 사회역사적인 변
천을 거듭할 수밖에 없었다. 이러한 남북한 시선의 변천에는 국가 지식(state
knowledge)이 자리하고 있다. 남북한의 상황에서 국가 지식은 단순한 정보를
넘어서 '과학'이 되었다. 사실, 정보는 '적'을 말해주지만 '나'를 말해주지는 않
는다. 그리고 이러한 국가 지식의 내면에는 자기 최면 효과가 존재한다. 즉,
진짜 적, 강력한 영리한 적, 나를 속이는 강력한 적이라는 최면 효과[72]는 적
의 이미지를 고착화하고, 정보기관의 권위에 도전하지 못하도록 한다. 남북
한이 보여주었던 '냉전의 시선' 속에는 이러한 전쟁 기계적인 속성이 숨어있
었다. 그리고 남북의 전쟁 기계의 열정에는 정보와 전술적 사고의 조화만이
존재할 수 있을 뿐이었다. 다행스럽게 1990년대 이후, 이러한 시선의 역관계
에 변화가 발생했다. 여기에는 남북관계와 국제정세 그리고 남북한 힘관계의
변화가 놓여있었다.

　지나온 역사를 통해, 남북관계는 결국 남북이 서로를 바라보는 '시선의 정
치'가 언제든지 뒤바뀔 수 있음을 보여주었다. 과거의 적대적 시선과 동시에
화해와 협력의 시선이 공존하고 있는 것이다. 지금까지 남북이 서로를 바라
보는 방식은 시대에 따라 변화해왔다. 북한의 입장에서 보면, 해방의 시선에
서 두려움과 체제 수호를 위한 방어의 시선으로 변화했고, 남한의 입장에서
보자면, 두려움과 공포의 시선에서 자신감과 우월성의 시선으로 변화했다.
시선이 결국 사회역사적인 반영이라면, 남북관계의 변천은 곧 시선의 변화를

71) 박정자, 2008, 『시선은 권력이다』, 서울: 기파랑, p. 37.
72) Horn, Eva, 2003, "Knowing the Enemy: The Epistemology of Secret Intelligence," *Grey Room*
　　70-11, pp. 61~67.

의미하기도 한다. 즉, 남북의 국력의 차이, 국제정세의 변화 등에 의해 서로
에 대한 바라봄은 달라질 수밖에 없었다. 그리고 이러한 시선의 변천은 필연
적으로 '승리자의 시선'과 '패배자의 시선'이 겹쳐질 수밖에 없었다. 분단이
해소되지 않고 있는 상황과 '책임공동체'로서의 남북의 자기 변화가 없는 한
이러한 '승패의 시선'은 쉽게 사라지지 않을 것이다. 이 중에서 남북한의 시
선에 가장 큰 영향을 미치는 것은 결국 '힘'이라 할 수 있다. 힘의 문제는 결
국 남북 상호 간의 체제경쟁과 우월성의 표현이었고, 이에 따라 상대방을 어
떻게 바라볼 것인가가 규정되었다.

  남북한의 시선이 변화함에도 불구하고, 그 밑바탕에 흐르는 것은 '통일과
민족'에 대한 정당성이었다. 즉, 통일을 위한 정당성이자 동시에 상대방에 대
한 규정 역시 '민족'의 이름으로 정당화되었다. 물론, 이러한 민족적 시각 위에
체제의 문제가 겹쳐져 있다. 다시 말해서 어느 체제가 민족적 정통성을 보다
더 잘 구현하고 있느냐의 문제였다. 그런 점에서 남북한의 시선은 궁극적으
로 민족과 통일을 둘러싼 우위의 확인이었다. 오늘날 나타나고 있는 북한의
'우리민족끼리'의 주장이나 남한의 '민족사적 정통성'의 주장은 냉전 문화 속
에서도 '민족'을 둘러싼 치열한 경쟁이 여전히 지속되고 있음을 말해준다. 아
시아에서의 냉전이 미국화(Americanization)와 소련화(Sovietization)의 단선적
대립과 각축에 의해서가 아니라 아시아 내셔널리즘이라는 바탕 위에서 그
각기의 사상문화적 변주를 통해 일종의 정체성 정치를 구현해왔다는 지적을
돌이켜보면,73) 남북한은 냉전의 배경 위에 '민족'을 둘러싼 치열한 경쟁을 지
속해왔던 것이다.

---

73) 백원담, 2008, 「냉전기 아시아에서의 아시아주의의 형성과 재편 1」, 성공회대 동아시아
    연구소 편, 『냉전아시아의 문화풍경 1』, 서울: 현실문화, p. 55.

한반도에서 평화와 통일의 변증법적 통합

1. 들어가며

최근 진보적인 시민사회 진영 내에서 평화와 통일의 관계에 대한 논쟁이
하나의 흐름을 형성하고 있다. 논쟁은 통일운동을 중심으로 평화를 사고하고
있는 흐름과 평화국가 혹은 평화체제 구축의 시급함 및 평화운동의 중요성
을 강조하는 두 흐름으로 진행되고 있다.[1] 이러한 논쟁은 현재 우리 사회에
서 평화의 화두가 과거보다 훨씬 더 대중적으로 각인되고, 그 필요성이 높아
지고 있는 것과도 무관하지 않은 것으로 보인다. 그러나 분석적으로 개념이
구분되는 것과 현실에서 두 운동의 구분이 반드시 일치하지는 않는 것으로
보인다. 이론적 분석의 측면에서 평화의 영역과 통일의 영역이 구분될 수 있
겠지만, 현실 정치 및 그 과정에서 평화와 통일이 '칼로 무 베듯' 선명하게 구

---

[1] 이러한 진보 진영의 논쟁에 대해 구갑우는 '진보 대 진보의 갈등은 두 축을 가지고 있
다. 하나는 통일 대 평화의 갈등이고, 다른 하나는 분단체제 극복의 단계 설정의 문제다'
라고 지적하고 있다. 구갑우, 2007, 『비판적 평화연구와 한반도』, 서울: 후마니타스, p. 73.

분되지 않는 것 역시 '현실'이라 할 수 있다. 그럼에도 불구하고, 통일과 평화에 대한 혼란스러운 개념 정립과 변화된 현실 그리고 더욱이는 이를 추진하는 주체들 간의 논쟁은 이 문제에 대한 얼마간의 합의와 관계 정립을 요구하고 있는 것 또한 현실이라 하겠다.

평화와 통일의 문제는 한반도 역사에서 분리된 개념이 아니었다. 그러나 어느 순간 평화의 문제와 통일의 문제가 분화되어 인식되기 시작했고, 양자의 관계도 재정립되기 시작하였다. 즉, 한반도 분단체제의 근본문제가 통일의 문제와 평화체제의 문제라는 두 가지로 분리되어 파악되기 시작한 것이다.[2] 이는 1990년대 이후, 시민사회 역량이 강화되고 햇볕정책 등을 통한 남북관계의 변화 그리고 '북핵문제'를 둘러싼 한반도의 전쟁 위기와 불안정이 겹치면서 평화의 시급성에 대한 인식 및 평화문제에 대한 독자적인 인식이 강화되기 시작한 것과 관련된다. 특히, 독일통일의 교훈으로서 통일이 오히려 사회적 혼란과 '구조적 폭력'의 원인이 될 수 있다는 자각 등으로 평화문제에 대한 새로운 사고가 확장되었다. 여기에 남남갈등의 사회문제화와 이를 해소하기 위한 평화적 수단의 필요성 등이 평화문제에 대해 보다 확장된 사고를 가져오게 되었다. 그리고 진보 진영 일각에서 '평화국가 만들기'가 공식적으로 제기되면서 본격적으로 논쟁이 전개되기 시작한 것으로 판단된다.

이 글은 오늘날 전개되고 있는 평화-통일의 관계문제를 역사적인 맥락에서 접근하고, 거시적인 차원에서의 양자관계 문제에 대해 접합점을 모색하고자 한다. 여전히 한반도는 분단이라는 폭력의 근원을 안고 있으며, 이의 극복은 평화적인 통일을 통해서만 가능하다. 물론, 두 국가로의 평화적인 분단이라는 '제3의 길'이 존재하지만, 이는 우리가 추구해야 할 현실적 목표가 아니라는 점에서 분단의 극복은 평화의 문제이면서 동시에 통일의 문제임을 지

---

2) 박순성, 2006, 「북핵실험 이후, 6.15 시대 담론과 분단체제 변혁론」, 『창작과비평』 34권 4호, 창작과 비평사, p. 340.

적하고, 이에 기초하여 '평화를 위한 통일'과 '통일을 위한 평화'가 변증법적 인 관계에 있음을 주장할 것이다. 또한, 평화와 통일이 심각하게 위협받고 있 는 지금의 상황을 돌이켜보면서, 평화와 통일이 민주주의의 기반 위에서 진 행될 때만이 제대로 된 길을 걸을 수 있음을 주장할 것이다.

2. 한반도 통일운동의 역사와 평화 · 통일의 분기(分岐)

가. '모든' 통일에서 '평화' 통일로

한반도의 분단 이후, 통일은 누구도 부정할 수 없는 당위였다. 무력을 동 원한 것이든 혹은 평화적인 방법에 의한 것이든 통일의 대명제 앞에서는 모 든 것이 다 정당화될 수 있었다. 실상, 정권 초기 남한의 이승만과 북한의 김 일성은 통일을 위한 무력 동원도 정당화했고, 실제 전쟁이 발발하였다. 무력 을 동원한 통일의 시도가 실패했음에도 불구하고, 남북은 모두 다 공식적인 통일의 방법으로 평화적 수단과 동시에 무력의 수단을 포기하지 않았다. 남 한의 경우, 이승만 시절의 '북진통일'이 그러했고 북한의 경우, 김일성의 통일 전략으로서 '2가지 방도와 6가지 전도'에서도 그러했다.[3] 따라서 1950년대에 남북한의 통일방안은 모두 힘에 의한 대결을 통해 어느 한 체제가 다른 한 체제에 의해 흡수되거나 붕괴되는 방안을 담고 있었다. 따라서 이 시기에 주 장된 통일은 곧 모든 것을 다 포함하는 방식이었고 평화는 단지 통일의 한

---

[3] 2가지 방도와 6가지 전도에서 2가지 방도는 평화적 방도와 비평화적 방도를 의미하며, 6가지 전도는 평화적 방도로서 남한 혁명의 성공, 남한 정권의 붕괴, 자유의사에 의한 총선거를, 비평화적 방도로서 남한 혁명의 성공과 북한에 의한 전쟁, 제국주의와의 전 쟁을 통한 남한 해방 등을 의미한다.

수단으로서 의미를 가질 뿐이었다. 물론, 이 시기에 북한의 공식적인 통일방안은 총선거안이었다. 그리고 이는 무력이 아닌 평화적인 방식에 의한 통일론으로 평가할 수 있다.4) 그러나 평화적인 방도에 의한 통일론의 주장에도 불구하고 비평화적 방도를 배제하지 않음으로써 평화는 단지 통일을 위한 수단으로서의 의미만을 가질 뿐이었다. 이러한 남북의 모습은 통일을 최상의 가치로 놓고 여타의 것은 모두 그에 종속되어야만 했던 시기를 반영하고 있다고 할 수 있다.

그러나 1960년대에 들어와 남북의 통일론은 변화하기 시작했다. 즉, 당면의 통일이 점차 어려워지는 상황에서 과도적 평화공존을 거쳐 통일로 가는 방도가 모색되었다. 특히, 북한은 1960년 과도적 연방제의 제안을 통해 과도적 평화공존을 당면의 과제로 제기하고 이에 기초하여 통일을 이루어가는 것으로 통일방안을 수정하였다.5) 같은 시기 '반공'을 국시로 하여 쿠데타로 집권한 박정희 정권은 '선건설 후통일'을 통해 당면하여 평화적인 건설과 경쟁을 우선적인 과제로 제기하고, 이에 기초하여 통일을 이루어나가는 방안을 제기하였다. 남북한이 공히 통일을 포기하지는 않았지만, 평화적 공존 혹은 과도적 조치를 통해 통일로 진행하는 방안을 제기한 것이다. 물론, 당시 북한의 과도적 연방제안은 '4·19 혁명' 이후의 상황 변화에 대한 판단과 남북 이질성의 강화, 단기간의 통일 어려움을 고려한 그야말로 과도적 조치로서 제기된 것이었다면, 남한의 '선건설 후통일'은 당면하여 남한체제의 안정과 발

---

4) 남북한의 통일방안에 대한 역사적 전개와 평가에 대해서는 임현진·정영철, 2005, 『21세기 통일한국을 향한 모색』, 서울: 서울대출판부를 참조할 것.

5) 북한의 초기 연방제안에 대해서는 김일성, 1982, 「조선민주주의인민공화국 정부의 당면 과업에 대하여(1962.10.23.)」, 『김일성 저작집 16』, 평양: 조선로동당출판사. 여기서 김일성은 연방제를 거쳐 완전한 통일에 이르러야 한다고 주장하고 있다. 한편, 북한의 연방제 제안과 4·19 혁명과의 관련성에 대해서는 한모니까, 2001, 「4월 민중항쟁 전후 북한의 통일노선과 통일정책」, 한국역사연구회 편, 『4·19와 남북관계』, 서울: 민연, pp. 207~250을 참조.

전을 우선한 '통일 유보론'인 동시에 남북한관계에서의 수세적인 입장을 반영한 것이었다.[6] 결국 1960년대에 들어와 남북한은 통일이 어느 한 체제의 선택으로 이루어지기 힘들고 또한 단기간에 성취될 수 없다는 인식하에 과도적인 조치로서 평화적인 공존을 모색하고 받아들이기 시작하였다.[7] 그러나 이 당시의 평화공존은 말 그대로 통일의 과도적 조치이자 통일을 준비하는 것으로서 평화공존이었다. 김일성의 표현으로는 '중간 걸음'이었을 뿐이었다. 또한, 당시의 '평화공존'은 제국주의와의 공존을 의미하는 것으로서 사실상 수정주의적 조류에 다름아닌 것으로 인식되었다. 따라서 북한의 입장에서 미국의 식민지인 남한과의 공존은 곧 미 제국주의와의 공존을 의미하는 것이었고, 이는 반제국주의 전선으로부터의 일탈과 같은 것이었다.[8] 즉, 평화공존 그 자체는 분단의 유지이자 반통일적인 것으로서 여전히 통일이 최상위의 가치로서 여타의 가치를 종속시키고 있음에는 변함이 없었다. 여전히 통일은 한반도의 평화까지를 내포한 개념이었고, 동시에 혁명을 내포한 개념이었다. 그럼에도 이 시기부터 평화공존에 대한 암묵적인 동의와 인정이 자라나고 있었다.

1970년대는 평화통일이 하나의 원칙으로 자리 잡은 시기였다. 세계적인 데탕트와 함께 한반도에서도 처음으로 의미 있는 남북 대화가 시작되었다. 1972년

---

6) 이런 측면에서 박정희 정권기의 '선건설 후통일'은 통일을 위한 실력배양론으로 평가되기도 한다. 이에 대해서는 임현진·정영철, 2005, 『21세기 통일한국을 향한 모색』, 서울: 서울대출판부, p. 35.

7) 임수호는 이러한 남북한의 변화에 대해 '조기통일에 대한 기대를 포기하고 점차 장기적 관점에서 통일문제에 접근하기 시작'한 것으로 보고 있으며, '평화체제가 통일문제와 분리되어 상대적 독자성을 띠기 시작'한 것으로 보고 있다. 임수호, 2009, 「한반도 평화체제 논의의 역사적 경험과 쟁점」, 『韓國政治研究』 18집 2호, 서울대학교 한국정치연구소, pp. 60~62. 그러나 이러한 해석은 과도한 것으로 보인다. 비록 1960년대 들어와 평화공존에 대한 문제를 제기하긴 하였으나, 이는 조기통일의 기대를 포기했다기보다는 과도적 조치로서 통일 준비로서의 성격을 갖는 것으로 보는 것이 타당하다.

8) 김일성, 1981, 「병기공업을 더욱 발전시키기 위하여(1961.5.28.)」, 『김일성 저작집 15』, 평양: 조선로동당출판사.

의 '7·4 남북공동성명'은 남북 최초의 합의문이었다.[9] 여기에서 남북한은 '평화적인 방법에 의한 통일'을 원칙으로 합의함으로써, 이제 통일은 평화의 과정을 통해서만 성취 가능한 것으로 위치되었다.[10] '모든' 통일에서 '평화'적인 통일로의 원칙이 합의된 것이었다. 사실, 1970년대에 이르러 남북한은 이질성의 정도, 무력을 동원한 방법의 불가능, 국제적인 조건 등으로 인해 일정 기간의 평화공존을 통한 통일이 현실 가능한 선택으로 될 수밖에 없었다. 1970년대 북한의 '고려연방제' 방침은 이러한 변화를 반영한 것이었다.[11] 남한의 경우 1960년대의 경제적 성장에 뒤이어, 양 체제의 평화적인 경쟁을 제안하였다.[12] 그리고 이러한 통일론의 변화는 북한의 경우, 결국 1980년대 완성된 형태로서의 '고려민주연방공화국' 창립 방안으로 구체화되었다. 남한의 경우는 여전히 총선거에 의한 통일 헌법 및 통일국가체제의 형성을 상정하였지만, 가까운 시일 안에 통일이 이루어질 것이라는 점에서는 회의적이었

---

9) 당시, 7·4 남북공동선언은 남한의 지식인 및 재야 민주화운동 세력에게 엄청난 충격을 주었다. 그리고 통일의 실현 가능성에 대한 주관적 기대를 높여놓았다. 이러한 상황에서 장준하는 그해 9월 「민족주의자의 길」을 통해 '모든 통일은 선'이라는 주장을 내 놓았다. 장준하, 1972, 「민족주의자의 길」, 『씨알의 소리』 1972년 9월호, 씨알의 소리.

10) 물론, '7·4 남북공동성명'의 합의 사항 모두에 대해 남북이 진정성을 담고 있는지에 대해서는 의문의 여지가 있다. 실제로 '7·4 남북공동성명'은 제대로 실행되지도 못했고, 규정성을 가지지도 못하였다. 더구나 1980년대 후반 남한은 3대 원칙을 자주, 평화, 민주로 수정함으로써 '7·4 남북공동성명'의 기본 입장과는 배치되는 정책을 전면에 내세웠다.

11) 김일성, 1984, 「민족의 분렬을 방지하고 조국을 통일하자(1973.6.23.)」, 『김일성 저작집 28』, 평양: 조선로동당출판사; 김일성, 1984, 「조국통일 5대 방침에 대하여(1973.6.25.)」, 『김일성 저작집 28』, 평양: 조선로동당출판사. 이 시기 북한의 고려연방공화국 제안은 1973년 박정희의 '6·23 선언'이 나오게 된 배경과 깊은 관련을 맺고 있는 것으로 보인다. 즉, 당시 '6·23 선언'은 유엔 동시 가입을 기초로 한 소위 〈두 개 조선〉 전략을 추진한 것으로 북한은 인식하였다. 이에 대해 북한은 단일 국호에 의한 남북연방 및 유엔 가입을 주장하였다.

12) 박정희, '6·23 선언': 6·23 선언의 핵심 내용은 '할슈타인 원칙의 포기' 즉, 북한과의 평화적인 경쟁 및 '선평화 후통일' 노선이었다. 6·23 선언이 나오게 된 데에는 남한의 경제적 자신감 등이 반영된 것이기도 하지만, 동서 데탕트와 유엔 동시가입 및 교차 승인 등의 주변 강대국의 움직임이 반영된 것이라고 할 수 있다.

다. 그리고 이러한 상황은 세계적인 냉전체제의 해체와 1990년대 초반의 일
련의 위기 때까지 지속되었다.

결국 이 시기까지 '평화통일'은 분리되지 않고 하나의 몸체로 시작되었고
계속 유지되었다. 당면해서 평화의 문제가 중요하게 제기되었지만, 이 역시
통일이라는 커다란 구조 내에서의 평화였고, 평화가 독자적인 영역을 구축하
지는 못하였다. '모든' 통일에서 '평화'적인 통일로의 변화를 반영하는 이 시
기까지의 통일론은 남북 모두가 통일을 가장 큰 과제이자, 평화를 통일이라
는 울타리 속에서 사고하고 있었음을 말해준다. 그러나 이러한 사고는 점차
평화의 문제가 일상생활의 문제로 다가서고, 현실의 문제로 제기됨으로써 평
화문제와 통일문제를 분리해서 사고하는 경향이 한편에서 발전하기 시작하
였다.

나. 평화와 통일의 분기(分岐) 그리고 새로운 지형의 형성

평화와 통일이 분기된 원인의 하나는 현실적으로 통일의 실현이 단기적으
로 이루어지기 어렵다는 점과 남북의 이질화가 심화되고 있는 상황, 그리고
남북의 체제경쟁이 본격적으로 전개된 것과 관련된다. 사실, 1960년대에 시
작된 과도적 평화공존의 인정과 그에 기반한 통일로의 진입은 위의 상황이
점차 깊어지는 조건에서 점차 현실의 방안으로 제기될 수밖에 없었다. 더구
나 1990년대의 냉전 해체와 '북핵문제'의 발생은 역설적으로 전쟁의 불안감을
가중시켰고, 실제 전쟁의 위기로까지 발전하였다. 냉전의 해체에도 불구하고
평화체제가 형성되지 못한 한반도는 '북핵문제'를 계기로 전쟁의 위험성이
그 만큼 증대되었던 것이다.

이와 같은 객관적 조건에 더해서 평화가 독자적인 사회문제로 인식되고
확산된 중요한 이유의 하나는 한국 시민사회의 성장 및 평화운동이 대중적

인 관심사로 부각된 데에 있다. 사실, 그간 한국의 시민사회는 1980년대 중반
까지 민주화운동에 집중하였고, 통일문제는 부차적인 관심사였거나 민주화
의 이후에 제기될 것이었다. 대중적인 통일운동이 1987년 민주화항쟁 이후,
88년 대학생들의 선도적인 문제제기 이후 폭발적으로 전개된 데에서도 볼 수
있듯이 통일문제는 민주화의 공간이 확장되면서 우리 사회의 핵심문제로 제
기되었다.[13] 초기 통일운동은 주로 '북한바로알기운동'과 같은 대중적 관심
의 환기가 중심이었고, 자주적인 교류와 협력의 수준에서 머물러 있었다. 또
한, 1990년대 중반 이후까지도 통일운동은 정부와의 투쟁 일변도였고, 이러
한 구조는 민주화운동을 주도했던 소위 '재야 민중운동세력'이 통일문제에
대한 주도권을 확보하고 있었던 데 상당한 이유가 있었다. 따라서 이 당시까
지도 평화의 문제는 통일과 동의어 혹은 통일에 종속된 하위의 문제로 머물
러 있을 수밖에 없었다. 주한미군 철수, 비핵 군축, 평화협정 및 불가침 문제
등은 그 자체로 평화운동이었지만, 다른 한편으로는 통일운동의 주된 구호의
하나이기도 하였다.

1990년대 중반 이후, 우리 사회의 민주화가 절차적으로 어느 정도 궤도에
들어서게 되고, 시민사회의 역량이 강화 및 다양화되면서 새로운 경향이 나
타나기 시작하였다. 두드러진 현상의 하나는 1990년대 중반, 북한의 경제 위
기 및 수해를 계기로 한국의 시민사회를 중심으로 한 자발적인 '북한돕기운
동'이 대중적인 운동의 형태로 나타났고, 통일운동의 저변을 확장시킴과 동
시에 민중적 색채보다는 시민적 색채가 짙은 운동이 점차 과거의 운동을 대
체하기 시작했다는 점이다.[14] 이 과정에서 점차 평화의 문제가 독자적인 영

[13] 민주화와 통일의 문제를 둘러싼 논쟁 역시 이 당시 중요한 논점이었다. 그러나 역사적
으로 살펴보면 민주화의 성장이 통일운동의 동력과 공간을 지속적으로 확장시켜왔음을
알 수 있다. 특히, 1960년 '4 · 19 혁명' 이후의 공간에서도 그랬고, 1987년 이후의 민주화
의 공간에서도 그러했다.
[14] 이에 대해서는 정영철, 2008, 「민주화와 통일의 역동성과 시민사회의 발전」, 『남북관계

역으로 자리 잡을 수 있는 사회적 토대를 형성하게 되었다.

　평화의 문제가 우리 사회의 중요한 핵심 논제로 등장한 가장 큰 이유는 두 가지일 것이다. 앞서 말한 대로 시민사회의 성장과 동시에 1990년대 이후 지금까지 지속되고 있는 '북핵문제'를 계기로 한 한반도의 불안정의 지속을 들 수 있다. 전자가 평화에 대한 시민적 역량의 확대를 의미한다면, 후자는 평화에 대한 현실적 요구의 배경을 이루고 있다. 특히, 북미 간 갈등이 깊어지고, 이에 대한 우리의 역할이 중요하게 제기되면서 당면의 과제로서 평화는 미래의 과제로서 통일보다 더욱 시급한 것으로 인식되었다. 그러나 이러한 문제가 평화문제에 대한 거시적 과정에서 제기되는 이유라면, 보다 더 구체적으로는 다음과 같은 상황이 가장 큰 원인으로 작용한 것으로 보아야 할 것이다.

　우선, 평화와 통일의 분기는 역설적으로 2000년 정상회담 이후의 달라진 남북관계가 가장 큰 원인이라 할 것이다. 2000년 정상회담 이후, 남북관계의 진전 특히, 경제 및 사회, 문화 교류협력이 깊어지고 분단 이후, 최초로 국방장관 회담 등이 진행되면서 북미 간 대결에 따른 전쟁의 위기에도 불구하고 북한과의 전쟁 가능성에 대한 국민들의 냉전적 안보의식이 해체되고, 평화적 공존에 대한 암묵적 합의가 증대되었다.[15) 사실, '6 · 15 공동선언'은 역사적인

───────────────

에서의 시민사회역할과 진로모색』, 우리민족서로돕기운동 발표 자료집(서울, 9월). 한편 '민중'에서 '시민'으로의 발전에 대해서는 최장집, 2009, 『민중에서 시민으로』, 서울: 돌베개. 이 글에서 사용하는 '민중'과 '시민'의 개념은 엄밀한 사회과학적 정의에 입각하고 있다기보다는 '일반적인 의미'에서의 변화를 지칭하기 위한 것으로 사용한다. '민중'과 '시민'에 대한 학술적 논의 전개에 대해서는 최장집, 2009, 『민중에서 시민으로』, 서울: 돌베개; 유팔무, 2001, 「비정부사회운동단체(NGO)의 역사와 사회적 역할」, 유팔무 · 김정훈, 『시민사회와 시민운동 2』, 서울: 한울, pp. 187~231; 조희연, 1995, 「민중운동과 시민사회, 시민운동」, 유팔무 · 김호기, 『시민사회와 시민운동』, 서울: 한울, pp. 298~336 등을 참조할 것.

15) 이러한 현상은 북한에 대한 '이중적 인식'이 여전함에도 불구하고, 한반도 전쟁의 원인으로서 북한에 의한 남침으로 인식하기보다는 북미 간 대결에 따른 결과이거나 혹은 오히려 미국을 전쟁의 원인으로 점점 더 인식하고 있는 국민 인식이 강화되고 있는 데서

통일의 이정표라는 평가에도 불구하고, 평화에 대한 한마디의 합의문도 남기지 못하고 있다. 그 이유에 대한 여러 가지 분석에도 불구하고, 여전히 평화의 문제가 남북 단독으로 결정하고, 실행하기 어려운 한반도를 둘러싼 국제적인 구조가 그 원인일 것이다.[16] 이러한 구조적 인식이 점차 시민사회에 확산되면서 남북 간 평화에 대한 문제제기가 강화되고, 그에 따른 시민사회의 평화문제에 대한 대응이 강화된 것이다. 소위 '6·15 공동선언'은 역설적으로 평화공존에 대한 인식의 확산과 동시에, '미래의 통일, 당면의 평화'라는 생각들을 확산시킨 것이다.

이렇게 본다면, 평화와 통일의 분기는 두 번째로 평화공존에 대한 인식의 강화 즉, 공존의 가치관 증대가 보편적 가치로서의 평화를 재해석하게 된 것이다. 평화에 대한 재해석은 과거의 '냉전적 안보의식'의 해체와 동시에 남북 간 평화공존의 가능성에 대한 인식의 확산과 동시에 남북의 체제 이질성의 확인 등에 있다. 다른 한편으로는 남북한의 체제 규정력이 강화되면서 '당장의 통일'보다는 평화공존의 가치를 더욱 선호하는 현상이 젊은 세대를 중심으로 확산되고 있다. 여기에는 '동·서독 통일'의 경험도 많은 영향을 미쳤다. 즉, 통일이 가져올 부정적 결과에 대한 인식이 오히려 당면하여서는 남북의

도 나타나고 있다. 남북 간 충돌의 우려에도 불구하고, 실제 남북한에 의한 전쟁의 가능성은 낮게 보게 되었다. 그러나 최근 들어 남북 간 갈등이 고조되고, 천안함 및 연평도 사건 등이 발생하면서 전쟁의 불안감이 점차 높아지고 있다.

[16] '6·15 공동선언'에 평화에 대한 내용이 포함되지 않은 것에 대해 김정일은 다음과 같이 말하고 있다. "우리가 대미관계문제를 꺼내면 남측에서 매우 난처해하였을 것입니다……남측에서 제기하는 《평화공존》문제와 《평화정착》문제를 토의하려면 자연히 주변국가들 문제가 거론되기 때문에 그 문제는 피하는 것이 좋다……1단계에서는 우리 민족문제를 조선사람들끼리 자주적으로 해결하기도 한다는 것만 합의보고 그 다음단계에서 주변국들 문제를 론의해야 한다고 하였습니다." (김정일, 2005, 「조국통일은 우리 민족끼리 힘을 합쳐 자주적으로 실현하여야 한다(재미 녀류기자 문명자와 한 담화 2000년 6월 30일)」,『김정일 선집 15』, 평양: 조선로동당출판사, p. 67.) 이에 의하면 결국 한반도 평화문제는 주변국들과의 문제가 중요하게 제기되는 것이며, 따라서 남북 단독으로 해결하기 어려운 구조가 형성되어 있음을 지적한 것으로 보인다.

평화적 공존을 선호하도록 한 것이다. 사실, 이러한 공존의 가치의 증대는 민주화의 가치가 증대한 것이 가장 큰 이유라 할 것이다. 민주주의 가치관이 증대되면서 과거의 이분법적 세계관이 점차 약화되고 이질적인 것과의 공존이 강조되고, 남북관계에서는 이를 위해서 평화적 공존이 전제될 때만이 가능하다는 의식이 확대되었다. 사실, 이러한 변화는 그동안 한반도를 지배했던 안보담론이 점차 힘을 잃고 평화담론 혹은 공존의 담론이 증대한 것이라 할 수 있다.

　세 번째로는 그간 통일운동을 주도해왔던 진보진영의 일부가 평화운동의 내용을 통일운동의 내용으로 풍부화하지 못했던 것에서도 원인을 찾을 수 있다.[17] 여전히 한반도 평화의 주된 내용은 통일을 위한 중요한 해결 과제임에 틀림없다. 그러나 이를 구호의 문제가 아닌 생활의 문제로, 대중적인 문제로 제기하고 통일과의 관련성 혹은 통일운동의 자체 내용으로 풍부화하지 못함으로써 평화와 통일을 자칫 대립적인 혹은 다른 영역으로 설정하는 결과를 가져오고 말았다. 사실, 지금도 여전히 통일운동을 중심 과제로 삼는 많은 진보 진영은 한반도 평화를 자신들의 중요한 내용으로 삼고 있으며, 이는 평화운동을 중심 과제로 삼는 진영에서도 마찬가지이다. 2000년 정상회담 이후, 남북 간 교류·협력이 진전되는 동시에 부시 행정부 등장 이후, 한반도 평화가 심각하게 위협받는 조건에서 평화는 곧 남북관계의 진전과 통일을 위한 필수적 요구로 제기될 수밖에 없었다. 문제는 평화의 문제를 통일의 중요한 내용으로 하고 있었음에도 한반도 평화문제를 북미 간의 문제로만 지나치게 좁혀놓음으로써, 한국 내에서의 평화운동의 중요성 혹은 평화운동의 풍부성의 발전과 이의 통일운동의 풍부성으로의 발전에 대한 고민은 그만큼 소홀히 했다는 평가가 가능할 것이다.[18] 2007년 제2차 정상회담에서 제기한 '10·4 선

---

17) 이남주, 2008, 「시민참여형 통일운동의 역할과 가능성」, 『창작과 비평』 36권 4호, 창작과 비평사, p. 378.

언'이 담고 있는 한반도 평화에 대한 중요한 내용을 대중화시키는 데서 그만큼 성공하지 못했다는 점이다.[19] 앞의 김정일의 발언을 상기하면, '10·4 선언'에서 평화의 문제가 포함될 수 있었던 것은 한반도를 둘러싼 정세의 변화가 있었고, 이 과정에서 남북한이 평화의 문제를 꺼낼 수 있을 정도의 관계진전과 주변국관계를 추동할 수 있었다는 것을 의미했다. 또한, 한편으로는 2000년 이후, 남북관계가 정부 주도로 진행되면서 시민사회 진영은 정치·군사적 영역보다는 사회·문화 영역에 집중하게 되었고, 그 결과 '정부-기업-시민 사회'의 보이지 않는 활동 영역이 어느 정도 고착화된 것도 지적할 수 있다.[20]

이러한 상황이 지난 10여 년간 지속되면서 평화와 통일의 문제가 점차 일부 진영의 적극적인 문제제기, 그리고 현실적인 평화의 시급함 및 평화 의제의 본격적인 제기 등으로 구분되어 인식되고, 분기되기 시작하였다. 그러나 분명히 할 것은 이러한 통일과 평화의 분기 현상이 기존의 전통적인 통일담론에 대한 비판이자 동시에 한반도를 둘러싸고 있는 안보담론에 대한 도전으로 충만해 있다는 점이다.[21] 따라서 통일과 평화의 분기 현상을 인위적인

---

[18] 이남주에 의하면, 이 역시 편향을 낳을 수 있다. 즉, 평화운동이 통일운동의 편향을 극복할 수 있는 계기를 마련해주었지만, 자칫 남한 내의 문제로 초점을 맞춤으로써 동력을 약화시키는 결과를 초래했다는 것이다(이남주, 2008, 「시민참여형 통일운동의 역할과 가능성」, 『창작과 비평』 36권 4호, 창작과 비평사).

[19] 여기에는 2008년 정권교체 이후의 상황도 작용을 했겠지만, 남북한이 최초로 한반도 평화체제에 대해 합의했다는 점에서 대단히 중요한 내용이었음에도 이것을 시민사회 수준에서는 제대로 행동화 혹은 생활화하는 데서는 성공하지 못했다.

[20] 이러한 모습은 결국 한국의 진보적 시민사회의 양적 확대에도 불구하고, 정치적 영향력이라는 측면에서는 오히려 축소 내지 왜소화되거나 혹은 권력과 자본에 포섭되었다는 비판이 가능하다. 즉 시민사회가 '평화-통일'문제에서 의제를 설정하고, 이를 정치화하는 데서는 성공하지 못했고, 동력의 상당부분을 남북 당국 간 결정에 의지해왔던 것이다.

[21] 이와 관련 구갑우는 '비판적 평화담론의 핵심으로서 안보담론을 평화와 협력의 담론으로 전환하는 것'이라고 주장한다. 구갑우, 2006, 「한국의 '평화외교': 평화연구의 시각」, 『동향과 전망』 67호(2006년 여름호), 한국사회과학연구소, p. 128.

두 개의 길로 인식하기보다는 달라진 주체, 시대 등을 반영한 평화와 통일의
풍부화 과정이라고 보는 것이 더욱 타당할 듯하다. 즉, 현재 평화와 통일에
대한 분기와 독자성에 대한 인식이 발전적인 논쟁을 거치면서 평화운동과
통일운동 모두를 풍부화할 수 있다는 것을 의미한다. 물론, 이러한 논쟁이 양
자의 분리와 혼란을 가져올 수도 있지만, 건설적인 논쟁을 거친다면 그야 말
로 풍부한 평화-통일운동을 가져올 수 있을 것이다.

3. 주체의 변화와 '평화와 통일'의 변증법

가. '민중'에서 '시민'으로 변화

2000년대 이후, 당국 간 대화의 활성화, 경제적 교류협력의 확대와 진전 그
리고 시민사회의 대북 협력 사업의 활성화 등으로 과거와는 판이하게 다른
형태로 남북관계가 전개되면서 통일운동은 과거 정부를 대상으로 한 투쟁에
서 정부와의 협력과 견제라는 이중적 성격을 띠게 되었다. 또한 정부 당국자
와 달리 기업인을 중심으로 한 경제협력과 시민의 참여에 기초한 인도적 지
원 사업이 남북 교류·협력의 중요 내용으로 떠오르면서 통일운동이 과거와
같은 방식으로 전개되기에는 객관적 상황이 달라졌다. 특히, 대북 인도적 지
원은 1990년대 중반 북한의 심각한 식량 위기가 알려지면서 시민사회 진영에
서 자발적으로 진행되었고, 수많은 시민들을 이 운동에 끌어들이면서 평화·
통일관련 NGO 단체의 급격한 양적 성장을 가져오게 되었다.[22]

22) NGO 단체의 성장에 대해서는 신동준·김광수·김재온, 2005, 「한국 시민단체의 성장에
대한 양적 연구」, 『조사연구』 6권 2호, 한국조사연구학회, p. 75~101; 김영호, 2003, 「민
간통일운동의 변천과정과 현황 연구: 통일NGO들의 성장과정과 특징 분석을 중심으로」,

여기에는 일련의 한국 사회의 변화가 자리하고 있다. 즉, 1987년 민주화항
쟁 이후의 '절차적 민주주의'의 진전과 더불어 냉전의 해체는 '민중'을 해체하
고 '시민'을 그 자리에 대체시켰다.[23] 시민의 성장은 몇 가지 중요한 변화를
가져왔다. 특히, '평화와 통일'/ '북한과 미국'에 대한 시민의 의식이라는 측면
에서 중대한 변화를 가져왔는데, 냉전적 안보의식의 약화, 평화공존의 가치
증대, 미국의 재인식 그리고 개인주의적 가치의 증대와 체제 규정력의 강화
등을 들 수 있다. 이러한 정체성의 변화는 '미국=절대선, 북한=악마'라는 이
분법적 의식의 해체를 가져왔고, 남북의 양 체제에 의해 형성된 국가적 정체
성과 동시에 시민적 정체성을 강화시켰다.[24] 그리고 이는 보편적 가치에 대
한 인정과 수용 현상을 강화시켰다. 평화운동의 전개에는 이러한 정체성의
변화가 깊게 관련을 맺고 있는 것으로 보인다. 그것은 민주화의 공간이 확대
되면서 통일운동이 적극화되지만 동시에 냉전의 해체에 따른 안보 공포감의
감소 및 남북 교류의 활성화에 따른 전쟁에 대한 객관적 태도의 변화, 체제
규정력의 강화에 따른 남과 북에 대한 탈민족적 사고의 확대 등이 '평화로운
공존'에 대한 암묵적 합의를 증대시켰고, 다른 한편으로는 당면한 긴장과 갈
등을 접하게 되면서 평화의 시급함을 깨닫게 된 것 등과 관련한다.
'민중'에서 '시민'으로의 변화는 1987년 이후, 발전하기 시작한 시민사회의
성장과 궤를 같이한다. 또한, 1990년대의 탈냉전은 한국의 시민사회를 억눌

『통일부 신진학자연구논문집』, 서울: 통일부, pp. 107~156.
[23] 이에 대해서는 정영철, 2008, 「민주화와 통일의 역동성과 시민사회의 발전」, 『남북관계
에서의 시민사회역할과 진로모색』, 우리민족서로돕기운동 발표 자료집(서울, 9월)을 참
고.
[24] 이러한 정체성 논란은 앞으로도 엄밀한 학술적 논의를 거쳐야 할 것이다. 여기서 말하
는 국가적 정체성과 시민적 정체성은 언뜻 모순된 것으로 보이지만, 북한문제에 있어서
'민족적 패러다임'의 맹목성에 대한 집착이 약화되고 '대한민국'의 자기 규정성이 강화되
는 현상과 더불어, 과거 '국민'으로 호명되던 국가주의로부터 점차 자율성을 함의하는
'시민적 정체성'이 강화되는 현상을 동시에 강조하기 위해 사용하였다.

러왔던 '이념의 굴레'에서 벗어나도록 했으며, 급속한 자본주의의 발전은 시
민사회 성장에 토대가 되었다. 또한, '87년 민주화항쟁' 이후, 사회운동은 과
거의 계급 및 민중에 기반한 정치 중심의 사회운동과 달리 비계급적이며, 비
정치적 요구를 중심으로 한 소위 '신사회운동'으로 점차 발전하여 갔다.25) 그
리고 이러한 시민사회에 기반하여 조직되고 활동하는 시민단체들의 경우,
1990년대 들어 본격적으로 조직되어 활동하기 시작하였다.

〈표 1〉 민간단체 설립추이(전체분포: 892/ 단위, %)

구분	시민사회 일반	여성	청년 학생	법, 행정, 정치	인권 추모사업	평화 통일	소비자 생활	전체
1940~49	4.39	2.35	3.28	0	0	1.02	0	2.02
1950~59	0.88	3.76	4.92	0	1.03	1.02	0.59	1.79
1960~69	6.14	6.75	1.64	0	4.12	3.06	1.18	4.26
1970~79	6.58	11.74	9.84	0	1.03	9.18	1.76	6.61
1980~89	9.21	21.60	11.48	4.0	18.56	15.31	15.88	15.13
1990~99	61.84	38.97	57.38	56.0	54.64	51.02	57.06	53.03
2000~02	10.97	15.01	11.48	40.0	20.62	19.38	23.53	17.15

* 출처: 『시민의 신문』, 「21세기 NGO의 대동여지도」, 2003 한국민간단체총람 출판
기념회(2003.1.28.) 배포자료. 11쪽(김영호, 2003, 「민간통일운동의 변천과정과 현황
연구: 통일NGO들의 성장과정과 특징 분석을 중심으로」, 『통일부 신진학자 연구
논문집』, 서울: 통일부, p. 143에서 재인용)

이러한 시민단체의 성장은 그간 재야 '민중' 세력에 의해 독점되었던 통일
운동의 분화를 가져왔으며, 1990년대 중반 북한의 위기를 계기로 자발적인 시
민사회 내의 '인도적 지원운동'이 대중적인 흐름으로 자리 잡기 시작하였다.
또한, 1998년 출범한 '국민의 정부'는 '햇볕정책'을 통해 남북 교류ㆍ협력을 적

25) 물론, 한국 사회는 서구와 같은 '구사회운동'과 '신사회운동'으로의 발전이라는 도식을
적용하기에는 어렵다. 이 글에서는 편의상 노동운동 등 민중운동을 '구사회운동'으로,
환경운동, 소비자운동 등을 '신사회운동'으로 구분한다.

극적으로 추진함으로써 그간 정부와 민간의 '투쟁 일변도'의 통일운동을 변화시키는 데 중요한 계기를 제공하였다. 그리고 다양한 시민단체가 통일문제에 대해 자신들 나름의 목소리를 내기 시작하였다. 이에 따라 통일 그 자체에 대한 다양한 견해들이 경쟁하게 되었고, 이 중에서 평화의 문제가 중요한 핵심 의제로 등장하게 되었다. 특히, 2000년대 들어와 '북한의 핵실험' 및 한반도에서의 군사적 긴장, 전쟁 위기의 고조는 평화의 가치를 재인식하고 그간의 통일운동 및 통일문제에 대해 새로운 의제를 제기하기에 이르렀다.

결국 평화운동 및 한반도 평화의 문제는 '시민' 주체의 시민운동의 성장과 그에 따른 통일운동의 분화 등을 통해서 제기되었고, 통일의 하위개념에서 점차 독자적인 영역을 구축하게 되었다. 이에 따라 통일운동에서 당연하게 제기되었던 평화의 문제를 통일운동과 어떻게 결합시킬 것인가가 중요한 의제로 제기되었다. 그리고 이는 다양한 시민사회의 출현 및 시민운동이 발전하면서 평화의 가치와 통일의 가치에 대한 담론의 풍성함이 가능해짐과 동시에 자칫 탈정치적, 혹은 분리적 사고의 우려도 높아지게 되었다.

나. 보편적 가치로서 평화와 특수한 가치로서 통일

한국에서 시민사회의 성장과 시민의식의 발전은 보편적 가치에 대한 긍정적 인식과 특수성에 대한 긍정의 분위기를 높여 놓았다. 이러한 시민의식의 변화는 평화라는 보편적 가치를 보다 중요한 것으로 인식하는 기반이 되었다. 사실, 지금까지 통일운동의 영역에 위치하였던 평화는 단지 통일의 장애요소 혹은 한반도의 불안정한 구조라는 거시적 측면에서만 고찰되었다. 그러나 평화가 생활의 문제이자 동시에 세계시민으로서 추구해야 할 보편적 가치로 인식되면서 특수한 가치로서의 즉, 한반도적 맥락에서 우리에게 제기되는 통일의 과제와 평화의 과제가 분리되어 인식된 것이다.

그러나 이러한 인식은 한편으로는 '보편적인 것으로서 평화'와 '특수한 것으로서 통일'이라는 새로운 이분법적 사고를 낳았고, 자칫 평화로운 공존 속에서 두 국가로의 분리와 분단의 현상 유지라는 부정적 사고를 확대할 가능성도 또한 높여놓았다. 사실, 남북한의 두 국가가 평화롭게 공존하는 조건에서 과연 지금까지의 '민족적 패러다임'에 따른 통일이 얼마나 설득력을 가질 수 있겠는가에 대한 문제제기와 동시에 젊은 세대들에게서 나타나는 통일문제에 대한 회피와 유보적 태도가 역설적으로 남북이 평화롭게 공존하는 것을 더욱 선호하는 것으로 나타나는 현상 등은 평화와 통일을 분리적으로 사고하는 중요한 객관적 배경을 이루고 있다.[26]

평화의 가치가 보편적임은 분명한 사실이지만, 통일문제와 관련해서는 이중적 성격을 가지고 있는 것 또한 사실이다. 즉, 평화의 추구가 통일의 주된 장벽을 제거하는 것이기도 하지만, 자칫 두 국가로의 분리 혹은 분단의 평화적 관리를 통한 분단의 논리로 기능할 가능성도 높기 때문이다. 따라서 평화의 문제는 보편적 가치로서, 그리고 당면의 과제로서 핵심적인 의제이지만 동시에 통일을 지향하는 목적성을 가질 것을 요구한다.[27] 즉, '통일을 위한 평화'로서의 적극성을 지녀야 할 것이다. 이것은 평화가 '평화 그 자체를 위한 것'으로 그치지 않고, 한반도에서 반(反)평화의 근원을 제거하는 분단의 극복, 곧 통일을 통해서만 평화가 완성될 수 있다는 지극히 현실적인 문제 때문이기도 하며, 다른 한편으로는 당면해서 평화와 통일의 분리라는 잠재적 분열을 막고 연대의 가치를 실현하기 위한 요구 때문이기도 하다.

한반도에서 평화가 구조적으로 분단과 밀접한 관련을 맺고 있음은 이미

---

26) 이러한 규정은 잠정적이다. 특히, 젊은 세대들에게서 광범위하게 나타나는 '통일회피론' 혹은 '통일유보론'은 일면 사실로 보이지만, 다른 한편 이에 대한 심층적인 조사 연구가 아직은 부족하다는 점에서 절대적인 것으로 규정하기에는 문제가 있다. 이에 대한 심층적 연구가 요구된다.
27) 이에 대해서는 조민, 2007, 『한반도 평화체제와 통일전망』, 서울: 해남을 참조.

역사적으로 증명되었다. 분단을 명분으로 한 권위주의체제의 정당화뿐만 아
니라, 안보를 매개로 한 사회적 폭력의 확대 재생산은 단지 전쟁의 위기만이
아니라 일상생활의 폭력적 구조를 강화시켜왔다.[28] 단지, 눈에 보이는 폭력
만이 아니라 문화적인 획일성과 폭력성의 내재, 전쟁 문화의 내재화 등 문화
적 폭력 그리고 억압과 착취에 대한 구조화 역시 분단을 통해 정당화되었다.
평화는 단지 폭력의 제거라는 차원만이 아니라 생활의 방식으로서 구조적
폭력과 문화적 폭력에 대한 문제까지 포괄한다. 과거 '전쟁의 부재'로서의 평
화 즉, 소극적 평화가 이제는 구조적 폭력이 제거된 상태 혹은 문화적 배제
까지를 넘어서는 것으로 인식되면서 평화는 단순한 전쟁의 제거만으로 그치
지 않게 되었다.[29] 그리고 이러한 평화의 가치에 대한 재인식은 통일문제에
대해서도 새로운 인식을 가져다주었다. 과거 남북의 교류와 협력 혹은 한반
도에서의 전쟁 제거라는 것으로 제한되었던 통일이 이질적인 것의 평화로운
공존 그리고 분단으로 인한 구조적 폭력의 제거라는 보다 더 심화된 인식을
가져다 준 것이다.[30] 이는 한반도에서 가장 큰 구조적 폭력의 원인이 분단에
있다는 것을 재확인하였다.

---

[28] 우리 사회의 폭력과 분단, 특히 전쟁과 폭력의 연관성에 대해서는 많은 연구자, 연구서
들이 출간되어 있다. 김동춘, 1997, 「국가폭력과 사회계약: 분단의 정치사회학」, 『경제
와 사회』 36호, 비판사회학회, pp. 102~127; 김귀옥, 2008, 『전쟁의 기억, 냉전의 구술』,
서울: 선인; 김동춘, 2006, 『전쟁과 사회』, 서울: 돌베개 등을 참조. 특히, 반공이데올로
기의 폭력성, 국가주의, 권위주의 등은 분단에 따른 물리적 폭력만이 아니라 문화적 폭
력까지도 정당화한 가장 강력한 통치수단으로 작용하였다.

[29] 평화에 대한 이러한 인식의 변화에는 갈퉁(Galtung)의 '평화적 수단에 의한 평화'라는 개
념이 중요한 역할을 하였다. 갈퉁은 평화를 단순한 전쟁 부재 혹은 물리적 폭력의 제거
만이 아니라 구조적 폭력과 문화적 폭력까지를 제거한 상태로 정의하였다. 그의 평화개
념은 오늘날 한국의 시민사회 진영에 광범위하게 받아들여지고 있다. 이에 대해서는 요
한 갈퉁, 이재봉 외 옮김, 2000, 『평화적 수단에 의한 평화』, 서울: 들녘.

[30] 물론 이러한 이질적인 것의 공존으로서 통일은 독일 통일의 경험 속에서 급격한 체제
통합에 대한 부정과 이질적의 공존을 통한 점진적 통일/통합에 대한 사고로부터 출발하
였다. 이에 대해서는 또 하나의 문화, 1996, 『통일된 땅에서 더불어 사는 연습』, 서울:
또 하나의 문화 등을 참조.

이렇게 본다면, 결국 평화는 보편적 가치로서 뿐만 아니라 통일이라는 한반도 가치의 실현을 위해서도 요구되고 또한 그를 통해서만이 완성될 수 있다. 그것은 우리 사회에서 가장 큰 폭력은 곧 분단에 따른 것이기 때문이다. 현재도 목도하고 있듯이, 북한과의 전쟁 위기—북한 정권만의 문제가 아닌 분단 구조의 문제이다—그리고 이를 빌미로 한 군사적 긴장의 고조 등의 냉전적 안보 논리의 확대만이 아니라, 민주주의의 문제에까지 영향을 미치고 있기 때문이다. 여전히 안보 논리를 통해 권위주의적 통치를 정당화하려는 시도가 지속되고 있고, 분단이 지속되는 한 이러한 구조는 제거될 수 없을 것이다.[31]

다른 한편, 통일 역시 한반도적 특수성의 영역에만 갇혀있어서는 안 될 것이다. 시민사회의 성장은 한반도 특수가치의 실현이라는 점에서 긍정적인 현상이지만, 다른 한편으로는 보편적 가치를 통한 정당성을 확인받지 못하는 한 그 동력을 지속할 수 없을 것이다. 즉, 통일은 평화를 통해 자체의 동력을 확대하고 풍부화하여야 할 것이다. 이는 과거 통일운동 진영이 평화의 문제를 자체의 동력과 내용으로 충분히 발전시키기 못한 것에 대한 반성이자, 앞으로의 과제라 할 것이다.[32] 결국 보편과 특수의 변증법으로서 평화와 통일은 이분법적 사고의 대상이 아니라 상호 연대 및 결합의 대상으로 되어야 한다. 그것이 평화와 통일을 둘러싼 불필요한 갈등과 분열을 막을 수 있을 뿐만 아니라, 평화-통일운동으로서의 발전을 기할 수 있는 길이 될 것이다.

---

[31] 이런 점에서 '천안함 사건'을 계기로 오히려 안보 논리마저도 민주주의의 의제로 확장되고 있는 것은 한편으로는 대단히 고무적인 현상이다. 시민사회의 성장이 정치군사적 '안보'논리에 대해서도 도전하고 있는 현상의 하나로 보인다.

[32] 이에 대해서는 이남주, 2008, 「시민참여형 통일운동의 역할과 가능성」, 『창작과비평』 36권 4호, 창작과 비평사, pp. 372~385.

4. 평화와 통일 그리고 민주주의

가. 평화와 통일: 이론과 현실의 긴장

2000년 남북정상회담에서 합의한 '6·15 공동선언'은 남북관계의 역사에서 이정표임에 틀림없다. 그러나 '6·15 공동선언'은 평화에 대한 내용이 빠져있어 통일의 과정에서 추구해야 할 평화문제에 대해서는 남북이 아직도 갈 길이 멀다는 것을 말해주기도 하였다. 그러나 이후의 남북관계의 진전에 의해, 그리고 한반도를 둘러싼 국제적인 정세의 변화는 마침내 2007년 '10·4 공동선언'을 통해 평화체제 구축과 한반도 평화에 대한 남북의 합의를 만들어내었다. 이는 통일의 과정에서 평화, 그리고 평화의 과정에서 통일이 서로 필연적인 연관을 맺고 있음을 말해주는 구체적인 징표라 할 수 있다.

평화와 통일이 개념적으로 구분되는 것은 분명하다. 그것은 평화와 통일이 추구하는 목표와 방향, 그 내용이 다르기 때문이다. 우선, 통일은 남북의 하나됨을 의미한다. 남북이 통일에 대해서 규정하는 것이 다르기는 하지만, 그 공통적 요소만을 추려본다면 통일은 그 형태로서 연합, 연방, 체제 통합 등 다양하게 논의되지만, 남북의 정치, 경제, 사회문화적 통합성을 담고 있다는 점에서는 공통적이다.[33] 따라서 통일은 이를 이루기 위한 평화적 조건, 남북의 정치, 경제, 사회문화적 변화 혹은 양측의 연계의 형식 등을 다루게 된다. 이에 반해 평화는 전쟁이 없는 상태를 넘어선 삶의 조건 및 방식과 관계된다. 즉, 남북한 통일을 위한 기반으로서 뿐만 아니라, 현재의 삶과 통일 그리고 미래의 삶의 조건과 그 방식을 모두 포괄하게 된다. 특히, '적극적 평

---

[33] 물론, 이런 점에서 북한이 규정하는 통일에 대한 개념은 보다 더 포괄적이다. 북한의 경우 통일은 상호 간의 연계 혹은 하나 됨을 넘어서 '자주권'이라는 측면에서 통일을 바라본다.

화'의 개념을 받아들일 경우, 평화는 단지 거시적인 정치, 군사적 충돌과 긴장의 극복을 넘어 압제와 불평등, 착취 등을 모두 지양하는 것으로 위치지어진다. 이런 점에서 본다면 평화는 한반도의 분단을 넘어서는 것으로까지 확대될 수 있을 것이다. 그러나 다른 한편으로 이렇게 구분되는 것임에도 불구하고 현실적으로 평화가 구체적인 지역에서 발현되는 것이라고 한다면, 한반도에서 평화는 통일을 배제하고 성취되기 어려운 것 일뿐만 아니라 평화 그자체가 불가능하게 될 것이다. 이런 점에서 그 추구하는 내용의 상이함에도 불구하고 평화와 통일은 현실에서 하나의 여정으로 진행될 수밖에 없을 것이다.

또한, 평화가 주로는 우리 사회 내부의 시민적 동력과 더불어 국제적인 연대의 가치가 보다 더 중시되는 반면, 통일은 국제적인 연대의 강조에도 불구하고 그 주된 동력이 결국은 남북한 시민/민중/민족에 두고 있다는 점에서 구분된다. 통일의 동력은 여전히 민족적 감정이 지배적이며, 이에 대한 긍·부정의 가치를 떠나 민족적 가치에 대한 이해관계와 직접적으로 연결된다고 할 수 있다.[34] 평화의 동력이 현재의 불안정한 한반도 상황에 대해 이해관계를 가진 모든 사람을 포괄할 수 있다면, 여기에는 통일보다는 남북한의 평화로운 분단 혹은 평화로운 공존만을 추구하는 사람들까지 포괄하게 될 것이다. 물론, 남북의 평화로운 분단 혹은 평화로운 공존이 항상(恒常)적인 것으로 될 수 있을까라는 의문이 남지만, 분석적으로는 가능한 것이라 하겠다. 따라서 통일과 평화는 이론적으로는 구분될 수 있는 것이 분명하다. 그러나 현실의 문제로 들어가면, 평화 역시 분단의 장애를 극복하지 못하는 상황에서

---

[34] 통일이 주로 '민족적 패러다임'에 의해 지배되어 온 것은 사실이다. 최근 이에 대해 '시민적 패러다임'의 중요성을 강조하지만, '시민적 패러다임'의 중요성을 인정한다고 하더라도 '민족적 가치'로부터 자유로울 수는 없을 것이다. 이와 관련해서는 조대엽, 2010, 「한반도 평화·통일운동과 시민적 정체성」,『社會科學研究』 49집 1호, 江原大學校 社會科學研究所.

는 불안할 수밖에 없으며, 이러한 불안정을 항구적으로 제거하는 유일한 길이 통일에 있다는 것을 상기하면 결국 평화와 통일의 동력은 거의 대부분 겹쳐지게 될 것이다. 물론, 분단으로 인한 반(反)평화를 인정하고 분단을 극복하는 것을 인정하지만, 분단의 극복이 반드시 통일이어야 하는 것에는 의문의 여지가 있을 수 있다. '분단의 극복' 역시 개념적으로는 분단선이 아닌 국경선의 개념으로 변화시켰을 때 반드시 통일이 아닐 수 있을 것이다.[35] 문제는 현재의 분단선이 국경선으로 바뀔 수 있느냐이며, 다른 한편으로는 이를 모두가 받아들일 수 있느냐이다. 국경선임을 서로가 인정했던 동·서독마저도 결국에는 무너지는 역사를 상기하면, 인위적 분단국가의 국경선은 항상적인 불안정을 내포할 수밖에 없음을 지난 역사는 증명하고 있다. 결국 평화를 위한 '분단의 극복'은 현실적으로, 혹은 적어도 가까운 현실에서는 통일 이외에서 찾기 어려울 것이다.

마지막으로 평화와 통일이 추구하는 삶의 미래이다. 평화와 통일은 모두 현재를 살고 있는 사람들의 보다 나은 미래를 개척한다는 공통성을 지니고 있다. 이념의 굴레, 정치·경제, 군사, 사회문화적 적대 구조의 청산과 자유로운 삶의 발전을 지향한다는 공통성을 지니고 있다. 냉전의 해체로 인한 이념적 굴레의 속박에서 자유로워진 것은 사실이지만, 우리는 여전히 '냉전 문화'가 아닌 '분단 문화'의 속박에서 자유롭지 못하다. 이는 최근의 천안함 사건 및 연평도 사건을 비롯한 일련의 남북관계의 불안감 속에서 경험하고 있으며, 이에 따른 정치, 경제, 사회문화적, 그리고 군사적 사태 전개에서 확인하였다. 이렇게 본다면, 평화운동이든 통일운동이든 그것이 사람들의 삶의 변화와 관계되며, 나아가 미래의 삶을 개척한다는 점에서는 단단한 교집합을 형성하고 있다.

---

[35] '분단의 극복'을 통일이 아닌 '분단의 국경선화'로 할 경우, 이는 결국 Two Korea 논리와 맞닿게 될 것이다.

　결국 평화와 통일은 분석적으로 분명히 구분된다. 그러나 현실에서의 여정은 상호 보완 및 필연적인 연대의 필요성이 보다 더 큰 것이 사실이다. 즉, 현실에서는 잘 구분되지 않는 것이다. 이를 이론적으로 구분하고, 개념적으로 독자적으로 설명하는 것은 분명 필요하지만 다른 한편으로는 이러한 차이의 확대가 얼마나 평화와 통일에 긍정적일 것인지에 대해서는 신중한 고찰이 요구된다. 결국 다르지 않는 하나의 여정을 이론적으로 구분하고, 서로의 발전을 위한 건설적인 토론으로 이어지도록 하는 것이 더욱 요구되는 것이 '현실'인 것이다.

나. 평화를 위한 통일, 통일을 위한 평화

　앞서 말한 대로, 평화와 통일은 현실에서는 하나의 여정일 수밖에 없다. 그것은 우리의 처지에서 평화 우선이냐, 통일 우선이냐의 문제라기보다는 두 가지 모두가 삶의 문제와 직결되는 것이자, 이의 실현을 위해서는 연대가 우선되어야 하기 때문이다. 물론, 평화와 통일을 개념적 구분을 통해 명확하게 자기의 위상을 정립하는 것은 필요한 일이다. 그러나 앞서 설명했듯이, 그러한 개념 구분이 서로의 발전을 보다 더 단단하게 엮어 줄 때 의미 있는 것이 될 것이다. 평화와 통일이 다르지 않는 하나의 여정이라고 할 때, 그것의 성취 역시 서로에게 필수불가결한 상호 영향의 한 묶음이라 할 것이다. 즉, 평화의 성취가 법·제도적 측면, 사회문화적 측면, 국제적인 측면에서 이루어져야 할 것이라면, 통일 역시 법·제도적 측면, 사회문화적 측면, 국제적인 측면에서 이루어져야 한다. 그러나 그 구체적인 성취의 내용은 구분될 뿐 아니라, 그 진행 역시도 상이한 것이 사실이다.

　우선, 한반도에서의 평화는 법·제도적으로 평화협정의 체결, 주한미군 문제의 해결─외국군 기지문제의 해결, 적대적 관계의 평화적 관계로의 전환─

북미 수교와 북일 수교 등—등을 통해 거시적인 평화 구조를 만드는 것이 당면의 과제로 제기된다. 그러나 한반도에서의 평화체제는 이러한 법·제도적 측면만이 아니라 군사적 신뢰 구축 및 군비 통제, 군축 등으로까지 나아가야 한다.[36] 그러나 우리가 평화를 전쟁 방지에 그치는 '소극적 평화'가 아닌 구조적 폭력까지를 배제하는 '적극적 평화'로 사고한다면, 사회적, 문화적 가치관의 변화도 수반해야 할 것이다.[37] 또한, 한반도의 평화는 법적·제도적 장치의 마련에서 필연적으로 주변국과의 복잡한 함수관계를 풀어야 하는 고차원의 방정식이기도 하다. 이를 위해서는 직접적으로 관련되는 미국, 중국, 그리고 러시아와 일본까지를 포괄하는 나아가서 더 많은 국가들을 포괄하는 평화적인 관계를 형성해야 할 것이다. 그러나 이 모든 것이 가능하기 위해서는 그 무엇보다도 남북관계의 평화적인 관계의 정착이 우선되어야 한다. 그것은 한반도의 직접적인 물리적 대치가 남북 사이에서 형성되어 있고, 최근의 천안함 및 연평도 사건, 조금 더 거슬러 올라가면 3차례에 걸친 서해 교전 등 우리 역사에서 군사적 충돌의 담당자는 바로 남북이기 때문이다.[38] 1991

---

[36] 평화협정은 평화체제 구축의 하위요소라 할 수 있다. 따라서 평화협정은 평화체제 구축의 필요조건일 수는 있어도 충분조건은 아닌 것이다. 김학성, 2008, 「북미관계의 개선 전망에 따른 한반도 평화체제 구축의 예상 경로」, 『한국정치외교사논총』 29집 2호, 한국정치외교사학회, p. 247: 이렇게 본다면, 평화협정의 체결이 평화체제의 수립을 가져오지는 않는다. 그러나 평화협정의 체결이 당사국들의 종전과 평화를 위한 '정치적 결단'을 의미한다고 한다면, 평화협정의 체결은 평화체제 구축의 중요한 진일보라고 할 수 있다. 특히, 북미관계 정상화가 평화협정이나 한반도 평화체제의 핵심을 구성한다는 것을 고려하면, 평화협정의 체결은 한반도 평화체제 구축에 필수적인 논리적 기반을 이루게 된다. 박건영, 2008, 「한반도 평화체제 구축을 위한 한국의 전략」, 『국방연구』 51권 1호, 국방대학교 안보문제연구소, p. 68.

[37] 이러한 문제의식을 깊게 드러내고 있는 것이 바로 '평화 국가'구상이라고 할 수 있다. 이에 대해서는 참여연대, 2008, 『평화백서 2008』, 서울: 아르케.

[38] 이와 관련, 남북의 휴전선을 경계로 1953~1994년까지의 정전협정 위반을 집계한 결과는 남북의 평화적 관계의 형성이 시급할 뿐만 아니라, 평화체제 구축의 필요성을 잘 보여주고 있다. 유엔사가 집계한 북한의 정전협정 위반 사례는 약 42만 5271건이며, 북한이 주장한 남한의 위반 건수는 83만 5563건이다. 조성렬, 2010, 「한반도 평화협정 논의의 재등장 배경과 향후 전망」, 『JPI정책포럼』, 제주평화연구원(제주, 2월); 이와 관련 서보

년 합의한 남북기본합의서에 비록 남북 간의 불가침에 대한 합의가 이루어
졌지만, 실질적인 의미를 갖지 못한 채 사그라들었고, 결국에는 북핵문제의
와중에서 남북한과 미국, 중국까지 참여하는 평화협정을 고리로 한반도 평화
체제에 대한 논의가 진행되고 있다. 특히, 2007년 '10 · 4 선언'을 통해서 합의
한 '남과 북은 현 정전체제를 종식시키고 항구적인 평화체제를 구축해 나가
야 한다는데 인식을 같이하고 직접 관련된 3자 또는 4자 정상들이 한반도지
역에서 만나 종전을 선언하는 문제를 추진하기 위해 협력해 나가기로 하였
다'는 문구는 역사상 처음으로 남북이 한반도 평화에 대해 구체적인 문제를
놓고 합의를 이루었다는 점에서 획기적인 진전이라 할 수 있다.[39] 비록 이후
의 과정에서 이의 실현은 어렵게 되었지만, 중요한 것은 이 과정이 남북한의
관계 진전을 통한 것이었다는 점이다. 즉, 남북한의 관계가 진전되고 남북이
통일을 위한 노력을 경주할 때, 평화를 위한 구체적인 실천적 방도에서도 합
의할 수 있고 상호 실천할 수 있는 가능성이 높아진다는 점이다. 이 역시 통
일문제의 진전이 결국 평화의 진전에도 중요한 계기가 되는 것이자, 그의 실
현에도 한발 더 가까이 다가갈 수 있음을 보여준다 하겠다. 다만, 평화가 법
적, 제도적 장치를 통해서 실현되는 것이 아니라고 한다면, 우리에게 주어진
평화의 과제도 '과정으로서의 평화'가 될 것이다.[40]

혁 · 박순성은 한반도 냉전구조 구성의 핵심 양자관계를 남북관계와 북미관계로 규정하
고, 남북관계가 '통일을 향한' 평화체제의 단계로까지 나아가지 못할 경우, 한반도 평화
체제는 불안전할 수밖에 없음을 주장하고 있다. 서보혁 · 박순성, 2007, 「중간국가의 평
화외교 구상: 한국 통일 · 외교 · 안보 정책의 전환과 과제」, 『동향과 전망』 71호, 한국사
회과학연구소, p. 156.
39) '10 · 4 공동선언' 제4항.
40) 법 · 제도적 장치는 필수적이지만, 이는 충분한 요건이 되지 못한다는 것은 1990년대 이
후 세계 각국에서 일어난 내전의 50%가 평화협정을 통해 종료되었지만, 체결된 평화협
정의 50%가량은 5년 이내에 파기되며, 10년 이내에 파기되는 협정은 더 많고 10년 이상
유지되는 협정의 경우에도 평화도 전쟁도 아닌 어중간한 상태를 유지하는 규범으로 남
아있는 것에서 알 수 있다. 최철영, 2007, 「국제법상 평화조약과 한반도 평화협정」, 『민
주법학』 35호, 민주주의법학연구회, p. 152, 각주 12)에서 인용.

한편, 통일의 성취는 곧 한반도 분단의 극복 상태 즉, 분단으로 인한 정치, 경제, 사회문화 등의 모든 장애를 해소하는 것을 의미한다. 또한 통일은 단순한 분단의 극복을 넘어서서 남북의 새로운 삶의 기회를 만들어가게 된다. 통일의 형태는 여러 가지로 다양하게 나타날 수 있다. 과거 남북이 서로를 흡수 혹은 타도의 대상으로 설정했던 시기에는 어느 일방에 의한 흡수통일 혹은 체제통일이 통일방안으로서 유일한 선택지였다면, 오늘날에 와서는 연합, 연방 등 다양한 형태의 통일방안이 제기되고 있다. 특히, 2000년 정상회담 이후 남북이 합의한 '연합·연방의 공통성을 지향하는 방향에서의 통일'은 분단 이후, 남북이 처음으로 통일방안 혹은 그에 이르는 길을 합의했다는 점에서 획기적인 사변이라 할 만하다. 이는 곧 남북의 통일방안이 결국에는 점차 하나로 수렴 가능한 지점에까지 이르게 되었고, 다른 한편으로는 어느 일방으로의 흡수통일 혹은 체제통일이 적어도 현실에서는 가능하지 않거나 부정적인 것임을 남북 모두가 인정한 것이라 하겠다.[41] 통일방안의 문제는 주로 법·제도적 차원에서의 남북의 통일을 집약하고 있다. 문제는 이렇게 어떠한 형태로든 통일을 성취하기 위해서는 이를 위한 기반을 마련해야 하며, 이는 정치적 연합, 경제적 협력, 사회문화적 연대 등의 제도적 장치가 마련되어야 하며, 나아가서는 이를 위한 가치관의 변화를 수반해야 한다. 따라서 정치적 합의 못지않게 지금부터의 경제, 사회, 문화적 교류와 협력이 요구되고, 이는 남북 신뢰의 증진은 물론 서로의 적대적 감정과 분단의 가치를 우호적 감정과 연대의 가치로 만들어가는 중요한 실천 행위가 될 것이다.[42] 더욱이 중요한 것은 '6·15 공동선언'에서 언급했듯이, 통일이 양 체제의 공존과 공통성을

---

[41] 남북한의 통일방안은 역사적으로 점차 수렴 가능한 방향으로 변화해왔다. 남북의 통일방안이 여러 가지 차이점을 내포하고 있음은 분명하지만, 다른 한편으로는 공존과 통일의 단계적 과정을 설정하고 있다는 점에서는 공통성을 지니고 있다.
[42] 남북교류협력이 가지는 의의에 대해서는 정영철·한동성, 2008, 『서울과 도쿄에서 평양을 말하다』, 서울: 선인.

인정하는 방향에서 이루어져야 한다는 남북의 합의를 기반으로 한다면 급격한 체제 변화를 수반하는 혹은 어느 일방의 체제를 강요하는 통일은 지양되어야 할 것이며, 결국 점진적이고 단계적인 방식의 통일을 추구해야 할 것이다. 이는 통일이 동·서독과 같은 이벤트로서가 아니라 '과정으로서의 통일'이어야 함을 의미한다. 한편, 통일은 주변국과도 새로운 관계를 형성하도록 한다. 즉, 한반도의 지정학적 의미로서뿐 아니라 현실적으로 남과 북의 통일은 한반도를 둘러싼 주변국들의 협력 혹은 최소한의 승인을 요구한다. 물론, 한반도는 동·서독과 같은 승전국의 승인을 요구하지 않는 국제법적으로 자유로운 통일 의사를 관철할 수 있는 차이점을 가지고 있다.43) 그러나 현실적으로 통일에 이르는 과정에서 주변국들의 협력 혹은 최소한의 승인을 얻지 못할 경우 그 과정은 순탄치 못할 것이며, 나아가서는 통일에 심대한 장애가 될 것이다. 더욱이 한반도의 지정학적 요인 때문에 통일 이후의 체제 혹은 대외 성격 등을 어떻게 규정하는가 하는 문제 역시 우리의 문제이자 동시에 국제적인 문제가 될 것이며, 이는 직접적으로 주변국들과의 관계를 얼마나 잘 형성할 것인가에 의해 규정될 가능성이 높다. 결국, 통일의 성취는 분단에 의해 형성된 군사적 대결 구조의 해체와 한반도의 평화체제를 필연적으로 요구하고, 해결하게 한다. 이는 결국 통일의 성취 과정이 평화의 성취 과정이기도 하다는 것을 의미한다. '과정으로서 통일'인 만큼 그 과정은 결국 '평화'의 성취인 것이기도 하다.

이렇게 본다면, 한반도 평화체제의 구축은 결국 '과정으로서 통일'을 촉진하는 전제조건의 창출이라는 현실적 의미로 해석되어야 하며,44) 다른 한편으

---

43) 물론, 이는 남북의 통일의지에 대해서 그렇다는 의미이다. 즉, 동·서독과 달리 승전국에 의한 승인이 요구되지는 않는다. 이는 한반도 평화체제의 구축을 위해서도 비슷하다. 즉, 남북한뿐만 아니라 주변국들과의 신뢰구축, 예방외교 및 위기관리, 군비 통제 및 군축 등을 통해 안보딜레마로부터 벗어날 수 있어야 한다. 구갑우, 2006, 「한국의 '평화외교': 평화연구의 시각」, 『동향과 전망』 67호, 한국사회과학연구소, p. 137.

로는 통일된 국가가 평화국가로서의 발전지향을 분명히 하는 과정이어야 할 것이다. 그리고 이는 곧 '통일을 위한 평화'이자 동시에 '평화를 위한 통일'이 변증법적으로 결합되는 것이 될 것이다.

다. 평화, 통일 그리고 민주주의

평화와 통일은 위에서 보듯이, 개념적으로 구분되지만 현실에서는 '다르지 않는 하나의 여정'이라 할 수 있다. 그러나 여기서 우리가 또 하나 제기해야 할 문제는 평화와 통일의 과정이 민주주의의 확고한 기반 위에서 전개되어야 한다는 점이다. 이는 단지, 민주주의와 평화, 민주주의와 통일의 관계 문제일 뿐만 아니라, 민주주의의 기반이 없이는 한반도 상황에서 언제든 평화와 통일에 역행하는 현상이 나타나고, 그를 위협하게 된다는 점이다. 이미 우리가 경험하고 있듯이 민주주의의 후퇴는 한반도에서의 평화의 위협, 통일의 위협으로 나타나고 있다. 오늘날 천안함 사태를 바라보는 하나의 시선은 곧 평화의 위협, 안보 위기의 증대가 '민주주의'에 있어서도 심각한 위협을 초래하는 것이자, 반대로 민주주의의 후퇴가 안보 위기를 통해 이를 정당화시킬 수 있음을 보여주고 있다.[45] 즉, 비판적 평화담론이 넘어서고자 하는 '안보담론'의 강화는 민주주의의 후퇴를 불러오며, 동시에 민주주의의 후퇴는 '안보담론'이 강화될 수 있는 영양분을 제공하게 되는 것이다.

사실, 평화는 구조적 폭력을 통해서 더욱 위협받게 된다. 그리고 이러한

---

44) 김학성, 2008, 「북미관계의 개선 전망에 따른 한반도 평화체제 구축의 예상 경로」, 『한국정치외교사논총』 29집 2호, 한국정치외교사학회, p. 247.

45) 천안함 사건을 둘러싼 우리 사회 내부 논쟁이 민주주의 의제를 오히려 부각시키고 있다는 것에 대해서는 정영철, 2010, 「천안함 사태에 대한 남북의 입장과 대응」, 『천안함 사태에 대한 남북의 입장·대응의 평가와 출로의 모색』, 제109회 흥사단 통일포럼 발표논문집(서울, 7월).

구조적 폭력은 '반(反)민주주의' 사회의 중요한 특징으로 제기된다. 우리의 역사에서 민주주의의 진전이 결국은 평화와 통일의 공간을 만들어왔고, 특히 민중－시민의 참여를 가능하게 했던 것은 민주주의가 평화와 통일의 주체를 형성하는데 결정적이었음을 증명해주고 있다. 지난 역사가 증명하듯이, 평화와 통일은 권력의 정당성을 보장받는 가장 중요한 수단이었고, 이를 독점함으로써 통치의 수단으로 사용하였다. 따라서 민주주의의 기반 없이는 평화와 통일이 오히려 정치 권력의 도구로서, 그리고 시민 주체를 배제함으로써 평화와 통일이 언제든 수단화 될 수 있다. 분단 그 자체가 폭력이라는 점에서 평화와 통일을 위한 주체로서 개혁－진보세력은 평화－진보세력, 통일－진보세력이 되어야 하며, 이는 민주주의의 토양에서 평화와 통일을 지향해 나가는 정치세력이 되어야 할 것이다.[46] 따라서 이 시점에서 평화와 통일, 민주주의에 대해서 평화와 통일을 위한 기반으로서 민주주의와 평화와 통일의 진전이 곧 민주주의의 공고화를 가져온다는 것을 명확히 할 필요가 있다. 이를 위해서는 시민사회의 역할이 대단히 중요하다. 평화와 통일, 민주주의의 발전에서 가장 핵심적인 것은 이것이 소수의 독점물이 되거나 혹은 '배제'의 원리가 허용되어서는 안 된다는 점이다. 이런 점에서 보자면, 현재 정부에 의해서 통일문제의 배제 원리가 작동하고 있는 것은 그 자체로 반통일적일 뿐아니라, 민주주의의 발전에 역행하는 것이라고 할 수 있다.

5. 나가며

지금까지 우리에게 평화와 통일은 하나의 개념이었다. 그러나 1990년대 후

---

[46] 서동만, 2006, 「6 · 15시대 남북관계와 한반도 발전구상」, 『창작과 비평』 34권 1호, 창작과 비평사, pp. 224~230.

반부터 평화의 중요성 및 그 개념의 확장을 통해 평화와 통일이 서로 구분되는 것으로 인식되기 시작했고, 오늘날에는 평화와 통일에 대한 긴장된 관계를 나타나고 있다. 특히, 통일이 자칫 혼란을 가져올 가능성에 대한 우려, 그리고 더욱 시급한 것으로서 한반도 평화에 대한 강조는 평화와 통일이 하나가 아닌 서로 다른 과정일 수 있다는 것을 확인시켜주고 있다. 그러나 앞서도 살펴보았듯이, 개념적 구분과 현실의 문제는 갈라 보아야 한다. 개념적으로 구분된다고 하더라도 현실에서는 그 과정이 동일한 과정의 동전의 양면일 수 있으며, 더욱이 우리의 처지에서 평화와 통일의 시급성을 따지는 것은 자칫 우리 내부의 분열을 통해 결과적으로 그 어느 것도 제대로 수행할 수 없게 될지도 모른다.

평화와 통일은 현실에서 '다르지 않는 하나의 여정'일 수밖에 없다.[47] 남북이 온전한 두 개의 국가로서 완전히 분리되는 경우를 상상하는 것은 적어도 당분간은 그 자체가 '공상'적 사고의 결과일 가능성이 높다. 이런 점에서 평화와 통일을 분리하는 것은 현실의 분리가 아니라 이론의 분리에 불과할 수 있다. 더욱 중요한 것은 이러한 변화가 우리에게 평화운동과 통일운동의 상호 반성을 요구하고 있다는 점이다. 즉, 통일운동이 평화운동이 가지는 거대한 동력과 긍정성을 제대로 포섭해내지 못하고, 평화 그 자체를 통일에 부속된 하나의 구호 혹은 현실의 정치적 과제로밖에 인식하지 못한 것은 분명 반성해야 할 지점이다. 또한, 평화운동이 기존의 통일운동에 대한 비판을 건설

---

47) 이런 점에서 보자면, 구갑우의 다음과 같은 지적은 평화와 통일의 결합 가능성을 '평화담론'의 진영에서도 인정하고 있다는 것을 보여준다. 즉, 그는 '평화담론과 중도적 통일담론의 접점을 찾으려는 노력도 진행되고 있다. 즉, 평화와 통일을 결합한 '평화·통일담론'이다'고 지적한다. 구갑우, 2008, 「한반도적 맥락의 비판적 평화·안보 담론: '평화국가 담론' 재론」, 『한국과 국제정치』 24권 3호, 경남대학교 극동문제연구소, p. 115. 그러나 그가 평화·통일담론으로의 접점을 인정하면서 평화·통일담론을 전통적 통일담론과 구별되는 것으로 보는 것은 진보 진영의 통일담론을 지나치게 이분화하고 있다는 인상이다. 통일담론 역시 역사적으로 변화를 거듭했다는 점을 인정하면, 전통적 통일담론을 정형화된 틀로 가두어두는 것은 피해야 할 것이다.

적 대안으로 발전시키는 것이 아니라 분리된 운동으로 정립하려고 한 것 역시 반성을 요하는 지점이다.

앞서도 보았듯이, 평화와 통일은 우리의 현실에서 결국 서로를 요구하는 것이자 그 실현을 위해서는 필연적인 해결 과제로 제기된다. 통일을 위해서는 한반도의 평화가 필수적이듯, 평화는 통일을 통해 완성된다. 이는 곧 '통일을 위한 평화'이자 동시에 '평화를 위한 통일'이 우리의 과제임을 말해준다. 결국 '평화통일'인 것이다.

'적대적 상호 의존관계론' 비판

1972년 남한 유신헌법과 북한 사회주의헌법 제정을 중심으로

손호철 · 방인혁

1. 들어가며

1990년대 초반 이후 남북한관계의 발전적 전개에 따라 우리 사회에서 남북한관계의 독특한 행위 및 관계유형을 이론화하려는 시도들이 제기되었다. 이것은 과거 냉전과 권위주의 정권 시대의 적대일변도의 남북한관계가 변화할 수밖에 없는 현실을 반영하는 것임과 동시에 현실사회주의 진영 붕괴 이후 남북한 사이의 접촉과 교류 및 협력의 확대와 심화에 따른 당연한 귀결이라 할 수 있을 것이다.

백낙청의 '분단체제론,'[1] 이종석의 '거울영상효과(mirror image effect)와

---

[1] 백낙청의 '분단체제론'은 "남북한이 각기 다른 체제(즉 사회제도)를 가졌으면서도 양자가 교묘하게 얽혀 분단현실을 재생산해가기도 하는 구조적 현실을 좀 더 확연히 인식하기 위해 이를 '분단체제'로 파악하는 것이 필요하다"(백낙청, 1998,『흔들리는 분단체제』, 서울: 창작과 비평사, p. 17)는 문제의식에서 출발한다. 백낙청의 분단체제론에 대한 본격적인 정치학적 비판은 손호철, 이종석 등에 의해 이루어졌다. 손호철의 비판의 요지는, 첫째, 세계체제의 하위체제로서 분단체제라는 백낙청의 주장에 대해 체제의 필요조건인 자기완결성과 내적 노동분업이 남북한 간에는 부재하다는 점, 둘째, 분단체제의

적대적 의존관계론,'[2] 박명림의 '대쌍관계 동학(interface dynamics)'[3] 등의 이
론들은 남북한관계와 남한 및 북한의 존재와 정책 등이 상대의 국내정치와
전략적 대응 및 사회 전반에 미치는 영향들을 체계적이고 구조적으로 파악하
려는 시도들이었다. 그러나 한 연구자가 올바로 지적했듯이, 그들의 주장들
은 "부지불식간에 분단 이래 남북한 각각의 국내정세가 서로 심대한 영향을
미쳤다는 것을 하나의 공리(公理)처럼 무비판적으로 믿는 경향"[4]에서 자유롭

자기재생산이라는 논거인 남북한 양측의 기득권 세력이 분단에 공통된 이해를 가졌다
는 주장의 오류 즉, 남북의 기득권 세력이 분단유지에 일정한 이해관계를 가졌다는 점
을 인정하더라도 힘의 역관계의 격차 속에서 우세한 쪽은 분단혁파에 더 큰 이해관계를
가져왔다는 점, 셋째, 분단체제론이 의거한 월러스타인(Immanuel Wallerstein) 등 세계체
제론의 문제점 즉, 북한을 비롯한 사회주의 국가들이 자본주의 세계경제의 일부라는 주
장의 오류 등을 근거로 분단체제론을 비판한다(손호철, 1995, 『해방 50년의 한국정치』,
서울: 새길, pp. 287~331 참조). 이종석은 백낙청의 분단체제론이 분단의 재생산 측면을
강조함으로써 분단이 세계냉전체제의 직할구조라는 점을 중시하지 않고 세계 냉전체제
와 맺어온 수직적 상호관계 측면을 간과한다고 비판한다(이종석, 1998, 『분단시대의 통
일학』, 서울: 한울, pp. 27~33 참조).

[2] '거울영상효과(mirror image effect)'란 사회심리학자인 브론펜브레너(Urie Bronfenbrenner)
가 1961년 냉전 당시의 미소관계를 설명하는 이론으로 제시한 것인데, 적대적인 일방의
행위가 상대방에게 대칭적인 반작용을 일으키고 또 그것이 상승작용을 일으키는 효과
를 말한다(Bronfenbrenner, Urie, 1961, "The Mirror Image in Soviet-American Relations: A
Social Psychologist's Report," *Journal of Social Issues*, Vol. 17, No. 3 참조). 이종석의 거울
영상효과론과 적대적 의존관계론은 백낙청의 분단체제론과 마찬가지로, 남북한 기득세
력의 분단유지에 관한 암묵적이든 명시적이든 공동 이해와 합의를 선험적으로 전제하
고 있는 것으로 보인다.

[3] 박명림은 분단체제론과 거울영상효과론 등 남북한관계에 관한 이론들이 관계의 측면에
만 초점을 맞추는 것에 비판적 태도를 보이면서, 남북한 사이의 관계와 내부를 동시에
볼 수 있는 방법론으로서 남북한관계를 '대쌍관계 동학(interface dynamics)과 적대적 의
존관계론'으로 파악할 것을 제안한다(박명림, 1997, 「분단질서의 구조와 변화: 적대와 의
존의 대쌍관계 동학, 1945-1995」, 『국가전략』 3권 1호, 세종연구소, p. 44). 박명림의 대
쌍관계 동학론은 분단체제론이나 거울영상효과론이 남북한 사이의 관계를 중심으로 그
것이 남북한 각각의 내부질서에 작용하는 측면만을 강조하는 데 반해, 서로 독립적인
이념과 체제에 입각하여 국가의 발전을 추구해온 남북한 분단국가의 행위가 남북한관
계에 미치는 영향까지 파악하게 해 줄 수 있다는 점에서 진일보한 이론으로 보인다. 그
러나 대쌍관계 동학이 갖는 이런 이론적 유용성에도 불구하고, 박명림은 남북한 사이의
관계를 설명하는 또 하나의 이론적 도구로 적대적 의존관계론을 받아들임으로써, 오히
려 대쌍관계 동학이 갖는 설명력과 바람직한 문제의식을 약화시켜 버리고 있다.

지 못했다.

사실 외생적 분단에서 동족상잔의 전쟁까지 경험한 남북한 사이에서 서로의 존재에 대한 두려움과 경쟁의식은 말할 필요조차 없을 만큼 분명히 존재했었다. 따라서 서로의 국내외 정책상의 변화나 정치변동 내지 상대적 힘의 균형에서의 변화는 상대로 하여금 적절한 대응을 요구했음은 필지(必至)의 사실이라 할 수 있을 것이다. 그러나 한편으로 남북한은 독자적인 이념과 체제 및 정권 형태를 갖고 일정한 영토 내에 통치권을 행사한 사실상의 국가였으며, 남북한의 적대와 경쟁도 자기의 이념과 체제 및 권력의 정당성에 우선 기반을 두어 진행되었다는 측면에서, 모든 것을 분단의 원인으로 귀착시키는 것은 문제가 있다.

또한 국내정치적 통합의 제고와 국민의 동원을 위한 상대 존재의 위협의 부각 등도 위협의 실재에서부터 남북한 권력 담당자들의 국내 권력정치적 필요에 따른 자의적 조작에 이르기까지 다양한 방식으로 존재했다. 분단 이후 오늘에 이르는 남북한관계의 올바른 이론화를 위해서는, 이렇게 서로 상충되는 부분들에 대한 적절한 분석 및 평가에 기반을 두어야 함에도, 현재 우리 사회에서 제기된 남북한관계에 관한 대부분의 이론들은 남북한 국내정치에 대한 상대방 변수의 영향을 선험적으로 전제하는 경향이 있다. 현재 대부분의 남북한관계론들이 의심 없이 수용하고 있는 남북한 '적대적 의존관계론'은 이런 선험적 전제에 입각한 것이다.

'적대적 의존관계'란 "남북한이 서로 상대방과의 적당한 긴장과 대결국면 조성을 통해서, 이를 대내적 단결과 통합, 혹은 정권 안정화에 이용하는 관계"[5]를 말한다. 즉 적대적 의존관계론을 주장하는 사람들은 서로 적대적인 상대

4) 류길재, 2005, 「남북한 관계와 북한의 국내정치: 남한 요인은 결정적 변수인가?」, 경남대학교 북한대학원 편, 『남북한관계론』, 파주: 한울, pp. 210~211.
5) 이종석, 1998, 『분단시대의 통일학』, 서울: 한울, p. 22.

방의 존재와 그 환기를 통해 특히 적대 상대국의 권력 담당자들이 자기 권력
의 안정화를 도모하는 것으로, 적대적인 상대의 존재가 오히려 적대하는 상
대 정권들 쌍방에 이익이 된다고 본다. 백낙청, 이종석, 박명림 등 서로 조금
씩 차이 나는 남북한관계론을 제기한 학자들 모두는 비중에서 차이는 있지
만, 대부분 공통적으로 적대적 상호의존을 당연시하는 경향을 보이고 있다.

또한 적대적 의존관계론은 분단 지속과 평화에 대한 위협의 책임을 남북
한 정권 모두에 있다고 보는 양비론적 시각과도 무관치 않은 것으로 보인다.
그러나 이런 태도는 "장기적인 역사적 경향으로서의 남북한 간 연관성을 선
험적으로 설정하여 남한과 북한 각각의 내부에서 벌어진 사건을 상대방의
특정한 정책이나 정치적 사건과 연계시켜 설명하는 것에 익숙하다. 그러나
이는 남북관계의 역동성을 사상하고 사후적 정당화 또는 선험적 결론이 경
험적 과정을 지배하는 오류를 초래할 우려가 있다"[6]는 지적이 타당하다고
본다.

적대적 의존관계를 남북한관계에 적용하는 경우 생기는 문제점들은 대략
다음과 같다고 생각된다. 첫째, 남북한 정권들의 정당성 기제를 과도하게 상
대요인에 귀착시킴으로써, 남북한의 국가 형성과 건설 과정에서의 독특성이
나 차이를 무시하는 과도한 일반화의 우려가 있다. 둘째, 적대적 의존관계론
에 따르면, 남북한 정권은 권력의 정당성을 상대방의 존재와 위협에서 찾게
되는데, 분단 이후 남북한 분단국가의 권력 정당화의 가장 큰 명분은 분단국
가로서의 한계에도 불구하고 각각의 이념과 체제에 상응하는 정치, 사회, 경
제 발전의 성과라는 점을 무시하게 된다. 셋째, 적대적 의존관계론에 따르면
남북한 정권은 위협적인 상대의 존재를 통해 정치적 이득을 얻게 되므로, 자
기의 이념과 체제로의 통일 지향성을 부차시하게 된다.

---

6) 류길재, 2005, 「남북한 관계와 북한의 국내정치: 남한 요인은 결정적 변수인가?」, 경남대
학교 북한대학원 편, 『남북한관계론』, 파주: 한울. p. 212.

이와 같은 비판적 문제의식에서, 남북한 적대적 의존관계론을 비판적으로 검토하고자 한다. 이를 위해 이 논문은 많은 논자들에 의해 남북한 적대적 상호의존의 대표적 사례로 거론되고 있는 1972년 남한 유신헌법과 북한 사회주의헌법의 제정 과정을 비교 검토함으로써, 남북한 적대적 의존관계론이 갖는 문제를 실증적으로 비판할 것이다. 또한 적대적 의존관계론 비판을 근거로 대안적 남북한관계론 정립에 포함되어야 할 연구 대상들을 고찰할 것이다. 결론에서는 현실 정합적이고도 평화와 통일을 지향하는 규범성도 담보하는 올바른 남북한관계론의 정립을 위해 남북한 적대적 의존에 대한 비판이 갖는 함의와 대안적 연구방법론 구축의 필요성을 제안할 것이다.

2. 1972년 남한 유신헌법과 북한 사회주의헌법 제정 과정의 비교

남북한 적대적 의존관계를 주장하는 논자들은 백낙청이 지적한 것처럼, 1997년 12월 대통령선거 과정에서 이회창 후보 진영의 북한에 대한 제한적 무력 공격 요구 의혹을 비롯하여 몇 가지 사건들을 논거로 제시하고 있다.[7] 이 가운데 특히 분단 이후 최초의 당국 간 접촉에 의한 1972년 7·4 남북공동성명 발표 직후 남북한이 각각 새로운 헌법을 개정 혹은 제정하여 최고지도자

---

[7] 흔히 적대적 의존관계론의 또 하나의 주요 증거로 주장되는 것은 1996년 4월 총선을 앞둔 시점에서 판문점 공동경비구역으로의 북한 인민군 무장부대 진입 사건이다. 그러나 1994년 10월 21일 북미 제네바기본합의 체결 이후 대미 평화공세를 강화하던 당시 북한의 입장을 고려하면, 이 사건은 1996년 4월 16일 빌 클린턴(Bill Clinton) 대통령의 방한 직전에 발생했다는 점에서 총선을 앞둔 남한과의 적대적 의존보다는 북한의 대미 평화협정 외교공세로 보아야 한다고 생각한다. 이처럼 적대적 의존관계론은 남북한 기득세력 간의 분단유지를 통한 정치적 목적에의 악용을 선험적 전제로 하고, 남북한관계 및 한반도를 둘러싼 대외환경과의 정밀한 교차 분석을 경시하면서 마치 자기충족적 예언으로 자리 잡을 수 있다는 점에서 경계를 요한다고 본다.

를 중심으로 한 권위주의 체제를 강화한 사실은 거의 모든 논자들에 의해 의심의 여지없는 적대적 의존의 사례로 거론되고 있다.

사실 유신체제의 등장과 북한 사회주의헌법에 의한 유일체제의 제도화는 다음의 몇 가지 점을 고려한다면 적대적 의존의 사례로 생각될 만한 심증적 추론의 여지가 있는 것이 사실이다. 즉 첫째, 1972년 10월 유신헌법 그리고 두 달 뒤인 12월 북한의 사회주의헌법이 통과되었다는 시기적 근접성과, 1971년 8월 적십자회담에 이어 1972년 5월 이후락과 박성철의 특사교환에 이은 7 · 4 남북공동성명 발표 직후라는 시기적 민감성을 고려할 때 그러하다. 둘째, 1972년 남북한 각각의 헌법 개정과 제정은 남북한에서 최고지도자를 중심으로 하는 강력한 집권화된 권위주의체제를 출범시킨 헌법적 내용의 유사성을 갖기 때문이기도 하다. 이런 근거로 인해 남한의 유신체제와 북한의 제도화된 수령 중심의 유일지도체제는 서로 적대하면서도 닮아간다는 적대적 의존관계의 정당성을 뒷받침하는 강력한 실증적 사례로 받아들여진 것으로 보인다.

그러나 한 연구자의 지적대로, "그렇다면 수령제 정치체제의 등장 즉, 사회주의헌법의 제정은 남한요인과 어떤 관련이 있나? 이를 입증할 만한 증거는 어디에서도 발견할 수 없다는 것이 이 문제에 관한 진실"[8]이라는 언명에서 볼 수 있듯이, 자료에 의해 검증되지 않은 심증적 추론에 불과한 사실임을 알 수 있다. 적대적 의존관계를 강력히 주장하던 이종석 역시 북한의 유일체제와 남한의 유신체제 등장을 분단의 적대적 쌍생아라고 주장하면서도, 사회주의헌법이 제정된 최고인민회의 제5기 제1차 회의에서의 김일성의 시정연설 "우리나라 사회주의 제도를 더욱 강화하자"나 『로동신문』 등에서 남한의 유신체제에 대한 언급이 없었다는 사실을 들어, "역설적으로 주석제 신설이 유신체제와 어느 정도 상관성이 있음을 나타내는 것으로 볼 수 있다"[9]는 옹

---

8) 류길재, 2005, 「남북한 관계와 북한의 국내정치: 남한 요인은 결정적 변수인가?」, 경남대학교 북한대학원 편, 『남북한관계론』, 파주: 한울, p. 227.

색하고 비과학적인 추론적 주장에 머물고 있다.

이처럼 적대적 의존관계론자들이 스스로 사례를 들어 입증하지 않고 심증적 추론에 입각한 주장만을 남발함으로써, 적대적 의존관계론이 갖는 문제점을 과학적으로 반박하기 위해서는 1972년 남북한 각각의 헌법 개·제정 과정을 실증적으로 비교 분석할 필요가 있다. 이를 위해 아래에서는 1972년 남북한의 헌법 출현을 전후하여 헌법 개·제정을 정당화하는 남북한의 논리들을 검토하고, 그에 영향을 미쳤을 것으로 보이는 당시의 국제정세, 남북한관계 및 남북한 각각의 정치, 군사, 경제 및 사회, 문화의 상태를 기준으로 1972년 남북한 헌법을 비교적 시점에서 분석하기로 한다.

가. 1972년 남한 유신헌법과 북한 사회주의헌법 정당화 논리

1972년 7·4 남북공동성명 발표 이후 남북조절회담과 남북적십자회담 등이 진행되면서 평화와 통일에 대한 국민의 기대감은 높아갔다. 그러나 공동성명 발표 다음 날인 7월 5일 당시 국무총리 김종필은 국회 보고에서 남북회담에 대한 환상은 금물이고 유엔은 외세가 아니며, 국가보안법과 반공법의 엄존 및 두 개의 한국 불인정 등 기존의 입장이 불변임을 천명했다. 특히 7월 7일 박정희 대통령은 국무회의 석상에서 7·4 남북공동성명에 대한 지나친 낙관의 경계와 반공교육의 지속적 강화를 지시함으로써 남북한관계의 전도에 대한 우려를 낳게 했다.

북한 역시 동년 8월 19일 기존에 반복해서 주장했던 '남북 제정당·사회단체 연석회의'를 조선 정당·사회단체 연합 성명 형식으로 제안하여, 7·4 남북공동성명에 따른 남북한 정부 당국자 간 회담과 합의의 의의를 격하시키

9) 이종석, 1998, 『분단시대의 통일학』, 서울: 한울, pp. 204~207.

고 있음을 보여 주었다. 동년 10월 12일 판문점 자유의 집에서 개최된 남북조절위원회 공동위원장 제1차 회의는 남북한의 현격한 입장 차이를 확인하는 계기가 되었다. 즉 남측은 남북조절위원회의 우선 구성 발족, 사회적 이질화 극복과 민족적 동질성 회복의 점진적 추구 및 쌍방의 자기 체제 보호와 상대의 체제 내적 문제에의 불간섭과 교류 협력의 세 가지 사안을 강조하였다. 반면 북측에서는 대내적 반공정책의 포기와 공산주의 용납, 통일과 관련 자유민주주의체제 옹호 중지, 유엔의 외세 인정 및 주한미군의 철수와 한국군 전력증강과 군사훈련 중지 등을 요구했다.

무엇보다 여기서 주목되는 것은 남한 측이 쌍방의 체제 보호와 상대 체제에 대한 불간섭을 강조한 점이었다. 북측의 주장이 당시 남한 정권의 입장에서 도저히 수용하기 어려운 조건들이었다는 점에서 회담 진행에서의 명분 쌓기라는 인상이 강했다면, 남측의 주장은 내정불간섭을 이유로 내부의 정치적 급변에 대한 북한 측의 개입 명분을 차단하고자 한 것은 아닌가 의심될 수 있는 것이었다.

남북한관계의 전도에 석연치 않은 여러 문제점들이 예견되었음에도 불구하고 몇 차례 접촉이 진행되던 가운데, 1972년 10월 17일 박정희 대통령은 평화통일 분위기 조성과 급변하는 대외정세 변화에의 대응을 명분으로 '대통령 특별선언'을 발표하고, 국회 해산과 정치활동 금지 등 헌법 기능의 일부 정지와 개헌에 착수할 것임을 선포했다. 이른바 유신헌법에 따른 유신체제로의 이행을 선언한 것이었다.

유신헌법의 탄생과정에서 남북한관계와 관련하여 흥미로운 점은 그것이 평화통일을 뒷받침하기 위한 민족주체세력의 형성을 명분으로 내세웠다는 점이다.[10] 박정희가 유신헌법 채택의 명분으로 북한과의 대결이 아닌 평화통일

---

10) 노중선 편, 1996, 『남북한 통일정책과 통일운동 50년』, 서울: 사계절, p. 160.

을 내세운 것은 7·4 남북공동성명 이후 남한 국민들의 고조된 통일 열망 등 일련의 내외적 상황 변화에 따른 것으로 보인다. 그러나 12월 국민투표를 통해 통과된 유신헌법에는 평화통일 조항의 신설과 대통령 간선을 위한 통일주체국민회의 설치를 제외하면, 평화통일과 관련된 요소들은 발견되지 않는다. 이런 측면에서 직전의 10월 12일 개최된 남북조절위원회 공동위원장 제1차 회의에서 남측이 상대방의 체제 내적 문제에의 불간섭을 강조한 사실과 아울러 생각한다면, 박정희 정권은 남북회담의 진전과 평화통일을 명분으로 복잡한 국내정세 속에서 장기집권을 위한 정권적 실리를 추구하여 일정 정도 소득을 챙긴 것으로 볼 수 있을 것이다.

남한에서 유신체제로의 전환이 마무리되던 시점인 1972년 12월 25~28일 북한은 최고인민회의 제5기 제1차 회의를 개최하여 '조선민주주의인민공화국 사회주의헌법'을 채택하였다. 김일성은 동 회의의 시정연설 「우리나라 사회주의 제도를 더욱 강화하자」에서 채택된 사회주의헌법의 의의에 대해 다음과 같이 규정했다. "새로 작성된 사회주의헌법은 우리나라에서의 사회주의혁명과 사회주의건설의 성과들을 정확히 반영하고 있으며 사회주의사회에서의 정치, 경제, 문화 분야의 제 원칙들과 공민의 기본 권리와 의무를 규정하고 있으며 국가기관들의 구성과 임무, 활동원칙들을 규제하고 있습니다. 사회주의헌법은 공화국북반부에 수립된 사회주의 제도와 프로레타리아 독재를 법적으로 옹호하고 로동계급의 혁명위업을 수행하는데 복무할 사명을 지니고 있습니다."[11] 이를 통해 알 수 있듯이 1972년 북한의 사회주의헌법은 과도기 즉, 북한에서의 인민민주주의 혁명 수행을 위한 1948년 '조선민주주의인민공화국 헌법'을 대체하는 것으로, 북한이 본격적인 프롤레타리아 독재 시기로 이행했음을 법적으로 선언하는 의미를 갖는 것이었다.

---

11) 조선로동당출판사 편, 1984, 『김일성 저작집 27』, 평양: 조선로동당출판사, p. 604.

북한의 1972년 사회주의헌법 제정은, 소련이 1918년 7월 10일 제정된 '러시아 사회주의 연방 소비에트 공화국 헌법[레닌(Vladimir Lenin)헌법]'을 사회주의적 생산관계로의 개조 등 과도기 임무의 완성과 함께 1936년 12월 5일 '소비에트 사회주의헌법[스탈린(Iosif Stalin)헌법]'으로 대체한 것이나, 중국의 경우 기존에 헌법 역할을 하던 1948년 제정된 '중국인민정치협상회의 공동강령'을 1954년 9월 20일 제1기 전국인민대표대회 제1차 회의에서 채택된 '중화인민공화국 헌법'으로 대체한 것과 마찬가지로, 북한의 혁명과 건설의 새로운 단계로의 진입을 선언한 것으로 볼 수 있다. 즉 유신헌법이 자유민주주의를 표방하는 국가에서 비상조치를 통해 탄생된 비정상적인 것이라면, 북한의 1972년 사회주의헌법은 현실사회주의 국가들의 관행으로는 정상적인 절차에 해당하는 것으로 평가할 수 있을 것이다.

달리 말하면 1972년 북한 사회주의헌법은 북한 자체의 혁명과 건설의 발전과정에 내생적인 것으로, 적대적 의존관계론자들이 주장하는 것과 같은 대남대결과 적대를 위한 내부 권력의 단일화나 강화와는 무관한 것일 수 있다는 말이다. 위의 김일성의 시정연설 중 사회주의헌법의 의의를 규정하는 데서 남한과 관련된 언급은 맨 마지막 부분의 "공화국북반부에서 사회주의헌법의 실시는 사회의 민주화를 실현하며 조국의 자주적 평화통일을 위하여 투쟁하는 남조선인민들을 힘차게 고무할 것입니다"[12] 뿐이다. 그러나 이는 직접적인 대남 영향력이라기보다는 간접적인 고무와 추동의 역할을 기대하는 것으로, 동 헌법이 북한 내부조건 변화의 산물임을 짐작하게 하는 것이었다.

물론 1972년 북한 사회주의헌법의 내용이 주석이나 중앙인민위원회 신설 및 내각의 정무원으로의 격하 등 유일지배체제를 강화한 것으로 남한 유신헌법과의 유사성을 갖는 것은 사실이었다. 그러나 이 문제를 균형 있게 평가

12) 조선로동당출판사 편, 1984, 『김일성 저작집 27』, 평양: 조선로동당출판사, p. 611.

하기 위해서는, 후술하겠지만 당시 남북한이 직면했던 내외적 상황과 조건에 대한 연구가 선행되어야 할 것이다. 다만 여기서 우선 언급해 두고자 하는 점은 적대적 의존관계론이 주장하듯이 1972년 남북한 헌법이 갖는 시기와 내용상의 평면적 유사성을 기준으로 실증적 연구를 생략한 채 분단의 적대적 쌍생아로 선험적으로 예단해서는 안 된다는 사실이다.

위에서 언급한 바 있듯이, 이종석이 지적한바 당시 『로동신문』 등에서 유신헌법에 대한 비난이 없었다는 사실이나, 10월 12일 남북조절위원회 공동위원장 제1차 회의에서 남측의 자기 체제 보호와 상대 체제 문제에의 불간섭 주장 등에 대해 북측이 강하게 반발하지 않았던 사실들을 근거로 적대적 의존관계의 작동을 주장할 수도 있다.

그러나 북한이 이후 1973년 8월 8일 김대중 납치사건을 빌미로 남북조절위원회 남측 공동위원장 이후락의 경질 등을 요구하다가 8월 28일 일방적으로 남북대화의 중단을 선언한 것 등을 미루어 보면 달리 판단할 여지도 있다. 즉 남한의 박정희 정권은 내외적 조건에서 불가피하게 수용해야 될 데탕트 및 남북대화를 통해 장기집권이라는 정권적 실리를 확보했다. 반면 동일한 조건에서 북한은 7·4 남북공동성명을 통해 자주, 평화통일, 민족대단결의 조국통일 3원칙을 남한 당국으로부터 수락하게 하는 명분[13]을 취하는 방식으로 비대칭적 이익 교환이 이루어졌다. 이는 적대적 의존관계론자들의 주장처럼 상대방과의 적대를 명분으로 한 자기 권력의 강화라기보다는, 두 분단

[13] 자주, 평화, 민족대단결의 조국통일 3대 원칙은 북측의 기존 요구와 원칙이 보다 많이 반영된 것으로, 7·4 남북공동성명 직후뿐만 아니라 1990년대 탈냉전 이후에도 남한 내 보수세력들의 불만사항으로 남아 있었다. 따라서 남한에서는 1989년 9월 11일 노태우 대통령의 '한민족공동체통일방안'이나 1994년 8월 15일 김영삼 대통령의 '한민족공동체 건설을 위한 3단계 통일방안' 등에서 민족대단결 대신 '민주'를 제시했다. 이에 반해 북한에서는 1997년 8월 4일 김정일의 「위대한 수령 김일성동지의 조국통일 유훈을 철저히 관철하자」에서 1980년 발표한 '고려민주연방제 통일방안'과 1993년 김일성의 '조국통일을 위한 전민족대단결 10대 강령'과 함께 7·4 남북공동성명에서의 '조국통일 3대 원칙'을 현재 '조국통일 3대 헌장'으로 내세우고 있다.

국가인 남북한이 내외 상황 변화에 따라 적대적 경쟁의 형태가 변화된 사실상 외교전의 일종으로 서로 목적을 달성하자 대화를 단절로 몰고 간 것으로 볼 수도 있기 때문이다. 여하튼 이런 가정을 실증하기 위해서도 당시의 국제환경과 남북한 각각의 내부적 상황에 대한 종합적 고찰이 긴요하다고 생각된다.

나. 1972년 남북한 헌법과 당시 국제 상황의 연관성

제2차 세계대전 이후 지속되었던 냉전체제는 1960년대 말에 들어서면서 변화의 조짐을 보이기 시작했다. 1968년 미국의 달러위기와 함께 서방에서 미국의 절대적 패권이 약화 조짐을 보인 동시에, 미국 국내적으로도 베트남전에 대한 반전운동의 격화 등으로 미국의 냉전체제 고수능력은 심각히 제약 당했다. 이미 1968년 1월 베트민(Viet Minh, 베트남독립동맹)과 베트콩(Viet Cong, 베트남민족해방전선)의 구정(Tet) 대공세 이후 베트남에서 미국의 패전의 그림자가 짙어지는 가운데, 미국의 닉슨(Richard Nixon) 대통령은 1969년 7월 괌 독트린을 발표하여 아시아의 전쟁은 아시아인에게 맡긴다는 구상을 발표했다. 이와 함께 닉슨 행정부는 중국과의 관계 개선에 적극적으로 나서 중소분쟁을 이용하여 아시아 지역에서 중국을 통해 소련을 견제하려는 구상을 실천에 옮기게 되었다. 1972년 2월 닉슨의 중국 방문과 '상하이 코뮤니케'를 통한 관계정상화 과정에의 합의 및 동년 5월 소련 방문으로 SALT-Ⅰ(Strategic Arms Limitation Talks, 전략무기제한협정)과 ABM(Anti-Ballistic Missile, 탄도요격미사일) 조약 체결 그리고 1972년 9월 1일 중일 국교정상화 등은 한반도를 둘러싼 동북아에도 데탕트의 물결이 대세가 되었음을 보여 주는 사건들이었다.

이런 국제정세의 변화가 분단국가인 남북한에게는 기회와 도전의 이중적 과제를 부여하는 것이었다. 즉 한편으로는 주변 강대국들 간 관계 개선으로 긴장 완화와 평화의 조건을 부여받은 만큼 이에 대한 적응을 요구받았으며, 다른 한편으로는 분단과 전쟁의 기억으로부터 자유롭지 못한 상태에서 쌍방의 동맹 변화 가능성에 대비하여 안보를 확보해야 하는 것이었다.

사실 데탕트에의 적응이라는 문제는 냉전적 대결과 사고 속에 단련되어 온 분단국가인 남북한의 내부구조 등을 감안할 때 그리 용이한 일이 아니었다. 우선 남한에서 데탕트는 대북안보의 핵심적 장치로 생각해온 주한미군의 부분 철수로 이어짐으로써 안보위기감을 조성했다.14) 미국은 닉슨의 괌 독트린에 따라 1970년 1월부터 주한미군의 철수를 시작하여 1년 후인 1971년 2월 군사분계선 29km를 담당하던 미 제2사단의 철수를 완료했다. 뿐만 아니라 미국은 남한의 근대화와 한국군의 전력증강을 예상하여 5년 이내에 주한미군의 완전철수를 계획하고 있었다. 이에 대해 남한은 1970년 8월 24일 방한한 애그뉴 부통령(Spiro Agnew)에게 주한미군 2만 이상 삭감 불가, 향후 5년간 20~30억 달러의 한국군 전력 보강 특별 군사원조 제공 및 유사시 미군의 즉시 개입의 문서보장을 요구했다. 그러나 심각한 재정적자 상태 해소를 위해 국방 예산의 54%를 차지하는 인건비 삭감에 주력했던 미국의 입장에서 주한미군의 철수는 양보할 수 없는 사안이었다.

또한 하야시(林建彦)의 연구에 따르면, 당시 미국은 북한의 위협에 대해 상당히 낙관적인 견해를 갖고 있었고, 미군철수 이전 우선 안보보장을 요구하는 남한에 대해 남북대화에 나설 것을 권고했다고 한다.15) 즉 하야시는 당시 마이켈리스(John H. Michaelis) 주한미군 사령관의 "전쟁의 위험은 임박한 것이 아니다. 내가 한국에 부임하기 전이었던 1·21 사건과 게릴라 12명, 30명

---

14) 주한미군 철수와 이 시기 한국의 안보위기에 대해서는 하야시 다케히코(林健彦), 최현 역, 1989, 『남·북한 현대사』, 서울: 삼민사, pp. 202~210 참조.

15) 하야시 다케히코(林建彦), 최현 역, 1989, 『남·북한 현대사』, 서울: 삼민사, p. 209.

이 동해안에 상륙했을 때 전쟁이 임박한 것이 아닌가 하고 우려한 적이 있으나, 1969년 2월에 내가 서울에 부임한 후에는 그런 걱정을 할 필요가 없었다"는 발언을 인용하여, 북한에서 1969년 1월 조선인민군 당위원회 제4기 4차 전원회의에서 김창봉, 허봉학 등 군부 강경파들이 좌경 군사모험주의로 숙청된 이후 북한의 도발 위험이 상당히 사라졌다는 인식을 미국이 갖고 있음을 보여 준다. 또한 포터(William J. Porter) 주한 미국 대사의 발언, "얼마 전에, 남북의 대화가 가능한 범위와 분야를 찾아보기 위해 북한 측에도 눈을 돌리는 것이 좋지 않으냐는 미국의 견해에 대해 한국 측과 토의할 권한을 워싱턴으로부터 얻고 있다"를 인용하여, 1971년 8월 12일 최두선 남측 적십자사 총재의 남북적십자회담 제의와 1972년의 7·4 남북공동성명이 미국 측의 의도와 상당히 연관이 깊은 것임을 짐작하게 한다.

이로 미루어 보면, 남한의 박정희 정권으로서는 미국의 낮은 대북 위협인식과 남북대화 권고를 수용했을 개연성이 높다고 보아야 할 것이다. 박정희로서도 이미 1970년 8·15 경축사에서 남북의 평화공존과 선의의 경쟁을 제안한 바 있었지만, 주한미군 철수라는 안보위기 사태에 직면하여 남북대화 이외의 나름대로의 안보적 대안을 모색해야 할 필요가 있었을 것이다. 유신헌법으로 개헌하게 된 1972년 10월 17일 '대통령 특별선언'에서 박정희가 개헌의 필요성으로 평화통일 준비와 함께, 대외 상황의 급변에 대처하기 위한 것이라는 점을 내세운 것은 바로 이런 측면에서 이해되어야 할 것이다. 즉 박정희의 유신체제는 평화통일의 기반 조성이라는 명분과 함께, 장기집권의 실리 추구와 데탕트, 특히 주한미군 철수로 인한 안보위기를 돌파하기 위한 나름대로의 선택일 수 있었다는 점이다.

당시 국제 상황의 변화를 바라보는 북한의 시각도 역시 이런 이중적 과제를 인식하고 있음을 알 수 있다. 닉슨의 중국 방문 직전이었던 1972년 1월 10일 김일성은 일본 『요미우리신문(讀賣新聞)』 기자들의 질의에 대한 대답 「조선민주의인민공화국의 당면한 정치, 경제정책들과 몇 가지 국제문제에 대하여」에서, 닉슨의 중국 방문을 미국의 궁박한 처지의 반영으로 보았다. 그러나 김일성은 곧 미국의 약화에도 불구하고 제국주의의 침략적 본성은 변하지 않을 것이라고 경계하며, "본래 제국주의자들은 어려운 처지에 빠져 들어가면 〈평화〉의 간판 밑에 침략과 전쟁 책동을 교활하게 감행하는 법"16)이라고 주장했다. 이런 언급을 통해 알 수 있듯이, 당시 북한의 입장은 데탕트를 미국의 약화와 패배로 인식하면서도, 여전히 미국의 침략 가능성을 경계하는 이중적 태도를 보이고 있었다. 따라서 북한의 대남 및 대미 자신감은 일부 고조되었고, 이를 바탕으로 적극적인 남북대화에 나서 통일 등 민족문제에서의 명분을 확보하고자 하였다. 다른 한편으로는 사회주의헌법의 제정을 통해 스스로 자평하는 사회주의혁명과 건설에서의 성과를 제도화하여 유일지배체제를 강화함으로써, 데탕트가 야기하는 안보 불안에 대응하려고 했던 것으로 보인다.

이처럼 1972년 남한의 유신헌법과 북한의 사회주의헌법은 데탕트가 가져온 기회의 이용과 동시에, 그로 인한 안보적 위기라는 이중적 사태에 대처해야 하는 분단국가 남북한의 전략적 선택의 산물이라는 측면이 강하다고 할 수 있을 것이다. 즉 남북한 적대적 의존관계론이 주장하듯 상대의 존재와 위협을 빌미로 한 자기 체제의 강화라는 마키아벨리적 권력정치의 산물이라기보다는, 분단국가로서의 남북한이 안정된 냉전체제의 붕괴라는 국제 상황의 급변에 대처하기 위한 합리적인 생존전략의 산물로 파악할 수 있다는 말이다. 특히 이런 측면은 유신헌법과 사회주의헌법의 시기적 및 사후 결과적 근접성에도 불구하고, 권력정치적인 적대적 의존의 결과가 아님을 반증해 주는 요인들로 볼 수 있을 것이다. 이런 추정은 1972년 남북한 헌법이 탄생한 국내

16) 조선로동당출판사 편, 1984, 『김일성 저작집 27』, 평양: 조선로동당출판사, pp. 48~49.

상황적 맥락을 검토함으로써 보다 분명해질 것으로 생각된다.

다. 1972년 남북한 헌법 탄생의 국내 정치, 경제, 사회 상황적 맥락 비교

국제안보환경의 변화에 보다 민감할 수밖에 없는 분단국가 남북한의 특수성을 감안하더라도, 한 나라의 헌법이 갖는 특성과 규범성을 제대로 판단하기 위해서는 무엇보다 국내적 맥락에서의 평가가 근본이라고 할 것이다. 즉 1972년 남북한의 헌법이 각각의 국내 정치, 경제 및 사회문화의 현실을 올바로 반영하고 미래지향적 발전을 지향한 것인지의 여부는 해당 헌법에 대한 규범적 평가와 아울러, 남북한 적대적 의존관계론이 전제하는 헌법의 권력정치적 이용 여부를 판가름할 수 있는 척도가 되기 때문이다.

1960년대 말 세계경제의 공황과 함께 남한은 차관기업의 부실화로 대표되는 심각한 축적의 위기에 봉착했다. 이 시기 남한의 경제적 위기는 "외자와 수출에 의존한 종속적 자본축적의 내재적 모순이 세계경제의 불황 심화라는 외적 요인이 매개가 되어 나타난 국민경제의 재생산구조의 위기였던 것이다."[17]

이런 경제적 위기에 대응하여 박정희 정권은 자본수출의 새로운 고리로 등장한 국제통화기금(IMF: International Monetary Fund)의 정책 개입 허용과 원리금 상환 부담이 없는 외자 유치를 목적으로 한 1970년 '수출자유지역설치법' 제정 및 대내적으로 사적 자본의 이익 지원을 위한 1972년의 8·3사채 동결조치 등을 발표하였다. 이와 함께 외국인 투자 촉진을 위한 1970년 1월의 '외국인 투자기업의 노동조합 및 노동쟁의 조정에 관한 임시조치법' 제정 등 기존의 반노동적 정책을 더욱 강화했다. 그 결과 이 시기 남한의 경제위

---

[17] 손호철, 2003, 『현대 한국정치: 이론과 역사 1945-2003』, 서울: 사회평론, p. 290.

기는 경제성장 과정에서 소외되었던 민중들의 생존권 투쟁을 촉발시켜, 외국 파견 노동자들의 대한항공 빌딩 점거농성 사건, 광주대단지 도시빈민 폭동 및 1971년 11월 청계피복 노동자 전태일의 분신 사건 등 사회적위기로 발전 될 수밖에 없는 구조를 내장한 것이었다.

이에 대해 정부는 1971년 12월 '국가 보위에 관한 임시조치법' 발동 등 강 경일변도의 자세를 유지함으로써 사태는 더욱 악화될 소지를 갖고 있었다. 이런 경제적 · 사회적 위기에 더하여 박정희 정권을 결정적 궁지로 몰아넣은 것은 1971년 대선과 총선의 결과였다. 1969년 3선 개헌을 통해 정권 재창출에 나선 박정희는 부정선거에도 불구하고 신민당 김대중 후보에게 근소한 차이 의 승리를 거두는 데 그쳤을 뿐만 아니라, 총선에서는 서울의 19석 가운데 1 석 당선 등 최악의 결과를 거둠으로써 권력의 안정적 유지에 심각한 위기를 느끼게 되었다. 이처럼 박정희 정권은 1972년 7 · 4 남북공동성명에서 10월의 유신체제 구축과정까지 국제 상황의 급변이라는 위기와 함께, 국내적으로도 정치, 경제, 사회 전반에 걸쳐 심대한 권력의 위기를 맞고 있었다.

따라서 10월 17일 '대통령 특별선언'으로부터 시작된 유신체제의 구축과정 은 박정희 장기집권의 안정적 유지를 위한 정략적 선택의 결과라는 혐의를 지울 수 없게 되었다.

한편 이 시기 북한의 김일성 정권은 남한의 박정희 정권과 마찬가지로 국 제 상황 변화에 따른 도전과 과제를 떠맡게 되었으나, 국내적으로는 상당히 다른 조건에 처해 있었음을 확인할 수 있다. 먼저 정치적으로 북한은 1967년 5월 개최된 조선로동당 중앙위원회 제4기 15차 전원회의에서 그동안 대남정 책 등에서 당의 노선과 정책에 반대가 많았던 갑산파(甲山派) 박금철, 리효순 등을 숙청하고 유일지배체제의 확립을 시작했을 뿐만 아니라, 1969년 1월의 조선인민군 당위원회 제4기 4차 전원회의에서는 1968년 1 · 21 청와대 기습 기 도와 동년 10월 울진 · 삼척 무장 게릴라 남파 등 대남 강경노선의 책임을 물어 김창봉, 허봉학 등 군부 강경파를 숙청함으로써 김일성 중심의 유일지배 체제가 공고화되었다.

경제적으로도 북한은 1962년 12월 조선로동당 제4기 5차 전원회의에서 경제건설과 국방건설 병진정책이 채택된 이후, 제1차 인민경제발전 7개년 계획이 3년간의 조정기를 거치는 등 어려움을 겪기는 했지만 성공적으로 수행되어, 1970년 9월 개최된 조선로동당 제5차 당대회에서는 사회주의 공업국가로의 전변(轉變)이 선언되었다. 이를 발판으로 북한은 인민경제발전 6개년 계획(1971~1976년)을 입안한 상태였다.[18] 특히 인민경제발전 6개년 계획은 서방을 비롯한 외국으로부터의 자본과 기술의 도입에 의거, 이를 이용하여 생산한 제품을 수출해 외채 상환을 계획한 것으로 북한 역사상 최초의 경제개방 실험으로 평가된다. 물론 북한의 이런 계획은 결과적으로는 1973년 오일쇼크(Oil shock) 등 세계경제 불황의 구조화로 실패하였다. 그러나 1960년대 말에서 1970년대 초반까지 북한 경제에는 남한이 경험한 축적위기의 징후가 없었던 것이 확실하고, 북한 역사를 통틀어 경제적으로 가장 자신감을 가질 만한 시기였다고 평가될 수 있을 것이다. 이처럼 동 시기 남한과 비교할 때, 북한은 정치 및 경제의 양면에서 가장 안정된 시기였고, 따라서 사회적으로도 어떤 분열의 징후가 부재했던 시기로 평가될 수 있다.

1970년대 초반 남북한 각각의 국내 상황적 맥락을 고려한다면, 적어도 남한의 유신헌법이 정치, 경제, 사회적으로 위기를 수습하고 권력의 안정을 도모하기 위한 시도의 결과이고, 북한의 사회주의헌법은 상대적으로 안정된 조건에서 사회주의혁명과 건설의 성과를 제도화하기 위한 것이었다는 평가가 가능할 것이다. 예를 들면 당시 국내적으로 심각한 정치적 도전에 직면치 않았고 경제적으로도 새로운 계획을 출범시키는 조건하에서, 북한 김일성 정권

---

[18] 이에 대해서는 조선로동당 중앙위원회 당력사연구소, 1979, 『조선로동당략사 2』, 평양: 조선로동당출판사, 제10장 참조.

의 입장에서는 어떤 모험적인 정치적 변화를 시도할 하등의 이유가 없었던 것으로 볼 수 있을 것이다. 반면 남한의 박정희 정권으로서는 자본주의 세계 경제와의 긴밀한 연관이 초래한 축적의 위기와 이로 인한 사회 및 궁극적으로 정치적 위기에서 벗어나기 위해서 모종의 비상적인 특단의 조치를 필요로 했음을 의미한다.

이처럼 국내 상황의 맥락에서 판이한 남한 유신헌법과 북한 사회주의헌법을 시간적 근접성과 최고지도자의 권력 강화라는 결과적 유사성을 근거로 남북한 적대적 의존관계의 산물로 평가할 수 있을 것인가? 최소한 다음 몇 가지의 의문에 대한 해명이 없다면, 이는 성립되기 어려운 주장이라고 본다.

첫째, 국내 상황에서 어려움을 겪고 있던 박정희 정권의 권력안정화를 위해 북한이 적대적 의존의 대가로 무엇을 취득했던 가의 문제이다. 북한의 입장에서 사회주의헌법은 이미 확립된 성과의 제도화를 통한 유일지배체제의 공식화 이외에 어떤 권력정치적 필요성이 발견되지 않는다.

둘째, 설령 위기에 처한 박정희 정권이 북한과의 남북대화를 통해 돌파구를 마련하고자 하는 변형된 적대적 의존의 의도가 있었더라도, 이에 응한 북한의 의도가 박정희 정권에 대한 권력정치적 협력에 있는 것이 아니라면, 이는 적대적 의존이 아닌 적대적 경쟁의 변종으로 보아야 한다는 점이다.

셋째, 1973년 1월 베트민, 베트콩과 미국 사이에 체결된 베트남 종전을 위한 파리회담 이후 북한은 동년 8월 28일 남북대화 중단 선언과 1974년 3월 25일 미 의회에 보내는 최고인민회의 편지로 조미 평화협정 체결을 제의하는 등 남한을 배제하려는 의도를 명백히 했다. 이는 직접적 경쟁자인 남한에 대한 대결 자세가 기본 전략임을 알 수 있게 하는 것인데, 적대적 의존관계론으로는 대답하기 힘든 문제가 된다는 점이다.

이미 앞에서도 말한 바 있지만, 1972년 남북한 헌법의 출현과정이 남북한 적대적 의존관계의 사례로 입증되지 않는다고 해서 곧바로 남북한 적대적 의존관계론 자체를 부정하는 것은 일반화의 오류이다. 그러나 반대로 적대적 의존관계론이 어떤 일부의 사항에 의해 심증적 혹은 사실적으로 증명된다고 해서 이를 남북한관계 전반의 특징으로 주장하는 것 역시 동일한 오류라 할 것이다. 따라서 남북한 적대적 의존관계론의 실재 여부를 판단하기 위해서 는, 개별 사례들에 대한 실증적 연구 성과를 토대로, 국제적 요인과 국내적 요인 및 남북한 사이의 관계 요인들을 종합적으로 교차시켜 확인해야 할 것이다.

1972년 남한 유신헌법과 북한 사회주의헌법은 시기적 근접성과 결과적 유 사성에도 불구하고, 그것이 국제적 상황 변화에 대한 분단국가 남북한의 대 응이라는 측면이 주된 것이고, 각각의 국내정치적 맥락과의 일치 여부가 판 이하다는 점에서, 적대적 의존이 아닌 적대적 경쟁의 변종으로 보아야한다.

이처럼 남북한의 기본관계는 적대적 경쟁을 주축으로 하여 국면에 따라 화해 · 교류 · 협력과 적대가 반복되어 나타났고, 향후에도 관계 진전을 위한 적극적 제도화를 고민하지 않으면 이런 패턴의 지속이 반복될 우려가 크다 고 본다. 이 점에서도 적대적 의존관계론이 가정하는 남북한 기득세력 내지 공안세력들 간의 야합이라는 심증적 추론을 강조함으로써, 민중을 소극적 주 체로 전락시킬 수 있는 위험을 경계해야 한다. 왜냐하면 남북한의 기본관계 는 권력을 담당한 세력들이 아니라 결국에는 전 민족성원의 창의적이고 상 상력 넘치는 대안적 노력들로 개척되어 나가야 할 규범적 영역이기도 하기 때문이다.

라. 소결: 대안적 남북한관계론 정립을 위한 연구 대상들

적대적 의존관계론은 남북한의 적대적 존재가 결국에는 남북한 당국의 자 기 영역 내에서의 정당성의 근거로 작용하는 측면을 강조한다. 그러나 위에

서 1972년 남북한의 헌법 제정 과정을 통해 실증적으로 확인했듯이, 남북한
관계는 적대적 대결 혹은 경쟁이 주된 측면임을 확인할 수 있었다. 달리 말
하자면 적대적 의존관계론은 실증적으로 증명되지 않는 선험적 전제를 근거
로 적대적 경쟁을 당국자 간의 적대적 의존으로 치환시켜 버린 것임을 알 수
있다.

따라서 전제의 오류에서 출발하는 적대적 의존관계론을 대신하는 대안적
남북한관계론의 정립이 시급한 과제이다. 우선 대안적 남북한관계론은 남북
한관계의 역사와 현실에 대한 실증적 연구를 바탕으로, 남북한관계의 증진과
궁극적으로 통일을 전망할 수 있는 내용을 동시에 갖는 것이어야 한다. 이를
위해 소결에서는 이미 사문화되기는 했지만 1991년 12월 남북고위급회담에
서 합의한 남북기본합의서에 규정된 이른바 '남북한 특수관계론'의 의미를
재검토하면서, 대안적 남북한관계론의 정립을 위해 필요한 연구대상들은 어
떤 것인지를 고찰한다.

1991년 12월 제7차 남북고위급회담에서 합의된 〈남북 사이의 화해와 불가
침 및 교류·협력에 관한 합의서〉(이하 '남북기본합의서') 전문에는 남북한관
계를 다음과 같이 규정하고 있다. 즉 "나라와 나라 사이의 관계가 아닌 통일
을 지향하는 과정에서 잠정적으로 형성되는 특수관계"[19]로 이른바 '남북한
특수관계론'이다. 여기서 남북한관계는 국제관계에서의 일반적 국가관계가
아니라고 선언하고 있다. 분단 상태를 인정하는 한편으로 통일을 지향하며,
그 과정에서 분단을 평화적으로 관리하는 것을 특수관계 형성의 근거로 설
정한 것으로 판단된다.

남북한 특수관계론을 이렇게 이해한다면, 분단과 적대를 권력 정당화의
기제로 활용한다고 봄으로써 통일 지향성을 고려하지 않는 적대적 의존관계

---

[19] 통일부 편, 2004, 『남북합의서』, 서울: 통일부, p. 44.

론과 구별된다. 다른 한편으로 특수관계론은 분단의 평화적 관리를 염두에 둔다는 점에서 적대적 대립론이나 적대적 경쟁론과도 일정하게 구별된다. 물론 남북기본합의서 자체가 사문화되어 남북한 특수관계론의 유효성 자체에 의문이 제기될 수 있다. 그러나 분단 현실의 인정과 통일 지향을 전제로 하여 분단의 평화적 관리를 내용으로 하는 남북한 특수관계론은 현실성과 함께 규범성을 동시에 갖는 대안적 남북한관계론 정립에 중요한 근거로 활용되어야 하고 또한 될 수 있다고 판단된다.

적대적 대립과 경쟁이 지배적이었던 냉전기 남북한 분단 상황과 달리, 탈냉전 이후 남북한 사이에는 대립과 교류·협력이 교차하는 특징을 보이고 있다. 따라서 냉전과 탈냉전을 아우르는 남북한관계론의 정립을 위해서는 이런 변화된 특징들을 반영하여야 한다. 뿐만 아니라 대안적 남북한관계론은 통일을 지향하는 규범성을 담보함으로써 그것이 남북한관계의 역사를 사후적으로 설명하는 기능을 넘어 통일을 위한 정책적 선택지를 산출하는 지침으로서의 역할도 담당해야 한다. 이상의 기능을 담당할 수 있는 대안적 남북한관계론의 정립을 위해서는 다음과 같은 연구 대상들이 제기된다.

첫째, 남북한관계론의 정립을 위해서는 남북한이 서로의 존재와 경쟁으로 야기된 결과뿐만 아니라 각각의 이념과 체제에 따른 발전을 추구한 결과들이 함께 연구되어야 한다. 남북한의 현재는 서로 상이하고 대립되는 이념과 체제에 기반을 두어 생존과 발전을 추구한 결과이다. 그러나 적대적 의존관계론은 남북한의 현재를 주조해온 이념과 체제 변수를 무시함으로써 분단환원론적 남북한관계론이라는 비판을 면할 수 없다. 달리 말하면 대안적 남북한관계론은 체제나 이념 환원론은 물론이고 분단환원론적 시각으로부터도 자유로운 것이어야 한다는 것이다.

둘째, 남북한관계에 있어서도 남북한의 분단과 대립이 야기한 부정적 효과와 함께 상대의 존재가 야기한 긍정적 효과까지 고려되어야 한다. 예를 들면 북한의 토지개혁이 남한의 급속한 근대화의 정치경제적 원인으로 작용한 토지개혁에 미친 영향 등이 이에 해당할 것이다. 반대로 남한의 민주화 진전이 장래 북한의 체제에 어떤 순기능으로 작용할 수 있을지도 중요한 연구 대상이 되어야 할 것이다. 달리 말하자면 남북한의 분단이 남북한 각각의 이념과 체제의 부정적 효과를 제약할 수 있는 측면에 대한 연구도 필요하다는 의미이다.

셋째, 남북한의 현재의 이념과 체제에 분단 이전 남북한이 공유했던 전통문화적 요소들이 무엇인지를 살펴보고, 이 가운데 계승해야 할 요소들과 동시에 극복해야 할 요소들을 준별하는 작업이 이루어져야 한다. 전근대 말기와 일제 식민통치를 경험하면서 남북한이 공유하게 된 반봉건·반외세의 이념과 생활 경험 등은 통일을 지향하는 과정에서 더욱 긍정적 방식으로 계승되어야 할 공동의 자산이 될 수도 있다. 반면에 한국 재벌들과 북한의 최고권력 계승에서 공통적으로 발견되는 전근대적 세습에는 극복되어야 할 공유하는 전통문화의 부정적 요소들이 작용한 것인지도 모른다.

넷째, 남북한관계에 작용했던 국제적 상황을 일방적인 독립변수가 아닌, 남북한 각각의 이념과 체제 변수 및 남북한관계 변수와의 상호작용 속에서 파악해야 한다. 주변 강대국들이 주도해온 국제 및 동북아 상황이 남북한 각각은 물론 남북한관계에 압도적 영향력을 행사한 것은 사실이다. 그러나 1972년 데탕트에 대응하는 과정에서 드러났듯이, 남북한 각각의 이념과 체제 변수에 의해 남북한 각각과 남북한관계에 그 결과는 상이한 방향으로 나타났다. 또한 향후에도 통일을 지향하는 과정에서 남북한의 체제와 이념은 물론이고 남북한관계의 변화에 따라 국제적 환경을 능동적으로 변화시킬 수 있어야 한다는 점에서 이런 연구는 중요하다.

다섯째, 남북한에 대한 동태적 비교연구가 필요하다. 기존의 남북한의 비교연구는 정치, 경제, 외교, 군사, 사회, 문화 등 다방면에 걸쳐 정태적 제도

형태를 비교하는 차원에 한정되는 경향이었다. 그러나 위에서 제시한 연구 대상들에서 알 수 있듯이, 남북한은 다양한 변수들에 대해 서로를 의식하면서 각각의 이념과 체제에 따라 대응해왔음을 알 수 있다. 따라서 남북한관계의 실체에 대한 올바른 이해를 위해서는 각각의 변수들이 남북한에 작용함으로써 각각에 어떤 변화들을 초래했는지를 동태적으로 비교 연구할 필요가 있다. 이런 측면에서 동태적 남북한 비교연구는 대안적 남북한관계론 정립을 위해 불가결한 요소가 된다.

이상의 요소들을 종합해보면, 대안적 남북한관계론은 일체의 환원론적 시각을 배제한 상태에서 남북한의 이념·체제 변수들과 남북한관계 변수들을 올바로 배치한 것이어야 한다. 뿐만 아니라 국제환경에서 능동적 주체로 남북한을 설정하고 통일을 지향하는 규범성을 갖는 것이어야 한다. 이런 측면에서 남북한 특수관계론에 대한 재론이 요구된다고 하겠으며, 분단환원론적 적대적 의존관계론에 대한 활발한 비판적 재론이 시급히 요청된다고 본다.

3. 맺으며

분단 이후 반세기 동안 남북한은 안정되고 일관성 있는 관계 유형을 만들지 못한 채, 국내외 정세의 변화에 따라 다양한 관계를 맺어 왔다. 분단의 외생성과 전쟁의 경험이 남긴 강한 위협과 적대의식에 더하여, 한민족의 오랜 통일의 역사와 민족성원 대부분이 갖고 있는 강렬한 통일 지향성은 오히려 더 큰 갈등과 적대를 부추겨온 것이 사실이었다. 다행히도 1990년대 초반 탈냉전에 편승한 남북 고위급회담과 특히 2000년 남북 정상회담의 결과 남북한관계는 새로운 전환의 계기를 맞게 되었다. 이에 따라 남북한은 잠정적 특수관계라는 1991년 12월 남북기본합의서의 규정처럼, 사실상 상호 국가성을 인정하는 바탕에서 장래 통일을 지향하는 관계로 발전할 토대를 가지게 된 것이다.

이런 남북한관계의 진전은 1990년대 초반 이후 남북한관계에 관한 이론화 시도를 낳게 했다. 1992년 제기된 백낙청의 분단체제론은 이런 이론화 시도의 선구적 역할을 맡았다. 엄밀한 이론적 논증을 요구하는 사회과학이 아닌 문학평론가 백낙청에 의해 남북한관계에 관한 이론화 시도가 비롯되었다는 것은, 냉전과 분단 상황에서 척박했던 우리의 이데올로기 지형의 탓이기도 하지만, 한편으로는 남북한관계가 상상력과 창의성을 필요로 하는 규범적 측면을 갖기 때문이기도 했다.

이후 분단체제론은 정치학적 비판을 통해 문제점이 드러나게 되었지만, 여하튼 풍부한 상상력에 의거하여 분단이 주는 왜곡된 삶을 조명했다는 의미는 평가되어야 한다. 그러나 분단체제론은 이종석의 거울영상효과론이나 박명림의 대쌍동학 관계론 등과 함께, 남북한관계에서 쌍방의 기득세력이 권력정치적 목적으로 분단의 유지와 재생산에 공통의 이해를 갖는 적대적 의존이 작용하는 것으로 봄으로써, 남북한관계에서 이의 존재를 선험적 전제로 삼는 오류를 범했다. 즉 남북한 적대적 의존관계론은 적절한 사례나 실증적인 자료들의 뒷받침 없이 분단국가의 권력 담당자들 사이의 권력정치적 이용을 선험적으로 전제하는 오류를 범함으로써, 과학적인 남북한관계론의 이론화를 방해하고 있다.

이런 문제의식에서 이 글에서는 적대적 의존관계론자들이 대표적인 사례로 들고 있는 1972년 남북한 헌법 제정 과정을 비교 분석함으로써 반증하고자 했다. 이를 위해서 1972년 남한 유신헌법과 북한 사회주의헌법에 대한 남북한의 정당화 논리를 비교 검토하고, 다음으로 국제 상황과 국내 상황적 맥락을 비교 검토하였다. 그 결과 유신헌법 내지 유신체제의 출발을 알리는 1972년 10월 17일 박정희의 '대통령 특별선언'에서 평화통일을 위한 민족주체의 형성이 명분으로 동원된 반면, 북한의 경우 사회주의헌법을 채택한 최고인민 회의 제5기 1차 회의에서 김일성의 시정연설 「우리나라 사회주의 제도를 더욱 강화하자」에서는 북한 사회주의 성과의 제도화가 보다 강조되고 있고, 남한과의 연관은 보다 간접적으로 이것이 남한 민중의 투쟁을 고무할 것이라는 언급에 머물고 있음을 확인했다.

이를 국내 상황적 맥락과 비교하더라도, 박정희 정권이 정치, 경제, 사회적 위기에 대한 대응으로 유신헌법을 채택했다면, 당시 북한은 김일성 정권이 정치, 경제, 사회적으로 가장 안정된 시기로서 사회주의 성과의 제도화라는 주장이 일정 정도 타당함을 알 수 있었다. 이런 측면에서 상대의 존재와 위협의 환기를 통한 자기 체제의 안정과 정당화 시도를 의미하는 적대적 의존 관계의 성립 주장은 문제가 있음을 알 수 있었다. 즉 당시 북한의 상황에서 굳이 남한에서 반공 반북의 강화를 전제하는 유신헌법의 성립을 방관 내지 협력할 이유가 없었다는 점에서, 비록 박정희 정권이 적대적 의존의 권력정치적 이용 의도가 있었음에도 당시 북한이 응했다는 것은 북한으로서는 다른 목표를 성취하려는 의도일 가능성이 높다는 점에서, 적대적 의존이 아닌 오히려 데탕트 상황에서의 적대적 경쟁의 변형으로 이해해야 한다고 보았다.

이처럼 남북한관계는 근본적으로 분단국가인 남북한의 적대적 경쟁이 지배하고 있고, 국내외적 상황의 변화에 따라 화해·교류·협력과 적대가 서로 다른 비중으로 교차해가는 유형을 보여 왔다. 1972년 당시 보다 안정된 국내적 조건에 있던 북한이 이런 경쟁에서 공세를 취했다면, 탈냉전 이후에는 보다 우세한 남한이 더욱 공세적이라는 주체의 변화만 있을 뿐이지, 여전히 경쟁과 역관계 우위 측의 현상타파 노력이 존재한다는 의미이다. 또한 당시의 국제적 상황에서 보더라도, 데탕트가 가져온 평화의 기회와 분단국가로서의 안보 약화라는 모순된 이중적 과제에 직면했던 남북한이 각각 유신헌법과 사회주의헌법을 통해 대응하고자 했다는 점에서, 양자의 관계는 적대적 쌍생아가 아닌 동일한 외적 조건에 대한 적대적 경쟁의 산물로 보아야 할 것이다. 즉 국제 상황의 공통성은 유신헌법과 사회주의헌법이 적대적의존의 산물이 아님에도, 시간적 근접성과 결과론적 유사성을 갖게 만든 주요 요인으로 작용했음을 의미하기 때문이다.

물론 1972년 남한 유신헌법과 북한 사회주의헌법이 적대적 의존의 산물이 아니라고 해서, 남북한 적대적 의존관계론 전반이 반증되었다고 보는 것은 또 하나의 과도한 일반화의 오류일 가능성이 높다는 점에서 경계해야 한다. 다만 1972년 남북한 헌법의 탄생과정을 실증적으로 추적하여 비교한 것은, 적대적 의존관계론자들이 그것을 자기 논지의 유력한 사례로 내세우고 있다는 사실과, 적대적 의존관계론을 반증하기 위해서는 구체적 사건들에 대한 실증적 연구를 통해서만 가능할 수 있다는 것을 보여 주기 위해서였다. 현실의 설명력과 논리적 일관성은 물론 통일 지향성이라는 규범성까지 담보해야 하는 과학적인 남북한관계론 및 통일론의 구축을 방해하는 것이 선험적인 전제의 오류에 기초하는 적대적 의존관계론이라는 이 글의 주장이 타당하다면, 이에 대한 실증적 반증사례의 연구는 더욱 절실하다고 하겠다. 또한 실증적 반증사례 연구는 분단국가 남북한관계만이 아니라 남북한 각각의 이념과 체제에 입각한 발전현황 연구와 균형을 이루는 연구방법론을 개발하는 것에서 시작되어야 한다고 본다.

제 2 부

한반도정치론

이 론

역 사

전 망

유신체제 수립을 보는 북한과 미국의 시각과 대응

신종대

1. 머리말

그간 유신체제의 수립에 대해서는 학계에서 각양한 논의가 전개되었다. 그러나 북한과 미국이 유신체제 수립에 대해 당시 여하히 사태를 인식하고 이에 대한 대응을 모색했는가에 대해서는 구체적으로 알려진 바가 없다. 물론 미국의 시각과 대책 논의에 대해서는 기존 연구에서 극히 단편적으로 언급된 바 있다.[1] 그러나 북한의 시각과 대응에 대해서는 오랫동안 블랙박스

---

[1] 박태균, 2006, 『우방과 제국, 한미관계의 두 신화』, 파주: 창비, pp. 332~344; 정일준, 2006, 「유신체제의 모순과 한미갈등: 민주주의 없는 국가안보」, 『사회와 역사』제70집, 한국사회사학회; 신종대, 2009, 「유신체제 출범과 한미관계」, 한국학중앙연구원 편, 『박정희시대 한미관계』, 서울: 백산서당 참조. 그 외 1960년 4·19혁명, 1961년 5·16쿠데타, 1980년 광주항쟁 등과 같은 한국의 정치변동에 대한 미국의 시각과 대응에 관한 연구로는 다음을 참조할 수 있다. 이재봉, 1996, 「4월 혁명, 제2공화국, 그리고 한미관계」, 백영철 편, 『제2공화국과 한국 민주주의』, 서울: 나남; 이완범, 2007, 「한국 정권교체의 국제정치」, 『세계정치 8』제28집 2호, 서울대학교 국제문제연구소; 홍석률, 2000, 「5·16 쿠데타의 원인과 한미관계」, 『역사학보』제168집, 역사학회; 김일영, 2001, 「5·16 군사쿠데타와 군정 그리고 미국」, 『國際政治論叢』제41집 2호, 한국국제정치학회; 마상윤, 2002, 「근대화 이데올로기와 미국의 대한 정책: 케네디 행정부와 5·16쿠데타」, 『國際政

로 남아 있었다.[2] 이 글은 최근 입수된 동구권 자료[3]와 기밀 해제된 미국의
자료를 활용하여 유신체제 수립이라는 남한의 정치변동에 대해 북한과 미국
이 어떻게 이를 바라보고 있었으며, 또한 어떠한 대응책을 모색했는가에 대
해 논의해 보고자 한다.[4]

　4·19혁명, 5·16쿠데타, 광주항쟁 등에서 보듯이 남한의 정치변동에 대해
가장 많은 관심을 기울이고, 동시에 정치변동기의 남한이 가장 촉각을 곤두
세웠던 것이 바로 북한과 미국의 반응이다. 그리고 남한의 정치변동에 대한
북한과 미국의 시각과 대응은 남북관계, 한미관계, 그리고 북미관계와 상호
함수관계에 있다. 이런 점에서 유신체제 수립을 사례로 하여 남한의 정치변

治論叢』 제42집 3호, 한국국제정치학회; 박태균, 2002, 「군사 정부 시기 미국의 개입과
　정비변동」, 한국정신문화연구원 편, 『박정희 시대 연구』, 서울: 백산서당; 이완범, 2005,
　「박정희정부의 교체와 미국, 1979-1980」, 한국학중앙연구원 편, 『1980년대 한국사회연구』,
　서울: 백산서당; 박미경, 1990, 「광주 민중항쟁과 미국의 개입 구조」, 정해구 외, 『광주
　민중항쟁 연구』, 서울: 사계절.

2) 한국의 정치변동에 대한 북한의 인식과 대응에 관한 지금까지의 연구 성과로는 한모니
　까, 2001, 「4월민중항쟁 시기 북한의 남한정세 분석과 통일정책의 변화」, 한국역사연구
　회 4월 민중항쟁 연구반, 『4·19와 남북관계』, 서울: 민연; 신종대, 2010, 「5·16 쿠데타
　에 대한 북한의 인식과 대응: 남한의 정치변동과 북한의 국내정치」, 『정신문화연구』 제
　33권 제1호, 한국학중앙연구원; 전미영, 2010, 「북한에서의 5.18과 광주에 대한 인식」, 『현
　대북한연구』 13권 3호, 북한대학원대학교 등이 있다.

3) 이 자료는 미국의 우드로우 윌슨센터(Woodrow Wilson International Center for Scholars)
　와 경남대-북한대학원대가 공동으로 수행하고 있는 NKIDP(North Korea International
　Documentation Project)에서 발굴한 것으로서 영문으로 번역되었다. 이 글에서 활용하는
　동구권 자료의 대부분은 현재 윌슨센터의 인터넷 사이트(http:www.wilsoncenter.org/
　publication-series/nkidp-document-readers)를 통해 이용 가능하다.

4) 유신체제 수립에 대한 북한과 미국의 시각과 대응은 당시의 국제정세, 한미관계, 남북
　관계, 그리고 남북한의 국내정치 상황 등의 전반적인 맥락 속에서 적절하게 이해될 수
　있겠으나 이 글에서는 지면의 제약과 논의의 집중을 위해 생략한다. 이에 대한 자세한
　논의는 서울대학교 국제문제연구소 편, 2011, 『데탕트와 박정희』, 서울: 논형; 홍석률,
　2012, 『분단의 히스테리: 공개문서로 보는 미중관계와 한반도』, 파주: 창비; 한국학중앙
　연구원 편, 2009, 『박정희시대 한미관계』, 서울: 백산서당; 김지형, 2008, 『데탕트와 남북
　관계』, 서울: 선인; 오창헌, 2001, 『유신체제와 현대 한국정치』, 서울: 오름; 안병욱 외,
　2005, 『유신과 반유신』, 서울: 민주화운동기념사업회 등 참조.

동을 보는 북한과 미국의 시각을 함께 고찰해 보는 것은 차후 이 분야의 본격적인 비교분석을 위한 기초연구로서의 의미가 있다.

이 글의 핵심 질문은 다음과 같다. 첫째, 유신 선포를 전후하여 한국 정부가 북한과 미국에 대해 어떠한 형태로 접촉을 꾀하면서 유신 선포의 불가피성 내지 필요성을 설명하고 이해를 구하려고 했는가? 둘째, 북한과 미국은 남한 측의 유신 선포설명에 대해 각기 어떻게 사태를 파악하고 이에 대처하고자 했는가? 셋째, 유신체제 수립에 대해 당시 북한과 미국이 왜 침묵 기조를 유지했는가? 특히 지금까지 추측 수준에 머물렀던 북한이 유신 수립에 대해 침묵했던 이유는 과연 무엇인가? 넷째, 남한의 유신체제 수립과 북한의 주석제 신설이 상호 어떠한 연관을 가지는가?

본문에서는 위의 질문들에 대한 답을 구하되 실증적 자료에 기반 하여 사실을 서술하고 분석하는 방식으로 논의를 전개한다. 우리는 이와 같은 논의를 통해 유신체제 수립에 대한 북한과 미국이 어떠한 입장과 태도를 취하고 있었는가에 대한 사실(史實)의 복원 내지 재구성을 도모할 수 있을 것이다. 나아가 유신체제 수립의 동기를 보는 북한과 미국의 인식 및 대응과 그 이유, 그리고 남한의 정치변동을 보는 북한과 미국 간의 유사점과 차이점을 규명하고 재조명해 볼 수 있을 것이다. 결론에서는 본문의 주요 내용을 요약하고 그 의미를 고찰해 본다.

2. 유신 선포 전후 남한의 대북 및 대미 접촉

박정희 정부는 유신 선포를 앞두고 남북대화의 파트너인 북한과 맹방인 미국과 접촉을 시도하고 유신 선포의 불가피성에 대해 설명하고 이해를 구하고자 노력하였다. 그러나 유신 선포에 즈음한 박정희 정부의 대북 및 대미 접촉 노력의 비중과 상대국의 반응에 대한 관심도 면에서 일정한 차이를 발견할 수 있는 바, 이에 대해 구체적으로 살펴보고 이와 같은 차이의 원인과 배경을 추적해 보도록 하자.

가. 대북 접촉

유신 선포 직후 북한 주재 동독과 불가리아 대사관이 본국에 타전한 전문에 따르면,[5] 유신 선포 이틀 전인 1972년 10월 15일 남측은 북측에게 직통전화로 16일에 남북 연락대표 접촉을 갖자고 제안했다는 사실을 알 수 있다.[6]

북한은 남한에서 유신이 선포된 이틀 뒤인 19일 오후 5시, 평양에 주재하는 공산권 대사들을 외교부로 불러 김재봉 당시 북한외교부 부부장이 2시간

---

[5] "On Information given by the 1st Deputy Foreign Minister of the DPRK, Comrade KimJaebong on 19 October 1972 in the DPRK Foreign Ministry for the Embassies of Bulgaria, Poland, Hungary, Czechoslovakia, Mongolia and GDR during 17:00 and 19:00 hours," GDR Embassy to DPRK Political Department Pyongyang, 23 October 1972. PolAAA, MfAA, C 6855.; "19 October 1972. Information concerning : 1. The first conference of the co-chairs of the Committee on Coordination of the issues between North and South Korea, which was held on October 12th in the Panmunjeom area, and 2. The announcement of "martial law" in South Korea on the 17th this month," October 19, 1972, Diplomatic Archive, Bulgarian Ministry of Foreign Affairs, Sofia. Record 28, file 1717, pp. 33~40.

[6] 남한 측의 기록에는 10월 14일 오후 2시 정홍진 중앙정보부 협의조정국장이 카운트파트인 김덕현 조선노동당 중앙위원회 정치위원회 직속 책임지도원에게 전화를 걸어 남북조절위원회 제2차 회담 날짜와 장소 문제 등을 협의하기 위해 16일에 만나자고 제의했고, 실제 16일 오전 10시부터 11시 30분 사이에 판문점 판문각에서 정홍진과 김덕현 간에 실무자 접촉이 있었다고 되어 있다. 그러나 남한 측 대화록에는 16일 접촉에서 비상계엄 선포와 관련한 언급은 보이지 않는다. 다만 17일 오후 4시 15분에서 26분까지 있었던 정홍진과 김덕현 간의 통화기록에는 김덕현이 '중대발표가 언제쯤인지 알려줄 수 있느냐'며 묻고 있고, 이에 대해 정홍진이 '먼저 얘기한 것 이상으로 아는 바 없고, 발표된 후에 중대선언에 대한 의문이 있으면 언제라도 만나서 설명하겠다'라고 언급하고 있다. 이것으로 미루어 보아 남측이 비상계엄 선포에 대해 북측에 사전에 고지했던 것만은 분명하다. 會議錄篇, 1994, 『南北對話 史料集』 제7권(남북조절위원회 〈1971.11~1973.6〉), 서울: 국토통일원, pp. 354~356 참조.

에 걸쳐 남북 간 접촉 내용을 구체적으로 설명했다. 김재봉의 설명에 따르면 16일 판문점에서 만난 남측 대표(정홍진 지칭)는 북측 대표(김덕현 지칭)에게 김영주 남북조절위원회 북측 위원장에게 보내는 이후락 중앙정보부장 겸 남북조절위원회 남측 위원장의 메시지를 전달했다. 메시지 내용은 "박정희 대통령과 김일성내각 수상이 권력을 지니고 있는 동안인 1970년대에 어떤 대가를 치르더라도 통일을 이룰 것이다. 지난 번 남북조절위원회 회의에서 북측 발언을 제대로 이해하지 못했다. (북측의) 비판적 목소리[7]가 타당성이 있으니 우리 측에서 새로운 조치를 취하는 것이 필요하다"는 것이었다.[8] 북측 대표가 무슨 조치냐고 묻자 남측은 "박정희 대통령과 이후락 부장은 통일을 원한다. 그러나 남측 다수가 반대하고 있다. 따라서 질서가 먼저 구축되어야 한다. 박 대통령은 북측이 주의해서 들어야 할 중요한 선언을 17일 발표할 것이다"라고 대답했다.[9] 남측은 또한 17일 박 대통령의 발표가 있기 1시간

---

[7] 1972년 10월 12일 판문점 자유의 집에서 열린 남북조절위원회 공동위원장 제1차 회의에서 북측은 김종필 국무총리가 국회에서 '몇 장의 성명에 우리의 운명을 점칠 수 없으며, 또 믿을 수가 없다'고 한 발언(1972.7.29)을 문제 삼았다. 공동성명의 잉크가 채 마르기도 전에 남측의 고위 공직자가 이를 뒤집어엎고 있다고 비난했다. 또한 일부 계층에서 자유민주주의를 북쪽에 확대하는 식의 통일을 말하고 있으며, 북측과 대화를 한다면서 계속 반공 캠페인을 펴고 있다고 남측을 몰아붙였다. 자세한 내용은 會議錄篇, 1994,『南北對話 史料集』제7권(남북조절위원회〈1971.11~1973.6〉), 서울: 국토통일원, pp. 317~353 참조.

[8] 이러한 남측의 설명은 10월 12일 남북조절위원회 공동위원장 제1차 회의에서 북측이 남측에 가한 거센 비판 및 항의가 계엄령 선포와 헌법 개정을 서두르는 계기가 되었음을 시사한다. 홍석률, 2012,『분단의 히스테리: 공개문서로 보는 미중관계와 한반도』, 파주: 창비, p. 275. 당시 한 외무부 관리가 미 대사관 측에 비공식적으로 한 설명도 이를 시사하고 있다. "Telegram from the American Embassy in Seoul to the Department of State," (October 25, 1972), POL KOR S. Subject Numeric Files. 또한 이후락이 하비브 주한 미 대사에게 한 설명에 의하면, 당초 계엄령과 헌법 개정 발표 시점으로 1972년 말, 1973년 초, 그리고 1973년 말 세 가지를 고려하고 있었다는 것이다. 그러다가―구체적인 이유를 덧붙이지는 않지만―최종적으로 10월 14일 오전 10시에 유신 선포를 결정했다고 말하고 있다. "Telegram from the American Embassy in Seoul to the Department of State," (October 31, 1972), Don Oberdorfer Korea Collection. 이 점도 북한의 강경한 비판과 태도가 헌법 개정 시점을 앞당기는 계기되었음을 일러 준다.

전에 북측에 전화메시지를 보내 오후 7시에 비상사태를 공표할 것이니 18일
(남북) 접촉을 갖자고 제안했다.10)

　18일 남북 접촉에서 남측 대표는 재차 김영주 앞으로 보내는 이후락 부장
의 메시지를 전달했다. 메시지에서 이후락은 "1970년대 들어 한반도 주변 정
세는 급격히 변했다. 특히 미소 양극체제에 변화가 있었다. 또 미, 소, 중, 일
4강 관계에도 변화가 있었다. 이런 상황에서 우리는 국가적 과제들을 미국이
나 일본에 의지하지 않고 독립적으로 해결해야 한다고 판단하게 되었다. 7·4
공동성명이 발표되고 남북대화가 시작된 것도 바로 이런 이유 때문이다. 성
명이 발표된 뒤 남한에서 많은 세력이 이에 반대했다. 남한 헌법에 위배된다
는 비난도 제기되었다. 현행 헌법은 (냉전으로) 양극화된 상황에서 만들어져
반공원칙을 담고 있기 때문에 통일문제에 적절히 부응할 수 없다. 비상계엄
선포 2시간 전에 통보받은 미국과 일본은 이에 반대하지만 우리는 남북대화
의 목적에 부응하는 '주체적인' 체제를 만들 것이다"라고 말했다.11) 그리고
남측 대표는 새로 설치하기로 한 '통일주체국민회의'가 다름 아닌 김일성 수
상이 제기한 민족자결 정신에 입각한 체제라고 강조했다.12)

---

9) "19 October 1972. Information concerning : 1. The first conference of the co-chairs of the
Committee on Coordination of the issues between North and South Korea, which was held
on October 12th in the Panmunjeom area, and 2. The announcement of "martial law" in
South Korea on the 17th this month," October 19, 1972.

10) Ibid.

11) "On Information given by the 1st Deputy Foreign Minister of the DPRK, Comrade Kim
Jaebong on 19 October 1972 in the DPRK Foreign Ministry for the Embassies of Bulgaria,
Poland, Hungary, Czechoslovakia, Mongolia and GDR during 17:00 and 19:00 hours,"; "19
October 1972. Information concerning : 1. The first conference of the co-chairs of the
Committee on Coordination of the issues between North and South Korea, which was held
on October 12th in the Panmunjeom area, and 2. The announcement of "martial law" in
South Korea on the 17th this month," October 19, 1972.

12) Ibid. 당시 주한 미대사관도 새로 설치된 통일주체국민회의의 명칭에 민족 자주를 의미
하는 '주체'를 사용하고, 또한 이것이 북한의 용어를 빌어온 것임을 주목하고 이에 대한
보고서를 작성하여 본국에 보고했다. "Airgram from the American Embassy in Seoul to the

18일 접촉에서 북측은 남측에게 왜 비상계엄을 선포했는지, 새로운 체제는 어떤 형태를 띠게 되는지를 물었다. 이에 대해 남측은 "우리가 헌법 초안을 만들면 그 어떤 새로운 오해도 생기지 않을 것이다. 만약 귀측에서 의문 나는 점이 있으면 대답할 준비가 되어 있다. 현재 남한에는 비상계엄 선포와 관련 여러 여론이 분분하다. 보수파들은 이 조치가 자신들을 타겟으로 한 것으로 보고 있고, 또 일각에서는 17일의 조치가 남한을 어디로 이끌지 모르겠다고 한다. 또한 이 선언이 친공산주의 방향으로 전환하여 (북측과) 대화를 포기하지 않으려는 조치가 아닌가 하는 논란도 있다. (여하간 분명한 것은) 새로 개정될 헌법은 통일문제를 명시하고 통일주체국민회의는 평화적인 남북대화를 보장할 것이라는 점이다. 요컨대 헌법 수정을 통해 남북대화의 법적 근거를 만들고자 하는 것이다. 때문에 헌법 수정은 대화를 포기하는 것이 아니라 이를 강화한다는 의미"라고 설명했다.[13]

그러면 박정희 정권은 왜 이처럼 대북 접촉을 통해 유신 선포의 배경을 설명하면서 북한의 양해를 구하려고 했던 것인가? 박정희 정권으로서는 유신 선포의 주요 명분 중의 하나가 바로 평화통일을 지향하기 위해서 라고 했는데, 만약 유신 선포 직후 북한이 이에 대한 '오해'로 남북대화를 중단시킨다면, 유신에 대한 명분과 정당성이 크게 훼손될 것으로 우려했기 때문이라고 볼 수 있다.

나. 대미 접촉

앞서 본 남한 당국의 대북 접촉에서는 비상계엄 선포에 대해 발표 2시간에 전에 미국에게 통보했다고 북한 측에게 설명했다. 그러나 이것은 사실이 아

Department of State," (November 14, 1972), POL. KOR. Subject Numeric Files.
13) Ibid.

니었다. 한국 정부는 1972년 10월 17일 유신을 선포하기 3일 전에 성명서 전문을 미국 측에 외교 경로를 통해 비밀리에 사전에 통지했다. 또한 유신 선포 직전에 박정희는 유혁인 청와대 정무수석비서관을 통해 주일대사와 주미대사에게 10월 유신 단행과 관련한 친서를 보냈다. 주미대사에게 보낸 10월 14일자 박 대통령의 친서 내용은 다음과 같다.14)

> 이번 비상조치는······우리가 살기 위한 길이고 우리의 운명을 스스로의 힘으로 개척하자는 일이니 어느 누구의 간섭도 불허하는 것이기는 하나 우방의 이해를 얻는 것은 우리의 과업을 더욱 성공적으로 진행하는 데 도움이 될 것이기 때문에 금반에 정부가 취하는 비상조치의 목적과 취지를 주재국 정부에 충분히 이해시키도록 최선을 다해 주기 바란다. 특히 미국은 우리나라와는 특수한 관계를 가진 맹방이요 가까운 장래에 대통령 선거를 앞두고 있는 만큼 우리 정부의 조치에 대해 조금이라도 오해가 발생하면 유감된 일이 아닐 수 없다.

박정희는 1971년 말 비상사태 선언 시의 경험에 비추어 조기 홍보의 중요성을 인식, 유신을 앞두고서는 미리 미국 조야에 정지작업을 하도록 했던 것이다. 한편 미국 정부는 7·4 남북공동성명에서 표시된 "외세 의존과 외세 간섭 없는 자주적 해결"이라는 통일 원칙이 미국을 지칭할 수도 있다는 점 때문에 더더욱 이 선언문을 꼼꼼히 분석했다. 10월 16일 국무장관실로 찾아간 김동조 대사에게 로저스(William Rogers) 국무장관은 "귀국 정부는 지난해 비상사태 선포 때나 이번 유신개혁 때나 우리 정부를 걸고넘어지면서, 미국이 중공의 유엔 가입 및 북한의 군사력 증강 등 한반도 긴장문제의 해결에 적극적으로 나서지 않기 때문에 자위책을 강구할 수밖에 없었다고 둘러 댄다"고 지적했다. 그리고 "미국은 전통적으로 다른 나라의 국내정치 문제에는 간섭

---

14) 김동조, 2000, 『냉전시대의 우리 외교』, 서울: 문화일보, pp. 252~253.

하지 않는 것을 원칙으로 한다"고 항의하며 따졌다. 한국 정부는 유신 선언
배경 설명 중 미국 운운하는 내용은 로저스 장관의 요청대로 삭제키로 했다.
10월 17일 발표된 성명서에서는 "강대국들 간의 긴장완화를 위해서는 제3국
가나 약소국의 이해는 희생될 수 있다"며 한반도 외부의 위험요소를 강조했
다. 미국 측의 항의로 성명서 초안에 포함돼 있던 미국 정책에 대한 언급은
삭제되었지만 '강대국의 술책' 운운하는 내용은 여전히 남아 있었다. 최규하
외무부장관은 '강대국'이라는 표현에 미국이 포함돼 있는 것은 아니라고 진
지하게 설명했지만 미국은 여전히 불쾌감을 표시했다.[15] 그러나 미국은 유
신 출범에 대해서는 이렇다 할 비판을 가하지 않았고 침묵했다.[16] 미국 측은
유신 자체보다도 미중관계 개선에 따른 국제정세의 변화가 남한에 중대한
안보위협을 몰고 왔기 때문에 극단적 조처가 불가피하다는 한국 정부의 성
명서 내용에 대해 더욱 깊은 우려를 가지고 있는 것처럼 보였다.

한편 10월 16일 오후 6시 김종필 국무총리가 하비브(Philip Habib) 대사에게
남한의 정치 상황이 급변하고 있음을 통보하고 대통령이 곧 공식 발표할 성
명서 사본 1장을 건네주며 비밀 유지를 당부했다.[17] 하비브는 김종필로부터
이 사실을 통보받은 지 몇 시간도 안돼 이를 워싱턴에 보고했다. 더불어 "박
정희의 조치는 야당을 무력화시키고 통치권을 강화해 적어도 앞으로 12년간
장기 집권하겠다는 의사의 표명이며 이것을 막지 못하면 남한에는 명실상부
한 독재정부가 출현하게 될 것"이라는 내용의 전문을 워싱턴에 보냈다. 또한
하비브는 박 대통령이 북한의 위협에 대처하기 위해 자신의 국내 입지를 강
화해야 한다고 믿고 있을지 모르지만 "객관적으로 현재의 상황을 판단할 때

15) Don Oberdorfer, 2001, *The Two Koreas: A Contemporary History*, New York: Basic Books, p. 40.
16) 김동조, 2000, 『냉전시대의 우리 외교』, 서울: 문화일보, pp. 254~256.
17) "Telegram From the Embassy in Korea to the Department of State" (October 16, 1972), FRUS, Korea, 1969~1972 (Part 1), Vol. XIX; Don Oberdorfer, op.cit., p. 37.

이러한 조치가 불필요하다는 점은 의문의 여지가 없다"[18]고 미 정부에 보고
했다.

3. 북한의 시각과 대응

북한은 유신이 선포된 10월 17일 당일 저녁 조선중앙통신을 통해 박정희
정권이 "남조선 전역에 이미 선포되어 있는 ≪비상사태≫에 이어 또다시 ≪비
상계엄령≫을 선포하는 력사에 유례 없는 횡포를 감행하였다"고 보도했다.
그리고 "남조선당국자는 대화와 평화통일을 ≪뒤받침≫한다는 간판 밑에 이
러한 ≪비상조치≫를 취한다"고 하지만 "이것은 남조선위정자들이 남조선인
민들을 두려워하는 뚜렷한 징조이며 조국의 평화적 통일을 열망하고 있는 그
들의 념원과 지향에 찬물을 끼얹고 민주주의적 권리와 자유를 요구하는 인
민들에 대한 탄압을 더욱 강화하려는 행위"라고 비난했다.[19] 김일성은 10월
19일 스웨덴 사회주의민주동맹대표단과의 담화에서 "남조선 당국자가 ≪비
상계엄령≫을 선포한 것은 ≪헌법≫을 고쳐 남조선 사회를 더욱 파쇼화하고
자기의 장기집권야망을 실현하려는데 목적이 있다"고 비난했다.[20] 조선중앙
통신은 18일에도 비상계엄 선포를 기본적으로 "남조선인민의 반항을 억누르
며 장기 ≪집권≫을 노린 것"으로 보면서도 "남조선위정자가 남북대화에서
저들의 약점을 금번 ≪비상조치≫로서 메꿔보려한다"고 꼬집었다.[21] 그리고
남한당국이 마치 급변하는 국제정세에 적절하게 대처하고 남북대화와 평화

---

18) Ibid., p. 38.
19) 『로동신문』, 1972년 10월 18일자.
20) 김일성, 1984, 『김일성 저작집 27』, 평양: 조선로동당출판사, p. 461.
21) 『로동신문』, 1972년 10월 19일자.

통일을 뒷받침하기 위하여 비상조치를 취한 것처럼 호도하는 것은 한낱 기만에 불과하다고 비난했다. 그리고 만약 박정희 정권이 진정으로 급변하는 국제정세에 대처하고 통일을 위한 남북대화를 뒷받침하기 위해서라면 박정희 정권에게 그와 같은 비상권력이 필요하지는 않았을 것이라고 꼬집었다.22)

앞서 살펴본 1972년 10월 18일 남북 접촉에서 남한 측의 비상계엄 선포의 배경 설명에 대해 북한 노동당 중앙위원회 정치위원회는 남한에서의 사태를 검토하고 분석했다. 그러나 이에 여하히 대처할 것인가에 대한 최종 결론을 내리지 못하고 있었다.23) 다만 비상계엄이 선포된 직후, 북한은 박정희 대통령의 비상계엄 선포 목적이 두 가지 가능성이 있는 것으로 보고 있었다. 첫 번째 가능성으로, 박정희는 남북대화가 개최되고 있는 상황에서 야당이 대화에 동참을 요구할 가능성이 있다고 보고, 비상계엄 선포를 통해 이를 미연에 차단하고자 했다는 것이다. 다시 말해 박정희의 입장에서 보면 현재는 남북대화에서 남북의 비율이 1 : 1의 상황이지만, 만약 남한의 야당이 남북대화에 참여한다면 그 비율은 북측에 유리하게 2 : 1로 바뀔 수 있기 때문이라는 것이다. 그 때문에 박정희는 장기집권을 통해 남북대화를 단독으로 주도하기 위하여 비상계엄으로써 언론과 출판의 자유를 금지하고 일체의 정당활동을 불허하고자 했다는 것이다. 요컨대 박정희는 남북대화를 독점하고 남북의 비율을 1 : 1로 유지하기 위해서 유신 선포를 감행했을 것이라는 것이다.24)

---

22) 『로동신문』, 1972년 10월 20일자.

23) "On Information given by the 1st Deputy Foreign Minister of the DPRK, Comrade Kim Jaebong on 19 October 1972 in the DPRK Foreign Ministry for the Embassies of Bulgaria, Poland, Hungary, Czechoslovakia, Mongolia and GDR during 17:00 and 19:00 hours,"; "19 October 1972. Information concerning : 1. The first conference of the co-chairs of the Committee on Coordination of the issues between North and South Korea, which was held on October 12th in the Panmunjeom area, and 2. The announcement of "martial law" in South Korea on the 17th this month," October 19, 1972.

24) Ibid; "Telegram from Pyongyang to Bucharest,"(March 1, 1973), Secret No. 061072, Romania Ministry of Foreign Affairs Archives, Matter: 220/Year: 1973/Country: DPRK The Ministry of

두 번째 가능성으로는 박정희가 말로는 '자주'를 떠들고 있지만, 기실은 미
국과 일본에 의존적이고 더 많은 지원과 차관을 요청하기 위해 비상계엄을
선포했을 것이라는 것이다.[25] 그리고 박정희가 군부의 반발을 우려하고 있
다는 정보가 있는 바, 박정희가 비상계엄 선포 시 모든 군용기의 비행을 금
지시켰으며, 전 장병들의 군내 대기와 모든 사단들의 이동을 금지시켰다고
덧붙였다.[26] 여하간 북한은 남한의 비상계엄 선포에 대해 어떻게 판단하고
대응할 것인지에 대해 최종 결론을 내리지는 못했지만, 모종의 조치를 취하
지 않을 수 없다고 토로했다. 왜냐하면 비상계엄 선포에 대해 아무런 조치를
취하지 않는다는 것은 남한국민들이 억압당하는 상황에 대해 눈을 감는다는
것이다. 그리고 그렇게 되면 남한사회의 반공분위기가 강화될 것이기 때문이
라고 보았다.[27]

따라서 북한은 현재로서는 두 가지 조치를 상정해 볼 수 있다고 판단했다.
우선 평화통일이라는 미명하에 억압적인 조치를 취하고 있는 것은 분명 잘

External Affairs, Classification: Secret, Department I Relations, Folder 1513, Vol. I,
Concerning 1) External Politics; 2) DPRK's relations with other states, Period: 04.01~14.08.
1973.

25) 당시 미국 측도 박정희 대통령이 외교적, 경제적, 군사적으로 '주체(self-reliance)'를 매우
강조하는 방향으로 정책 전환을 결심한 것으로 보았다. 그리고 박정희가 남북대화나 그
자신의 국내정치적 조치를 정당화하기 위해 미국을 포함한 강대국에 대한 우려를 단골
메뉴로 삼고 있다고 지적했다. 그런데 박정희의 주체는 역설적으로 (적어도 단기적으로
는) 주한 미군의 주둔과 지속적인 지원을 명시적으로 요망하는 것이라고 꼬집고 있다.
"Airgram fromthe American Embassy in Seoul to the Department of State," (December 10,
1972), POL KOR S - US. Subject Numeric Files.

26) "On Information given by the 1st Deputy Foreign Minister of the DPRK, Comrade Kim
Jaebong on 19 October 1972 in the DPRK Foreign Ministry for the Embassies of Bulgaria,
Poland, Hungary, Czechoslovakia, Mongolia and GDR during 17:00 and 19:00 hours,"; "19
October 1972. Information concerning : 1. The first conference of the co-chairs of the
Committee on Coordination of the issues between North and South Korea, which was held
on October 12th in the Panmunjeom area, and 2. The announcement of "martial law" in
South Korea on the 17th this month," October 19, 1972.

27) Ibid.

못된 것임을 설파하는 논설을 신문을 통해 발표하는 것이다. 논설에서는 '평화통일'이 여러 대중 단체의 평화로운 참여를 의미하는 것임을 분명히 할 필요가 있다. 그리고 평화통일 과정에 많은 사람들이 참여하면 할수록 좋다. 때문에, 평화통일운동에 대한 억압이 잘못된 것이고 정당화될 수 없음을 강조해야 한다. 둘째는 국회를 해산하고 정당활동을 금지한 조치를 비난하는 성명을 모든 정당과 사회단체의 이름으로, 그리고 대학 휴교조치에 대해서는 학생단체의 명의로 각각 발표할 필요가 있다. 그러나 성명의 논조는 신중하게 다루어질 필요가 있다고 했다. (왜냐하면) 10월 17일의 박정희의 특별선언 말미에는 "그러나 만일 국민 여러분이 헌법개정안에 찬성하지 않는다면, 나는 이것을 남북대화를 원치 않는다는 국민의 의사표시로 받아들이고 조국통일에 대한 새로운 방안을 모색할 것임을 아울러 밝혀"둔다는 주목할 부분이 있기 때문이라는 것이다.[28] 이렇게 보면 북한은 자신의 과잉 대응과 남한의 비판여론 선동으로 남북대화가 중단될 가능성을 우려하고 상당히 신중한 반응을 보이면서 사태를 예의주시하고 있었음을 알 수 있다.

실제 북한은 비상계엄 선포 직후를 제외하면 이후에는 국민투표 기간을 포함하여 유신체제 수립 자체에 대한 별달리 직접적인 비난과 논평을 가하지는 않았다.[29] 다만 북한은 남한에서 계엄사령부의 포고령위반으로 남한 주민들이 탄압받고 형벌을 받고 있음을 보도하는 정도에 그치고 있었다.[30]

---

28) Ibid.

29) "Intelligence Note: South-North Talks A Pause Follows Rapid Progress," (December 18, 1972), POL KOR N - KOR S. Subject Numeric Files.

30) 『로동신문』, 1972년 11월 12일; 11월 20일자. 그러나 이 시점에서 북한은 내부적으로는 남한에 대해 격렬한 비판을 가하고 적의를 드러내고 있었다. 11월 28일 북한 외무성 이만석 부부장은 평양 주재 사회주의권 대사들이 모인 자리에서 시종 남한을 '적'으로 지칭하면서 '박정희 도당'이 평화통일이라는 미명하에 일인 장기독재를 보장하는 유신헌법을 부정선거로 가결시켰다고 비난했다. "On an Information by DPRK Deputy Foreign Minister Comrade, Lee Manseok on 28 November 1972 for the Ambassadors and Acting Ambassadors of Czechoslovakia and Poland and GDR between 12:00 and 13:30 in Foreign

북한은 유신헌법이 1972년 11월 21일 국민투표로 가결된 데 대하여 직접적인
비판을 가하지 않았다. 대신 중국의 신화사통신의 보도를 인용하는 우회적
방식을 취했다. 즉 신화사통신을 인용하여 박정희 정권이 헌법 개정을 통하
여 독재정권을 공고히 하고 남북대화에 장애를 조성하려고 한다고 보도했다.
그리고 박정희 정권이 헌법 개정을 강행하고 이에 반대하는 사람들을 탄압
하는 이유가 남북대화에서 자신들의 입지를 강화하고 회담을 지연시키는 책
동을 계속 감행하려고 하기 때문이라며 신화사통신을 인용하여 보도했다.[31]
또한 남한의 통일주체국민회의가 12월 23일 박정희를 제8대 대통령으로 선
출한 데 대해서도 신화사통신의 논평을 인용하여 탱크와 장갑차를 동원한
삼엄한 분위기에서 경쟁자 없는 선거에서 대통령이 되었다고 보도했다.[32]

한편 북한은 남측 일각에서 북에서는 자유와 인권이 억압받고 있다는 터
무니없는 선전을 하면서 '한국식 민주주의'가 북녘 땅으로 넘쳐흐르도록 해
야 한다는 발언 등을 하고 있다고 비난했다. 이는 7 · 4 공동성명의 합의 사항
을 위반하는 행위임으로 즉각 중단해야 한다고 촉구했다.[33] 그리고 12월 21
일 박정희 대통령이 전방을 시찰하면서 남북대화는 방식을 달리하는 공산주
의자들과의 대결이며, 이 경쟁에서 이기자면 국력배양을 해야 한다고 강조한
점 등을 거론하며 "어찌하여 남조선측은 우리를 계속 헐뜯고 남북대립을 고

Ministry," GDR Embassy to DPRK Political Department Pyongyang, 1 December 1972.
PolAAA, MfAA, C951/76. 한편 이후락 당시 중앙정보부장은 김상인 특보를 통해 하비브
주한 미 대사에게 남북회담과 관련한 정보를 전달하는 과정에서 유신 선포에 대해 북한
이 특별히 부정적인 반응을 보이지 않는 이유에 대해 설명했다. 이후락은 북한의 무반
응이 계엄령 선포와 헌법 개정이 남북대화의 지속과 성공을 보장하기 위한 조치라는 한
국 정부의 입장을 수용한 데 기인하는 것으로 보았다. "Telegram from the American
Embassy in the Seoul to the Department of State," (October 31, 1972), POL KOR N -KOR
S. Subject Numeric Files.

31) 『로동신문』, 1972년 12월 6일.
32) 『로동신문』, 1972년 12월 28일.
33) 『로동신문』, 1972년 12월 11일.

취하는가"라고 비난했다.[34] 12월 30일 노동신문 보도는 "최근 남조선으로부터 남북대결을 고취하는 목소리가 더욱 자주 울려나오고 있다"고 비난했다. "남조선에서 계속들려오는 이러한 종류의 온당치 못한 발언과 주장들에 대하여 우리는 응당한 주목을 돌리지 않을 수 없으며 의혹을 돌리지 않을 수 없다"고 지적했다. 또한 "남조선측이 ≪승공통일≫의 망상에 사로 잡혀 공동 성명의 합의사항을 공공연히 짓밟으면서 계속 무분별한 책동에 매달린다면 그로부터 초래되는 후과에 대하여 책임을 지게 될 것"이라고 강조했다.[35]

한편, 주지하듯이 남한에서 유신헌법이 정식으로 공포된 1972년 12월 27일, 북한에서도 최고인민회의 제5기 1차 회의가 열려 권력구조의 재편을 포함한 새로운 헌법이 제정되었다. 권력구조 면에서 새로운 헌법의 핵심은 주석제를 신설하여 주석에게 국가 운영의 절대적 권한과 임무를 부여한 것이다. 북한은 새로운 헌법 제정과 이에 따른 국가기관의 선출을 위해 1972년 12월 25일 최고인민회의 제5기 1차 회의를 소집했다. 그런데 이 회의에서의 김일성의 연설에서도 유신체제 수립에 대해서 일언반구의 언급도 가하지 않았던 점은 가히 주목할 만하다.[36] 이는 1971년 12월 국가비상사태 선포나 그 이전까지의 전례에 비추어 매우 이례적인 일이 아닐 수 없었다.[37] 이에 대해 김일성은 훗날 즉, 1974년 8월 9~10일 일본 중의원 의원 우츠노미야 토쿠마(宇都宮馬德)와 나눈 대담에서 "우리는 '10월 유신'을 비판하지 않았다. 왜냐하면 그와 같은 비판이 내정간섭이 될 수 있었기 때문이다"라고 토로했다.[38]

---

34) 『로동신문』, 1972년 12월 25일.

35) 『로동신문』, 1972년 12월 30일.

36) 서대숙 편, 2004, 『북한문헌연구: 문헌과 해제』 제II권 〈최고인민회의〉, 서울: 경남대 극동문제연구소, pp. 267~302 참조.

37) 물론 이것은 7 · 4 남북공동성명에서 남북이 서로 상대방을 중상 · 비방하지 않기로 합의했기 때문이라고 볼 수도 있다. 그러나 북한이 1973년 중반부터 박정희 대통령과 남한의 내정에 대한 비난을 다시 재개한 점을 볼 때, 이를 단순히 공동성명 합의 사항 준수 차원에서만 설명하기는 어렵다.

더욱 흥미로운 것은 박정희가 유신 선포가 남북대화 중단으로 이어질 것을 우려한 것과 마찬가지로, 김일성 또한 남한의 정치변동에 대한 비판이 남북대화 중단으로 이어질 것을 우려하고 있었다는 점이다. 김일성은 "남북대화가 이제 막 시작되었기 때문에 남한에 대한 비판이 남북대화 중단으로 이어질 우려가 있었다. 그래서 우리는 큰 인내심을 발휘하여 남북대화를 계속하기로 결정했다"39)고 회고했다. 이처럼 남북한 쌍방 모두 대화 중단의 책임과 비난이 자신에게 가해지는 사태를 피하고자 했던 것이다. 그러나 그것이 이유의 전부는 아니었다. 당시 남북한 모두가 자신들의 정책적 목표를 달성하는 데 요긴한 수단으로서 남북대화의 동력이 유지되기를 희망하고 있었던 것이다. 남한에서 비상계엄 선포가 있은 바로 다음 날인 10월 18일, 평양 주재 동독대사관에서 동독과 소련의 대사관원들이 나눈 대화에서도 북한이 남한의 비상계엄 선포에 대해 대응을 자제하는 것은 남북대화가 지속되기를 원하기 때문이라고 지적했다.40) 그리고 대화의 지속을 원하는 북한의 의도는 7·4 공동성명의 원칙을 강조함으로써 박정희를 궁지로 몰고, 반공법 폐지를 요구하며 남한에 (야당이 집권할 수 있는) 민주화 상황을 조성하는 것이라고 평가했다.41)

---

38) "The Afro-Asian Problems Study Group of The Liberal Democratic Party," *John K. Emmerson Collection*, Box. 27, folder.8 (1974), pp. 7~8. 참고로 김일성과 우츠노미야 토쿠마의 대담 내용은 일본 마이니치 신문에 1974년 8월 21, 22, 23일에 걸쳐 연재된 바 있다.

39) Ibid., p. 8. 이어 김일성은 남북대화를 한다고 하여 박정희와 어떤 합의점에 이를 수 있다고 믿지는 않지만, 궁극적으로 남한의 야당 등 다양한 민족대표들이 대화에 참여할 가능성이 있기 때문에 대화를 계속하는 것이라고 말했다. Ibid., pp. 9~10.

40) "On a Conversation with the 1st Secretary of the USSR Embassy, Comrade Kurbatov, on 18 October 1972 in the GDR Embassy," GDR Embassy to DPRK Political Department Pyongyang, 24 October 1972. PolAAA, MfAA, C 1080/78.

41) Ibid; "Minutes of Conversation Taken on the Occasion of the Audience Granted by Comrade Nicolae Ceausescu to the Delegation of the Central Committee of theWorkers' Party of Korea," (March 8, 1973), National Historical and Central Archives, Bucharest, Collection: Romanian Communist Party, Central Committee, Foreign Relations Department, Folder

남한에서 유신을 위한 비상계엄이 선포된 이래 북한은 이를 정면으로 비판하고 나서느냐, 아니면 지켜봐야 하느냐에 대해 노동당 중앙위원회에서 수차에 걸쳐 토론했다. 1972년 11월 8일 북한 외교부 부부장 이만석이 평양 주재 동독, 체코슬로바키아, 폴란드 대사 등에게 제2차 남북조절위원회 회의 결과에 대해서 설명하면서 이 점을 밝히고 있다.[42] 이만석의 설명에 따르면 수차례에 걸친 토의 결과 북한은 "자신들이 남한의 유신 선포에 대해서 비난하면 현재 남북 간에 그나마 열려 있는 문이 다시 꽉 닫혀버리고, 그렇게 되면 분단상태가 계속될 것이다. 따라서 남한을 자극해서 그들이 문을 닫아걸도록 해서는 안 된다는 최종 결론에 도달했다. 북한이 남한의 비상조치를 비판하면 야당이 더 탄압받는 결과를 초래할 것이고, 이렇게 되면 평화통일과 '남조선혁명'을 전개할 수 있는 입지와 공간을 잃게 될 것이다. 현재 남한은 할 수 없이 북측에게만 문을 열어 놓고 있으며, 7·4 공동성명의 합의 원칙을 철회하고 문을 닫아걸 수 있는 명분을 찾고 있는 바, 북측이 그들에게 여하한 빌미도 주어서는 안 된다"는 점이 강조되었다. "만약 남북 간의 문이 닫히면 야당과 여타 반정부단체의 활동을 전개할 수 있는 모든 기회를 상실하게 될 것이다. 북한은 이러한 점을 감안해서 남한의 비상계엄 조치를 비난하는 논설을 발표하는 당초의 계획을 바꾸게 된 것"이라고 밝히고 있다. 물론 북한은 내부적으로는 남한의 비상조치에 대해서 격렬하게 비난하면서도 이러한 사실이 외부에 알려지지 않도록 했다. 그리하여 북한은 인내를 가지고 기존 노선을 유지하기로 하는 동시에 대남 평화공세를 더욱 강화해 나가기로 했던 것이다.[43]

23/1973.

[42] "On an Information by DPRK Deputy Foreign Minister Comrade, Lee Manseok on 8 November 1972 for the Ambassadors and Acting Ambassadors of Poland, Czechoslovakia and the GDR in Foreign Ministry," GDR Embassy to DPRK Political Department Pyongyang, 9 November 1972. PolAAA, MfAA, C 951/76.

또한 당시 북한 외무부 이진목 부부장이 평양 주재 동구 사회주의권 대사관원들에게 한 설명에 따르면, 북한은 박정희가 남북대화에 임하고 있지만 통일에는 전혀 관심이 없고, 단지 국력을 축적하고 공존을 위해 북측과의 협상을 원하며, 책략적 차원에서 북측을 이용하려 한다고 판단했다. 또한 박정희 정권은 북측으로부터 사회주의의 영향력이 남한 주민들에게 미칠 영향을 두려워하고 있다고 보았다. 북측은 사회주의의 영향력을 남측으로 확산하는 것이 자신들이 추구하는 목표는 아니라고 했다. 다만 (남북대화를 '남조선혁명'을 위한 분위기 조성의 기회로 활용한다는 차원에서) 남측 사회를 민주화시켜서 박정희 정권의 이중적 책략을 무색케 하려는 의도를 가지고 있다고 밝혔다. 이런 차원에서 북측은 남측이 문을 닫아걸지 못하도록 할 것이며 지속적인 압력을 통해 문을 열어놓도록 할 것이고 말했다.[44] 여기에서 우리는

---

43) Ibid. 한편 이만석 부부장은 사회주의 형제국가들이 (사회주의국가들과 외교관계를 수립하여 남한을 하나의 국가로서 인정받고, 분단을 현실로 승인받으려는) '남조선괴뢰도당'을 국제무대에서 계속 고립시켜야만 한다고 강조했다. 그래야만 남북대화가 지속될 수 있는 유리한 환경이 조성될 수 있다고 말했다. Ibid.; "On Information by DPRK Deputy Foreign Minister Comrade, Lee Manseok on 28 November 1972 for the Ambassadors and Acting Ambassadors of Poland and Czechoslovakia and GDR between 12:00 and 13:30 hours in the Foreign Ministry," GDR Embassy to DPRK Political Department Pyongyang, 1 December 1972, PolAAA, MfAA, C951/76.

44) "On an Information by DPRK Deputy Foreign Minister Comrade, Lee Jin Mok on 9 December 1972 for the Ambassadors and Acting Ambassadors of Poland, Bulgaria, Hungary, Czechoslovakia, Romania, and the GDR between 1000 and 1125 hours," GDR Embassy to DPRK Political Department Pyongyang, 12 December 1972. PolAAA, MfAA, C 951/76. 유신체제 수립에 대한 부정적 태도와 비판에도 불구하고 남북대화의 통로를 열어놓기 위해 남한에 대한 비난을 자제한다는 이와 같은 북한의 전술적 고려는 적어도 1973년 3월 평양에서 열린 제2차 남북조절위원회 회담에서 북한이 군사문제의 선결적 해결을 주장하고 나서기 이전까지는 유지된 것으로 보인다. 그러나 이후 북한은 점차 남북대화통로의 유지를 통한 박정희 정권의 고립보다는 대외 선전공세나 UN에서의 남한과의 외교경쟁을 통한 박정희 정권 고립에 더 비중을 둔 것으로 보인다. 그리고 1973년 6월 박정희의 6·23 선언에 대응하여 김일성도 5개항 통일방안을 공표함으로써 남북대화는 사실상의 파산상태를 맞이했다. 그리고 북한은 마침내 1973년 8월 28일, 김대중 납치사건과 '6·23 선언'을 비난하며 남북대화 중단을 선언했다. 그러나 북한의 남북대화 중단 선언이 곧 당초 북측이 고려했던 남북대화 통로 유지의 유용성에 대한 폐기 그 자체는 아니었다.

남한은 '정권 연장' 내지 체제경쟁을 위한 시간 벌기, 그리고 북한은 박정희 '정권 타도' 내지 '남조선혁명'을 위한 분위기 조성이라는 각기 상이한 목적을 지닌 채 대화에 임하고 있음을 알 수 있다. 이는 남북한이 각기 상반된 목적을 위해 남북대화의 지속을 필요로 하는 적대적 의존관계의 일단을 여실히 보여주는 것이다. 이처럼 당시 남북한 모두가 남북대화 자체가 목적이 아니라 이를 자신들의 목적을 달성하는 하나의 수단 내지 도구로 설정하고 있었다. 때문에 7 · 4 공동성명 발표 직후부터 이미 남북대화의 파탄은 예고된 것이나 다름없었음을 재삼 확인할 수 있다.

그러나 남한의 유신체제 수립과 북한의 주석제 신설이 어떠한 상관성을 지니는 지는 여전히 불명하고, 쟁론이 되고 있다.[45] 그리고 특정 사안에서 적대적 의존이 발견된다고 해서 그 자체가 남북한의 적대적 의존관계를 증명하는 것은 아니다. 김일성은 1972년 10월 23일에서 26일까지 열린 조선로동당 중앙위원회 제5기 제5차 전원회의에서 원래 1970년 당 제5차 대회 전에 헌법과 국가기관 구성법을 고치려고 했으나 정세 변동과 여러 사업상 관계

북한은 남북조절위원회 평양 측 공동위원장 김영주 명의의 대화 중단 성명을 통해, 김대중 납치사건을 주모하고 '6 · 23 선언'으로 '두 개의 조선'을 획책한 이후락과는 대화할 수 없다고 주장했다. 아울러 김영주는 남북대화 계속의 필요성을 인정하면서 대화 재개를 위해 이후락의 교체와 '6 · 23 선언'의 취소, 그리고 남북조절위원회를 당국자들뿐만 아니라 정당, 사회단체, 대표 및 각계각층 인사들이 참가하도록 개편하는 것 등을 제시하였다. 실제 북한의 남북대화 중단 선언 이후에도 남북 간에는 1975년 3월까지 모두 10차례의 남북조절위원회 부위원장회의가 판문점에서 개최되었으며, 남북 적십자 및 조절위원회 실무자 간의 접촉은 지속되었다. 다만 1973년 말부터 남북대화와 미중데탕트를 통한 주한미군 철수 기도라는 북한이 가졌던 애초의 기대가 사라지자 주한미군 철수와 평화협정 체결을 미국과의 직접 협상을 통해 해결한다는 방침을 점차 굳혀갔다고 할 수 있다.

45) 이에 대해서는 이종석, 1998, 『분단시대의 통일학』, 서울: 한울, pp. 204~207; 홍석률, 2012, 『분단의 히스테리: 공개문서로 보는 미중관계와 한반도』, 파주: 창비, pp. 280~285; 김연철, 2012, 「7 · 4남북공동성명의 재해석: 데탕트와 유신체제의 관계」, 『역사비평』 통권 99호, 역사문제연구소, pp. 241~243; 손호철 · 방인혁, 2012, 「남북한 '적대적 의존관계론'에 관한 비판적 연구: 1972년 남한 유신헌법과 북한 사회주의헌법 제정을 중심으로」, 『한국과 국제정치』 제28권 제2호, 경남대학교 극동문제연구소 참조.

로 중단되었다고 밝혔다. 그러다가 1971년 초 당중앙위원회 정치위원회에서 새로운 헌법을 빠른 시일 내에 제정할 것을 결정했다고 말했다. 이어 "남조선에서도 ≪헌법≫을 고치기 때문에 지금 우리가 헌법을 고치면 다른 나라 사람들에게 마치도 남북조선이 경쟁적으로 헌법을 고친다는 감을 줄 수 있다. 그러나 남조선에서 ≪헌법≫을 고치기 때문에 우리가 헌법을 고치는 것은 아니다. 우리는 새로운 사회주의헌법을 채택하기 위하여 이미 오래전부터 준비해왔다"고 강조했다. 그리고 남측이 헌법을 고치기 위해 계엄령을 선포한데 비해 북측은 계엄령 선포 없이 평온한 분위기에서 헌법을 채택한다고 말했다.[46] 다시 말해 김일성은 북측의 헌법 개정이 오래 전부터 예정되어 왔던 지극히 정상적인 절차인데 비해 남측의 헌법 개정은 비상조치임을 대비시켰다. 사실 북한의 헌법 제정은 이미 1967년에 형성되고 확립된 유일체제를 1972년 사회주의헌법 제정과 함께 신설된 주석제[47]로 성문화한 것인 반면, 남한의 헌법 개정은 전례 없는 독재체제의 등장을 의미했다. 따라서 남북한의 헌법 개정의 성격과 그 의미를 동일선상 내지 남북한 적대적 의존관계의 시각에서 평가할 사안은 아니다. 다만 김일성 역시 북측의 행동이나 조치에 의해 남북대화가 중단될 가능성을 우려하고 있었던 점에 비추어보면, 남한에서 유신 선포가 없는 상황에서 북한 단독으로 주석제를 신설할 수 있었을지는 의문이다. 아마도 1971년 초 당 중앙위원회 정치위원회에서 결정했던 북한의 헌법 제정 계획이 남북대화의 진행이라는 정세 변동 국면을 맞아 재

---

[46] 김일성, 1984, 『김일성 저작집 27』, 평양: 조선로동당출판사, pp. 467~469.

[47] 당시 남북조절위원회 대변인을 지낸 이동복에 의하면 북한은 박정희가 대통령으로, 김일성이 수상으로 호칭되는데 대해 매우 민감하고 불편해 했다고 한다. 그러므로 북한은 남한의 헌법 개정을 김일성의 헌법상 지위를 주석으로 격상시키는 기회로 활용할 수 있었기 때문에 남한의 헌법 개정에 대해 별달리 부정적 반응을 보이지 않았다고 증언한 바 있다. Christian F. Ostermann and James F. Person eds., 2011, *The Rise and Fall of Detente on the Korean Peninsula, 1970~1974*, Washington, DC: Woodrow Wilson International Center for Scholars, pp. 81~83.

차 중단되었다가 남한의 계엄령 선포와 헌법 개정으로 이를 단행할 수 있는 계기를 포착했다고 할 수 있다. 만약 남한에서 유신헌법 제정이 없었다면 북한의 사회주의헌법 제정은 그 이후의 시점으로 미루어졌을지 모른다. 따라서 비록 주석제가 새로운 국가기구의 창출이 아니라 단지 김일성의 지위와 역할을 헌법으로 명문화한 것에 불과할지라도 그 시점에서 유신체제 수립 없는 주석제 신설을 상정하기는 어렵다고 할 수 있다. 이 점에서 남북한의 국내정치 및 제도 변화 간에 비대칭적이기는 하지만 일정한 상호연관성을 설정해 볼 수 있겠다.

4. 미국의 시각과 대응

미국은 10월 17일 유신이 선포되자 언론에 대고는 "한국을 감싸고 돌 아무런 핑계도 없다", "미국은 이번 사태에 아무런 관련이 없다"면서 박 대통령에 대한 불쾌한 감정을 굳이 숨기지 않았다. 그리고 존슨(Alexis Johnson) 국무부 부차관은 10월 17일 김동조 대사를 만난 자리에서 "한미 양국 관계에 심각한 일이 발생하더라도 그것은 전적으로 한국 정부의 책임이며, 언론에게는 우리가 하고 싶은 말을 할 수밖에 없다"면서 '경고'하는 것도 잊지 않았다. 그러나 주한 미 대사관과 워싱턴 국무부 사이에 오간 비밀문서는 미국의 이 '경고'가 결국 체면 유지를 위한 겉치레에 지나지 않는다는 사실을 보여주고 있다.[48] 오버도퍼(Don Oberdorfer)는 하비브가 10월 유신 조치에 대한 사전 정보를 입수하지 못한 데 대해 분노했다고 했지만,[49] 이는 사실이 아니다. 하비브는 이미 10월 유신 6개월 전부터 이후락, 정일권, 김종필 등 권력 핵심이 알려주

---

48) 이흥환 편저, 2002, 『미국 비밀문서로 본 한국현대사 35장면』, 서울: 삼인, p. 185.
49) Don Oberdorfer, *op. cit.*, p. 38.

는 가장 정확한 정보를 통해 향후 있을 한국의 정변을 손금 들여다보듯 훤히
꿰뚫고 있었다.[50]

하비브는 유신 선포에 대한 대응방안을 워싱턴에 건의했다. 우선, 과감한
경제적 군사적 조치로 유신 선포를 백지화하는 것은 높은 비용을 수반한다
는 점에서 비현실적이다. 또한 유신 선포를 받아들이되 민주주의 절차와 원
칙을 보완토록 박정희를 설득하는 것도 이 조치와 미국의 관련성을 반증하
는 결과를 가져올 수 있다. 따라서 현재로서 가장 바람직한 선택은 유신 선
포가 미국과는 무관하며 한국 국내문제이므로 개입하지 않는 불간섭정책이
라고 조언했다.[51] 워싱턴은 하비브의 조언을 받아들여 박정희가 단행한 조
치에 대해서 반대 의견을 표명하지 않기로 결정했다. 미 국무부는 하비브에
게 "우리도 현 상황에서 박 대통령이 추진하는 조치가 불필요하다는 판단에
는 기본적으로 동의한다. 그러나 그가 앞으로 가려는 길이 어떤 것인지 그
끝을 짐작하지 못하고 있다"는 전문을 보냈다. 또한 미국과의 어떠한 사전
조율도 없이 그와 같은 중대 결정을 내린 것에 대해 박 대통령에게 "과거 미
국의 희생과 오늘날 한국에, 특히 현 정권에 우리가 제공하고 있는 물심양면
의 지원을 생각해 볼 때 도저히 이해할 수 없는 조치"라는 뜻을 전달하도록
하비브에게 지시했다. 그러나 박 대통령의 마음을 돌리도록 노력하라고 권고
하지는 않았다. 하비브는 미국이 박 대통령의 계엄령 선포에 반대하는지를
누군가 물어보면 "이것은 남한 내의 문제이며……그가 결정할 일"이라고 대

50) 자세한 내용은 이흥환 편저, 2002, 『미국 비밀문서로 본 한국현대사 35장면』, 서울: 삼
인,. pp. 177~185 참조.
51) "Memorandum From John H. Holdridge of the National Security Council Staff to the
President's Assistant for National Security affairs (Kissinger)" (October 25, 1972); "Telegram
From the Department of State to the Embassy in Korea" (October 17, 1972); "Memorandoum
From the President's Assistant for National Security affairs (Kissinger)to the President Nixon"
(October 17, 1972), FRUS, Korea, 1969~1972 (Part 1), Vol. XIX; 박태균, 2006, 『우방과 제
국, 한미관계의 두 신화』, 파주: 창비, pp. 341~342; Don Oberdorfer, op.cit., p. 39.

답하라는 지시를 받았다.[52]

한편 1972년 10월 17일 비상계엄이 선포된 후 10여 일이 지난 시점에서 미국의 CIA, 국무성, 국방성 등의 정보당국과 관련 부처는 남한의 정세 전망에 대한 보고서[53]를 제출했다. 이 보고서에는 유신체제의 등장을 바라보는 미국의 시각과 전망이 잘 나타나 있다. 이 보고서를 중심으로 유신체제 등장에 대한 미국의 시각과 대응 방향 논의를 살펴보기로 하자.

우선, 미국은 박정희의 비상계엄 선포를 여타 제3세계 저발전국가들과는 구별되는 독특한 사례로 보고 있었다. 왜냐하면 박정희 자신의 지배가 적어도 수년간 보장되고, 경제성장도 비교적 순조롭고, 북한과의 체제경쟁에서도 더욱 우위를 점할 것으로 예상되는 시점에서, 더욱이 가장 든든한 후원국이자 동맹국인 미국으로부터의 반발이 예상되는 상황에서 그와 같은 비상조치를 취했기 때문이다.[54]

그리고 미국은 박정희가 비상계엄 선포 명분으로 내세운 '급변하고 불확실한 동아시아 국제정세'와 '남북대화를 효율적으로 진행하기 국내정치적 필요성' 등이 전적으로 허위적인 것은 아니라고 보았다.[55] 말하자면 미국도 유신

---

52) Loc.cit.

53) The National Security Archive, 2009, "The Political Outlook in South Korea," *Secret, Special National Intelligence Estimate, October 26, 1972, United States and the Two Koreas,* KO00138, Washington D.C: The George Washington University. 유신체제 수립을 보는 미국의 반응과 관련하여 위의 1972년 10월 26일자 미국 측의 보고서 내용에 상응하는 수준의 체계적인 자료는 찾아보기가 쉽지 않다. 검토한 상당수의 미국 국립문서보관소 (National Archives)의 해당 시기 미국 외교관계 문서들에서도 몇몇 관련 보고서나 단편적인 내용을 담고 있으나 만족할만한 수준은 아니다.

54) The National Security Archive, 2009, "The Political Outlook in South Korea," *Secret, Special National Intelligence Estimate, October 26, 1972, United States and the Two Koreas,* KO00138, Washington D.C: The George Washington University, p. 4.

55) The National Security Archive, 2009, "The Political Outlook in South Korea," *Secret, Special National Intelligence Estimate, October 26, 1972, United States and the Two Koreas,* KO00138, Washington D.C: The George Washington University, pp. 4~5.

선포가 당시 데탕트라는 동아시아 국제정세의 진행과는 역방향의 조치임은 분명하지만, 적어도 박정희의 입장에서는 '한반도에서 전쟁이 재발하지 않는 다고 아무도 장담할 수 없다'는 위협인식을 느낀 점은 일정 정도 인정했다.[56] 그러나 비상계엄 선포의 보다 근원적인 동기는 의회민주주의에 대한 박정희 의 뿌리 깊은 불신과 그의 강한 권위주의적 성향, 그리고 그 시점에서 유신을 선포하더라도 미국과의 관계가 크게 손상되지 않을 것이라는 박정희의 전략 적 계산에서 비롯된 것으로 판단하고 있었다.[57] 그리고 중요한 것은, 1971년 12월 국가비상사태를 선포했을 때 미국이 별다른 반응과 반대를 표명하지 않 았던 점을 박정희가 크게 고려했을 것이라고 분석했다.[58] 즉 박정희가 미국 측으로부터의 불쾌한 반응은 예상했지만, 미국의 대한방위공약 철회나 주한 미군 감축의 가속화, 그리고 미국의 지원에 의한 한국군 현대화 계획을 늦추 거나 중지하는 사태로 귀결되지는 않을 것으로 보았을 것이라고 추측했다. 그리고 만약 미국이 그와 같은 박정희의 계산이 잘못되었음을 보여주기 위 해 엄중한 조치를 취해 대응하면, 박정희가 국내외적으로 심각한 상황에 직 면할 수 있어 그와 같은 조치를 취하기도 어렵다고 판단하고 있었다. 만약 미국이 한미 간의 파열음을 동반할 대한방위공약 약화나, 특히 주한미군 감 축이나 군 현대화 계획 지원을 철회한다면, 북한이 여러 가지 방식으로 이러 한 기회를 이용할 것이 분명하다고 판단하고 있었다.[59]

---

56) The National Security Archive, 2009, "The Political Outlook in South Korea," *Secret, Special National Intelligence Estimate, October 26, 1972, United States and the Two Koreas, KO00138*, Washington D.C: The George Washington University, p. 7.

57) The National Security Archive, 2009, "The Political Outlook in South Korea." *Secret, Special National Intelligence Estimate, October 26, 1972, United States and the Two Koreas, KO00138*, Washington D.C: The George Washington University, p. 5.

58) The National Security Archive, 2009, "The Political Outlook in South Korea," *Secret, Special National Intelligence Estimate, October 26, 1972, United States and the Two Koreas, KO00138*, Washington D.C: The George Washington University, p. 12.

59) The National Security Archive, 2009, "The Political Outlook in South Korea," *Secret, Special*

더욱이 미국은 박정희의 유신체제 수립 시도에 대한 미국의 강경 대응이 북한으로부터의 점증하는 위협과 맞물릴 때 지도자로서의 박정희에 대한 회의와 유신의 타당성에 대한 불신을 초래할 것으로 판단했다. 이렇게 되면 박정희 지지자들 간에도 이와 같은 인식이 확산될 것이며, 반대자들은 그를 권좌에서 몰아내는 기회로 최대한 활용할 것이라고 보았다. 그리고 미국의 강경 대응이 한국에 긍정적인 결과를 가져온다는 보장도 없다고 지적했다. 따라서 만약 광범위한 정치적 저항이 일어나 박정희가 완강히 버티거나 결국 축출된다면, 바로 그 과정 자체가 한국에 큰 위기를 몰고 올 것이라고 최종 진단했다.[60]

이는 지금까지 막연한 추측 수준에 있었던 역사의 한 부분을 보여준다는 점에서 의미 있고 흥미로운 대목이다. 이렇게 보면 박정희로서는—적어도 단기적으로는—유신체제의 수립 명분도 북한으로부터 얻었고, 또 자신에 대한 미국의 강경 대응도 북한의 존재가 막아주는 적대적 의존관계의 역설적 이익을 얻었다고 할 수 있다.

한편 미국 측은 비상계엄 선포에 대해 평양 측이 별다른 반응을 보이지 않은 것은 평양 측이 이러한 조치를 동년 겨울로 예정된 남북대화(1972년 11월 30일~12월 2일 서울에서 개최된 남북조절위원회 제1차 회의 지칭)에서 박정희가 중요한 조치를 취하기 위한 일종의 예비 단계로 간주했기 때문일 것이라고 추측했다. 그리고 유신을 위한 비상계엄 선포에 대해 평양 측이 적어도 24시간 전에 통보받았을 것이라고 보았다.[61] 그리고 미국은 최근 수주 동안

National Intelligence Estimate, October 26, 1972, United States and the Two Koreas, KO00138, Washington D.C: The George Washington University, p. 19.

60) The National Security Archive, 2009, "The Political Outlook in South Korea." *Secret, Special National Intelligence Estimate, October 26, 1972, United States and the Two Koreas, KO00138,* Washington D.C: The George Washington University, pp. 19~20.

61) 앞서 살펴보았듯이 실제 남측은 10월 15일, 북측에 남북 연락 대표 접촉을 제안하는 전화를 걸어 16일, 판문점에서 북측 대표와 만나 유신 선포 배경에 대한 설명과 북측의

판문점에서 남북 접촉이 빈번했음을 지적하며, 적어도 한국 내 미국정보원에
포착된 것 이상의 모종의 논의가 남북 간에 진행되고 있다고 판단하고 있었
다.[62] 그리고 만약 한국 정부가 북한과의 정치회담을 준비하고 있다면, 박정
희가 이번 조치를 취한 이유를 좀 더 쉽게 이해할 수 있을 것이라고 지적했
다. 요컨대 미국 측은 이 조치를 공산주의 선전선동에 한국 사회가 노출되는
것을 막기 위해 국내적 통제를 강화하고, 남북협상에서 박정희가 최대한의
재량권을 확보하기 위한 시도로 보고 있었다.[63]

이와 같이 이 보고서는 남북대화 진행과정에서 이제 '조수석'에 앉게 된 미
국 입장의 한 단면을 잘 보여주고 있다. 사실 1972년 이후락 중정부장이 평양
을 방문하기 전까지만 하더라도 남북의 접촉과 대화 추진 과정에 대해 이 부
장이 CIA 한국책임자 리처드슨(John H. Richardson)을 만나 소상하게 설명하
고 미국 측의 양해를 구했다.[64] 그러나 보고서에서 알 수 있듯이 유신 선포

양해를 바라는 이후락 중앙정보부장의 메시지를 전달했다. 『동아일보』 2009년 9월 24일
자 참조. 이후락은 하비브 대사에게 1972년 10월 12일 남북조절위원회 공동위원장 제1
차 회의에서 계엄령 선포와 헌법 개정 사실을 북측의 박성철 제2부수상에게 넌지시 알
렸다고 말했다. 그리고 10월 18일 판문점에서 정홍진이 김덕현을 만나 이를 처음으로
분명하고 명시적으로 알렸다고 설명했다. 그러나 위와 같은 이후락의 설명들은 근거가
없고, 특히 후자는 사실이 아니다. 그리고 미국은 다른 정보원을 통해 남측이 북측에 계
엄령 선포와 헌법 개정 사실을 알린 시점이 18일이 아닌 16일이었던 것으로 파악하고
있었다. "Telegram from the American Embassy in Seoul to the Department of State,"
(October 31, 1972), P KOR S. Subject Numeric Files.

[62] 당시 미국무부 정보조사국(Bureau of Intelligence and Research)은 1972년 12월 27일 남북
한에서 동시에 헌법이 제정된 데 대해 공포 시기의 동시성뿐만 아니라 일인지배 강화
등 개정 헌법의 내용상에 공통점이 많음을 주목하고 쌍방 간의 정보 공유 내지 양 헌법
간의 일정한 상호연관성을 지적했다. "Intelligence Note: South-North Talks A Pause
Follows Rapid Progress," (December 18, 1972), POL KOR N - KOR S. Subject Numeric Files.

[63] The National Security Archive, 2009, "The Political Outlook in South Korea," *Secret, Special
National Intelligence Estimate, October 26, 1972, United States and the Two Koreas,
KO00138*, Washington D.C: The George Washington University, p. 9.

[64] 會議錄篇, 1994, 『南北對話 史料集』 제7권(남북조절위원회 〈1971.11~1973.6〉), 서울: 국
토통일원, pp. 73~79 참조.

전 남북 접촉과 메시지 전달 내용에 대해서는 남한 측이 미국 측에게 비밀에
붙였다는 사실이다. 그럼에도 불구하고 미국 측은 남북 간의 모종의 접촉이
있음을 감지하고 있었음을 알 수 있다. 특히 남한 측이 자신들의 유신 선포
로 인해 북한이 이를 비난하면서 적십자회담과 남북조절위원회 회의 등 남
북회담 결렬을 선언하면서, 그 책임을 남측에 돌릴 가능성에 대해 우려하면
서, 이를 막기 위한 차원에서 남한의 대북 접촉이 이루어지고 있음을 정확히
꿰뚫고 있었다.[65] 앞서 살펴본 바 있듯이 실제 남한은 10월 16일 북측에 전
달한 이 부장의 메시지에서, 유신조치가 남북대화를 중단하자는 것이 아니라
남북대화를 더 잘하기 위해 박 대통령의 재량권 확보와 국내통제를 강화하
자는 취지임으로 이에 대해 오해 없기를 거듭 강조했다.

한편 미국 측은 유신 선포 이후 남한의 대부분 국민들의 반응은 남북대화
를 위해 국내체제 정비가 필요하다는 박정희 주장에 대한 묵시적 수용과 무
력감이 혼재된 것이라고 평가했다. 대학생, 정치인, 지식인, 언론 등이 1971년
국가비상사태 이후 정부의 강화된 통제와 감시로 인해 전반적으로 큰 저항
없이 침묵했다고 보았다.[66] 그러나 1971년 대선에서 투표자의 45%가 박정희
에게 반대표를 던졌고, 찬성표를 던진 투표자 중 다수도 '이번이 그의 마지막
임기'라는 박정희의 말을 액면 그대로 믿었으며, 더욱이 유신 선포로 인해 정
치적 기회를 상실한 정치지도자들이 있기 때문에 수면 밑에서 박정희에 대
한 반감이 자랄 가능성을 무시할 수 없다고 평가했다. 말하자면 일정한 계기
가 마련되면 반(反) 박정희운동이 지도와 광범위한 대중 수준에서 조직될 수

---

65) The National Security Archive, 2009, "The Political Outlook in South Korea," *Secret, Special
National Intelligence Estimate, October 26, 1972, United States and the Two Koreas,
KO00138*, Washington D.C: The George Washington University, p. 10.

66) The National Security Archive, 2009, "The Political Outlook in South Korea," *Secret, Special
National Intelligence Estimate, October 26, 1972, United States and the Two Koreas,
KO00138*, Washington D.C: The George Washington University, pp. 13~15.

있다고 분석하고 전망했다.[67] 그리고 만약 1960년 4·19와 같은 사태가 발생
하여, 군이 무자비한 대중진압을 해야 하는 상황에 직면하게 될 때, 군부의
항명 가능성도 상정할 수 있다고 보았다. 물론 이러한 가능성을 차단하기 위
해 보안사령부 등을 통해 철저한 감시가 이루어질 것이라고 예측했다.[68]

요컨대 미국은 단기적으로 봐서 박정희가 안정과 질서를 유지한 가운데
지속적인 경제성장을 이룬다면, 대부분의 국민들은 박정희에 대한 지지를 계
속 할 것이라고 전망했다.[69] 그러나 장기적으로 한국의 정치 상황은, 경제가
아무리 번성하더라도(또는 바로 그로 인해) 박정희의 독재와 정실지배에 대
해 한국민들이 식상한 나머지 점차 그에 대한 국민적 지지는 철회될 것이라
고 평가했다. 왜냐하면 상대적으로 선진화되고 또한 역동적인 한국 사회에서
정치적 시계 바늘을 거꾸로 돌리려는 시도가 얼마나 성공할 수 있을지 회의
적이기 때문이라는 것이다. 그래서 박정희가 만약 자신이 이상으로 삼고 있
는 근대 일본식의 통치 모델을 모방하려 한다면 큰 오류를 범하는 결과가 될
것이라고 내다보았다.[70] 그리고 대외정책이나 국가이익 면에서도 박정희의
신권위주의체제는 미국으로부터의 군사, 경제적 지원 확보의 어려움, 일본으
로부터의 투자 위축, 반한 감정 증가, 한일관계 냉각 등 여러 가지 문제점을
노정할 것이라고 진단했다. 또 이로 인해 군부와 관료들의 불만이 가중되면

---

[67] The National Security Archive, 2009, "The Political Outlook in South Korea," *Secret, Special National Intelligence Estimate, October 26, 1972, United States and the Two Koreas, KO00138*, Washington D.C: The George Washington University, pp. 15~16.

[68] The National Security Archive, 2009, "The Political Outlook in South Korea," *Secret, Special National Intelligence Estimate, October 26, 1972, United States and the Two Koreas, KO00138*, Washington D.C: The George Washington University, p. 16.

[69] The National Security Archive, 2009, "The Political Outlook in South Korea," *Secret, Special National Intelligence Estimate, October 26, 1972, United States and the Two Koreas, KO00138*, Washington D.C: The George Washington University, p. 17.

[70] The National Security Archive, 2009, "The Political Outlook in South Korea," *Secret, Special National Intelligence Estimate, October 26, 1972, United States and the Two Koreas, KO00138*, Washington D.C: The George Washington University, pp. 17~18.

국내정치 상황에도 악영향을 미치는 상승작용이 일어날 것으로 판단했다.[71]
실제 이후의 한국 정치 상황 전개는 미국 측이 전망한 바와 거의 유사하게
전개 되었다. 즉 격렬한 유신반대운동 전개, 김대중 납치사건으로 인한 한일
관계 악화, 인권외교를 표방한 카터 행정부와의 마찰, 그리고 마침내 부마항
쟁과 10 · 26 사건으로 박정희 정권이 종말을 고하고 말았다는 점에서 당시
미국 측의 평가와 전망은 적지 않은 무게를 지닌 것이었다. 이와 같이 이 보
고서는 미국이 한국에 대해 행사할 수 있는 뾰족한 정책 수단이나 정책적 선
택이 제한된 상황에서 유신 수립을 보는 시각과 대응을 응축적으로 보여주
고 있다.

이 보고서에 나타난 미국의 정세인식 기조는 동년 12월 초 주한 미국대사
관이 본국에 보낸 전문에도 그대로 나타난다. 즉 미국은 박정희의 국내 정치
적 억압 조치를 지지, 인정하거나 미국이 공적으로나 사적으로나 이와 연관
있는 것으로 보여서는 안 된다고 지적했다. 미국 측은 박정희가 취한 그와
같은 조치가 불필요하고, 장기적으로 봐서 현명하지 못하다고 판단하지만,
미국의 남한과의 오랜 관계를 감안할 때 한국 정부와의 최소한의 묵시적인
연관을 피할 수는 없다. 박정희의 유신체제 수립 시도를 저지 위해서는 직접
적이고 강력한 특단의 개입이 필요하다. 그러나 그와 같은 강경 대응이 박정
희의 권력 장악을 위태롭게 하고, 남한 사회에 불안정을 초래하며, 한국 내정
에 미국이 깊숙이 휘말리는 결과를 초래할 것이라고 내다보고 있다.[72] 따라
서 주한 미대사관 측은 국무부에 한국에 대한 정책 방향으로 다음과 같은 점
을 권고했다. 1) 박정희 정부가 고도로 사인적(私人的)이고 권위주의적 지배

---

[71] The National Security Archive, 2009, "The Political Outlook in South Korea," *Secret, Special National Intelligence Estimate, October 26, 1972, United States and the Two Koreas, KO00138*, Washington D.C: The George Washington University, p. 18.

[72] "Airgram from the American Embassy in Seoul to the Department of State," (December 10, 1972), POL KOR S - US. Subject Numeric Files.

라는 국내적 토대에 기초하여 독자적인 경로를 걷고 있음을 인정할 필요가
있다. 2) 박정희 정부와 정상적이고 친근한 정부 간의 관계를 유지하되 미국
이 박정희의 권위주의적인 정치적 행로나 행동과 연관되지 않도록 해야 할
것이다. 3) 한국 정부 외에 책임 있는 정치적 반대세력 등 사회 각계의 다양
한 인사들과 정상적인 접촉을 유지하도록 한다. 4) 남북대화에 참여하는 한
국 정부에 대해 공/사적인 차원에서 지속적인 지원을 보낼 필요가 있다.[73]

이를 통해 우리는 미국이 왜 유신 수립에 대해 침묵하였는지를 보다 잘 이
해할 수 있다. 즉 유신에 대한 미국의 강경 대응이 결코 긍정적 결과를 가져
온다는 보장이 없다는 정세인식에서, 미국이 한국에서 진행된 유신 선포라는
정치변동에 대해 '그것은 한국 내의 문제이며 미국과는 무관한 일'이라는 입
장을 취하고 침묵하게 되는가 하는 과정을 구체적이고도 생생하게 알 수 있
다.

미국은 로저스 국무장관의 1972년 외교정책보고서에서 '10월 유신은 한국
의 국내문제이고 한국 사람의 책임이나, 한반도의 안보 상황에의 영향, 한국
사람들과의 긴밀한 유대, 그리고 한국 사람들에 대한 관심에서 미국에게도
관심사'라고 밝히고 있다.[74] 미국이 1960년대 초중반과 같이 한국에 대해 행
사할 수 있는 경제적 군사적 카드의 영향력이 약화된 상태에서 자신들이 '한
국에서 지난 27년간 주장하고 견지해 온 정치철학에서 멀어져가는'[75] 박정희
정권을 돌려놓기에는 역부족이었다. 더욱이 미국으로서도 유신체제의 수립
명분이 다름 아닌 당시 미국의 양대 대한정책이었던 주한미군 철수와 남북

[73] "Airgram from the American Embassy in Seoul to the Department of State," (December 10, 1972), POL KOR S - US. Subject Numeric Files.
[74] "주미대사가 외무부장관에게 보낸 전문"(1973.4.18), 번호: USW-04246, 『Rogers, William P. 미국 국무장관의 1972년 외교정책보고서, 1973』, 분류번호: 721. 4US.
[75] "Telegram from the American Embassy in Seoul to the Department of State," (October 23, 1972), POL KOR S. Subject Numeric Files.

대화로 인한 안보위기 대처와 체제 정비에 있다는 박정희 정권의 논리를 강하게 부인 또는 비판하기 어려운 점이 있었다고 볼 수 있다.

5. 맺음말

우리는 지금까지의 논의를 통해 한국 정부가 유신 선포 직전에 여하한 배경과 동기에서 또 어떻게 북한과 미국과 접촉을 시도하게 되었는지 등에 대해 보다 구체적으로 이해하고 규명할 수 있었다. 그리고 당시 북한과 미국이 남한의 유신체제 수립을 어떠한 시각에서 바라보고, 여하한 배경과 고려에서 그에 대한 대응 방향을 검토하고 있었는가에 대해 몇 가지 새로운 역사적 사실도 밝힐 수 있었다. 그리고 유신체제 수립과 주석제 신설 간의 상호 연관성을 설정할 수 있는 실증적 근거를 발견할 수 있었다. 본문에서 논의한 주요 논의를 종합하고 그 의미를 정리해보면 다음과 같다.

첫째, 유신 선포 직전 남한 당국은 북측과 비밀 접촉을 갖고 유신을 위한 비상계엄 선포의 배경과 목적에 대해 북측에게 설명하고, 유신 선포에 대한 북측의 양해를 구하고자 부심했다는 사실이다. 또한 남한 당국은 북측에게 유신 선포의 근본 동기가 남북대화의 포기가 아니라 남북대화의 강화를 위한 법제도적 정비에 있음을 거듭 강조하였다. 이는 남한 당국이 유신 선포로 인해 북측이 대화 중단을 선언하고 나올 가능성에 대해 노심초사하고 있었다는 의미이다.

둘째, 북한은 남한 당국의 유신 선포 배경에 대한 설명을 접한 이후 나름대로 사태를 분석하면서, 이에 대한 대응 방향을 둘러싸고 내부적으로 한동안 상당한 논란과 고심을 거듭했음을 알 수 있다. 그리고 북한이 유신 선포에 대해 상대적으로 침묵했던 이유는 북한의 민감한 반응과 비판이 남측의 남북대화 중단의 구실로 활용될 가능성을 우려했기 때문이었다. 말하자면 유신 선포를 계기로 남한만이 대화 중단을 우려했던 것이 아니라 북측도 똑같은 우려를 갖고 있었다는 것은 주목할 만하다. 이처럼 당시 남북이 다 같이 유신 선포에 대한 작용-반작용으로 남북대화가 중단될 가능성을 우려하는 '대화 속의 상호 불신'이라는 거울영상의 전형을 보여주고 있었다.

셋째, 북한이 유신 선포에 대한 불신과 내부에서의 격렬한 비난에도 불구하고 대남 비난 자제로 남북대화의 동력을 이어가기로 결정한 것은 무엇보다 남측이 대화의 문을 닫아걸지 못하도록 하는 데 있었다. 대화 통로를 통해 박정희 정권을 궁지로 몰아넣고, 남한에 야당이 집권하고, 나아가 '남조선 혁명'을 전개할 수 있는 입지와 공간을 보존한다는 전술적 고려에서 비롯되었다.

넷째, 김일성 역시 북측의 행동이나 조치에 의해 남북대화가 중단될 가능성을 우려하고 있었던 사실에 비추어 볼 때, 그 시점에서 유신체제 수립 없는 주석제 신설을 상정하기 어렵고, 이 점에서 양자 간의 일정한 연관성을 설정할 수 있다.

다섯째, 남한 당국은 유신 선포에 대한 북한의 반응에 촉각을 곤두세우며, 유신 선포가 대화 중단으로 이어질 가능성을 우려하며 북한의 양해를 구하기 위해 상당한 공을 들였던 것과는 달리 미국의 양해를 구하는 데는 상대적으로 소홀했다는 점이다. 물론 1971년 12월 6일 국가비상사태 선포 시에 비해서는 남한 당국이 미국의 사전 양해를 구하는 데 보다 신경을 썼지만, 대북 설득 노력과 비견될 수준은 아니었다. 남한 당국이 유신 선포에 즈음하여 북한과 미국에 대해 다소 대비되는 태도를 취한 근본 이유는, 북한은 유신 선포에 대한 불만으로 대화를 중단할 가능성이 있지만, 유신 선포에 대한 미국의 불만이 미국의 대한방위공약 약화나 철회로 이어지지는 않을 것이라는 판단 때문이었다. 미국은 박정희의 위와 같은 계산을 간파하고 있었다. 그러나 그와 같은 박정희의 계산이 오산임을 일깨워 주기 위한 미국의 대한방위 공약 약화가 초래할 안보 공백을 북한이 이용할 가능성 때문에 유신 선포에 대해 강경 대응을 할 수 없었고 침묵 모드를 유지했던 것이다.

여섯째, 남한 당국은 유신 선포 직전 남북 접촉과 메시지 전달 내용에 대해서 미국 측에 제대로 설명하지 않고 비밀에 붙였다는 점이다. 그러므로 남북 간의 대화 진행으로 관련 정보를 한국 측에 의존해야 하는 미국으로서는 제한된 정보 상황하에서 남북 접촉 내용을 추론할 수밖에 없었다. 그럼에도 불구하고 남한 당국의 대북 접촉 목적을 비교적 정확히 간파하고 있었다. 여하간 남한 당국이 미국 측에게 남북 접촉의 구체적 내용을 비밀에 붙인 이유는 아마도 미국의 입장에서 볼 때 껄끄러운 대목이 있었기 때문일 것이다. 남한 당국이 북측에 설명한 유신 선포의 주요 배경 중의 하나가 미국, 일본 등 강대국에 의존하지 않고 민족문제나 남한의 국가적 과제를 해결하기 위한 자주적 체제를 만드는 데 있다는 미국으로서는 유쾌하지 않는 내용이었다.

일곱째, 북한은 박정희 정권 고립과 남한 내 '혁명역량' 강화 목적으로 대화 통로를 계속 열어두기 위해, 그리고 미국은 자신의 강경 대응이 초래할 한반도의 안보 공백 발생에 대한 우려에서 각기 남한의 유신 수립에 대해 침묵을 지키기로 결정했던 것이다. 한편 북한과 미국은 유신 수립의 동기에 대해 비교적 정확하게 거의 동일한 분석을 가하고 있었다. 북한은 박정희가 유신이라는 강력한 체제 정비를 통해 야당의 남북대화 동참 요구와 북한의 야당 견인 시도 가능성을 차단하여 남북대화를 독점하고 북한과 대등한 대화 구도를 구축하고자 하는 것으로 보았다. 미국 역시 유신 선포의 동기 가운데 박정희의 안보에 대한 위협인식이 일정하게 작용한 점은 인정했지만, 기본적으로 국내적 통제를 강화하고, 남북대화에서 박정희가 최대한의 재량권과 주도권을 확보하기 위한 시도라고 보았다. 다만 미국은 북한이 유신 선포에 대

해 침묵한 것을 1972년 겨울로 예정되어 있던 남북조절위원회 제1차 회의에
서 (북측이 남측에 제기한 대화의 장애요소를 포함하여 남북대화의 진전을
위해) 중요한 조치를 취하기 위한 예비단계로 받아들였기 때문이라고 다소
빗나간 추측을 하고 있었다.

끝으로 본문에서 논의한 유신체제 수립 사례를 넘어 한국의 정치변동을
보는 북한과 미국의 시각과 대응을 보다 체계적으로 고찰하고 비교 분석하
는 작업이 요구된다. 즉 1960년 4·19혁명, 1961년 5·16쿠데타, 1980년 광주
항쟁, 1987년 6월항쟁 시기의 북한 또는 미국의 시각과 대응에 대한 심층적
인 개별연구와 더불어 이들 연구 성과들을 종합하고 제한된 수준에서나마
일반화 해보려는 시도가 필요하다. 향후 이 분야에 대한 활발한 연구를 기대
해 본다.

서울올림픽과 남북관계

신종대

1. 머리말

1988년 9월 중순부터 10월 초까지 개최되었던 제24회 서울올림픽은 한국의
국내정치와 남북관계는 물론이고 국제질서의 측면에서도 의미를 갖는 큰 사
건이었다. 우선 올림픽을 앞두고 전 세계의 이목이 한국에 집중되고 있는 상
황에서 전두환 정부는 1987년 6월 항쟁에 대해 폭력적인 대응을 할 수 없었
다. 국민들의 대통령 직선제 개헌요구도 결국 수용할 수밖에 없었다. 그리고
올림픽 개최 이후 사회 전반의 민주화와 개혁 요구가 거세게 분출되었다.[1]
이 점에서 서울올림픽은 한국 민주화의 진전에 기여하였다고 평가할 수 있
다.[2] 그리고 서울올림픽은 국제질서가 냉전으로부터 탈냉전으로 전환되고

---

[1] 정기웅, 2010, 「전두환 정부의 외교정책과 1988년 서울올림픽」, 함택영·남궁곤 편, 『한
국 외교정책: 역사와 쟁점』, 서울: 사회평론, p. 339.
[2] 노태우 대통령은 서울올림픽이 한국의 민주화운동이 과격하게 전개되는 것을 방지한
일종의 제동장치였다고 회고한다. 민주화운동 세력이나 정부 측을 막론하고 서울올림
픽을 기필코 성공시켜야 한다는 공감대를 지니고 있었다. 이런 공감대가 민주화운동을

있음을 보여주었다. 뿐만 아니라, 세계적 탈냉전의 진전에도 일정한 영향을 주었다고 볼 수도 있다.[3] 또한 서울올림픽은 냉전기 동안 전개되어온 남북한 체제경쟁의 명암이 뚜렷하게 엇갈림을 응축적으로 보여준 하나의 상징이자 사건이었다. 나아가 서울올림픽의 성공적 개최는 남한 정부가 북방정책을 적극적으로 추진할 수 있는 기반이 되었다. 반면 서울올림픽은 북한이 남북한 체제경쟁에서나 외교무대에서 패했음을 국제적으로 각인시키는 계기가 되었다.

남한 정부는 당초부터 올림픽 유치를 단순히 스포츠 행사가 아니라 국제무대에서의 남한의 위상 제고와 사회주의권과의 관계개선을 도모하는 결정적 전기로 인식하고 접근하였다. 북한도 서울올림픽이 갖는 이와 같은 정치적, 외교적 함의와 파급 효과를 간파하고 있었다. 때문에 북한은 서울올림픽 개막이 점차 가까워짐에 따라 전전긍긍하면서 서울올림픽 저지 방안과 방해 전략에 골몰했다. 주목할 것은 서울올림픽을 전후한 시기의 한반도 내외부의 질서 변화에 대한 남북한의 상호작용과 대응이 이후 남북한의 대외관계와 남북관계 자체의 기본 구도를 재편하는 계기가 되었다는 점이다.

이 글에서 제기하고자 하는 중심 질문은 다음과 같다. 서울올림픽의 유치 배경은 무엇이고, 북한은 서울올림픽 유치에 대해 어떠한 인식과 반응을 보였는가? 북한의 서울올림픽 방해 시도에 대해 사회주의권 국가들은 어떠한 입장을 견지했으며, 왜 적극 동조하지 않았는가? 남한은 북한의 서울올림픽

폭력적으로 흐르는 것을 막았고, 정부 측도 군대동원과 같은 비상수단을 쓰지 않도록 했다는 것이다(노태우, 2011a, 『노태우회고록 (하): 전환기의 대전략』, 서울: 조선뉴스프레스, p. 156).

[3] 노태우 대통령은 서울올림픽이 한국의 민주화운동이 과격하게 전개되는 것을 방지한 일종의 제동장치였다고 회고한다. 민주화운동 세력이나 정부 측을 막론하고 서울올림픽을 기필코 성공시켜야 한다는 공감대를 지니고 있었다. 이런 공감대가 민주화운동을 폭력적으로 흐르는 것을 막았고, 정부 측도 군대동원과 같은 비상수단을 쓰지 않도록 했다는 것이다(노태우, 2011a, 『노태우회고록 (하): 전환기의 대전략』, 서울: 조선뉴스프레스, p. 156).

방해 시도에 어떻게 대처했는가? 서울올림픽을 계기로 한 남한의 위상 제고
와 사회주의권과의 관계 확대가 정작 남북한 간의 관계 발전으로 이어지지
못한 원인은 무엇이었는가? 서울올림픽이 남북관계에 어떠한 영향을 미쳤으
며, 남북관계사에서 갖는 의미와 교훈은 무엇인가?

이러한 논의와 관련된 주요 요인은 탈냉전과 사회주의권의 개혁과 변화
미국, 소련, 중국 등 지역 강대국의 대한반도정책, 동북아의 탈냉전 구도 북
한의 대동맹관계, 북한의 대외전략 및 생존전략, 한미관계, 남북한의 국가역
량, 한국의 대외정책과 대북정책, 그리고 한국의 국내정치 등 다양한 수준에
서 찾을 수 있을 것이다. 요컨대 남한 정부의 서울올림픽의 유치 추진, 개최
결정, 성공적 개최 등에는 국제환경, 남북관계, 국내정치 요인이 개재되어 있
고 또한 이들 요인들이 상호작용했다고 할 것이다. 북한이 서울올림픽 개최
에 전전긍긍하면서 방해 시도를 벌였던 근저에도 국제환경, 남북관계, 북한
의 국내정치라는 세 수준의 요인이 영향을 미쳤다고 봐야 할 것이다.

다만 이 글에서는 이와 같은 세 수준 가운데 국제정치 환경의 영향을 염두
에 두면서 주로 남북관계에 초점을 맞추고자 한다. 그리하여 남북한이 서울
올림픽 개최 결정 이후부터 올림픽 개최 이후 소련, 중국 등 사회주의권과의
수교 움직임을 보였던 시기까지 여하한 인식과 접근법을 가지고 상황을 관
리하고 대처·타개해 나가고자 했는가를 중점적으로 서술하고 분석하고자
한다. 이 글은 특정한 이론적 분석틀에 입각한 논의 또는 이론적 의미의 추
구는 아니다.[4] 그보다는 최근에 나온 서울올림픽 관련 자료[5]를 통해 위에서

---

[4] 서울올림픽과 남북관계에 대해서는 다양한 이론적 논의가 가능할 것이다. 우선 제1, 2,
3 이미지 차원 각각에서의 논의를 비롯하여 현실주의 및 자유주의 국제정치이론에서의
접근이 가능할 것이다. 그리고 스포츠와 정치 및 외교 간의 관계에 관한 논의도 중요
한 논의 주제가 될 것이다. 정치와 스포츠, 그리고 외교와 스포츠의 관계에 대해서는 이
대희, 2002, 「세계화와 민족주의의 공존: 스포츠와 세계화를 통한 민족주의」, 『21세기정
치학회보』 12권 2호, 21세기정치학회; 안민석·정홍익·임현진 편저, 2002, 『새로운 스
포츠사회학』, 서울: 백산서당; 박호성, 2002, 「국제 스포츠 활동과 사회통합의 상관성,

제기한 중심 질문에 대해 답하는 방식으로 논의를 전개하고자 한다. 사질 지금까지 서울올림픽을 정치적, 외교적 맥락과 의미에서 접근하고 분석한 연구는 많지 않았다. 몇 편의 예외가 있을 뿐이다.[6] 특히 서울올림픽을 남북관계 차원에서 체계적으로 정리하고 분석한 논의는 거의 전무하다. 따라서 이 글은 이 분야의 연구를 촉진하는 기초연구로서의 의미를 두고 올림픽 개최를 둘러싼 남북한의 공방과 행보에 관한 심층묘사(thick description)와 사실의 재구성에 중점을 두고자 했다.

___

가능성의 한계」, 『國際政治論叢』 42집 2호, 韓國國際政治學會; Allison, Lincolin ed., 2005, *The Global Politics of Sport: The role of Global institution in Sport*, London: Loutledge; 정기웅, 2009, 「스포츠와 공공외교 수렴 가능성의 모색: 한국의 경우를 중심으로」, 『동서연구』 21권 2호, 연세대학교 동서문제연구원; 정기웅, 2010, 「전두환 정부의 외교정책과 1988년 서울올림픽」, 함택영·남궁곤 편, 『한국 외교정책: 역사와 쟁점』, 서울: 사회평론 등 참조.

5) 미국 우드로우윌슨센터와 경남대 극동문제연구소가 공동으로 운영하는 NKIDP(North Korea International Documentation Project)에서는 국제올림픽조직위원회문서고(Archive of the International Olympic Committee)와 고르바초프재단문서고(Archive of the Gorbachev Foundation)의 자료들을 발굴·번역하여 2011년에 서울올림픽 관련 자료집을 펴낸 바 있다. Radchenko, Sergey, 2011a, "Sport and Politics on the Korean Peninsula: North Korea and the 1988 Seoul Olympics," North Korea International Documentation Project at the Woodrow Wilson International Center for Scholars E-Dossier No.3 (December) 참조. 이하에서 활용하는 올림픽 관련 문건은 모두 위 자료집에 수록된 것이다. 이들 자료들은 스포츠와 정치의 관계를 비롯하여 냉전 종식 당시의 북한의 협상 전략, 남북관계, 북한의 대외관계, 남한의 대북정책을 들여다 볼 수 있는 중요하고 새로운 내용들을 다수 담고 있다. 특히 그간 북한의 공간 자료나 단편적인 증언 외에 서울올림픽 전후 북한의 협상전략과 대응, 그리고 사회주의권과의 관계를 구체적으로 살펴볼 수 있는 신뢰할만한 자료가 부족했다는 점에서 이들 자료의 의미는 적지 않다. 2009년 말 필자 등이 자료의 주요 내용을 언론을 통해 소개한 적은 있지만, 지금까지 이들 자료를 본격적으로 활용한 학술적 논의는 거의 없었다. 위 자료집에 수록된 자료들은 현재 우드로우윌슨센터의 인터넷사이트(http://digitalarchive.wilsoncenter.org/colle)를 통해 이용가능하다.

6) 정기웅, 2010, 「전두환 정부의 외교정책과 1988년 서울올림픽」, 함택영·남궁곤 편, 『한국 외교정책: 역사와 쟁점』, 서울: 사회평론; 강규형, 2005, 「한국과 1980년대 냉전체제: KAL기 격추, 서울 올림픽, 그리고 2차 냉전을 중심으로」, 하영선 외, 『한국외교사와 국제정치학』, 서울: 성신여자대학교출판부; Radchenko, Sergey, 2011b, "Inertia and Change: Soviet Policy toward Korea, 1985-1991," In Tsuyoshi Hasegawa, ed. *The Cold War in East Asia: 1945~1991*, Washington, D.C.: Woodrow Wilson Center Press 참조.

2. 서울올림픽 유치의 배경

서울올림픽 유치 계획은 박정희 정권 후반기까지 거슬러 올라간다. 올림픽 유치 결정의 직접적 계기가 된 것은 1978년 9월 24일부터 10월 5일까지 12일 동안 서울 태릉 국제종합사격장에서 개최된 제42회 세계사격선수권대회였다.[7] 이 대회는 대한체육회가 국제올림픽대회에 가입한 이래 처음으로 치루는 세계적 규모의 대회였다. 그간 세계선수권대회를 한 번도 치러본 경험이 없었던 한국이 이 행사를 성공적으로 치러냄으로써 한국도 대규모 국제경기대회를 개최할 수 있다는 큰 자신감을 갖게 되었다. 마침내 1979년 9월 21일 박정희 대통령은 88서울올림픽 유치 계획을 승인했다. 이어 동년 10월 8일, 정상천 서울시장이 세종문화회관 대강당에서 내외신 기자회견을 통해 88올림픽을 유치하기로 결정했고, IOC에 이를 공식적으로 요청했다고 밝혔다.[8] 당시 박정희 대통령은 88서울올림픽 유치 목표로 한국의 경제발전상과 국력 과시, 한국 체육의 국제적 지위 향상, 체육을 통한 세계 각국과의 우호 증진, 공산권 및 비동맹국가와의 외교관계 수립 여건 및 기반 조성 등을 제시하였다.[9] 그러나 10·26 사건으로 인 한 박정희 대통령 사망과 오일 파동 등으로

---

[7] 서울올림픽 유치는 제42회 국제사격선수권대회를 성공리에 치러냄으로써 자신감을 얻은 당시 대한사격연맹회장이자 KOC회장에 선임된 박종규 회장의 아이디어에서 비롯되었다. 박종규 회장이 올림픽 유치에 소극적이던 박정희 대통령을 설득함으로써 올림픽 유치를 결정하게 되었다. 자세한 내용은 박재규, 2011, 「서울올림픽, 북방정책에 시동 걸다: 유치와 개최준비 활동의 숨은 이야기」, 노재봉 외, 『노태우 대통령을 말한다: 국내외 인사 175인의 기록』, 파주: 동화출판사, pp. 380~383; 고의석, 이경훈, 2001, 「바덴바덴에서의 한국대표단의 서울올림픽의 성공적 유치 과정에 관한 연구」, 『체육연구논문집』 Vol. 8 No. 1, 연세대학교 체육연구소; 정기웅, 2010, 「전두환 정부의 외교정책과 1988년 서울올림픽」, 함택영·남궁곤 편, 『한국 외교정책: 역사와 쟁점』, 서울: 사회평론 참조.

[8] 국민체육진흥공단, 2000a, 『서울올림픽사: 올림픽 유치』제1권, 서울: 국민체육진흥공단; 정기웅, 2010, 「전두환 정부의 외교정책과 1988년 서울올림픽」, 함택영·남궁곤 편, 『한국 외교정책: 역사와 쟁점』, 서울: 사회평론, pp. 354~355.

[9] 국민체육진흥공단, 2000a, 『서울올림픽사: 올림픽 유치』제1권, 서울: 국민체육진흥공단,

올림픽 유치 계획은 보류되었다.

그런데 1981년 전두환 대통령 취임 직후에 IOC로부터 "계속 유치 의사가 있다면 독일 바덴바덴의 IOC 총회장에 홍보관 장소 임대료를 납부하고 준비토록 하라"는 전문을 받고나서야 유치 계획을 계속 추진 또는 포기할 것인가 하는 정부 방침을 결정하기 위한 논의가 다시 시작되었다. 당시 경제 사정과 서울시의 과도한 재정지원 요청에 대한 부담 등을 이유로 경제부처와 서울시, 심지어 청와대 비서실까지도 올림픽 유치에 대해 매우 부정적이거나 회의적이었다.[10] 또한 당시의 국제환경도 올림픽 유치와 개최에 그리 유리하지 않았다. 1979년 소련의 아프카니스탄 침공 이후 태평양 지역에 군사력이 급격하게 증가하고 있었고, 미국 또한 거기에 대처하기 위해 태평양 지역에서의 군 병력 주둔을 강화하는 등 미소 간의 신냉전이 고조되던 시기였다. 더욱이 소련의 아프카니스탄 침공에 대한 항의로 서방측이 1980년 모스크바 올림픽에 불참을 결정하자 사회주의권은 이에 대한 맞대응으로 1984년 LA올림픽 불참을 결정하여 올림픽운동이 일대 위기를 맞고 있었다.

우여곡절 끝에 서울시는 전두환 대통령의 재가를 받아 1981년 2월 26일에야 IOC에 정식 신청서를 제출하였다. 그런데 유치 경쟁 도시로 일본 나고야로 확정되자 일본을 이길 수 있겠느냐는 패배의식과 올림픽 개최에 들어갈 막대한 비용을 어떻게 감당할 것이냐는 비판과 반대의 목소리가 만만치 않았다. 그 와중에서 한때 남덕우 총리는 올림픽은 일본에 양보하는 대신, 북한과 유치경쟁이 예상되는 86아시안게임은 일본의 지원을 받아 적극 유치하는 협상 방안을 타진하기도 했다.[11]

pp. 51~52.

[10] 이연택, 2011, 「88서울올림픽과 노태우 대통령」, 노재봉 외, 『노태우 대통령을 말한다: 국내외 인사 175인의 기록』, 파주: 동화출판사, pp. 384~385.

[11] 이연택, 2011, 「88서울올림픽과 노태우 대통령」, 노재봉 외, 『노태우 대통령을 말한다: 국내외 인사 175인의 기록』, 파주: 동화출판사, p. 385.

그러나 전두환 대통령은 1981년 9월 3일 청와대 안보대책회의 석상에서 반드시 올림픽을 유치할 것과 노태우 정무장관이 직접 유치활동을 지휘할 것을 지시했다. 이를 계기로 올림픽 유치활동은 범국가적 차원에서 활성화되었다.[12] 전 대통령의 올림픽 유치에 대한 강력한 의지는 무엇보다도 군사쿠데타와 광주민주항쟁을 유혈 진압하며 정권을 획득한 데 따른 정통성 시비와 이를 극복하려는 시도에서 설명될 수 있다. 즉 올림픽 유치라는 대외적 승인을 통해 취약한 국내적 정당성을 만회 내지 획득하고자 했다. 동시에 남북한 체제경쟁과 외교무대에서의 우위 확보를 기했다고 할 수 있다. 그래서 전두환 정권은 88올림픽 유치를 위해 전 국가 역량을 총결집하고 동원했다. 노태우 장관은 베를린 올림픽 영웅인 손기정, 심지어 스페인 바르셀로나에 있는 사마란치(Juan Antonio Samaranch) 위원장 아들의 태권도 사범인 최원철 등 모든 체육인, 해외공관, 경제계 등 조금이라도 도움이 될 수 있는 사람들을 총동원하여 유치위원회를 구성하고, 위원장에는 정주영 전경련 회장을 위촉하였다. 이처럼 올림픽 유치에 대한 남한 정부의 열의는 일본을 훨씬 앞질렀다. 올림픽 개최 도시 선정을 위한 투표일이 다가오자 정주영 위원장을 비롯한 남한의 재벌 총수 들은 세계 곳곳을 뛰어다니면서 IOC 위원들의 환심을 사고자 했다. 노선영 국무총리는 뉴욕에서 열리는 유엔 총회에 참석해 회의장 복도를 누비며 각국의 외교관들을 상대로 적극적인 로비활동을 폈다. 박종규 회장 역시 노태우 장관의 요청으로 바덴바덴 근교에서 득표활동을 벌였다.[13]

노태우 장관은 막후에서 IOC에 많은 영향력을 가지고 있는 아디다스의 다

---

12) 전상진, 2011, 「공산권 국가들의 올림픽 참가를 이끌어낸 노 대통령」, 노재봉 외, 『노태우 대통령을 말한다: 국내외 인사 175인의 기록』, 파주: 동화출판사, pp. 400~401.

13) Oberdorfer, Don, 2001, The Two Koreans: A contemporary History, New York: Basic Books, p. 180; 박재규, 2011, 「서울올림픽, 북방정책에 시동 걸다: 유치와 개최준비 활동의 숨은 이야기」, 노재봉 외, 『노태우 대통령을 말한다: 국내외 인사 175인의 기록』, 파주: 동화출판사, p. 381.

슬러(Horst Dassler) 회장 등 주요 인사들과 접촉하며, 동구권·중남미·아프리카 등 제3세계 대표들을 공략해 나갔다. 그리고 당시 일본으로부터 원조성 공공차관을 받고 있던 상당수 국가들의 IOC 위원들이 1970년 준비 미흡으로 벌금을 물며 아시안게임을 반납까지 한 한국이 과연 올림픽을 개최할 능력이 있는가에 대해 의구심을 품고 있어 이를 불식시키는 데 주력했다. 한국은 IOC 총회의 프리젠테이션 질의 답변 시 한국의 취약점으로 지적되었던 분단국으로서의 안보불안은 평화를 도모하려는 올림픽 이념의 구현을 위해 오히려 적지라는 논리로 설득했다. 그리고 일본에 차관을 요청하고 있는 경제 사정 등에 대해서는 당시 무역협회 유창순 회장이 이는 많은 선진국도 직면하고 있는 일본과의 무역역조의 대응방안일 뿐이며, 64동경올림픽 당시의 일본의 경제사정과 비교하더라도 한국의 경제사정이 그에 못지않다고 설득했다.[14] 그 결과 마침내 9월 30일 IOC 총회에서 서울은 52 대 27이라는 압도적인 표차로 나고야를 누르고 제24회 올림픽대회 개최지로 선정되었다.

이와 같이 올림픽 유치는 미소 간의 신냉전 고조라는 국제환경, 정부 내의 반대 목소리, 강력한 후보지였던 나고야와의 유치 경쟁, 아시안게임 반납 전력, 분단국으로서의 안보불안 문제 등 여러 제약요인을 뚫고 거둔 전두환 정권의 강력한 의지의 산물이었다.

3. 서울올림픽에 대한 북한의 시각과 대응

가. 북한의 서울올림픽에 대한 시각과 유치 전후의 대응

당시 남한의 전두환-노태우 정부가 서울올림픽의 성공적 개최를 국가적

---

14) 이연택, 2011, 「88서울올림픽과 노태우 대통령」, 노재봉 외, 『노태우 대통령을 말한다: 국내외 인사 175인의 기록』, 파주: 동화출판사, p. 387.

과제로 인식했던 것과 마찬가지로 북한 역시 이에 대한 대응을 국가적 과제로 인식 했다. 남한은 올림픽 유치와 개최를 대외적 승인, 한국의 경제력과 발전상을 세계에 과시하고 정권의 정당성을 제고하는 기회로 인식하고 있었다. 또한 사회주의권과의 스포츠외교를 통해 북방정책을 추진하는 기반이 될 수 있다고 보았다. 북한도 올림픽 개최가 갖는 이와 같은 파급효과를 잘 인지하고 있었다. 이는 1986년 5월 20일 김일성이 유고슬라비아신문과의 면담에서 "1988년에 남조선 서울에서 열리기로 된 제24차 올림픽경기대회에 대해 말한다면 그것은 단순한 체육문제가 아니라 조선의 통일문제와 관련되는 심각한 정치적 문제"라고 언급하고 있는 것에서 잘 알 수 있다.[15] 북한은 88올림픽 서울 개최 결정은 "미국의 ≪두개 조선≫ 정책의 산물"로서 "남조선을 ≪독립국가≫로 분식"시켜 "조선의 분렬을 고정화하려는 불순한 정치적 목적"에서 비롯된 것으로 규정했다. 따라서 남한에서 진행하는 올림픽 경기에 참가하는 것은 "미국의 남조선 강점을 찬성하는 것으로 되며 ≪두개 조선≫을 조작하여" 남북을 영원히 분열시키려는 미국과 남한의 책동을 부추겨주는 것에 지나지 않는다고 비난했다.[16] 북한은 제24회 올림픽의 서울 개최가 확정된 이후에는 남한과 미국이 올림픽경기 주최를 정략적 목적으로 이용하고 있다고 비난했다. 아래에서 보듯이 북한은 남한의 서울올림픽 개최를 남한의 유엔 가입, 사회주의권 국가들과의 수교, 그리고 남한의 국제적 위상 제고와 연관되어 있는 심각한 정치 외교적 사안이자 체제경쟁의 문제로 보고 있었다.

　　남조선이 국제올림픽경기대회를 주최하는 만큼 ≪유엔성원국≫으로 되는 것
　　은 당연한 일이라고 하면서 ≪유엔단독가입≫을 위한 외교활동을 적극 벌릴 것이

---

15) 김일성, 1993, 『김일성 저작집 39』, 평양: 조선로동당출판사, p. 426.
16) 김일성, 1993, 『김일성 저작집 39』, 평양: 조선로동당출판사, p. 426.

라고 하였으며 ≪공산권≫과 ≪공식관계≫를 수립하기 위해서 노력할 것이라고 발표하였다. ……이번 기회에 사회주의나라들과 뿔럭불가담나라들에 접근하여 ≪국교≫ 및 기타 ≪공식관계≫를 맺어보려는 괴뢰들의 책동은 또한 올림픽 간판 을 들고 국제적으로 고립된 저들의 처지를 개선하며 나아가서 남조선을 그 무슨 ≪국가≫로 인정받아보자는 것이다. 이것이 ≪두개 조선≫ 정책의 또 하나의 다 른 표현인 이른바 ≪교차승인≫을 실현하기 위한 교활한 술책이라는 것은 더 말 할 것도 없다.[17]

북한은 남한이 88올림픽 유치를 발표한 이후 소련 등 사회주의권 국가들 의 IOC 위원들을 접촉하며, 남한이 유치능력이 없다는 정치적 선전과 함께 남한의 올림픽 유치를 적극적으로 저지하려고 시도했다.[18] 그리고 북한은 남한의 올림픽 유치가 확정된 이후에는 전쟁 위험이 있는 서울에서의 올림 픽 개최는 위험하다는 논리를 유포시키려고 했다. 그리고 소련, 중국 사회주 의국가들에게 서울올림픽 보이콧운동에 동참해 줄 것을 요청하였다. 그러나 1984년 6월 1일 사마란치 IOC 위원장이 서울올림픽은 81년 IOC 결정사항이므 로 변경할 수 없다는 확고한 입장을 밝혔다. 그리고 84년 7월 24일 중국 국가 올림픽위원회 노금동(路金樹) 부위원장이 서울올림픽에 대한 보이콧운동이 일어날 경우 중국은 이에 동조하지 않을 것이라고 발표했다.[19] 북한은 올림 픽 보이콧운동이 사회주의권에서도 별 호응을 얻지 못하자 올림픽 공동주최 쪽으로 방향을 전환했다. 북한은 1985년 10월부터 87년 7월까지 4차례에 걸 친 로잔 남북체육회담에서 올림픽의 남북 공동주최안을 고수했다. 북한의 핵 심 주장은 대회 명칭에 '평양이 들어갈 것과 조직위 구성에 있어서 공동주최

17) 『로동신문』, 1981년 12월 3일자.
18) 국민체육진흥공단, 2000a, 『서울올림픽사: 올림픽 유치』 제1권, 서울: 국민체육진흥공단, p. 213, pp. 227~228.
19) 국민체육진흥공단, 2000b, 『서울올림픽사: 올림픽의 성과(1)』 제2권, 서울: 국민체육진흥 공단, pp. 23~24.

에 걸맞는 실권과 조직 형태를 인정하라는 것이다. 서울올림픽을 북한이 견지해 온 통일 원칙, 체제의 정당성과 직결된 고도의 정치적 문제로 파악하고 있었던 북한으로서는 북한의 몇몇 지역에서 일부 종목을 분산 개최할 수 있다는 남한의 제안은 수용하기 어려웠다.

나. 북한의 올림픽 공동주최 주장과 사회주의권의 반응

소련과 사회주의권 국가들이 불참했던 1984년 LA올림픽 이후 서울올림픽에 사회주의권 국가들이 참여할지 여부가 중요한 관심사로 대두되었다. 이런 상황에서 1984년 11월 7일 멕시코의 수도에서 열린 세계올림픽연합회(ANOC 동독 NOC 위원장인 에발트(Manfred Ewalt) 동독 체육장관은 88올림픽의 분산 개최를 주장했다. 동독은 소련의 불참 선언으로 LA올림픽에 불참했지만, 그로 인한 폐해를 실감하고 있었다. 분산개최론은 일견 북한의 입장에 동의하는 것이었지만, 다른 한편으로는 동독이 서울올림픽에 참여할 수 있는 여건을 조성하는 의미도 있었다. 북한과의 관계를 고려하여 북한의 보이콧 요청을 무시한 채 서울올림픽에 참가하겠다고 밝힐 입장은 아니었다. 그래서 남북이 공동으로 주최하는 올림픽에 참가한다는 명분과 형식이 필요했고, 이를 통해 북한에게 동독의 올림픽 참가를 납득시킬 수 있다고 판단했다. 그리하여 1985년 초 사마란치 IOC 위원장은 자신의 주재하에 남북 NOC 대표단과 IOC 부위원장이 참가하는 남북체육회담을 IOC 본부가 있는 스위스 로잔에서 개최하자고 제안했던 것이다.[20]

이에 대하여 남한은 1985년 3월 13일자 KOC 명의로 로잔 남북체육회담에 참여하겠다고 발표했으나 북한은 묵묵부답이었다. 그런데 1985년 6월 동베를

---

20) 국민체육진흥공단, 2000b, 『서울올림픽사: 올림픽의 성과(1)』제2권, 서울: 국민체육진흥공단, pp. 27~28.

린에서 열린 IOC 총회의 리셉션 자리에서 호네커(Erich Honecker) 동독 공산
당 서기장이 서울올림픽에 참가하겠다는 비공식 발언을 했다. 북한은 동구권
국가들이 서울올림픽 참가를 표명하는 상황에서 올림픽 저지 일변도로 나갈
때 사회주의권으로부터도 배척받을 수 있다는 판단하에 결국 1985년 7월 6일
로잔 회담 참여 의사를 밝혔던 것이다.[21]

북한은 1985년 10월 열린 제1차 로잔 남북체육회담에서 올림픽 개최지를
서울로 결정한 것 자체가 잘못된 것으로 장소 변경 또는 올림픽을 위기에서
구하기 위해 남북 공동주최 및 단일팀 구성이 필요하다고 강조했다. 그러나
북한의 공동주최론은 사회주의권에서도 환영받지 못했다. 85년 11월 13일에
서 15일까지 베트남의 하노이에서는 서울올림픽 참가문제를 논의하기 위해
중국을 제외한 사회주의권의 체육장관 13명이 모였다. 북한은 이 자리에서
사회주의권이 일치단결하여 남북 공동주최를 주장한다는 내용의 결의문을
준비했지만 쿠바만이 북한의 입장에 동조했을 뿐 나머지 11개국은 비판적인
태도를 보였다. 11개국의 체육장관들은 서울올림픽 참가문제는 각국이 스스
로 결정할 문제라는 입장을 취했다. 이는 대부분 사회주의국가들이 서울올림
픽에 참가할 것임을 간접적으로 시사한 것이었다.[22] 이런 상황에서 북한은
서울올림픽을 앞두고 초조감을 감추지 못하며 이를 저지하거나 김을 빼기
위해 전전긍긍했다. 서울올림픽 개막이 다가오자 불안과 초조감을 느낀 북한
은 사회주의 동맹국들을 대상으로 서울올림픽에 대해 심각하게 문제를 제기
했다.

1986년 1월 19일부터 23일까지 셰바르드나제(Eduard A. Shevardnadze) 소련

21) 국민체육진흥공단, 2000b, 『서울올림픽사: 올림픽의 성과(1)』 제2권, 서울: 국민체육진흥
공단, pp. 28~29.
22) 국민체육진흥공단, 2000b, 『서울올림픽사: 올림픽의 성과(1)』 제2권, 서울: 국민체육진흥
공단, pp. 33~34, p. 39.

외상이 평양을 방문했다. 김일성은 셰바르드나제에게 올림픽 남북 공동주최에 대한 결정을 내리기 전에 소련이 올림픽에 참가할 것이라는 암시를 자제해 달라고 강력히 요청했다. 또한 김일성은 소련이 사회주의 국가들의 올림픽 불참을 유도해 주거나, 공동주최를 주장하는 북한의 입장을 지지할 수 있게 도와 달라고 요청했다.23) 한편 1986년 5월 소련을 방문한 황장엽 북한 노동당 국제담당 비서는 5월 16일, 야코블레프(Aleksander N. Yakovlev)24) 소련 공산당 당서기와의 대화25)에서 '미국과 그 동맹국들이 점증하는 국민들의 반대로 심각하게 손상되어 온 남한 정권을 정치적으로 지원하기 위해 서울올림픽 개최를 도모하고 있다'고 말했다. 황장엽은 제24회 올림픽에 대한 북한의 인식을 피력하면서 올림픽 남북 공동주최안 실현과 관련된 몇 가지 중요 이슈에 대한 소련공산당의 지원을 요청했다.

우선 황장엽은 현재 남한에서의 정세가 북측에 아주 유리하게 전개되고 있다고 설명했다. 즉 미제의 식민지 지배에 불만을 표출하며 남한의 청년 학생, 애국적 주민들이 반미독립투쟁을 강력하게 전개하고 있고 점차 격렬해지

---

23) 오진용, 2004, 『김일성시대의 중소와 남북한』, 서울: 나남, p. 168.

24) 1988년부터는 당 국제정책위원회 의장을 지냈고, 소련공산당의 외교전문가로 고르바초프 정권의 실질적인 2인자였다.

25) "Conversation between the Secretary of the CC CPSU Yakovlev A.N. with the Secretary of the CC KWP Hwang Jang-yeop,"(Tkachenko, B. 1986. "Conversation between the Secretary of the CC CPSU Yakovlev A.N. with the Secretary of the CC KWP Hwang Jang-yeop." 16 May 1986, GARF, fond 10063, opis 2, delo 55, listy 1-8, 1986). 이 대화록은 러시아 연방기록원(State Archive of the Russian Federation) 소장 자료이다. 비밀로 분류된 이 대화록은 나중에 살펴볼 1988년 10월 18일 모스크바에서 나눈 황장엽-야코블레프 간의 대화록과 더불어 서울올림픽 개최 임박과 올림픽의 성공적 개최 이후 소련을 비롯한 사회주의권 국가들의 수교 조짐에 대한 북한의 초조감과 저지 노력을 잘 드러내주고 있다. 이 대화록들은 중국 닝보 노팅햄대(University of Nottingham Ningbo china)의 Sergey Radchenko 박사가 입수한 것이다. 필자는 Radchenko 박사, 그리고 미국 우드 로우윌슨센터의 James Person 연구원과 함께 이를 분석하여 2009년 10월 30일과 31일, 한국 언론(KBS와 동아일보 등)에 크게 소개한 바 있다. 현재 이들 자료 역시 위의 우드로우윌슨센터의 인터넷사이트를 통해 볼 수 있다.

고 있음을 전했다. 그리고 노동자도 점차 각성, 투쟁에 돌입하고 있다고 했다. 또한 야당인 신한민주당과 민주인사들이 전두환의 집권연장 저지(대통령직선제개헌 지칭)를 위한 1,000만 명 서명운동을 조직하고 있다고 설명했다. 아울러 남한에서의 미제의 식민지배가 침식되고 있으며, 남한에서 '궁정쿠데타'가 일어날 가능성도 배제할 수 없다고 말했다. 그리고 이러한 사태 전개에 놀라서 미제가 서울에 대한 군사적, 정치적 지원을 강화하고, 서울에서의 올림픽 개최를 추구하고 있다고 말했다. 그리고 최근 개최된 G-7 정상회담에서 미제가 남북한 유엔 동시 가입과 서울올림픽의 성공적 개최를 주창했음을 상기시켰다. 또 현재 미제와 '남조선 괴뢰'가 북측이 88올림픽게임 전야에 남측을 공격할 가능성도 있다는 소문을 유포하고 있음을 지적했다. 또한 와인버거(Caspar W. Weinberger) 미 국방장관이 지난 4월 18차 한미연례안보협력회의에서 88올림픽 직전에 북측의 군사도발 가능성을 배제하지 않고 있으며, 미국은 남한의 안보를 굳건히 할 것이라고 했음을 지적했다.[26]

그러면서 황장엽은 한반도의 평화를 확보하고 평화통일을 이루는 길은 적들에 의한 서울에서의 올림픽 개최 시도를 저지시키는 것이라고 강조했다. 또한 북측이 제안한 올림픽 남북 공동주최안에 대해 소련과 여타 사회주의 국가들이 적들에게 압력을 가하자 적들이 이에 대해 북측에 양보하기 시작했고, 압박이 약화되자 적들이 다시 약화된 입지를 만회하려고 시도했음을 상기시켰다. 또한 몇몇 사회주의권 국가들이 아직 서울에서의 올림픽 개막이 2년 이상이나 남았음에도 불구하고 서울올림픽 참가 의사를 서둘러 표명하고 있다고 불만을 표했다. 그리고 내달 6월(10~11일)에 있을 스위스 로잔에서의 3차 남북체육회담이 공동주최안을 실현할 수 있는 마지막 기회이다. 그리

26) Tkachenko, B., 1986, "Conversation between the Secretary of the CC CPSU Yakovlev A.N. with the Secretary of the CC KWP Hwang Jang-yeop," 16 May 1986, GARF, fond 10063, opis 2, delo 55, listy 1-8, 1986.

고 그 결과에 따라 10월 IOC 총회에서 최종결정이 내려질 것이다. 따라서 모든 사회주의국가들이 확고한 계급적 입장을 견지하면서 적들의 기도를 규탄하고 올림픽 공동주최안을 지지하는데 일치된 행동을 취해줄 것을 촉구했다. 특히 우방인 소련이 적들에게 압력을 가하는 것이 바람직하고 이는 로잔회담에서 북측의 목표를 달성하는 데 유리한 여건을 조성할 것이라고 강조했다. 그리고 황장엽은 야코블레프에게 그 구체적인 방법까지 예시했다. 그런데 그것은 단순히 압박 정도가 아니라 거의 협박에 가까운 것이었다. 즉, 만약 북측의 공동주최안이 받아들여지지 않으면 올림픽 운동에 중대한 위기(dangerous crisis)가 발생할 수 있음[27]을 말할 수 있을 것이라고 했다. 또한 소련 역시 올림픽 참가문제를 심각하게 재고할 수밖에 없다. 그리고 올림픽 서울 단독 개최로 인한 모든 결과에 대해서는 전적으로 남측이 책임을 져야 할 것이라고 압박해 달라고 주문했다. 그리고 황장엽은 이를 위해 소련공산당 동지들이 여타 사회주의국가들과 공동 노력해 줄 것을 희망했다. 그리고 북측의 계급적 동맹국인 소련이 북측의 공동주최안이 실현되도록 적극적인 노력을 기울일 것을 확신한다고 덧붙였다.[28]

---

27) 이를 두고 북한이 올림픽 보이콧을 넘어 1986년 9월 김포공항 폭탄테러와 1987년 11월 KAL기 폭파 테러를 사전 예고한 것으로 해석해 볼 여지도 있다는 지적도 있지만, 지나친 해석으로 볼 수 있다. 이때 북한이 말하는 올림픽운동에 중대한 위기가 발생할 가능성이 있다는 뜻은 "세계의 평화와 인민들 사이의 친선을 도모하는 것을 숭고한 리념으로 하는 올림픽경기대회는 응당 정치적으로 안정되고 민주주의적 자유가 보장되며 평화로운 환경이 마련되어 있는 곳에서 진행되어야" 하는 데 '전혀 그렇지 못한' 남한에서 진행하려고 하는 데 있다는 것이다. 즉 "남조선에서는……미군과……남조선괴뢰군이 언제나 전쟁태세를 갖추고 있으며 화약내가 풍기는 전쟁연습소동이 그치지 않고있"다는 것이다. 또한 "남조선은 초보적인 민주주의적 자유와 권리마저 무참히 짓밟히고 있는 세계최악의 인권유린지대이며 청년학생들과 인민들의 반미, 반《정부》투쟁이 매일과 같이 벌어지고 있는 정치적 불안과 혼란이 지속되고 있는 곳"이다. 따라서 "제24차 올림픽경기대회를 남조선 서울에서 진행하기로 한 것과 관련하여 **올림픽운동 분렬의 위기에 직면**하고 있"는 바, "올림픽운동을 위기에서 구원하"기 위해 남북이 공동으로 주최해야 한다는 것이 북한의 입장이었다(강조-필자). (김일성, 1993, 『김일성 저작집 39』, 평양: 조선로동당출판사, p. 427).

이에 대해 야코블레프는 소련은 북한의 올림픽 남북 공동주최안에 대해 다양한 수준에서 적어도 한번 이상 언급해 왔음을 강조했다. 그리고 IOC에서 소련 대표단은 북측 대표단과 함께 IOC의 활동이 근대 체육운동의 목적에 부합하지 않기 때문에 처음부터 IOC의 개편을 지속적으로 주장해 왔음을 주지시켰다. 그러나 동시에 IOC가 무시할 수 없는 실체임을 피력하면서 소련 스포츠위원회와 북한이 공동주최안 지지를 위해 비상한 노력을 하고 있음을 강조했다. 그리고 현재 국제적 장에서 사회주의 국가들을 고립시키려는 경향과 1988년 서울에서의 올림픽에 사회주의권 국가들의 참여를 방해하려는 시도에 직면해 있다고 말했다. 그런데 이 말은 서울에서의 올림픽에 소련의 참여를 방해하는 세력은 다름 아닌 당신네 북한이라고 우회적으로 질타하는 것이다. 그리고 이것이 스포츠 운동에서 '미국이 의도하는 장기적 전략'이라고 했다. 이 말은 이미 1984년 LA올림픽에 소련과 동유럽 국가들이 불참했었기 때문에 서울올림픽에의 불참은 더 이상 어렵다는 점을 우회적으로 표현한 것이라고 할 수 있다. 따라서 사회주의권의 공동이익과 북측과 여타 진보세력들의 이익을 수호하기 위하여 IOC에서 우리가 어떤 조치를 취할 것인가를 신중하게 검토할 필요가 있다고 강조했다.[29]

이에 대해 황장엽은 북측이 24회 올림픽의 파탄을 시도하는 것은 아니고, 북측의 요구가 적절한 것임을 강조했다. 그리고 평양에서 3~4종목의 올림픽

---

[28] Tkachenko, B., 1986, "Conversation between the Secretary of the CC CPSU Yakovlev A.N. with the Secretary of the CC KWP Hwang Jang-yeop." 16 May 1986, GARF, fond 10063, opis 2, delo 55, listy 1-8, 1986.

[29] Tkachenko, B., 1986, "Conversation between the Secretary of the CC CPSU Yakovlev A.N. with the Secretary of the CC KWP Hwang Jang-yeop." 16 May 1986, GARF, fond 10063, opis 2, delo 55, listy 1-8, 1986. 사마란치 IOC 위원장이 1985년 여름 모스크바를 방문했을 때, 소련 측은 사마란치에게 올림픽에 참가할 준비가 되어 있으며, 북한 측 입장에 개의치 않는다고 말했다. (Park, Kun, 1985, "Letter from the Permanent Mission of the ROK, Geneva to IOC President regarding the USSR, Cuba and North Korea's Position on the 1988 Olympics." 31 July 1985, http://digitalarchive.wilsoncenter.org/ document/113449).

경기를 개최하고자 하는 것이라고 했다. 그리고 북측이 사회주의권 국가들이
쿠바의 카스트로가 한 성명30)과 똑같은 성명을 발표하도록 사회주의권 대표
들 간의 회의 개최를 주장하는 것은 아니라고 했다. 황장엽은 당장 올림픽
공동주최에 대한 남북 간의 종결 협상이 임박했는데 협상을 앞두고 소련의
정치적 지지를 요망한다고 밝혔다. 소련이 적절한 성명을 발표해 주면 큰 도
움이 될 것이라고 하면서 지지를 요청했다. 여기서 북측이 말하는 적절한 성
명이란 다름 아닌 북한의 공동주최안이 수용되지 않을 경우, 소련의 불참(을
공언하지는 않더라도) 가능성을 시사해 달라는 것이다. 이에 대해 그라모프
(Marat V. Grarnov) 소련 올림픽위원회 위원장은 서울에서 개최된 올림픽위원
회 회의(1986년 4월 개최)에서 북측의 입장을 지지하기 위해 많은 노력이 있
었음을 강조하고 필요한 지지를 지속할 것이라고 말했다. 그리고 '당장은 로
잔에서의 3차 회담에서 달성코자 하는 바를 분명히 할 필요가 있다'고 강조
하고, 올림픽 명칭문제도 현안 가운데 하나라고 말했다. 그는 24회 올림픽을
개최지 명칭 없이 명명하자는 제안이 있었는데 이 안에 합의할 가능성도 있
다고 했다. 이어 야코블레프는 만약 평양에서 올림픽 경기의 일부를 개최할
수 있다면, 이것은 정치적으로 큰 승리이자 대성공일 것이라고 말했다. 그리
고 북측이 합당한 제안을 했지만 우리는 유능한 적과 상대해야 한다고 말했
다. 따라서 우리가 조정을 거쳐 공통된 입장을 가지고 대처하는 것이 필요하
다고 했다.31)

황장엽은 야코블레프와 위의 회담을 갖기 1년 전쯤인 85년 6월에도 동독의
사회주의통일당 앞으로 서한을 보내 '서울올림픽은 단순한 스포츠행사가 아

---

30) 북한의 공동주최안이 받아들여지지 않을 경우 올림픽에 불참한다는 내용이다.

31) Tkachenko, B., 1986, "Conversation between the Secretary of the CC CPSU Yakovlev A.N. with the Secretary of the CC KWP Hwang Jang-yeop." 16 May 1986, GARF, fond 10063, opis 2, delo 55, listy 1-8, 1986.

니라, 세계공산혁명의 기저에 큰 영향을 미치는 중대한 정치적인 사안이다. 그에 따라 한반도에서 사회주의가 강화될지 아니면 자본주의가 강화될 지가 결판날 것'이라고 강조했다.[32] 그러나 1986년 5월 16일 황장엽이 소련을 방문하여 야코블레프에게 올림픽 공동주최와 관련된 사안에 대해 협조를 요청하고 있는 이 시점에서 북한은 소련과 사회주의 동맹국들의 올림픽 참가를 이미 기정사실로 받아들이고 있었다고 할 수 있다. 84년 LA올림픽에 불참했던 소련이나 동유럽 사회주의국가들이 서울올림픽을 보이콧할 가능성은 없었다. 또 이들이 강력한 참가 의지를 갖고 있었기 때문이다. 86년 1월, 평양을 방문한 세바르드나제 외상은 북한의 사정과는 관계없이 소련과 동구권 국가의 선수들이 서울에서의 올림픽에 참가할 것임을 분명히 했다. 이런 상황에서 북한은 소련에게 올림픽 참가 발표를 가능한 미루고 여타 사회주의국가들과 더불어 남북 공동주최안을 지지해 달라고 요청하는 데 주력했던 것이다.

황장엽과 야코블레프 간의 대화에서도 나타나듯이, 북한의 공동주최안 지지 요청에 대해서 소련 측은 북한을 불필요하게 자극하지 않기 위해서 원칙적이고 의례적인 수준에서 북한의 입장을 지지하고 있음을 볼 수 있다. 말하자면 소련이 진정성과 열의를 가지고 북한의 입장을 지지하는 것이 아니었다. 그보다는 북한의 입장을 지지하기 위해 나름대로 노력을 했다는 점을 강조하고 보여주기 위한 단순 '제스처'였던 측면이 많았다. 동시에 북한이 공동주최안 관철을 위해 소련이 로잔 남북체육회담에 압박 내지 협박을 가해 줄 것을 요청하는 데 대해서도 소련 측은 대단히 정제된 언어와 외교적 언사로 대응하고 있다. 그러나 북한 측의 요구가 현실성이 없고 고립을 자초하는 처사임을 은연중에 비치고 있다. 또한 그와 같은 북한 측의 무리한 요구에 응

---

[32] Oberdorfer, Don, 2001, *The Two Koreans: A contemporary History*, New York: Basic Books, p. 181.

하기 어렵다는 점을 우회적으로 표현하고 있음을 알 수 있다.

기본적으로 북한의 공동주최안 지지 요청이나 사태에 대한 북한의 인식 및 주장 등은 고르바초프가 대외정책의 기본방침으로 널리 천명한 '신사고'와 적어도 거리가 있거나 상치되는 것이었다. 1985년 3월 소련의 최고 지도자로 등장한 고르바초프는 1986년 2월 25일부터 3월 6일까지 열린 제27차 소련공산대회를 통해 '신사고'에 입각한 국내 개혁의 착수뿐만 아니라 국제협력 제고 및 군사적 수단이 아닌 정치적 수단에 의한 안보 추구 등 대외정책의 전환을 예고했다. 그리고 1986년 7월 28일 극동을 시찰하면서 블라디보스토크 연설을 통해서 아시아 태평양 지역의 긴장완화를 위한 획기적인 조치를 제안했다. 특히 중국과의 관계개선 의지를 강하게 내비쳤고, 일본에 대한 접근 의도를 분명히 했다. 말하자면 당시 고르바초프의 세계전략의 중심은 아시아에 있었고, 여기에는 한국과의 관계 개선이라는 복선이 깔려 있었다.[33]

이런 상황에서 1986년 10월 24일부터 26일까지 모스크바를 방문한 김일성은 북측이 올림픽게임의 적정 부분을 할당 받지 못하면 소련이 올림픽을 보이콧 해달라고 재차 부탁했다. 이에 대해 고르바초프는 솔직히 말해 그것은 원칙의 문제이지 숫자의 문제는 아니라고 반박했다.[34] 즉 1/3이나 절반이 아니더라도 평양에서 운동경기를 개최하는 것만으로도 충분할 것이라는 얘기였다. 그리고 소련이 서울올림픽에 참가할 것인지 여부는 아직 결정한 바 없다고 했다. 이 자리에서 김일성은 한소 간의 경제교류 문제에 대해서도 거론했다. 고르바초프는 한국과의 교역을 크게 늘려가고 있는 중국을 격렬하게 비난하며, 소련은 결코 한국과의 교역을 추진하지 않을 것이라고 말했다. 그

---

33) 오진용, 2004, 『김일성시대의 중소와 남북한』, 서울: 나남, pp. 169~170.

34) Radchenko, Sergey, 2011b, "Inertia and Change: Soviet Policy toward Korea, 1985-1991," In Tsuyoshi Hasegawa, ed., *The Cold War in East Asia: 1945~1991*, Washington, D.C.: Woodrow Wilson Center press.

러나 이는 단지 계산된 덕담에 지나지 않았다. 1984년 8월부터 한소 양국은 이미 비공식 교류를 재개했고, 1985년 소련 공산당 중앙위원회도 아시아에서 경제적으로 무시할 수 없는 수준으로 부상하고 있는 한국과의 관계를 한층 격상시킨다는 결의안을 채택했다. 뿐만 아니라 1986년 4월 21~26일 서울에서 개최된 제5회 세계올림픽연합회(ANOC: Association of National Olympic Cammittees)에 그라모프 소련 올림픽위원회 위원장이 참여했고, 비공식 채널을 통해서 소련의 서울올림픽 참가 의사를 분명히 나타내고 있었다.35) 이처럼 소련이 새롭게 구상하고 있는 대아시아 외교 전략과 진영논리에 입각한 북한의 대소 접근 간에는 상당한 괴리가 있었다.

중국도 1986년 7월경 서울 아시안게임에 참여하기로 결정했다고 발표했다. 서울 아시안게임이 절정에 달하면서 한중관계도 뜨겁게 달아올랐다. 서울시민들이 격의 없이 중국을 응원했고 중국에서도 이런 서울의 모습을 접하고 탄성이 일어났다. 중국은 전세비행기 5대에 선수단을 실어 서울에 파견했고, 이 비행기들이 사상 처음으로 북경-서울 항로를 직행했다는 사실은 북한에게 타격이었다.36) 사실 등소평은 내부적으로는 이미 1985년 11월, 북한의 완고한 태도에 분노하고 있었으며 중국이 올림픽을 보이콧할 수는 없음을 분명히 하고 있었다. 그리고 북한도 중국의 이러한 표리부동한 입장을 감지하고 있었다. 때문에 소련 측과의 면담에서 중국의 이중적 태도에 대해 분통을 터트리기도 했다.37)

---

35) Radchenko, Sergey, 2011a, "Sport and Politics on the Korean Peninsula: North Korea and the 1988 Seoul Olympics," North Korea International Documentation Project at the Woodrow Wilson International Center for Scholars E-Dossier No.3 (December), p. 5; 오진용, 2004, 『김일성시대의 중소와 남북한』, 서울: 나남, pp. 173~174.

36) 오진용, 2004, 『김일성시대의 중소와 남북한』, 서울: 나남, p. 191.

37) Radchenko, Sergey, 2011a, "Sport and Politics on the Korean Peninsula: North Korea and the 1988 Seoul Olympics," North Korea International Documentation Project at the Woodrow Wilson International Center for Scholars E-Dossier No.3 (December), pp. 5~6.

한편 1987년 5월 21일부터 25일까지 중국을 방문한 김일성은 5월 22일 등소평을 만났다. 등소평은 서울올림픽은 '올림픽 규약'에 따라 치러지는 세계적인 체육 제전인 만큼 중국도 참가할 것이라면서 가능하다면 4가지 종목을 북한에서 개최토록 하는 한국의 제안을 수용하는 문제를 고려해 보라고 권유했다.[38] 또한 등소평은 김일성에게 북한이 중국의 경제발전 경험에 따라 개혁과 개방정책을 추진할 것을 권고했다. 이에 대해 김일성은 한중교역의 심각성을 말하고, 이 문제에 대한 중국의 명확한 입장이 필요한 시점이라고 강조했다. 그러나 등소평은 중국의 남한에 대한 정책은 중국의 내정에 관한 문제이기 때문에 중국의 독자적인 입장에 따라 추진해 나갈 것임을 분명히 했다. 나아가 정치, 군사를 제외한 분야에서 남한과 교류할 것임을 시사하고 남한과의 교역은 지리적으로 가깝고 거래상 편리한 점이 있어서 중국에게 있어서 남한은 좋은 시장이라고 말했다. 이처럼 양자 간에 사태에 대한 인식 차는 상당 정도 벌어져 있었고 양국 간의 갈등의 골은 깊어졌다. 등소평으로부터 자신의 입장에 대한 동조는커녕 핀잔만 들은 김일성의 충격과 좌절감은 예상 외로 컸을 것이다.[39]

김일성은 북경을 떠나기 전날인 5월 24일 재차 등소평을 만나 국제문제에 대한 의견을 교환했으나, 등소평으로부터 "…모든 국가의 당은 모두 각기 자신이 처한 상황을 근거로 문제를 해결해야 한다. 강제로 서로 같은 노선을 취하는 것은 불가능하다. 다른 나라 동지들이 이 점을 이해해야 한다"는 말하자면, 중국과 남한과의 교역관계에 대해서는 상관하지 말라는 질책만을 들었을 뿐이다. 요컨대 김일성의 중국방문 결과는 중소관계가 점차 화해로 접

---

38) 오진용, 2004, 『김일성시대의 중소와 남북한』, 서울: 나남, p. 197.
39) 오진용, 2004, 『김일성시대의 중소와 남북한』, 서울: 나남, p. 198; Radchenko, Sergey, 2011a, "Sport and Politics on the Korean Peninsula: North Korea and the 1988 Seoul Olympics," North Korea International Documentation Project at the Woodrow Wilson International Center for Scholars E-Dossier No.3 (December), pp. 9~10.

어드는 국면에서 중국에게 북한의 전략적 가치는 상대적으로 하락하고 있었고, 중국의 주요 교역상 대국으로 부상한 한국의 위상에 대한 중국 당국의 인식을 보여준다. 그리고 그러한 점이 김일성에 대한 등소평의 냉대 속에 고스란히 반영되고 있었던 것이다.[40]

다. 북한의 좌절과 대응

위에서 보았듯이 1986년 5월 황장엽이 야코블레프에게 요청했던 올림픽 공동주최 주장은 소기의 성과를 거두지 못했다. 그리고 그로부터 약 한달 뒤인 1986 년 6월 10~11일 열린 제3차 로잔 남북회담에서도 북한의 공동주최 요구는 받아들여지지 않았다. 북한도 사실상 제3차 로잔 남북체육회담을 기점으로 올림픽 공동주최안의 성사 가능성에 크게 기대를 걸지 않았다고 할 수 있다. 제3차 회담 직후인 1986년 7월 18일 북한은 평양에서 대규모 청년학생집회를 열어 1989년 평양에서 제13차 세계청년학생축전을 개최할 것을 발기했기 때문이다. 말하자면 올림픽대회의 공동주최가 무망한 상황에서 서울의 환호를 조금이나마 상쇄시킬만한 북한 독자의 빅(big) 이벤트를 도모했다고 볼 수 있다. 한편 북한의 세계 청년학생축전 개최 발기로부터 약 두 달 뒤인 1986년 9월 14일 아시안게임 개막 일주일을 앞둔 시점에서 김포공항 폭발사건이 발생했다. 아시안게임이 임박한 시점이었기 때문에 외국 선수단과 임원들이 입국하는 상황이었고, 사건이 터진 다음날에는 사마란치 위원장이 방한할 예정이었다. 이 폭발로 5명이 숨지고 29명이 중경상을 입었다. 당시 한국 정부는 이 사건의 범인을 밝혀내지 못했지만 서울 아시안게임을 방해하고 종국적으로는 88서울올림픽을 저지하기 위해 북한이 저지른 소행으로

---

40) 오진용, 2004, 『김일성시대의 중소와 남북한』, 서울: 나남, pp. 199~200.

추정된다고 발표했다.[41]

앞서 살펴본 1987년 5월의 김일성의 중국 방문이 아무 성과 없이 끝난 후 두 달이 채 안된 시점인 1987년 7월 14~15일 제4차 로잔 남북체육회담이 열렸다. 이 회담에서 북한은 인구비례에 따라 1/3인 8개 종목의 북측 배정이라는 이전에 비해 더욱 강경하고 비현실적인 요구를 하고 나섰다. 이에 대해 IOC는 탁구, 양궁, 여자배구, 축구 등 4개 종목 예선 1개조와 사이클 남자 개인 도로경기의 북한 개최라는 '수정중재안'을 제시했다. 이에 대해 북한은 8월 11일 테니스, 양궁, 여자배구, 축구 등 5개의 완전경기종목과 1개의 불완전 경기 개최를 IOC 측에 요구했다. 그러나 8월 24일 IOC 측은 북한의 요구를 거부했다. 그러자 북한은 9월 12일, IOC를 제외한 남북 간의 체육회담을 요구했다. 이어 북한은 남북직접 협상 재개를 제의했다. 이에 대해 남한은 9월 24일, 북한의 제의를 거부하고 IOC와 남북한 간의 3자회담을 역제의했다. 이렇게 되자 북한은 "현 대한민국 정부가 존재하는 한 올림픽 공동주최 문제는 실현될 수 없다"며 사실상 회담 중단을 선언했다.[42]

그러면 북한은 과연 로잔 남북체육회담에 임하면서 실제로 올림픽의 남북 공동주최와 북한에서의 올림픽 경기 진행이 가능하다고 보고 있었을까? 주지하듯 북한은 서울올림픽은 한반도 분단의 고착화를 가져올 뿐이기 때문에 남북이 공동으로 주최해야 민족의 화해에 기여할 수 있다는 논리를 폈다. 그러나 현실적으로 일부 종목의 북한 개최 시 최소 25,000여 명으로 예상되는 올림픽 가족의 남북왕래와 그에 대한 보장이 절대적 요건인데 남북의 대치 상황에서 어려운 문제였다. 또한 북한 내 외국인의 자유로운 통행 보장도 용

---

[41] 2009년 『월간조선』은 구 동독 정보기관 슈타지(STASI)의 한 부서(22국)가 테러리스트인 아부 니달(Abu Nidal)을 신문하는 과정에서 자신이 '북한으로부터 500만 달러를 받고 조직원을 시켜 김포공항 테러를 자행했다'는 기록이 발견되었다고 보도한 바 있다. 『월간조선』 2009년 3월호, pp. 62~75 참조.

[42] 노중선, 2000, 『남북대화 백서: 남북교류의 갈등과 성과』, 서울: 한울, pp. 213~215.

이한 사안이 아니었다. 즉, 과연 북한이 대회 개최에 수반되는 사회 개방을 부담할 의지가 있었는지 의문이다. 또한 남북 간 올림픽 가족의 육로 왕래에 최소한으로 필요한 교량 1개 건설에 11개월이 소요되는 등 판문점 주변의 여건이 미비했다. 이와 관련 IOC는 북한에 우호적인 루마니아의 IOC 위원을 단장으로 하는 IOC 조사단의 평양 방문(1987.5.27~29) 시 자유왕래 가능성 점검을 위해 판문점을 경유하여 서울을 방문할 것을 요청했다. 그러나 북한은 이를 거절했다. 또한 경기장, 선수단 수용시설, 대회운영에 필요한 전자, 통신 등 하이테크 설비 등 북한이 과연 대회를 치를 능력과 이를 준비할만한 시간적 여유가 있었는가도 문제였다.[43] 이에 대해 1985년 국가안전기획부장 특보로 임명되었던 박철언은 "올림픽 공동주최는 성사 기능성이 없었고, 북한 역시 공동주최가 불가능하다는 상황을 잘 알고 있었다. 더욱이 북한은 경기장, 진행기술, 숙박시설 등 올림픽을 개최할 준비가 전혀 안되어 있었다. 그리고 무엇보다 공동개최가 가져올 급격한 개방 물결에 대해서 우려하고 있었다"고 말한 바 있다.[44]

이 점에서 특히 제3차 로잔 남북체육회담 이후 북한의 올림픽 공동주최 주장이 공동주최 자체에 방점이 있었는지, 아니면 서울올림픽을 흠집 내고 북한이 서울올림픽에 참여하지 않거나 북측에서 경기를 치르는 상황을 피하기 위한 구실에 불과했는가 하는 점이다. 어쩌면 공동주최를 주장하는 북한이 내심 기대했던 바는 사회주의권이 보이콧하는 상황에서 최대한 옹색하게 치르는 올림픽, 아니면 서울의 환호와 함성이 평양의 하늘에 메아리치지 않고 최대한 빨리 지나 가는 일이었는지 모른다. 그리고 평양 세계청년학생축전의

---

43) 이에 대한 자세한 내용과 논의는 국민체육진흥공단, 2000b, 『서울올림픽사: 올림픽의 성과(1)』 제2권, 서울: 국민체육진흥공단, pp. 54~55; 오지철, 1988, 「로잔느 체육회담과 북한의 올림픽 참가문제」, 『體育』 Vol. 239, 대한체육회를 참조.

44) 국사편찬위원회, 2009, 『고위관료들, '북핵위기'를 말하다』, 과천: 국사편찬위원회, p. 109.

성대한 개최로 서울올림픽의 함성을 상쇄할 수 있기를 기대했을 것이다.

1987년 9월 24일 남한이 북한의 남북 간 직접 협상 제의를 거부한지 약 10여 일이 지난 10월 7일, 해외에서 공작 중이던 김현희 등은 평양으로 급거 소환되었다. 그리고 그로부터 2개월여 만인 87년 11월 29일 KAL 858기는 미얀마 상공에서 폭파되었다.[45] 그와 같은 북한의 긴장조성행위는 단순히 남한과 미국 등 서방에 대한 위협뿐만이 아니라 사실 소련 및 중국 등에 대한 압박과 경고의 의미도 동시에 담고 있다고 할 수 있다. 왜냐하면 지금도 마찬가지지만, 당시 소련과 중국이 가장 두려워했던 것은 북한의 모험주의로 한반도에 긴장이 고조되는 사태였다. 이는 중·소의 남한과의 관계개선 노력에 찬물을 끼얹는 일이고 진영논리 강화와 중·소로 하여금 북한과의 동맹 강화를 압박하는 일이기 때문이다.[46] 북한은 이와 같은 소련과 중국의 아킬레스건을 적극 활용 중소화해 국변에서 하락해가는 북한의 전략적 가치를 유지하며, 북한에 대한 소련, 중국 등의 협력을 끌어내고자 한 것으로 해석할 수 있다.

---

[45] KAL 858 폭파사건이 한국의 대선 또는 올림픽 개최 저지 시도와 여하한 연관을 지니는가에 대해서는 보다 체계적인 검토가 필요하다. 미 국무부는 2012년 6월 11일, KAL 858 폭파사건과 관련한 비밀문서를 시기를 앞당겨 공개한 바 있다. http://www.state.gov./m/a/ips/c52384.htm 참조.

[46] Lerner, Mitchell and Jongdae Shin, 2012, "New Ramanian Evidence on the Blue House Raid and and the USS Pueblo Incident," North Korea International Documentation Project at the Woodrow Wilson International Center for Scholars E-Dossier No.5 (March) 참조. 1983년 10월 9일 발생한 버마 아웅산 묘소 폭탄테러사건도 제3세계 국가에 대한 남북한 외교경쟁에서의 북한의 불안과 특히, 북한의 생존에 위협이 되는 한국의 소련과 중국에 대한 접근을 차단하려는 특단의 위기조성행위로 볼 수 있다. 실제 1983년 6월 29일 '6·23 선언' 10주년을 맞아 당시 이범석 외무부장관이 '앞으로 한국 외교의 최고 과제가 소련 및 중국과의 관계를 정상화하는 북방정책의 실현에 있다'고 선언한 바 있는 데, 북한이 이를 대단히 민감하게 받아들였을 가능성을 상정할 수 있다(오진용, 2004, 『김일성시대의 중소와 남북한』, 서울: 나남, pp. 112~114).

4. 남한의 입장과 대응

북한은 5·18 광주민주항쟁 이후 극심한 정치균열 상태에 있던 남한에 대해 1980년 10월 10일 조선노동당 제6차 당대회를 통해 남측의 신군부를 배제하는 조건에서 '고려민주연방공화국 창립 방안'을 제안했다. 이에 대해 전두환 대통령은 최고당국자회담을 하자고 제안했으나 북한은 전두환 정부의 정통성 문제를 거론하며 거부했다. 전두환 정부는 북한의 '고려민주연방공화국 창립 방안'에 대응하기 위한 통일방안으로 1982년 1월 민족화합민주통일방안을 제시했다. 그리하여 남북한은 자신의 통일방안을 고수하며 남북관계 개선보다는 남북관계의 주도권 잡기에 매달렸다. 이후 전두환 정부는 올림픽 개최로 한국의 국제적 지위향상과 남북한 체제경쟁에서의 승리를 도모하며, 레이건 대통령의 대소 강경정책과 보조를 함께하며 힘에 기반한 대북정책을 추진하였다. 그와 같은 상황에서 1983년 10월 버마 아웅산 묘소 폭탄테러사건이 발생하였다. 이 사건으로 남북관계는 급격히 냉각되고 한반도의 긴장상태는 고조되었다.

그러나 아웅산 테러사건으로 인한 긴장상태의 지속을 남북한 모두가 원하지 않았다. 남북한 모두 남북관계의 조속한 안정화를 원했다고 할 수 있다. 아웅산 테러사건의 책임으로부터 벗어나고자 한 의도에서였는지는 알 수 없으나, 북한은 1984년 1월 한반도의 긴장 상태를 완화하기 위한 남·북미 간의 3자회담을 제안했다. 그러나 한미 양국은 북미 간의 평화협정 체결과 남북 간의 불가침선언 채택을 골자로 하는 3자회담 제의를 거부했다. 대신 남북 및 미중이 참여하는 4자회담을 지지한다고 밝혔다. 3자회담 제의가 거부당하자 북한은 1984년 3월 30일 LA올림픽과 그 이후의 아시아 및 세계선수권대회에 남북단일팀을 구성하여 출전하는 문제를 협의하자며 남북체육대표회담을 제안하는 등 유화적 태도를 취했다. 서울올림픽을 앞두고 한반도 긴장완화가 긴요했던 전두환 정부가 북한의 제안을 받아들여 이후 1984년 4월부터 5월까지 세 차례의 회담이 이어졌다. 그리고 1984년 9월 북한의 수재 물자 지원을 계기로 경제회담과 적십자회담, 그리고 이산가족 고향 방문과 예술단 교환 공연이 실시되었다. 이처럼 1984년 전두환 정부가 취했던 남북관계 개선 시도는 당시 신 냉전의 국제환경과 아웅산 테러 사건으로 인한 남북 간 긴장 상황에 비추어 주목할 만하다. 그만큼 정권의 명운이 걸려 있다고 판단한 올림픽의 원만한 개최를 위해 올림픽 개최지에 대한 국제사회의 불안감을 불식시키고, 남북관계를 안정적으로 관리할 필요가 있었던 것이다.

1985년 7월 중순 쿠마르(Ashwini Kumar) IOC 부위원장은 북한의 서울올림픽 참가를 설득하기 위해 평양을 방문했다. 북한의 박성철 부주석은 쿠마르를 만난 자리에서 1) 올림픽 공동주최, 2) 올림픽경기의 남북 균등 배분, 3) '조선 평양서울올림픽경기대회'로 대회 명칭 명명 등 3가지 요건이 충족되는 조건에서만 올림픽에 참가할 수 있다고 말했다. 이어 남북이 첨예하게 대치하고 있는 상황에서 자칫 사소한 군사적 충돌로 올림픽에 재앙을 가져오는 사태로 비화될 수 있다고 경고했다. 그리고 공동주최가 이루어지지 않으면 남한에서 광범위한 폭력과 소요 사태가 일어날 것이라고 위협했다.[47] 그 뒤 1985년 7월 30일 북한은 정준기 정무원 총리의 담화로 '88올림픽을 남북이 공동주최해야 한다'고 공식적으로 주장했다. 서울올림픽조직위원회 측은 '올림픽 공동주최는 있을 수도 없는 일'이라고 즉각 반박하고 나섰다. 그러나 사마란치 위원장은 한 달 뒤 '올림픽 헌장 상 공동주최는 불가능하지만 일부 종목의 북한 개최 여부는 서울올림픽조직위원회와 협의하여 결정할 수 있다'는 담화를 발표한다. 사마란치는 서울올림픽을 방해하려는 북한을 협상테이블로 불러내어 무마시킬 요량이었다. 사마란치는 북한으로서는 평양이 대한민

47) Kumar, Ashwini, 1985, "Report by IOC Vice President Ashwini Kumar on his Trip to North Korea," 16 July 1985, http://digitalarchive.wilsoncenter.org/ document/113444.

국의 여러 시 가운데 하나로 비칠 수 있는 일부 예선경기 개최를 수용하는 것은 거의 불가능할 것이라고 보고 있었다. 그럼에도 불구하고 그와 같은 제안은 사회주의권국기들의 올림픽 참여를 촉진하는 데 유용하다고 판단했다. 또 협상 결과가 없으면 그 책임이 상당 부분 북한에게 돌아가고, 자연 북한은 철저히 고립될 것이라고 보고 있었다.[48] 이와 같은 사마란치의 인식과 접근은 이후 올림픽 개최 시까지 지속되었다.

사마란치의 제안으로 성사된 남북체육회담은 1985년 10월 첫 회담 이래 1987년 7월까지 네 차례 진행되었다. 그러나 북한이 '분산 개최'가 아닌 '공동주최' 주장을 끝내 철회하지 않아 아무런 성과도 거두지 못한 채 유야무야로 끝나고 말았다. 그러나 사마란치는 이와 같은 결과를 어느 정도 미리 예상하고 있었다. 그럼에도 불구하고 남북체육회담에 많은 노력과 시간을 투자했다. 거기에는 나름대로 그럴만한 이유가 있었다. 사회주의권과 국제사회를 향해 IOC가 북한이 88올림픽에 참여할 수 있는 방도를 찾기 위해 최선의 노력을 다했다는 점을 보여줄 필요가 있었던 것이다. 그리고 사회주의권국가들이 서울올림픽에 참가하는 명분을 제공할 수 있었다. 또한 대화를 지속하는 동안 북한의 올림픽 방해 행동을 방지, 관리할 수 있다는 계산이 작용했다. 남한 당국 역시 올림픽 남북공동주최를 북한의 도발을 막는 전술적 차원에서 고려하고 논의했다고 할 수 있다. 요컨대 당시 남한 측과 IOC 측이 북한과 공동개최에 합의할 수 있으리라고 기대한 것은 아니었다. 다만, 협상을 오래 끌어감으로써 북한의 사회주의국가 참가 저지 시도와 북한의 돌발행동을 막고자 했을 따름이다.

미국의 북미 접촉 수용도 그와 유사한 맥락에서 이루어졌다. 미국은 1984

48) Samaranch, Juan Antonio and Doo-Hwan Chun, 1986, "Meeting between President Chun Doo Hwan and President Samaranch." 25 April 1986, http://digitalarchive.wilsoncenter.org/document/113918.

년 1월의 3자회담 제안, 1986년 6월의 남북한 및 미국과의 군사 당국자회담 제안, 동년 7월의 북미 간 국회대표회담 제안 등 북한의 잇단 대미접근에 대해 무 대응으로 일관했다. 그러나 미국은 서울올림픽 개최가 임박해오자 안전하고 성공적인 올림픽 개최를 위해 북한의 잇단 대미 접촉 시도를 무시할 수만은 없었다. 1987년 KAL 858기 폭파사건으로 미국의 북미 접촉 수용이 일시 주춤했으나 사회주의권의 올림픽 참가와 한반도의 긴장완화를 위해 북한과의 접촉과 대화를 이어갈 필요가 있었다. 그리하여 1987년 12월부터 서울올림픽 개최 시까지 미국과 북한은 중국의 주선 아래 몇 차례 실무급 접촉을 가졌다.[49] 올림픽 개최 후에도 북미 간에는 여러 차례의 접촉이 있었다. 그러나 이 당시 미국은 북한과의 관계개선에 그다지 적극적이지 않았고, 단지 북한에 대한 탐색 수준에 머물고 있었다. 미국은 서울올림픽의 성공적 개최를 위해 한국과 공동보조를 취하는 한편, 한국의 사회주의권과의 수교 노력을 측면 지원하기도 했다. 그리고 한국의 주도적이고 자율적인 북방정책 추진을 일정하게 인정했다. 미국으로서는 서울올림픽의 성공적 개최 여부가 한국과 동맹관계에 있는 자신의 위상 및 역할과 직결되는 사안이었다. 또한 고르바초프의 등장으로 개혁·개방을 표방한 소련과 신 데탕트에 합의하고 중국의 개혁정책 추진을 긍정적으로 평가하고 있었던 미국으로서는 한국의 사회주의권과의 수교 시도를 부정적으로 볼 이유가 없었다.

한편 남한은 올림픽 유치 후 초기 단계에서 북한의 서울올림픽 보이콧 시도에 대응하여 사회주의권국가, 특히 소련의 서울올림픽에 참가를 유도하기 위해 가능한 모든 노력을 경주하고자 했다. 왜냐하면, 사회주의권국가들의 올림픽 불참은 서울올림픽의 의미를 반감시키고, 남한의 국제적 이미지에 치명타가 될 것이기 때문이었다. 일례로 노태우 서울올림픽조직위원회 위원장

[49] 김계동, 2002, 『북한의 외교정책: 벼랑에 선 줄다리기외교의 선택』, 서울: 백산서당, pp. 215~217.

은 '만약 소련이 서울올림픽에 참가한다면 1983년 사할린 상공에서의 KAL 007편 피격사건과 관련된 모든 사안에 대해서 문제 삼지 않을 것을 약속하겠다'고 하면서 은밀히 소련 대표들에게 접근하기도 했다.[50] 서울올림픽에 소련, 중국 등 사회주의국가들의 참여 여부는 비단 반쪽짜리 스포츠행사가 아닌 전 세계인이 함께하는 온전하고도 성공적인 올림픽을 만든다는 의미뿐만 아니라, 올림픽을 안전하게 치루기 위해서도 긴요한 과제였다. 당시 서울이 올림픽을 치루기에 과연 안전한 곳이냐는 국제사회의 우려가 없지 않았다. 각국의 선수들은 물론이고 관광객들도 서울이 안전한 곳이냐는 데 의혹을 가지고 있었다. 만약 소련, 중국 등 사회주의권이 참가하지 않는 올림픽이 된다면 안전문제는 더욱 심각한 사안이 될 수 있었다. 그러나 소련과 중국이 참여하는 한 북한이 테러 등을 통해 올림픽을 방해하기는 어려울 것으로 전망했다.[51]

남한은 1986년 4월부터 사회주의권국가들이 서울올림픽을 보이콧하지 않고 참가할 것이라는 강한 자신감을 갖게 되었다. 그라모프 소련 올림픽위원회 위원장이 서울을 방문하여 소련이 서울올림픽에 참가하는 쪽으로 가닥을 잡고 있음을 강하게 내비쳤기 때문이다. 물론 앞서 지적한 바 있듯이, 1985년 여름 사마란치 위원장이 모스크바를 방문했을 때 소련 측으로부터 들은 '소련은 올림픽에 참가할 준비가 되어 있으며, 북한 측 입장에 개의치 않는다'[52]는 언질을 IOC로부터 들은 남한은 사태를 낙관적으로 보고 점차 자신감을 갖

50) Radchenko, Sergey, 2011b, "Inertia and Change: Soviet Policy toward Korea, 1985-1991," In Tsuyoshi Hasegawa, ed., *The Cold War in East Asia: 1945~1991*, Washington, D.C.: Woodrow Wilson Center Press, p. 295.

51) 국민체육진흥공단, 2000a, 『서울올림픽사: 올림픽 유치』 제1권, 서울: 국민체육진흥공단, pp. 95~103.

52) Park, Kun, 1985, "Letter from the Permanent Mission of the ROK, Geneva to IOC President regarding the USSR. Cuba and North Korea's Position on the 1988 Olympics," 31 July 1985, http://digitalarchive.wilsoncenter.org/ document/113449.

게 되었다. 중국 역시 앞서 본 바 대로 1985년 11월 올림픽 참가 방침을 굳히고 있었고 한국도 이를 감지하고 있었다. 더욱이 1985년 8월 25일 사마란치 위원장이 노태우 위원장에게 '로잔회담에서 북측에게 공동개최에 대해 너무 많은 양보를 하지 않도록' 조언했던 것,[53] 그리고 1985년 3월부터 11월까지 소련의 운동선수들과 체육계 인사들이 잇따라 한국을 방문한 것[54]도 한국 측이 소련 측의 참여 가능성을 높게 보는 근거가 되었다.

그런데 이러한 남한의 자신감이 이제 거꾸로 IOC 더러 북한에 대해 과도한 양보를 하지 말도록 권고하는 상황으로 나타났다는 점은 흥미롭다. 즉 사마란치 위원장은 1986년 4월 19일 전두환 대통령을 만나 "북한이 서울올림픽을 방해하기 위해 무슨 짓을 할지 모르기 때문에 이를 무마하기 위해 2~3개 경기 종목을 북한에 배분하는 게 어떻겠느냐"고 물었다. 이에 대해 전 대통령은 사마란치 위원장에게 "북한의 위협에 대해 크게 신경 쓸 것 없다"고 말했다. 전 대통령은 "북한의 군사력이 남한보다 앞서는 것은 사실이나 한미 양군과 대적해 싸울만한 적절한 군사적 수단이 결여되어 있다. 김일성 자신도 남한을 공격할 수 없음을 잘 알고 있고, 내가 이 사실을 알고 있다는 점을 김일성 또한 잘 알고 있다"고 했다. 무엇보다 "소련과 중국의 동의 없이는 북한이 남한을 공격할 수 없고, 양국이 지원하지 않는 상태에서 감행하는 공격 행위는 자살행위에 지나지 않는다"고 평가했다.[55] 4월 25일 사마란치와 다시

---

53) Roh, Tae-Woo, 1985, "Memorandum of Meetings held between the IOC President and Roh Tae-Woo." 28 August 1985, http://digitalarchive.wilsoncenter.org/ document/113451.
54) 자세한 내용은 이방원, 1989a, 「드디어 열리는 북방의 문」, 『體育』 Vol. 254, 대한체육회; Radchenko, Sergey, 2011a, "Sport and Politics on the Korean Peninsula: North Korea and the 1988 Seoul Olympics." North Korea International Documentation Project at the Woodrow Wilson International Center for Scholars E-Dossier No.3 (December), pp.4~5 참조.
55) Samaranch, Juan Antonio, 1986, "IOC President Interview with Chun Doo-hwan on North Korean Threats to the 1988 Seoul Olympics." 19 April 1986, http://digitalarchive.wilsoncenter.org/ document/113475.

만난 전 대통령은 '우리는 북한을 잘 알고 있는데, 우리가 북한에게 종목 하
나를 배분하면, 북한은 더 많은 것을 요구하며 여러 가지 문제를 야기할 것
인 바, 북한으로부터 선의와 협력을 기대하기는 난망하다. 그리고 솔직히 말
해 올림픽 게임을 배분하는 것은 쉽지 않으며, 북한이 올림픽 공동주최에 따
른 이익금 배당을 요구하는 등 더 골치 아픈 문제를 일으킬 것으로 본다'고
말했다.56) 물론 전 대통령은 북한이 IOC 헌장과 IOC의 결정 사항을 존중한다
는 보장이 있으면 사마란치 위원장이 제안한 2개 종목 배분을 준비할 것이라
고 했다. 이에 대해 사마란치 위원장은 동의를 표하면서, 북한이 10,000명 이
상의 기자들과 올림픽 선수단에게 자유로운 입출경을 허용하기가 쉽지 않을
것이라고 덧붙였다. 그리고 북한이 동 제안을 수용하지 않을 경우 그 책임을
북한에 돌릴 수 있는 유용한 제안이라고 호응했다.57)

한편 사회주의권 국가들이 서울올림픽에 참가하기로 발표하고 난 다음에
도 선수들은 한국이 아니라 일본에서 현지훈련을 했고, 해외 관광객들도 예
상외로 많지 않았다.58) 앞에서도 지적한 바 있듯이 이는 안전문제에 대한 불
안이 충분히 해소되지 않았다는 의미이다. 실제 북한이 1988년 1월 12일, 올
림픽 불참 방침을 밝힌 이래, 1988년 초부터 올림픽 개최 직전까지 서울올림
픽 단독 개최를 반대하고 협박하는 서신들이, 예컨대 '한민전 중앙위원회'와
'무등산결사대' 등의 명의로 IOC로 발송되었다.59) 또한 서울올림픽의 안전문

56) Samaranch, Juan Antonio and Doo-Hwan Chun, 1986, "Meeting between President Chun Doo Hwan and President Samaranch," 25 April 1986, http://digitalarchive.wilsoncenter.org/document/113918.
57) Samaranch, Juan Antonio and Doo-Hwan Chun, 1986, "Meeting between President Chun Doo Hwan and President Samaranch," 25 April 1986, http://digitalarchive.wilsoncenter.org/document/113918.
58) 국민체육진흥공단, 2000a, 『서울올림픽사: 올림픽 유치』 제1권, 서울: 국민체육진흥공단, pp. 95~103.
59) NDFSK(National Democratic Front of South Korea), 1988, "Letter from the Central Committee of the National Democratic Front of South Korea to the IOC Opposing the 1988 Seoul

제와 경시할 수 없는 테러 기능성에 대한 정보 보고가 IOC 위원장 앞으로 전달되기도 했다.[60] 따라서 국내적으로 완벽한 올림픽 안전대책의 수립 및 실행과 더불어 안전한 올림픽을 위한 국제공조가 중요한 과제였다. 한미일 간의 공조와 더불어 소련과 중국도 북한의 방해 행위를 방지하기 위해 적극 노력했다.[61] IOC 차원에서도 사마란치 위원장은 북한의 올림픽 불참 발표 이후에도, 테러 등 북한의 올림픽 방해 행동을 저지하기 위한 수단으로서 북한의 올림픽위원회와 북한의 올림픽 참가문제에 대해 지속적으로 서선을 교환하는 형식을 취했다.[62] IOC로서는 안전한 올림픽 개최가 최우선 과제였고 이를 위해 노심초사하지 않을 수 없었다.

사마란치 위원장은 노태우 대통령에게도 북한을 자극할 수 있는 1988년 팀 스피리트 훈련을 중단해 줄 것을 요청했으나 결국 수용되지 않았다.[63] 심지

Olympics." 25 February 1988, http://digitalarchive.wilsoncenter.org/ document/113499; Samaranch, Juan Antonio, 1988a, "Letter from the President of the IOC to the Korean Olympic Organizing Committee, in Reference to the Letter Sent by a South Korean Student Organizing Threatening Violence During the 1988 Seoul Olympics." 10 September 1988, http://digitalarchive.wilsoncenter.org/ document/113551.

[60] Wieck, Klaus Georg, 1988, "Information Note from Dr. Klaus Georg Wieck to IOC President on the Issue of Security and Terrorist Threats to the 1988 Seoul Olympics." 6 July 1988, http://digitalarchive.wilsoncenter.org/document/1135 25.

[61] 국민체육진흥공단, 2000a, 『서울올림픽사: 올림픽 유치』 제1권, 서울: 국민체육진흥공단, pp. 104~141; 노태우, 2011b, 『노태우회고록 (상): 국가, 민주화, 나의 운명』, 서울: 조선뉴스프레스, pp. 442~445.

[62] Kim, Yu-Seon, 1988a, "Letter from the DPRK's National Olympic Committee to IOC on Samaranch's Proposal to Visit North Korea." 4 June 1988, http://digitalarchive.wilsoncenter.org/document/113514; Kim, Yu-Seon, 1988b, "Letter from the DPRK National Olympic Committee to IOC President Requesting Clarification on the Comments Made by IOC during a Press Conference in Barcelona." 15 June 1988, http://digitalarchive.wilsoncenter.org/document/110008; Samaranch, Juan Antonio, 1988b, "Letter from the President of IOC to the President of the Olympic Committee of the DPRK." 19 July 1988, http://digitalarchive.wilsoncenter.org/document/113527; Samaranch, Juan Antonio, 1988c, "Letter from the President of IOC to the DPRK's NOC." 8 September 1988, http://digitalarchive.wilsoncenter.org/document/113549.

[63] Samaranch, Juan Antonio, 1988d, "Letter from the IOC President to Roh Tae-Woo, Requesting

어 사마란치 위원장은 평화적 분위기에서 올림픽을 진행하기 위해 측근의
건의를 받고 노 대통령에게 이집트와 이스라엘의 중동 평화협상을 성사 시
킨 사다트와 베긴의 예를 들면서 남북정상회담을 제안하기도 했다. 그러나
노 대통령은 별 무반응이었다.[64] 북한과 형제관계에 있었던 사회주의권이
참여하는 올림픽을 통해 북한에 대한 완전 승리와 고립으로 북한의 개방을
도모하던[65] 노 대통령에게 사마란치의 권고는 귓등으로 들렸던 것이다. 이
점에서 노 대통령과 전두환 대통령의 북한에 대한 인식과 대응은 크게 다르
지 않았다. 당시 노 대통령 역시, 북한은 압박해야 고분고분해진다는 신념을
지니고 있었다. 예컨대 노 대통령은 올림픽 직후 소련과의 급속한 신뢰관계
구축 시도가 북한의 도발을 자극할 수 있다는 주변의 우려에 대해 다음과 같
이 말했다.

the Adjournment of the Team Spirit 88' Exercises for the Safety of the 1988 Seoul Olympics,"
21 January 1988, http://digitalarchive.wilsoncenter.org/document/113490.

[64] Samaranch, Juan Antonio, 1988e, "Letter from the President of the IOC to Roh Tae-Woo with
a Proposal for Further Initiative between South and North Korea," 30 June 1988,
http://digitalarchive.wilsoncenter.org/ document/113522.

[65] 노태우 정부의 북방정책이 북한의 고립화를 추구했느냐의 여부에 대해서는 박철언, 김
종휘 등 당시 노태우 정부의 정책엘리트 간에 다소 평가가 엇갈린다. 그러나 박철언 역
시 북방정책을 통해 북한의 고립화를 목표로서 추진하지는 않았지만 북방정책의 추진
으로 북한의 단기적 고립을 예상했다고 한다. 자세한 내용은 국사편찬위원회, 2009, 『고
위관료들, '북핵위기'를 말하다』, 과천: 국사편찬위원회, p. 91; 이근, 2012, 「노태우 정부
의 북방외교: 엘리트 민족주의에 기반한 대전략」, 강원택 편, 『노태우시대의 재인식』,
파주: 나남, pp. 190~194; 전재성, 2012, 「북방정책의 평가: 한국 외교대전략의 시원」, 강
원택 편, 『노태우시대의 재인식』, 파주: 나남, pp. 227~228 참조. 그리고 노태우 대통령
자신 역시, 7·7 선언을 분단고착화 시도라고 비난하던 북한도 북방정책이 본격적으로
진행되어 고립상태에 들어가자 남북대화에 나서고 유엔 동시가입 수용으로 돌아설 수
밖에 없었다고 진술한다. 이는 사실상 7·7 선언에 북한이 굴복한 것으로서 힘에 기초
한 대화만이 북한을 변화시킬 수 있다는 증거라고 강조한다(노태우, 2011a, 『노태우회고
록 (하): 전환기의 대전략』, 서울: 조선뉴스프레스, p. 146). 이렇게 볼 때 북방정책을 완
전한 고립전략(isolation)으로만 보기도 어렵지만 관여전략(engagement)으로 보기도 어렵
다. 굳이 노태우 정부의 논리를 따라가면 '관여를 위한 압박과 고립'이라는 모순적 목표
의 불편한 결합으로 규정지을 수 있을지 모른다.

우리 측이 분석한 결과 북한 측은 우리가 조금 약하게 보이면 먹으려고 덤비고, 우리가 강하게 나가면 절대 도발적인 행위를 못한다는 것이었다. 소련이 미국에 굴복한 것도 레이건 대통령, 부시 대통령이 '한번 해보자' 하는 식으로 과감하게 나갔기 때문이다. 나와 부시 미국 대통령이 북한을 끌고 올 수 있었던 것은 그런 결의가 김일성에게 전달되었기 때문에 김일성이 꼼짝 못하고 따라 온 것이라고 나는 보고 있다. 결국 비핵화 선언까지 따라 온 것이다.[66]

그러나 노 대통령의 말대로 올림픽의 환호와 사회주의권과의 수교를 통한 북한에 대한 그와 같은 고립과 압박 전략이 '비핵화 선언'을 이끌어냈는지는 모르지만 '비핵화'를 가져오지는 못했다. 오히려 그와 같은 고립과 압박이 북한의 핵 보유 의지를 정당화하고 강화하는 반명제로 귀결되었다고 볼 수도 있다.

5. 올림픽 후 남한과 사회주의권의 수교 조짐과 남북관계

가. 남한과 사회주의권의 수교 조짐과 북한의 대응

1988년 7월 7일 노태우 대통령은 서울올림픽을 앞두고 7 · 7 선언을 발표하여 기존의 북한과의 적대와 대결관계를 청산하고 민족의 공동번영을 모색하고 북한이 미국, 일본 등과 관계를 개선하는 데 협조할 용의가 있으며, 한국도 소련과 중국을 비롯한 사회주의국가들과의 관계를 개선할 것임을 천명했다. 한마디로 7 · 7 선언은 북방정책의 공식적 구체화였다. 노 대통령 자신은 북방정책의 목표와 단계를 다음과 같이 설정했다고 한다. 북방정책의 당면

---

66) 조갑제, 2007, 『노태우 육성 회고록』, 서울: 조갑제닷컴, p. 83.

목표는 남북한 통일이고, 최종 목표는 한국의 생활문화권을 연변, 연해주 지역 등 북방으로 넓히는 것이었다. 그리고 이러한 목표하에 북방정책의 추진을 3단계로 구분하고 있다. 1단계는 여건 조성 단계로서 소련, 중국, 동구권과 수교하는 단계이다. 1차 목표를 소련, 2차 목표를 중국으로 삼아 북한을 완전히 포위하자는 것이다. 2단계는 남북한 통일인데 남북기본합의서가 이를 위한 하나의 성과라고 한다. 3단계는 북방정책의 최종 목표 즉, 한국의 생활·문화권을 연변, 연해주 등에까지 확대하는 것으로서 영종도 국제공항, 서울-부산 간 고속철도도 그러한 구상과 연관되어 있고, 고속철도도 북한을 포함하여 유럽까지 연결하는 것을 염두에 두었다는 것이다.[67] 이렇게 보면 7·7 선언은 북방정책 추진 단계 가운데 1, 2단계까지를 겨냥하고 있었다고 할 수 있다.

노태우 정부는 서울올림픽을 계기로 사회주의권 국가들과 관계를 강화하기 시작했다. 서울올림픽을 계기로 사회주의권 국가들과 스포츠외교를 통해 교류할 수 있는 기회를 만들었고, 이를 통해 북방정책의 기초를 마련하고 추진 동력을 얻었다고 볼 수 있다. 서울올림픽은 사회주의국가들이 서울의 발전상과 한국의 경제 규모와 수준에 새롭게 눈뜨고, 한국에 대한 이미지를 제고하는 결정적인 전기가 되었다. 나아가 사회주의권 국가들과 교류하고 수교로 나아가는 교두보가 되었다. 그리하여 1989년에는 헝가리, 폴란드, 유고슬라비아 등 동구권 국가와 수교하였으며, 1990년에는 소련, 1992년에는 중국과 수교하였다. 노 대통령 본인의 표현을 빌리면, 단숨에 소련과 수교할 수 있었다면 그렇게 했을 것이지만 당시로서는 그것이 대단히 어려웠기 때문에 소련 주위에 있는 동구권 국가 가운데 접근 용이한 나라부터 공략한다는 방침을 세웠다는 것이다. 접근이 용이한 국가들부터 관계를 맺어나가다 보면 소

---

67) 노태우, 2011a, 『노태우회고록 (하): 전환기의 대전략』, 서울: 조선뉴스프레스, pp. 141~142.

련에 접근하기 쉬운 단계에 이를 것이라고 판단하고 올림픽 준비 기간에 이런 전략하에서 움직였다는 것이다.[68] 북방정책의 이와 같은 접근전략의 첫 성과는 헝가리로부터 시작되었다. 서울올림픽 개막식을 불과 4일 앞둔 1988년 9월 13일 한국과 헝가리는 대사급 외교사절 교환을 전격 발표했다.

한편 한국과 헝가리의 대사급 외교사절 교환 발표와 서울올림픽이 성공적으로 치러진 지 얼마 뒤인 1988년 10월 18일, 불가리아의 수도 소피아를 방문하고 귀국하는 도중에 모스크바에 들린 황장엽이 야코블레프와 만나 한반도 정세에 대해 북한의 견해를 전달하고 의견을 나누었다.[69] 북한 측은 야코블레프와 회담에 앞서 미리 문건으로 준비한 한반도 정세에 대한 설명에서 일부 사회주의 형제국가들이 한반도에 두 개의 국가가 현존하는 것은 엄연한 사실이고, 따라서 한국과 외교관계를 수립하는 것은 현실에 기반한 신사고에 부합하는 것이다고 말한다고 지적했다. 그러나 북한 측은 현실에 존재하는 모든 것을 진리로 받아들여서는 안 된다고 강조했다.[70] 북한 측의 이 말은, 다시 말하면 이데올로기적 진리는 현실을 초월하고, 어느 시점에서 그것이 현실과 모순된다면 그 잘못은 이데올로기적 진리가 아니라 현실이라는 것이다. 이는 북한 측의 정세 인식이 고르바초프의 '신사고'와 가장 날카롭게 충돌하는 지점이다. 고르바초프는 종종 '만물은 흐르고 모든 것은 변한다'는 헤라클리투스(Heraclitus)의 말을 인용했다. 한마디로 북한 측의 이와 같은 주장

---

[68] 노태우, 2011a, 『노태우회고록 (하): 전환기의 대전략』, 서울: 조선뉴스프레스, p. 141.

[69] 이하 대화의 내용은 Yakovlev A. N. and Jang-yeop Hwang, 1988, "Record of the Main Content of Content of Conversation of a member of the Politburo, secretary of the CC CPSU Yakovlev A.N. with the Secretary of the CC KWP Hwang Jang-yeop." 18 October 1988, GARF, fond 10063, opis 2, delo 126, listy 1-13에 의존하고 있다.

[70] Yakovlev A. N. and Jang-yeop Hwang, 1988, "Record of the Main Content of Content of Conversation of a member of the Politburo, secretary of the CC CPSU Yakovlev A.N. with the Secretary of the CC KWP Hwang Jang-yeop." 18 October 1988, GARF, fond 10063, opis 2, delo 126, listy 1-13.

은 신사고에 대해 강한 비판이자 소련의 개혁과 민주화의 설계자인 야코블
레프에 대한 공격이기도 하다.

또한 북한은 미국의 군사기지, 그리고 반공기지로서의 남한의 위치에는
사실상 아무런 변화가 없다고 강조했다. 현금에도 남한은 자신을 침략적인
군사, 반공기지로서 활용하려고 하는 미제의 침략 야욕을 수행하는 것을 제
일의적 사명으로 여기고 있다. 또한 남한 정권의 괴뢰적 성격에는 변화가 없
고, 경제발전과 민주화세력의 성장으로 인해 남한 정권의 사회적, 정치적 기
반이 전례 없이 약화되고 있다. 이것은 한편으로는 민주세력이 강화되고 독
립과 조국통일을 위해 미제에 반대하는 목소리가 날이 갈수록 강해지고 있
음을 말한다. 또 다른 한편으로는 남한 정권의 반민중적, 반역적 성격이 한층
심화되고 있다는 것이다.[71]

그런데 이와 같은 상황에도 불구하고 사회주의국가들이 남한 정권과 외교
관계를 수립한다면, 이는 남한 정권을 독자적인 정부로서 인정하는 것이 된
다. 그리고 이렇게 되면 미국의 군사적 점령과 군사기지 유지에 적극 호응하
고 남한 민중들을 잔인하게 탄압하는 남한 정권의 반민중적, 반역적 행위를
정당화시켜 주는 것이 된다고 강조했다. 그리고 현재 문제의 심각성은 다른
나라도 아니고 지금껏 북측과 우호관계를 맺고 긴밀하게 협력해 왔던 나라
(헝가리 지칭)가 조선인의 모든 희망과 신뢰를 저버리고 그와 같은 조치[72]를
취했다는 데 있다고 비난했다. 북한은 맑스-레닌주의와 프롤레타리아 국제
주의를 견지하고 있는 사회주의 국가가 미제에 의한 남한 점령과 '두 개의 조
선'을 획책하려는 그들의 음모를 수용하고 성원하는 행동을 한 것은 상상할

---

[71] Yakovlev A. N. and Jang-yeop Hwang, 1988, "Record of the Main Content of Content of
Conversation of a member of the Politburo, secretary of the CC CPSU Yakovlev A.N. with
the Secretary of the CC KWP Hwang Jang-yeop." 18 October 1988, GARF, fond 10063, opis
2, delo 126, listy 1-13.

[72] 1988년 9월 13일 헝가리가 한국과 대사급 외교사절 교환을 전격 발표한 것을 지칭한다.

수 없는 일이라고 했다. 그리고 세계의 변화와 발전이라는 것은 오직 사회주의와 공산주의 노선을 따르는 범위 내에서의 변화와 발전이어야 한다. 아무리 상황이 변화되고 과학기술이 발전하더라도 전 사회주의국가들과 국제공산주의운동을 단결시키는 맑스-레닌주의와 프롤레타리아 국제주의 원칙을 변경시킬 수는 없다고 강조했다. 또한 큰 나라든 작은 나라든 모든 사회주의 국가들이 독립적이고 각기 주권을 지니고 있다. 그러나 그 어느 나라도 전 세계의 평화를 지키고 사회주의, 공산주의의 공동의 과업을 수호하는 일에 있어서 소련의 역할을 대신할 수는 없다고 말했다.[73] 북한은 다급한 나머지 새삼스럽게 사회주의 진영 내의 위계적 질서와 소련의 영도적 지위를 강조했다.

그리고 고르바초프가 1988년 9월 16일 크라스노야르스크에서 한 연설 내용[74]을 거론하며, 한반도 상황의 전반적 개선을 위해서는 무엇보다도 먼저 주한 미군 철수와 남한 정권의 반민중적, 반역적 행위를 종식시켜야 한다면서 우회적으로 고르바초프의 발언을 반박 내지 그에 딴죽을 걸었다. 그리고 소련 공산당 동지들이 남한과 계속해서 신중하고 절제된 관계만을 유지할 것으로 확신한다고 말했다.[75] 이 말은 남한과의 관계는 비공식적인 경제교류 정도에 그쳐야 하며, 한국과 외교관계를 수립하는 일이 있어서는 결코 안된다는 점을 소련 측에 재차 강조하고자 한 것으로 볼 수 있다. 이와 같이

---

[73] Yakovlev A. N. and Jang-yeop Hwang, 1988, "Record of the Main Content of Content of Conversation of a member of the Politburo, secretary of the CC CPSU Yakovlev A.N. with the Secretary of the CC KWP Hwang Jang-yeop." 18 October 1988, GARF, fond 10063, opis 2, delo 126, listy 1-13.

[74] 서울올림픽 개막 하루 전인 1988년 9월 16일의 이 연설에서 고르바초프는 처음으로 공개적으로 "한반도의 상황이 전반적으로 개선되었다는 점을 감안할 때 한국과 경제분야에서 협력할 용의가 있다"고 하면서 한국과의 관계 가능성을 시사했다.

[75] Yakovlev A. N. and Jang-yeop Hwang, 1988, "Record of the Main Content of Content of Conversation of a member of the Politburo, secretary of the CC CPSU Yakovlev A.N. with the Secretary of the CC KWP Hwang Jang-yeop." 18 October 1988, GARF, fond 10063, opis 2, delo 126, listy 1-13.

북한이 야코블레프와의 대화에 앞서 미리 준비한 문건에는 북한의 히스테리
적 반응으로 가득 차 있는데, 여기에서 강조하고 있는 북한의 핵심 메시지는
남한에 대한 사회주의권의 연쇄 승인이 북한의 정통성을 심각하게 훼손할
것이라는 점을 분명히 인식해 달라는 것이다. 만약 사회주의권이 연쇄적으로
남한을 승인하게 되면, 북한은 동맹국이나 마땅한 지렛대도 없는 상태에서
번성하고 있고 또 사회주의권 국가들로부터도 널리 승인 받는 남한 옆에 혼
자 유기(abandonment)될 것이라는 우려와 초조감이 이 문건의 내용에 배어있
음을 알 수 있다.

  한편 야코블레프와의 실제 대화에서도 황장엽은 남한과 관계를 개선한 특
정 사회주의국가(헝가리 지칭)의 행동에 동의하지 않는다고 했다. 이 말은
성동격서 식으로 사실상 소련을 겨냥한 말이다. 그리고 고르바초프 동지가
크라스노야르스크에서 제기한 바 있듯이 소련공산당 동지들이 남한과 계속
해서 신중하고 절제된 관계만을 유지할 것으로 확신한다고 재차 강조했다.
한소수교 기능성에 대해 북한이 얼마나 조바심을 가지고 우려하고 있었는가
를 엿보게 하는 대목이다. 이어 황장엽은 미제와의 직접적으로 대립하면서
사회주의 건설에 매진하고 있는 조선인민들에게 무엇보다 북소 간의 유대와
우의가 소중하다고 강조했다. 이에 대해 야코블레프는 지금 세계는 변화하고
있고, 지금의 세계 상황은 20년 또는 10년 심지어 3년 전과도 또 다르다고 강
조했다. 그리고 소련 공산당은 이러한 변화가 사회주의 자체와 사회주의국가
들의 이익과도 부합한다고 믿는다고 했다. 야코블레프는 소련에서 시작된 페
레스트로이카는 미국과 서구의 지배 그룹들이 현재의 세계정세와 세력분포
에 대해 재평가하는—곧 대결과 무력을 통해 실질적으로 얻은 것이 없다는
반성—시점과 일치했다. 오늘날 세계여론 역시 대결 상태의 지속보다는 사회
주의적 평화 개념에 입각한 국제관계의 수립이 필요하다는 쪽으로 바뀌고
있다고 말했다. 이 말은 소련은 북한의 전투적 자세를 지지할 수 없고 또한

지지하지 않을 것이라는 메시지이다. 그리고 야코블레프는 아태지역에서도 평화애호세력이 영향력을 확대하고 미국의 영향력 범위를 축소할 수 있는 길을 모색할 필요가 있다고 말했다. 또한 야코블레프는 소련과 여타 사회주의국가들의 지도부가 평화정책을 추구하고 있음을 상기시켰다. 그리고 우리는 사회주의진영의 영향력을 확대할 수 있는 새로운 방안을 모색해야 한다. 구래의 동일한 전술적 책략을 구사하는 것은 이미 적들이 이에 익숙하기에 효과적이지 못하다. 따라서 우리는 적들에게 패배를 안겨주고, 오류를 범하도록 하며 그들의 정체를 폭로할 수 있는 새로운 방식, 새로운 접근이 필요하다고 강조했다.[76]

그러나 황장엽은 조선노동당의 가장 긴급한 과제 중의 하나는 통일문제라고 지적하고 소련 공산당이 이에 대해 적절한 관심을 기울이고 여타 사회주의국가 들에게 영향력을 행사하여, 이들 사회주의국가들이 남한과 정치적 관계를 수립하려고 시도하지 못하도록 해달라고 당부했다. 이에 대해 야코블레프는 모든 나라들이 독자적으로 행동하는 바, 그것은 어려운 일이라고 말했다. 더욱이 야코블레프는 황장엽에게 소련은 헝가리의 예를 따라 남한을 승인하지 않겠다고 결코 확언하지 않았다. 사실 그 당시 진행되고 있던 모스크바와 서울과의 접촉의 최종 종착점이 양국 간의 관계정상화임을 소련 개혁개방의 설계자인 야코블레프 자신이 누구보다 잘 알고 있었기 때문일 것이다. 야코블레프는 그와 같은 언질 대신 세계는 변했고, 그것이 사회주의권에도 좋다고 철학적으로 대꾸했다.[77]

---

76) Yakovlev A. N. and Jang-yeop Hwang, 1988, "Record of the Main Content of Content of Conversation of a member of the Politburo, secretary of the CC CPSU Yakovlev A.N. with the Secretary of the CC KWP Hwang Jang-yeop." 18 October 1988, GARF, fond 10063, opis 2, delo 126, listy 1-13.

77) Yakovlev A. N. and Jang-yeop Hwang, 1988, "Record of the Main Content of Content of Conversation of a member of the Politburo, secretary of the CC CPSU Yakovlev A.N. with the Secretary of the CC KWP Hwang Jang-yeop." 18 October 1988, GARF, fond 10063, opis

이와 같이 북한과 고르바초프 정권의 철학적 근간을 설계했던 두 사람 간의 생각의 차이만큼이나 당시 양국 간의 관계는 벌어져 갔고, 냉전시대 북소동맹관계는 사실상 급격히 와해되었던 것이다. 실제 황장엽과 야코블레프 간의 회담이 썰렁하게 끝난 바로 다음날인 10월 19일, 야코블레프는 브루텐츠 (Karen Brutents) 소련공산당 중앙위원회 국제국 부국장에게 아마 정치국에 제출될 첫 번째 의제가 남한에 관한 것일 것이라고 알려주었다. 곧 브루텐츠는 당료들과 학자들을 소집해 서울과 보다 밀접한 관계를 발전시킬 것에 관한 제안서를 만들었고, 1988년 11월 10일 정치국으로부터 재기를 받았다.[78] 그리고 이것이 한소 국교수교의 이정표가 되었다. 서울올림픽 참가를 계기로 소련의 관리, 언론 국민들의 남한에 대한 인식과 이미지가 극적으로 바뀌자 소련은 이를 토대로 11월 10일 남한과의 관계수립을 최종적으로 결정했던 것이다.

이와 같이 북한이 소련에게 사회주의권 국가들의 남한과의 정치적 관계 수립을 막아달라는 간절한 부탁에도 불구하고 소련은 오히려 역으로 바로 다음날 남한과의 관계수립에 본격적으로 나섰던 것이다. 이러한 결정이 내려진 후 셰바르드나제 소련 외상은 고르바초프에 지시에 따라 방북하여 남한과 관계를 개선하겠다는 소련지도부의 결정을 북한지도부에게 전달했다. 북한의 김영남 외교부장이 거세게 반발하자 셰바르드나제는 한소관계는 어디까지나 비공식관계에 불과하고, 같은 공산당원으로 맹세하건대 한국과 외교 관계를 수립하는 일은 결코 없을 것이라고 평양을 안심시키고자 했다.[79] 그러나 이는 북한이 받을 충격을 최대한 완화하고자 한 고르바초프의 뜻을 반

2, delo 126, listy 1-13.

[78] Oberdorfer, Don, 2001, *The Two Koreans: A contemporary History*, New York: Basic Books, p. 197.

[79] Oberdorfer, Don, 2001, *The Two Koreans: A contemporary History*, New York: Basic Books, p. 204.

영한 언사에 지나지 않는다. 고르바초프가 이미 11월 10일의 정치국 회의에서 북한으로부터 어떠한 반발이 있더라도 한국과의 관계정상화를 밀고 나갈 것이라고 밝혔기 때문이다.[80]

당시 소련의 미국 및 아시아지역 국가들과의 정책목표가 과거 협소한 냉전적 안보개념에서 벗어나 개입, 군비축소 그리고 광범한 대화로 바뀜에 따라 소련에게 있어 냉전시대 전략적 동맹으로서의 북한의 전략적 가치는 급격히 저하되었다. 또한 1986년 블라디보스토크 선언 이래 중소관계의 정상화로, 중소갈등의 와중에서 극대화될 수 있었던 북한의 정치적, 전략적, 이념적 가치 또한 감소되었다. 오히려 신사고 정책 추진의 주요 걸림돌로 작용했다. 이제 소련은 북한의 낡은 체제를 아시아 지역에서 불안정을 야기할 수 있는 중대 위협요소로 인식하게 되었다. 바로 이와 같은 인식 때문에 소련은 이 시점에서 북한의 반발기능성에 대해 정면돌파를 결심했던 것으로 볼 수 있다.

위에서 보듯이 황장엽이 맑스-레닌주의와 프롤레타리아 국제주의의 불변을 강조하고 있는데 반해, 야코블레프는 변화를 강조하고 있다. 또한 국제 정세 인식, 한반도 상황과 평화정착 방안 남한과 사회주의권과의 수교문제 등에 대해 북소 간의 의견 합치 부분을 거의 발견하기 어렵다. 절제된 외교적 언사로 포장되어 있지만 소련은 북한의 제반 정세인식과 문제 접근에 대해 결코 동의를 표하지 않았고 상호 불신의 골만 깊어졌음을 추측할 수 있다. 아마 소련 측은 북한의 구태의연하고 고집스러운 태도에 대해서 답답함과 측은함 마저 느꼈을 것으로 보인다. 소련지도부는 자신들과 동떨어진 북한의 완고한 정세인식과 문제 접근에 대해 북한을 상당히 버겁고 귀찮은 존재로 대했음을 짐작할 수 있다. 이 때문에 이들 간의 대화 분위기는 상당히

---

[80] Oberdorfer, Don, 2001, *The Two Koreas: A contemporary History*, New York: Basic Books, pp. 199~200.

썰렁했을 것이다. 한마디로 마치 '귀머거리 간의 대화'를 연상케 한다.

나. 남북의 대외관계 재편과 북한의 선택

1988년 2월에 출범한 노태우 정부는 이전의 전두환 정부와는 달리 탈냉전이라는 국제질서의 흐름에 발맞추어 사회주의권 국가들과의 관계정상화를 도모하고 북한과의 대화를 모색하는 북방정책을 과감하게 추진했다. 북방정책의 과감한 추진이 기능했던 데에는 당시의 국내외적인 요인이 동시에 영향을 미쳤다고 할 수 있다.[81] 무엇보다 냉전해체기 미국의 한반도에 대한 상대적 방치(relative negligence)에서 오는 한국의 확대된 자율적 외교 공간, 새로운 국제질서 속에서의 소련과 중국의 대한반도정책을 포함한 정책 변화, 북·중·소 관계의 변화, 소련과 중국 등 사회주의권의 한국과의 교역 확대 희망 등과 같은 국제적 요인이 큰 영향을 미쳤다고 할 수 있다. 그리고 남한 시민사회의 민족문제에 대한 관심 고조와 통일 열망 분출에 대한 정부의 이니셔티브 확보 여소야대 정국 돌파, 대통령의 의지와 리더십 등과 같은 국내적 요인도 중요하게 작용했다고 할 수 있다.

북방정책 실행의 일환으로 노태우 정부는 7·7 선언을 발표하여 사회주의권과의 관계 개선은 물론 적극적인 남북대화 추진 의사를 천명했다. 이 7·7 선언은 이전 시기의 대결적인 남북관계를 극복하고 화해와 교류협력 추구

---

[81] 국내외 요인의 영향에 대한 자세한 논의는 전재성, 2002, 「노태우 행정부의 북방정책 결정요인과 변화과정 분석」, 『세계정치』 Vol. 24, 서울大學校 國際問題硏究所; 전재성, 2012, 「북방정책의 평가: 한국 외교대전략의 시원」, 강원택 편, 『노태우시대의 재인식』, 파주: 나남; 김연철, 2011, 「노태우 정부의 북방정책과 남북기본합의서: 성과와 한계」, 『역사비평』 97호(겨울호), 역사문제연구소; 이근, 2012, 「노태우 정부의 북방외교: 엘리트 민족주의에 기반한 대전략」, 강원택 편, 『노태우시대의 재인식』, 파주: 나남; 이정철, 2012, 「외교-통일 분화기 한국 보수의 대북정책: 정책연합의 불협화음과 전환기 리더십의 한계」, 강원택 편, 『노태우시대의 재인식』, 파주: 나남을 참조.

의지를 담고 있었다. 특히 북한이 미국 및 일본과 적대관계를 청산하고 교차
승인을 이루어 한반도 냉전구조의 해소를 지향했다는 점에서 남북관계사에
서 큰 의미를 지닌다. 그러나 이 성명은 북한의 거부와 노태우 정부의 실천
의지 부족 및 교차승인에 대한 사후의 궤도 수정으로 의미 있는 결실을 가져
오지는 못했다.

북한은 남한 정부의 7·7 선언에 대해서 격렬하게 반대하고 나섰다. 북한
은 7·7 선언이 교차승인의 길을 트기 위한 계략이라고 보면서 미국의 사주
에 따라 달러 몇 푼을 가지고 사회주의 국가들을 끌어들여 교차승인 구도를
조성하려 한다고 공격했다.82) 그러나 노태우 정부는 북방정책과 교차승인에
대한 북한의 정면적인 비판과 강경한 반대에도 불구하고 이에 개의치 않고
북방정책을 활발히 추진해 나갔다. 그리하여 서울올림픽을 전후하여 남한과
소련, 중국 간의 관계는 획기적인 전환점을 맞았다. 마침내 1990년 6월 4일
샌프란시스코에서 개최된 한소정상회담(한소 정식 수교는 90년 10월 1일)은
남한으로서는 사회주의권의 대표가 남한을 한반도의 합법정부로 인정하는
외교적 쾌거였다. 반면 북한에게는 외교 및 남한과의 체제경쟁에서 치명타를
안겨주는 대 사건이었다. 한소수교가 현실화되는 이상 북한의 '하나의 조선'
원칙은 무색해졌고 남북관계의 균형은 허물어졌다. 또한 소련이 동북아에서
남북한과 모두 외교적 관계를 맺은 최초의 국가가 된 외교적, 전략적 이점을
감안할 때, 중국이 남한과 수교하는 것도 단지 시간상의 문제에 불과했다.

따라서 북한으로서는 안보위협 해소와 남북관계의 균형 회복을 위한 미국,
일본과의 관계 수립이 불가피하게 되었다. 그리하여 북한은 한소수교로 입은
엄청난 충격과 유기의 우려로부터 탈피하고, 남한의 외교적 성과를 조금이라
도 상쇄시키기 위해 일본, 미국 등과 적극적인 교섭에 나섰다. 이와 같이

---

82) 리왈수, 1988, 「교차승인론은 민족의 분열을 영구화하기 위한 교활한 술책」, 『근로자』 11.

7·7 선언 당시 교차승인에 반대하고 냉담하던 북한도 결국 태도를 바꿔 교차승인에 나서지 않을 수 없었던 것이다. 이 점에서 원교근공(遠交近攻)[83]의 북방정책이 일정한 효력을 발휘했다고 볼 수 있다. 그런데 노태우 정부는 막상 북한이 북일, 북미 교섭에 나서고, 일본과 미국 역시 북한과의 직접 접촉에 관심을 가지자 한국을 제쳐놓고 북한과 직접 접촉해서는 안된다는 원칙을 내세우기 시작했다.[84] 이러한 노태우 정부의 북일, 북미 교섭에 대한 입장은 북한의 시각에서 볼 때 결국 교차승인에 대한 반대에 지나지 않았다. 실제 당시 김종휘 외교 안보수석은 자신이 북한의 대미, 대일외교를 적극적으로 무산시키는데 주력했다고 회고한다.[85] 이처럼 북일, 북미 교섭에서 한국 배제 불용 원칙의 강조는 당초 노태우 정부가 목표로 내걸었던 교차승인 추진 자체를 부정하는 사태를 초래했다.

북한의 일본 및 미국과의 교섭 노력이 별반 성과를 거두지 못하고 고립과 생존 위협이 가중되는 절체절명의 상황에서 북한은 핵에 의존하여 정권과 체제의 생존을 기하는 방향으로 나아갔다.[86] 당시 북방정책의 입안자들은 북한에 대한 압박수위를 높이는 것이 대북협상의 성공에 이르는 첩경이라는 인식을 가졌다. 그러나 북한의 중장기적 전략을 예상하고 북한이 본격적으로 개혁개방의 길로 나갈 수 있는 조건과 방도를 심사숙고하는 데에는 한계를

83) 노태우 전 대통령은 남북한 대치 상태의 해소와 폐쇄적인 북한을 개방시키기 위해 원교근공의 우회전략을 구상했다고 밝혔다. 그래서 1차로 비동맹국, 그 다음에는 동구권을 비롯하여 소련 및 중국과 관계를 개선하여 북한을 양파껍질 벗기듯이 저 둘레에서 벗겨 나가서 완전개방만 시키면 이것이 곧 사실상의 통일이라는 기본 개념을 가지고 있었다고 말했다. 그리고 이러한 전략에 생기를 불어 넣고 탄력을 더해준 것이 바로 서울올림픽이었다는 것이다(조갑제, 2007, 『노태우 육성 회고록』, 서울: 조갑제닷컴, p. 53, 59).
84) 조갑제, 2007, 『노태우 육성 회고록』, 서울: 조갑제닷컴, pp. 118~120, 135~136.
85) 국사편찬위원회, 2009, 『고위관료들, '북핵위기'를 말하다』, 과천: 국사편찬위원회, p. 67; 이정철, 2012, 「외교-통일 분화기 한국 보수의 대북정책: 정책연합의 불협화음과 전환기 리더십의 한계」, 강원택 편, 『노태우시대의 재인식』, 파주: 나남, p. 243.
86) 이 과정에 대한 자세한 내용은 Oberdorfer, Don, 2001, *The Two Koreas: A contemporary History*, New York: Basic Books, pp. 197~304 참조.

보였다. 북한이 핵에만 의존하지 않도록 하는 노력을 기울이는 데에는 상대적으로 소홀했던 것이다.[87] 그 결과 남북관계는 1991년 12월의 남북기본합의서와 1991년 11월의 한반도 비핵화 공동선언 채택이라는 획기적 성과에도 불구하고 1992년부터 급속히 냉각되기 시작했다. 북한의 핵개발 문제가 본격적으로 불거지면서 북방정책 또한 표류하기 시작했다. 1992년 3월 노태우 대통령은 북한에게 핵시설에 대한 특별사찰 수용과 남북기본합의서 및 비핵화 공동선언의 조속한 이행을 촉구했다. 또한 노태우 정부는 북한의 핵 개발 저지를 위한 미국, 일본과의 국제공조에 참여하는 한편, 북한의 핵개발 의혹이 해소되기 전에는 북일, 북미관계 정상화는 불가하다는 점을 강조했다. 그리고 1992년 10월에는 한미 양국의 국방장관이 93년 팀스피리트 훈련 재개를 발표하는 등 북한에 대한 압박수위를 높여나갔다. 노태우 대통령 등 북방정책의 결정자들은 여전히 이 시점에서도 힘에 기반하여 북한을 일정하게 고립시키고 압박함으로써 북한을 변화시킬 수 있다고 믿고 있었는지 모른다.[88] 그러나 주지하듯이 결과는 그렇지 못했다. 한국과 국제사회가 고립과 압박보다는 관여정책에 기반해서 북핵문제와 교차승인을 선후문제로 보지 않고 동시에 구동시켜 해결을 모색하는 반사실적 경로의 추진도 반드시 불가능하지만은 않았을 것이다.

이렇게 보면 올림픽의 성과를 바탕으로 한 남한의 공세적인 북방정책은 한소, 한중수교라는 큰 성과를 가져왔으나 북한의 개방을 유도하며 통일환경

---

87) 전재성, 2012, 「북방정책의 평가: 한국 외교대전략의 시원」, 강원택 편, 『노태우시대의 재인식』, 파주: 나남, p. 233.

88) 노태우 대통령으로서는 당초 교차승인과 유엔 동시가입에 반대하던 북한이 일본과 미국과의 교섭에 나섰고, 유엔에 동시 가입했으며, 남북기본합의서 또한 남한의 주도로 이루어진 데 고무되어 북핵문제 역시 힘에 바탕한 압박전략과 남한의 주도적 역할을 당연시했을 수 있다. 노태우, 2011a, 『노태우회고록 (하): 전환기의 대전략』, 서울: 조선뉴스프레스, pp. 279~280, 388~390 참조. 그러나 압박과 남한의 주도적 역할은 다른 한편으로 북한의 고립감과 피포위의식을 가중시켰다는 사실이다.

을 조성한다는 목표에는 접근하지 못했다. 오히려 북미, 북일관계 개선과 병진되지 않는 조건 속에서 이루어진 한소, 한중수교는 원교근공으로 북한을 개방시키기보다는 핵을 통한 자위책 강구라는 극단적 선택으로 내몰고 남북관계의 긴장을 불러 옴으로써 결국에는 북방정책 자체의 파탄으로 귀결되고 말았다. 다시 말해 원교가 근공 또는 근교(近交)에 결코 도움이 되지 않았다. 그리고 근교 없는 원교는 남북관계의 개선을 계속 원방(遠邦)에 의존하게 만들었다.

6. 맺음말

서울올림픽에는 초청받은 167개 국가올림픽위원회(NOC) 가운데 소련과 중국 등 당시 남한과 미수교상태에 있었던 30개국을 포함해 160개국이 참가했다. 결과적으로 서울올림픽은 사회주의권 국가들에게 한국의 이미지를 제고하고 발전상을 알림으로써 상호 간에 교류의 물꼬를 트는 전기가 되었다. 그리하여 서울올림픽은 북방정책의 추진에 탄력을 가하며 동구 사회주의권과의 국교를 확대해 나가는 전환점이 되었고, 이어 소련, 중국과 수교함으로써 절정에 달했다. 그러나 서울올림픽의 이와 같은 성공은 곧 북한에게 남북한 체제경쟁이나 외교 면에서 그만큼 큰 타격이 될 수밖에 없었다. 북한은 서울올림픽 개최에 대응하여 제13차 세계청년학생축전 개최를 무리하게 추진하다가 경제적으로 큰 타격을 입었다. 이로 인해 남북 간 국력 격차는 더 크게 벌어졌다.

노태우 대통령은 서울올림픽의 성과를 바탕으로 사회주의권과 수교함으로써 북한을 외곽에서부터 '양파껍질 벗기듯' 개방시키는 전략을 설정했다고 했다. 그리고 그러한 전략은 남북기본합의서와 비핵화 공동선언 채택과 같은 일정한 성과를 가져왔던 것도 사실이다. 그러나 북한을 개방시키고 남북관계의 진전을 통해 통일의 기반을 조성하는 단계로 나아가지는 못했다. 북방정책이 실행과정에서 교차승인의 '결손상태'를 유지하는 방향으로 궤도를 수정함으로써 북한을 더욱 고립과 폐쇄, 그리고 극단적 선택으로 모는 결과를 가져왔다. 이와 같이 탈냉전 및 남북한 체제경쟁의 한 상징이자 산물인 서울올림픽은 다시 동북아 냉전구도의 한 축을 허물고 현재와 같은 남북관계의 기본구도를 형성하는 데 영향을 미쳤다고 할 수 있다. 이렇게 보면 남북관계는 서울올림픽에 영향을 주고받았던 독립변수인 동시에 종속변수라고 볼 수 있다. 문제는 세계적인 탈냉전의 한 상징이자 결과인 서울올림픽의 성공적 개최가 정작 남북관계에서는 갈등과 대립을 극복하는 계기가 되지 못하고 오히려 신 냉전의 남북관계를 재형성하는 데 영향을 미쳤다는 점이다. 그리하여 서울올림픽이 사회주의권과의 원교에는 탈냉전의 확산 북한과의 근교에는 신 냉전의 호출이라는 이중적이고 자기분열적인 결과를 초래했던 것이다.

남한은 올림픽의 유치와 성공적 개최를 통해 분단 이래 전개되었던 남북한 체제경쟁에서 일단 완승을 거두었다. 서울올림픽 유치 결정과 개최 시 서울 하늘에 울려 퍼진 함성과 환호의 메아리는 평양에게는 크나큰 충격과 좌절의 연속이었다. 냉전기 남북한은 각기 국제무대에서 상대방을 고립시키기 위해 결사적으로 경쟁해 왔다. 그러나 북한과 남한 그 어느 일방도 상대에 대한 고립에 있어서 그렇게 성공적이지 못했다. 그런 점에서 서울올림픽 개최와 유치는 남한이 북한을 완벽하게 고립시키는 데 성공한 최초의 사건이자 남북한 체제경쟁의 승부를 가르는 역사적 전환점이었다고 평가할 수 있다. 본문에서 언급했듯이 서울올림픽에 대응하기 위해 북한이 감행한 김포공항 폭탄사건, KAL 858 폭파사건, 평양세계청년학생축전, 그리고 핵개발은 북한의 입장에서 보면 각각 올림픽과 한소, 한중수교에 들뜬 남한의 '잔칫집 분위기'에 대한 경고, 위협, 상쇄, 균형 전략으로 평가할 수 있다.

　북한은 올림픽을 향해 축포를 터트리며 나아가는 남한을 좌절과 고립감 속에서 지켜보면서 여러 위협과 경고, 그리고 테러를 가했으나 사회주의국가들마저 이 대열에 기꺼이 동참하는 상황에서는 속수무책일 수밖에 없었다. 그러나 그와 같은 체제경쟁에서의 남한의 일방적 승리가 곧 남북관계의 개선과 한반도의 평화, 그리고 통일환경 조성에 기여하지 못했다. 오히려 사태는 그 역의 방향으로 치닫고 있었다. 남북한 체제경쟁에서 남한이 일방적 승리를 거두고 북한의 교차승인 시도가 좌절되는 바로 그 지점에서 북한은 극도의 고립상태와 생존위협을 타파하기 위하여 핵을 통한 자체적인 균형전략을 모색했다. 이렇게 볼 때 서울올림픽의 성과를 바탕으로 사회주의권과 수교를 확대하고, 이를 통해 북한을 개방시킨다는 전략은 성공하지 못했다.

　이 점에서 서울올림픽은 절반의 성공만을 거두었다고 볼 수 있을 것이다. 만약 남한이 서울올림픽과 그 성과에 탄력을 받은 북방정책을 통해 북한에 대해 완전 승리와 압박·고립을 추구하지 않고 북한이 느끼는 충격과 좌절을 고려하여 미국, 일본 등 국제사회를 설득하여 북핵해결과 교차승인을 동시 구동하는 보다 정교한 관여전략을 추진했다면 사태는 어떻게 달라졌을까? 그랬다면 북한의 핵문제가 순조롭게 해결되었거나 1994년 나타난 바와 같은 제1차 북핵위기를 맞이하지 않았을지도 모른다. 또한 북핵문제와 교차승인 미완으로 북방정책 자체가 파산되는 사태를 피할 수도 있었을 것이다. 그리고 한국의 대북정책 추진 환경과 남북관계의 현주소가 지금과는 많이 달라졌을지 모른다.

민주화 이후 보수정부의 대북정책 연구

노태우, 김영삼, 이명박 정부

전재호

1. 들어가는 말

이 글은 '미래지향적' 남북관계를 모색하기 위해 시기별 남북한 정부의 남
북관계에 대한 인식과 정책을 비판적으로 연구하는 과제의 한 부분으로, 민
주화 이후 남한의 '보수정부'로 간주되는 노태우, 김영삼, 이명박 정부의 대북
정책을 다룬다.

일반적으로 남한에서 북한과 통일에 대한 인식은 이념과 체제를 우선하는
'국가 중심적 시각'과 민족의 화해와 통합을 우선하는 '민족 중심적 시각'으로
구분된다.[1] 전자는 공산주의체제인 북한을 주적(主敵)으로 설정하고 남한 자
본주의체제의 생존과 발전에 우선권을 부여하며 통일을 장기적 과제로 인식

---

[1] 김동성과 최완규는 통일논의를 '국가중심주의 패러다임'과 '민족중심주의 패러다임'으로
구분했다. 김동성, 1997, 「바람직한 통일논의의 방향 모색」, 『한국국제정치학회 1997년
도 통일학술회의 발표논문』, 한국국제정치학회, p. 1; 최완규, 1999, 「Icarus의 비운: 김영
삼 정부의 대북정책 실패요인 분석」, 『한국과 국제정치』 제14집 2호, 경남대학교 극동
문제연구소, p. 195.

한다. 이는 역사적으로 분단국가 수립을 우선했던 정치세력으로부터 시작되어 권위주의 세력이 견지했고 민주화 이후에도 보수세력이 지향했던 시각으로, 흡수통일론과 북한붕괴론으로 표출되었다. 이에 비해 후자는 민족의 통일, 곧 분단 해소를 한민족의 가장 시급하고 중요한 과제로 인식한다. 역사적으로 미군정 시기 통일정부 수립, 곧 분단정부 수립 반대운동에서 출발하여 권위주의 시기 일부 민주화운동 세력이 견지했고 민주화 이후에는 통일운동 세력이 지향했던 시각으로, 김대중·노무현 정부의 대북화해정책으로 표출되었다.[2] 따라서 한국 사회에서 '상식'은 보수세력은 전자의 시각을, 진보세력은 후자의 시각을 견지하는 것이었다.

그러나 민주화 이후 집권했던 '보수'정부의 대북정책은 모두 '국가 중심적 시각'으로 간주할 수 있을까? 같은 국가 중심적 시각을 견지하더라도 국제적 환경과 지도자의 인식에 따라 보수정부의 정책에서 차별성은 존재하지는 않는가? 이 글은 이러한 의문에서 출발하여 민주화 이후 보수정부로 간주되던 세 정부의 대북정책을 비교 분석한다. 이를 통해 그들 간의 공통성과 차별성 및 그 원인을 고찰하고 나아가 '바람직한' 남북관계에 대한 방향을 모색한다. 곧 보수정부의 대북정책에서 계승할 것과 폐기할 것을 밝혀 바람직한 남북관계를 모색하는데 교훈을 찾겠다.

이를 위해 이 글은 먼저 세 보수정부가 북한에 대해 어떤 인식과 목표를 지녔고, 그것이 여러 대내외 환경에 따라 어떤 차이를 보이는지를 살펴본다. 곧 보수정부의 대북정책을 고찰하기 위해 이 글이 주목하는 변수는 첫째, 대통령의 대북인식이다. 세 대통령이 북한에 대해 어떤 인식을 가졌고 그것이 임기 중 대북정책에 어떤 영향을 미쳤는지를 살펴본다. 둘째, 어떤 대외 요인이 세 정부의 대북정책에 영향을 미쳤는지에 주목한다. 한반도는 미소에 의

---

2) 물론 이 시각에는 당장 통일을 해야 한다는 입장부터 현재의 분단 상태를 평화적이고 안정적으로 관리하는데 만족하는 입장까지 다양한 입장이 공존한다.

해 분단되었고 냉전 기간 동안 양극체제에 편입되었기 때문에 구조적으로 대외 요인에 의해 큰 영향을 받았다. 특히 남한은 한국전쟁 시기부터 현재까지 미국에 안보를 의존하고 있기 때문에 대북정책의 자율성에서 한계를 지녔다. 게다가 냉전 붕괴 이후 북한이 핵을 개발함으로써 동아시아의 안보에 위협을 가져왔을 뿐 아니라 핵 확산 금지를 규정한 국제 레짐을 위반했기 때문에 남한의 대북정책은 독자성에서 한계를 지녔다. 셋째, 어떤 내부 요인이 세 정부의 대북정책에 영향을 미쳤는지에 주목한다. 예를 들어 그동안 국내에서 북한과 통일문제는 종종 정권 안보와 이익에 봉사하는 정치적 도구로 이용되었기 때문에 대북정책 역시 정권의 이해관계에 영향을 받았다. 또한 '남남갈등'으로 지칭되는 국내 세력들 간의 힘의 관계 역시 정부의 대북정책에 영향을 미쳤다. 따라서 국내 정치세력들의 대북인식이 보수정부의 대북정책에 미친 영향에 대해서도 주목한다. 마지막으로 북한의 대응이 남한 정부의 대북정책에 어떤 영향을 미쳤는지에 주목한다. 남한의 대북정책은 북한을 대상으로 한 것이기 때문에 필연적으로 북한의 대응에 의해 영향 받을 수밖에 없다.

민주화 이후 세 보수정부의 대북·통일정책은 한민족의 생존이 걸린 문제인 만큼 그동안 수많은 연구가 진행되었다. 그런데 대부분의 연구는 개별 정부의 대북정책을 대상으로 하거나 또는 '진보'정부로 일컬어지는 김대중, 노무현 정부와 비교했을 뿐 민주화 이후 보수정부 간의 대북정책을 비교한 연구는 없었다. 이 글은 노태우, 김영삼, 이명박 정부가 '보수'정부로 간주되는 만큼 유사점도 있지만 시대적 상황, 주변 환경, 대북인식과 정책 등에서 상이했다는 점에서 그들을 대상으로 비교 연구를 수행할 필요가 있다고 생각했다. 이를 통해 기존 연구가 보지 못했던 보수정부의 차별성과 그것을 가져온 요인들을 고찰함으로써 바람직한 대북정책의 수립을 위해 필요한 교훈을 도출할 수 있을 것이다. 이를 위해 이 글은 민주화 이후 세 보수정부의 대북정책을 각 정부별로 고찰한 후 마지막에서 그것이 지닌 의미를 정리한다.

2. 민주화 이후 보수정부의 대북정책

가. 노태우 정부의 대북정책

1988년 출범한 노태우 대통령은 보수세력의 지지로 당선되었지만 국가 중심적 시각만을 견지하지 않았다. 대신 냉전체제의 붕괴라는 국제정세를 이용하여 구(舊) 사회주의 국가들과의 관계 개선을 추진하는 등 북방정책을 전개했고, 북한과도 대화를 통해 '남북기본합의서'를 채택했다. 본래 북방정책이라는 개념은 1973년 박정희 정부가 '6·23 선언'으로 대(對) 공산권 문호개방 정책을 채택한 이후 학자들이 처음 사용했고 1983년 이범석 외무부 장관도 언급했다. 그렇지만 이를 본격적으로 추진한 것은 노태우 정부였다.[3]

노태우 대통령은 취임사에서 북방외교의 필요성을 주장하며 "북방에의 이 외교적 통로는 또한 통일로 가는 길을 열어줄 것입니다"라고 밝혔다. 그리고 대북전략의 기본개념을 '개방=통일'로 설정하고 "전쟁을 통하지 않고 북한을 개방시킬 수만 있다면 통일은 자연스럽게 이루어진다"고 주장했다.[4] 이에 따라 노 대통령은 1988년 7월 7일 '민족자존과 통일번영을 위한 대통령 특별선언'(7·7 선언)을 발표했다. 주요 내용은 남북 상호 인적 교류와 왕래를 위한 문호 개방, 이산가족의 서신 교환과 상호 방문, 남북 간 민족 내부 거래로서의 교역 실시, 국제무대에서의 상호 협력, 북한과 미국·일본 등의 관계 개선

---

3) 김연철, 2011, 「노태우 정부의 북방정책과 남북기본합의서: 성과와 한계」, 『역사비평』 97호, 역사문제연구소, p. 81.
4) 노태우, 2011, 『노태우 회고록(하)―전환기의 대전략』, 서울: 조선뉴스프레스, p. 140.

에 대한 협조, 그리고 소련·중국 등 사회주의 국가와의 관계 개선 추구 등이 었다. 그리고 선언의 이행을 위한 초보적 실천 조치로 제3국을 통한 남북 간 접교역, 공산권 자료 개방, 그리고 소련을 비롯한 사회주의 국가들과의 관계 정상화를 추진했다. 7·7 선언은 그것을 주도했던 박철언의 평가처럼 "민족 통합 문제와 북방정책 문제를 처음으로 연계시킨 제안"이었고 북한을 더 이 상 경쟁과 적대의 대상이 아니라 민족공동체의 일원으로 규정했다는 점에서 민족 중심적 시각이 처음으로 정부정책으로 채택된 것이었다.[5] 당시 통일원 도 이 선언에 대해 북한을 더 이상 적대적 대결과 경쟁의 상대가 아니라 '평 화와 통일의 동반자'로 인식한 것이며, 관계 개선을 통해 북한의 개방을 유도 하고 그들을 국제사회의 책임 있는 성원으로 참여하게 함으로써 한반도에서 도 냉전구조를 해체하려는 의도는 지녔다고도 평가했다.[6] 이는 노태우 정부 가 이전 권위주의 정부와 달리 북한에 대해 평화공존정책을 전개할 것을 분 명히 표명한 것이었다.

　노태우 대통령은 다음 해인 1989년 9월 11일 평화공존에 기초한 '한민족공 동체 통일방안'을 발표했다. 이는 자주·평화·민주의 3원칙을 바탕으로 남 북연합의 중간과정을 거쳐 통일민주공화국을 실현하자는 구상이었다. 곧 통 일과정을 크게 3단계로 나누어, "남북 정상회담 등 다각적인 대화를 통한 신 뢰구축 단계 → 남북한 각료회의 및 국회의원들에 의한 평의회 구성 등 협의 기구가 운영되는 남북연합단계 → 통일민주공화국 수립단계"로 진행되는 것 을 상정했다. 구체적으로 먼저 정상회담을 통해 민족공동체 헌장을 마련하고 이를 토대로 최고기관인 남북정상회의를 구성하여 남북각료회의와 남북평의 회를 두며 실무기관으로서 공동사무처와 서울·평양에 상주연락대표부를 설

5) 김연철, 2011, 「노태우 정부의 북방정책과 남북기본합의서: 성과와 한계」, 『역사비평』 97호, 역사문제연구소, pp. 85~86.
6) 통일원, 1991, 『1990 통일백서』, 서울: 통일원, p. 49.

치하는 것이다. 그리고 남북평의회는 통일헌법의 초안을 마련해 민주적인 방법과 절차를 거쳐 확정·공포하고 이 헌법에 따라 총선거를 실시해 통일국회와 통일정부를 구성함으로써 통일민주공화국을 수립하는 것이었다.[7] 이는 다른 두 체제가 존재하는 현실에 기초하여 서로 인정하고, 공존 공영하면서 민족의 동질화와 통합을 추진하려는 구상이었다.[8]

이에 대해 북한은 남쪽이 평화보장을 위한 초보적인 조치도 취하지 않으면서 교류 우선론에만 매달리고 있다고 비판하면서 계속 고려민주연방공화국 창립방안을 주장했다. 그러나 북한도 탈냉전의 흐름에서 생존을 도모하기 위해 한국과 대화를 재개했다. 곧 국제적 냉전 종식에 따라 제기되었던 한반도의 냉전 종식 및 남북관계의 개선 요구에 부응하여 남북대화가 개시되었고, 1년 반 동안의 예비회담(1989.2~1990.7)을 거쳐 1990년 9월 4일부터 7일까지 서울에서 제1차 남북 고위급 회담이 개최되었다. 이후 1992년 9월 평양회담에서 열린 제8차 회담까지 123회의 각종 실무대표회담 및 분과위원회 회의가 진행되었다. 남북고위급 회담은 분단 역사상 최초로 남북 총리를 수석대표로 하는 정부 고위대표단이 서울과 평양 왕래하며 개최한 정부 간 공식회담이었다는 점에서 그 의의가 매우 크다.

남북 고위급 회담의 결과, 1991년 12월 13일 남북은 '남북 사이의 화해와 불가침 및 교류·협력에 관한 합의서'(이하 '남북기본합의서')를 체결했다. 이 합의서는 남북한 총리가 서명한 것으로, 서문 과 화해, 불가침, 교류·협력, 그리고 수정 및 발효 등 4장 25개 조항으로 구성되었다. 그 내용을 살펴보면, △상대체제 상호 인정, 상대방에 대한 간섭·비방·전복기도 종식 △쌍방 모두 '현재의 정전상태를 확고한 평화 상태로 전환'시키기 위해 노력하고 이를 달성할 때까지 정전 협정 준수 △상호 무력사용 금지 및 신뢰증진 대책의 이

---

7) 노태우, 2011, 『노태우 회고록(하) – 전환기의 대전략』, 서울: 조선뉴스프레스, pp. 286~287.
8) 대통령비서실, 1990, 『노태우 대통령 연설문집』 제2권, 서울: 대통령비서실, p. 259.

행 △대폭적인 군비삭감·경제·문화·화학 분야의 교류 △이산가족의 자유
서신 교환 △남북분계선에 의해 끊어진 도로와 철도 재개통 등이다. 또한 양
측은 정치와 군사 및 교류·협력 분야에서 3개 분과위원회를 구성하여 합의
서에 명시되지 않은 세부 사항을 다루기로 합의했다.[9]

더욱이 1991년 주한미군이 한국에서 핵무기를 철수하고 12월 18일 노태우
대통령이 이를 확인하자, 남북은 12월 31일 '한반도의 비핵화에 관한 공동선
언'(비핵화 선언)에 합의했다. 그 내용은 ①핵무기 시험·제조·생산·접수·
보유·저장·배비·사용의 금지 ②핵에너지의 평화적 이용 ③핵재처리 및 우
라늄 농축시설 보유 금지 ④핵통제공동위원회 구성 ⑤비핵화 검증을 위해 상
대방이 선정하고 쌍방이 합의하는 대상의 사찰 ⑥효력발생이었다.[10]

남북기본합의서는 남북한 간에 체결된 '최초'의 공식 문건으로서 통일을
한민족의 공동 번영을 위한 과정으로 전제하고 남북관계의 개선과 평화통일
을 향한 기본 틀을 제시함으로써 이후에도 남북관계의 기본 원칙과 지침이
되었다. 특히 미국이나 소련과 같은 제3자의 개입 없이, 그리고 밀사를 통해
성사된 1972년 7·4 남북공동성명과 달리 공개적으로 남북 정부가 공식적으
로 합의했다는 점에서 그 의의가 매우 크다. 비핵화 선언 역시 남북 쌍방이
핵무기 없는 한반도를 만들자는 약속을 내외에 천명했다는 점에서 의의가
크다.

그런데 1992년 2월 18일 평양에서 열린 제6차 고위급회담에서 남북기본합
의서의 내용은 실천되지 않았다. 남한이 이산가족교환 등 손쉬운 문제부터
해결하자고 주장한 데 비해, 북한은 남한 내 미군 핵이 완전히 사라졌는지에

---

9) 노태우, 2011, 『노태우 회고록(하)－전환기의 대전략』, 서울: 조선뉴스프레스, p. 324.
10) 이미 한국과 미국은 1991년 7월 고위정책협의회에서 북한이 핵무기 개발을 포기할 경우
　주한미군의 전술핵 철수도 검토할 수 있다는 데 합의했다(노태우, 2011, 『노태우 회고록
　(하)－전환기의 대전략』, 서울: 조선뉴스프레스, p. 310).

대해 모두 사찰할 것을 주장했을 뿐 아니라 '7·4 공동성명'의 자주, 평화, 민족대단결의 3대 원칙을 내세워 주한미군 철수, 무조건적 군축, 국가보안법철폐를 주장했다. 그리고 1992년 9월 1일 평양에서 열린 제8차 고위급회담에서 북한은 남북 화해, 남북 불가침, 그리고 남북교류·협력 등에 관한 부속합의서의 발효와 함께 4개 공동위원회의 회의 일자와 장소에 대해 합의했지만 남한의 팀 스피리트 훈련 재개와 핵사찰 등을 이유로 회담을 일방적으로 중단시켰다.[11] 결국 1993년 1월 29일 남북고위급회담 북측 대표단은 "동결상태에 있는 북남 사이의 대화를 굳이 재개할 의사가 없다"고 선언했다. 그리고 2월 25일 결의된 IAEA의 대북한 특별사찰 요구 및 3월 9일 발표된 북한의 NPT 탈퇴선언 등으로 북한 핵문제가 부상하면서 남북대화는 완전히 중단되었다.[12]

한편 노태우 정부는 북한과의 협상을 진행하는 과정에서 북방정책을 이용하여 북한을 압박했다. 먼저 소련의 페레스트로이카 이후 시장경제로의 전환을 추진하던 구 사회주의권 국가들과 교류를 추진하여 1989년 헝가리 및 폴란드와 수교를 맺었다. 또한 사회주의 종주국인 소련과의 관계 개선에도 힘써, 1990년 6월 4일 미국 샌프란시스코에서 최초로 한소 정상회담을 성사시켰고, 9월 30일에는 최호중 외무장관과 소련의 셰바르드나제 외무장관이 대사급 외교관계를 수립하기로 합의했다. 그리고 개혁 개방을 추진하던 중국과도 꾸준히 관계 개선을 추진하여, 1990년 9월 27일 한중 양국이 서울과 베이징에 비자 발급 등 사실상 영사 기능을 갖춘 무역대표부를 조속한 시일 내에 설치하기로 합의했다. 이에 따라 1991년 초 베이징과 서울에 무역사무소를 설치했고 결국 1992년 8월에 수교를 맺었다. 이러한 북방정책은 북한을 외교적으로 고립시킴으로써 북한이 남한과의 대화 및 협상에 나서도록 강제했다.

---

11) 심지연, 2011, 『남북한 통일방안의 전개와 수렴』, 서울: 돌베개, p. 88.
12) 노태우, 2011, 『노태우 회고록(하) – 전환기의 대전략』, 서울: 조선뉴스프레스, p. 344.

결국 노태우 정부의 북방정책은 당시 남북관계의 개선을 가져오는데 긍정적으로 기여했다.

다른 한편 노태우 정부는 북한을 압박하여 1991년 9월 18일 제46차 유엔총회에서 각기 별개의 회원국으로 유엔에 가입했다. 노 정부는 1990년 10월 2차 고위급 회담에서 북한이 단일 의석을 고집할 경우 단독 가입을 추진하겠다는 메시지를 전달했고 1991년 4월 7일 노창희 유엔 주재 대사도 "북한이 우리의 남북한 동시가입 노력에 호응해주지 않을 경우, 오는 9월 17일 제46차 유엔총회 개막전에 단독 가입 신청서를 제출할 것"이라는 각서를 유엔 회원국들에게 배포했다.13) 그 결과 북한은 5월 28일 기존의 '하나의 조선' 논리에 따른 "남북한 단일의석 유엔 가입이라는 기존 입장을 철회하고 남한과 분리해 단독으로 유엔에 가입하겠다"고 발표했다.14)

그러면 노태우 정부가 이렇게 민족 중심적 시각에서 북방정책과 평화공존적 대북정책을 추진하는데 어떤 요인들이 영향을 미쳤는가? 먼저 노태우라는 지도자의 인식이 매우 중요한 역할을 했다. 회고록에 따르면 그는 10 · 26 사태 직후 보안사령관에 취임한 것을 계기로 남북문제에 관심을 갖게 되었고 1981년 88서울올림픽 유치 위원장을 맡으면서 사회주의 국가들의 참여를 위해 북방정책의 필요성을 인식했다. 이러한 경험을 통해 그는 당시의 정세에서 북방외교와 남북화해를 추진하는 것이 한반도의 통일에 유리하다고 판단했다.

다음으로 노태우 대통령이 의도한대로 북방정책과 평화공존적 대북정책이 진행될 수 있었던 데는 당시 탈냉전이라는 국제정세가 매우 중요한 역할을 했다. 1985년 소련의 고르바초프 공산당 서기장이 페레스트로이카와 글라

13) 김연철, 2011, 「노태우 정부의 북방정책과 남북기본합의서: 성과와 한계」, 『역사비평』 97호, 역사문제연구소, p. 92.
14) 노태우, 2011, 『노태우 회고록(하) – 전환기의 대전략』, 서울: 조선뉴스프레스, p. 309.

스노스트정책을 실시하면서 탈냉전의 흐름이 시작되었고 그 결과 사회주의 국가들도 1988년 서울올림픽에 참가했다. 또한 1999년 한국과 헝가리 및 폴란드의 수교가 성사되면서 노태우 정부의 북방정책은 성과를 거두었다. 그런데 이는 그동안 사회주의 진영을 기반으로 생존하던 북한에 정치 외교적 측면뿐 아니라 경제적 측면에서도 심각한 위협이었다. 곧 사회주의권의 붕괴로 인해 북한은 외교적으로 고립되었고 경제적으로 어려움에 처하게 되었다. 1980년대 후반 동유럽과 소련이 시장경제로의 이행을 본격 추진하면서 더 이상 그들로부터의 지원을 기대하기 힘들게 되었고 중국 역시 북한에 개혁과 개방을 요구하는 상황이었다. 따라서 북한으로서는 경제력을 앞세운 한국의 대화 요구에 수세적이지만 호응하지 않을 수 없었다.[15]

마지막으로 북방정책과 평화공존적 대북정책은 노태우 정부가 국내에서 처한 정치적 위기 탈피에 도움이 되었다. 노태우 대통령은 1987년 6월 민주항쟁 이후 합법적으로 당선되었지만 12 · 12 군사쿠데타를 주도했던 신군부 출신이었기 때문에 여전히 정통성 부재에 시달렸다. 또한 민주항쟁의 결과 집권한 정부였기 때문에 권위주의적 유산을 청산하고 민주화를 진행시켜야 하는 시대적 요구에도 부응해야 했다. 특히 민주화 이후 민주화운동 세력은 '1988년 올림픽 공동 개최', '북한바로알기' 등 통일운동을 전개했고 1988년 4월 총선에서 '여소야대'의 정국이 형성되자 노태우 정부는 정치적으로 수세에 몰리게 되었다. 그런데 그동안 어떤 정부도 진행하지 못했던 사회주의권과의 교류 및 북한과의 관계개선에 성공함으로써 노태우 정부는 민간의 통일운동을 제압하는 결과를 가져왔고 일정 정도 정통성도 만회하는 데 성공했다.

이러한 요인들이 상호작용하면서 1990년대 초반 노태우 정부는 분단 이후 최초로 평화공존적 대북정책을 통해 남북 간의 대화와 합의를 이끌어냈다.

---

15) 1991년 10월 13~16일 김일성은 중국을 방문했으나 중국으로부터 지원보다 개혁 · 개방을 권고 받았다.

그러나 북한의 입장에서 이는 어려웠던 시기에 '마지못해' 남한과 합의한 것이었기 때문에 이를 적극적으로 이행할 의지는 없었다. 게다가 북한의 핵 개발 의도가 국제적인 쟁점으로 부각되면서 한반도에서는 남북 간의 합의보다 더 큰 힘이 작동하는 상황이 조성되었다. 따라서 노태우 정부의 평화공존적 대북정책은 탈냉전이라는 시대적 흐름에 편승하면서 남북기본합의서라는 긍정적 결과를 도출했지만 '북핵 위기'라는 새로운 상황에 따라 더 이상 진척되지 못했다.

그럼에도 불구하고 노태우 정부의 대북정책은 남북관계와 관련하여 몇 가지 교훈을 남겼다. 우선 대북정책에서 지도자의 인식이 중요하다는 사실을 보여주었다. 노태우 대통령은 우호적인 국제 환경과 북한의 수세적 위치를 이용하여 일관되게 평화공존적 대북정책을 추진했기 때문에 북한과의 협상에서 긍정적 성과를 거둘 수 있었다. 이는 같은 보수정부인 김영삼, 이명박 정부와 극명히 구별되는 측면이다. 그러나 이러한 성과도 '시간벌기'라는 북한의 의도와 북한 핵이라는 국제적 이슈에 의해 더 이상 진전되지 못했다는 점은 남북관계에서 한국의 지도자 또는 정부의 역할이 한계가 있다는 점을 보여주었다. 곧 남북관계는 북한과 국제적 차원의 종속 변수라는 점을 보여주었다.

다음으로 노태우 정부의 북방정책과 대북정책은 한국 외교가 어떤 환경에서, 그리고 어떻게 해야 자율성을 발휘할 수 있는지에 관해 중요한 시사점을 제공했다. 노태우 정부는 국제무대에서 미국의 그늘에 안주했던 한국 외교의 틀에서 벗어나 공산권 국가와의 관계 개선을 추진하면서 자주적 외교의 가능성을 열었다.[16] 탈냉전 과정에서 미국의 '상대적' 방관이 한국에게 자율적 외교의 기회를 제공했다는 점을 고려할 때, 한반도 문제의 해결을 위해서는

16) 김연철, 2011, 「노태우 정부의 북방정책과 남북기본합의서: 성과와 한계」, 『역사비평』 97호, 역사문제연구소, p. 82.

미국의 영향력으로부터 자율성을 확보하는 것이 중요하다. 또한 한반도 문제의 당사자인 남북이 외세의 매개 없이 직접 접촉할 수 있다면 문제 해결에 쉽게 다가갈 수 있다는 점을 보여준다. 반대로 노태우 정부의 경험은 한반도 문제에 대해 남북이 직접 해결에 나서지 않는다면 미국이나 국제사회가 개입할 것이고, 그런 상황에서 한국의 역할은 매우 축소될 수밖에 없다는 점을 잘 보여주었다.

마지막으로 언급할 점은 노태우 정부의 평화공존적 대북정책이 같은 보수 정부인 김영삼 정부로 계승되지 않고 그들과 사상과 이념이 다른 것으로 간주되는 김대중 정부의 화해협력정책(햇볕정책)과 노무현 정부의 평화번영정책으로 계승, 발전되었다는 점이다. 이는 한국 정치에서 상식으로 간주되는 대북정책에 대한 보수세력과 진보세력의 상이한 입장이 항상 그대로 적용되는 것이 아니라는 사실을 보여준다.

나. 김영삼 정부의 대북정책

남북기본합의서 및 비핵화선언이라는 유리한 환경과 북핵 위기 및 남북대화의 단절이라는 불리한 환경을 동시에 물려받았던 김영삼 정부는 집권 초기 대북정책의 기본 방향을 적대적 대결관계에서 화해와 협력의 장으로 이끌고 가겠다고 결정했다.[17] 이는 냉전 해체와 민주화로 인한 남한 내 강경 대북정책의 입지 약화라는 내적 환경과 정통성을 지닌 '문민정부'라는 자신감에서 유래한 것으로 볼 수 있다. 김 대통령은 1993년 2월 취임사에서 민족 중심적 시각을 표명했다.[18]

---

17) 김영삼, 2001a, 『김영삼 대통령 회고록 (상)』, 서울: 조선일보사, pp. 98.
18) 김영삼, 2001a, 『김영삼 대통령 회고록 (상)』, 서울: 조선일보사, pp. 42~43.

저는 역사와 민족이 저에게 맡겨준 책무를 다하여 민족의 화해와 통일에 전심
전력을 다하겠습니다. … 어느 동맹국도 민족보다 더 나을 수 없습니다. 어떤 이
념이나 어떤 사상도 민족보다 더 큰 행복을 가져다주지 못합니다. 김 주석이 참으
로 민족을 더 중요하게 생각한다면, 그리고 남북한 동포의 진정한 화해와 통일을
원한다면, 이를 논의하기 위해 우리는 언제 어디서라도 만날 수 있습니다.

이런 시각에 따라 김영삼 대통령은 '진보적' 인사로 알려진 한완상을 통일
부총리에 임명하고, 미전향 장기수 이인모를 석방하여 북한으로 송환했다.
원래 그의 송환은 전임 정부 시기 남북 간 현안문제로서 북한은 이산가족 재
회의 조건으로 그의 송환을 요구했다. 노태우 정부도 이를 수락하려 했지만
핵 사찰문제와 팀 스피리트 훈련 재개 및 이선실 간첩사건 등 '비우호적인'
환경 탓에 성사되지 못했다. 이런 상황에서 김영삼 정부는 조건 없이 이인모
를 송환함으로써 대북정책에 대한 전향적 자세를 과시하고 교착상태에 빠진
남북관계의 돌파구를 마련하려 했다. 그런데 북한은 1993년 3월 12일 NPT에
서 일방적으로 탈퇴하겠다는 성명을 발표함으로써 분위기를 악화시켰지만
김영삼 정부는 약속대로 이인모를 북으로 송환했다.

이후에도 김영삼 정부는 한동안 비교적 온건한 노선을 견지했다. 한완상
통일원장관은 "핵 문제와 이산가족교류문제를 연계시키지 않겠으며"(3월 26일),
"북한이 NPT에 복귀하면 대북 유화책을 검토할 용의가 있다"(5월 6일)고 언
급하는 등 계속 화해의 신호를 보냈다. 김 대통령도 CNN과의 회견에서 "북한
의 고립을 원치 않는다"(4월 23일)는 의사를 천명했다.[19] 이에 호응하여 5월
25일 북한의 강성산 북한 총리는 남북 특사 교환을 제의하여 실무 접촉이 시
작되었지만, 11월 4일 북한은 제4차 접촉을 무기한 중단하고 미국과의 '핵문

---

19) 최완규, 1999, 「Icarus의 비운: 김영삼 정부의 대북정책 실패요인 분석」, 『한국과 국제정
치』 제14집 2호, 경남대학교 극동문제연구소, p. 200.

제 일괄타결'을 주장했다. 그 결과 남북관계는 다시 교착상태에 빠졌다.

그럼에도 불구하고 1994년 2월 25일 김영삼 대통령은 취임 1주년 기자회견에서 "북한의 핵 개발 저지에 도움이 된다면 북한의 핵 투명성이 보장되기 전이라도 남북 정상회담을 추진하겠다"고 밝혔다. 이는 "남북 정상회담은 북한의 핵 투명성이 보장된 이후에나 가능하다"라고 했던 종래의 입장에서 양보한 것으로, '정상회담'에 대해 신축성을 보임으로써 북한에 남한과 대화할 여지를 주려 한 것이었다.[20] 당시 북한과 미국은 실무 접촉에 나서 북한의 IAEA의 핵 사찰 수용, 1994년 팀 스피리트 훈련 중단, 3월 21일부터 제네바에서 미북 고위급 회담 개최를 비롯하여 남북 특사 교환을 위한 실무 접촉 재개 등을 합의했다. 그러나 3월 1일부터 진행된 IAEA의 핵 사찰이 성과를 거두지 못하고 3월 19일 제8차 실무 접촉에서 북한 대표 박영수가 '서울 불바다' 발언을 함으로써 남북관계는 교착상태에서 벗어나지 못했고 북한에 대한 UN과 국제사회의 압박도 강화되었다.

이러한 상황은 6월 13일 북한이 IAEA 탈퇴 성명을 발표하고 이에 대해 미국이 유사시 영변을 폭파할 계획을 세우면서 '한반도의 위기'로 확산되었다. 그러나 6월 17일 북한을 방문한 카터 전 미국 대통령이 김일성 주석과 만나 미국의 대북제재 중단, 3단계 북미회담 재개, 경수로 제공과 북한의 NPT 복귀와 미국과의 관계 개선 등의 의사를 교환함으로써 일시적이나마 위기가 해소되었다. 또한 김일성이 카터 전 대통령에게 김영삼과 조건 없이 만나기를 원한다는 의사를 전달하면서 남북화해의 가능성도 높아졌다. 이후 이홍구 부총리와 김용순 최고인민회의 통일정책위 위원장이 '남북정상회담 개최를 위한 합의서'에 서명하고 7월 25일로 회담 날짜를 잡았다. 그러나 7월 8일 새벽 김일성이 갑자기 사망함으로서 남북정상회담은 무산되었고 이후 김일성

---

20) 김영삼, 2001a, 『김영삼 대통령 회고록 (상)』, 서울: 조선일보사, p. 284.

주석의 조문을 둘러싼 남한 내 갈등이 전개되면서 남북관계는 더욱 악화되었다.

한편 남북관계와 별개로 8월 5일 김일성 사망으로 중단되었던 북미 3단계 고위급 회담이 재개되었고, 양자는 13일 북한의 흑연 감속로 건설 동결 및 재처리 불능화, 미국의 경수로 제공 및 경수로 건설 시까지 대체 에너지 공급, 그리고 양국 관계 정상화를 위한 평양과 워싱턴의 연락사무소 설치에 합의했다. 그런데 이에 대해 김영삼 정부는 북한의 '과거 핵' 규명을 위한 명백한 합의가 부족하다고 주장하면서 연락사무소 설치를 강하게 반대했다. 특히 경수로 지원의 전제로 북핵 투명성이 완전히 회복되어야 한다는 점과 한국형 경수로를 지원할 것을 주장했다. 그 결과 10월 18일 북미 간에 최종 타결된 기본 합의문에는 한국형 경수로 모델(울진 3, 4호기형)이 포함되었다. 또한 합의문에는 한반도 비핵화 공동선언 이행 및 남북대화 재개와 같이 매우 중요한 내용도 포함되었다.

그런데 이러한 합의에도 불구하고 이후의 이행과정은 순탄치 않았다. 특히 1995년 내내 한국, 미국, 북한은 경수로 지원 사업을 둘러싸고 지루한 협상을 지속했고, 우여곡절 끝에 12월 15일 뉴욕에서 KEDO(한반도에너지개발기구)와 북한 사이의 대북 경수로 공급협정이 공식 타결되었다. 이로써 1993년 3월 북한의 NPT탈퇴 이후 3년 가까이 끌어온 '북핵 국면'은 일단락되었다. 1996년 3월 20일 '한전·KEDO간 주계약자 지정합의문'이 채택되었고, 7월 11일에는 '특권·면제 및 영사보호' 등 3개 의정서가 체결되었다. 그 결과 8월 16일 함남 신포 지역에서 본격적인 부지 조사 사업이 시작되었고 12월 31일에는 이 사업에 사용될 대규모 시추 장비와 물자가 남북 직항로를 통해 북한 나진항으로 수송되었다. 그리고 총 7차의 부지 조사 사업이 마무리 되면서 1997년 7월 말에는 경수로 착공에 투입될 대규모 국산 중장비와 기자재가 북한 신포시 금호지구로 수송되었고, 8월 19일에는 역사적인 경수로 부지 착공식을 갖게 되었다.

이러한 접촉에도 불구하고 1994년 남북정상회담 무산 이후 김영삼 정부의 대북정책은 전혀 성과를 거두지 못했다. 김영삼 정부는 1995년 6월 인도적 차원에서 북한에 쌀을 제공하기로 결정했지만 '인공기 사건'으로 한국 선박이 억류되고 쌀 지원도 중단되면서 오히려 남북관계는 더 악화되었다. 이후 북한과의 교류는 한국형 경수로의 채택 및 건설 등 미국과 북한의 제네바 합의를 이행하는 절차로 제한되었고 김영삼 정부가 추진했던 이산가족교환과 경제지원 등 남북 간의 관심사는 전혀 진전을 이루지 못했다. 결국 김영삼 정부의 대북정책은 초기 화해와 협력을 지향하는 적극적인 정책에서 남북정상회담의 무산을 계기로 미북관계에 수동적으로 대응하는 소극적 정책으로 전환되었다.

이렇게 김영삼 정부의 대북정책이 변화한 데는 여러 요인들이 영향을 미쳤다. 첫째, 북한에 대한 김영삼 대통령의 인식이 확고하지 못했다. 김 대통령은 초기 민족 중심적 시각을 견지했지만 국내외의 환경이 변화하자 국가 중심적 시각으로 전환했다. 곧 조문 파동 이후 북한이 강경한 입장을 견지하자 화해 협력을 지향하는 정책을 포기하고 적대적 대결 노선으로 전환했다. 이는 북한의 신뢰를 잃게 함으로써 이후 쌀 지원 등을 통해 남북관계의 개선을 모색했을 때에도 원하는 결과를 달성하지 못하도록 했다.

둘째, 김영삼 정부의 정책 변화에는 북한 핵 위기라는 대외적 요인이 결정적인 영향을 미쳤다. 특히 1993년 북한의 NPT 탈퇴부터 1995년 말 미국과 북한의 경수로 건설 합의에 이르기까지 김영삼 정부는 대체로 미국의 입장을 추종하는 수동적인 대북정책을 전개했다. 비록 초기에는 나름대로 북한에 대해 화해 협력을 지향하는 정책을 전개했을지라도 정상회담이 무산되고 조문 파동이 진행되면서 대북 강경정책으로 선회했다. 이로써 북한이 대화를 거부함으로써 김영삼 정부는 미국과 북한 간의 협상에서 어떤 역할도 하지 못하게 되었다.

셋째, 김영삼 정부의 대북정책 전환에는 국내 보수세력도 큰 영향을 미쳤다. 김영삼 정부 초기 대북 화해 협력정책이 전개되자 냉전적 시각을 지닌 보수세력은 성과를 거두지 못한 이인모 송환을 빌미로 한완상 통일원 장관을 공격하여 그를 퇴진시켰고 사망한 김일성 주석의 조문을 제의한 이부영 의원에게 '색깔론'으로 공격함으로써 김영삼 정부의 대북정책의 입지를 축소시켰다. 김영삼 정부로서는 그들이 지지 기반이었기 때문에 그들의 대북 강경정책을 수용하지 않을 수 없었다.

한편 김영삼 정부는 국내정치를 위해 대북정책을 이용했다. 1995년 대북 쌀 지원이 대표적 사례로, 협상이 일부 기관에 의해 비밀리에 진행되었고 조급하게 추진하느라 인공기 게양과 쌀 수송선의 억류, 그리고 사과문 발표와 같은 예기치 못한 사건이 일어났다. 그런데 쌀 지원은 대북관계의 개선이라는 목적도 있었지만 대북관계를 통해 어려운 국내 정치 상황을 전환시키고 6·27 지방선거를 유리하게 이끌려는 의도도 있었다.[21] 그래서 남북관계의 진전도 이루지 못하고 망신만 당했다.

다른 한편 김영삼 정부의 대북정책과 관련하여 한 가지 첨가해야 할 것은 통일정책이다. 김영삼 정부는 노태우 정부의 '한민족공동체 통일방안'을 부분적으로 수정, 보완하여 3기조(민주적 국민합의, 공존공영, 민족복리)의 3단계 통일론(화해협력단계 → 남북연합단계 → 통일국가단계)을 핵심으로 하는 '민족공동체 통일방안'을 제시했다. 이 방안은 분단 현실을 인정하고 점진적 단계별 접근을 통해 남북한관계를 개선하고 나아가 통일을 이룩할 수 있다고 전제했다. 또한 남북이 다른 부문보다 비교적 쉽게 합의할 수 있는 민족공동체(사상, 이념, 제도의 초월)의 건설을 상정했다.[22] 이 방안에 따르면 우

---

[21] 최완규, 1999, 「Icarus의 비운: 김영삼 정부의 대북정책 실패요인 분석」, 『한국과 국제정치』 제14집 2호, 경남대학교 극동문제연구소, p. 208.

선 남북 간에 화해와 협력을 통해 상호신뢰를 구축하고 이를 바탕으로 남북
정상회담을 열어 '남북연합헌장'을 채택함으로써 경제·사회공동체, 곧 과도
적 통일체제인 남북연합(Korean commonwealth)을 결성한다. 그리고 남북연
합의 성숙단계에서 남북평의회가 통일헌법을 제정하고 이 헌법에 따라 남북
총선거를 실시, 통일정부와 통일국회를 구성함으로써 1민족 1국가의 통일을
완성한다.

그런데 김영삼 정부의 민족공동체 통일방안은 현실적인 동시에 비현실적
이었다. 일단 1단계에서 2단계로의 진입은 남북 모두 경제적 필요성 때문에
실현 가능성이 있다. 그러나 2단계에서 3단계로의 진입방법은 매우 막연하
다. 남과 북이 모두 자국의 이념과 체제를 고집한다면 어떻게 서로 합의하에
통일헌법을 제정하고 총선거를 실시할 수 있는지, 이에 대한 구체적인 해법
을 제시하지 못했다. 이와 관련하여 2단계에서 3단계로 진입하는데, 1연합 2
독립정부 → 1연방 2지역정부 → 1국가 1정부의 순으로 더욱 단계적이고 점
진적인 방법이 고려될 수 있었을 것이다. 그러나 이러한 통일방안은 남북 대
화 자체가 단절되었기 때문에 이전과 마찬가지로 대답 없는 메아리에 그치
고 말았다.

이상에서 고찰한 김영삼 정부의 대북정책은 몇 가지 교훈을 남겨주었다.
첫째, 남북 교류 또는 협의의 성공을 위해서는 정부의 일관성 있는 대북정책
이 필요하다는 점을 보여주었다. 비록 김일성 사망이라는 예상치 못한 상황
이 발생했기 때문이지만 조문과 관련하여 김영삼 정부가 일관되게 민족 중
심적 시각을 유지했다면 남북관계가 그렇게까지 악화되지는 않았을 것이다.
또한 조문파동은 남북관계를 평화적으로 이끌기 위해서는 북한 사회에서 김
일성, 김정일 등 지도자가 차지하는 비중, 곧 북한의 특수성을 고려하여 전략

---

22) 최완규, 1999, 「Icarus의 비운: 김영삼 정부의 대북정책 실패요인 분석」, 『한국과 국제정
치』 제14집 2호, 경남대학교 극동문제연구소, p. 195.

적으로 접근할 필요가 있다는 사실을 보여준다.

둘째, 남북관계를 평화적으로 유지하거나 또는 진전시키기 위해서는 국제적 흐름을 타는 것도 중요하지만 그것으로부터 일정 정도 '분리된' 남북 간의 이해관계를 구축할 필요가 있다는 점을 보여주었다. 1993년 이후 북한 핵문제가 불거진 상황에서도 김영삼 정부가 남북 대화를 지속했다는 점을 고려할 때, 국제적 흐름을 크게 거스르지 않는 한에서 남북 간의 공통분모를 마련하는 것이 필요하다.

셋째, 남북관계뿐 아니라 국내정치에도 부정적 영향을 미쳤던 1995년 김영삼 정부의 대북 쌀 지원 사태가 보여주듯이, 국내정치를 위해 북한을 이용하는 정부의 행태는 정부 자신을 위해서도, 그리고 남북관계에도 도움이 되지 않는다. 따라서 국내정치에 남북관계를 이용하는 행태는 지양되어야 한다.

결국 김영삼 정부는 초기에는 민족 중심적 시각에서 화해, 협력을 지향하는 대북정책을 전개했지만 김일성 주석의 사망에 따른 조문파동을 계기로 국가 중심적 시각인 대북강경정책으로 선회함으로써 한반도 문제에서 미국과 북한에 주도권을 넘겨주는 방관자로 전락하게 되었다.

다. 이명박 정부의 대북정책

이명박 정부는 국가 중심적 시각을 지녔기 때문에 집권 전부터 화해와 포용을 앞세운 전임 정부의 대북정책을 전면적으로 비판했다. 그들은 전임 정부의 대북정책이 북한의 실질적 변화를 유도하는데 실패했고, 북한의 핵 개발을 가져옴으로써 북핵 사태를 심각한 상황으로 만들었으며, 한미관계에도 자주 불협화음을 야기했다고 평가했다.[23] 그래서 북한과의 민족공조를 반대

23) 채규철, 2010, 「이명박 정부의 대북정책과 천안함 사건 이후 남북관계」, 『글로벌정치연구』 제3권 1호. 한국외국어대학교 글로벌정치연구소, pp. 67~92.

하고, 대신 원칙에 입각한 남북관계를 주장했다. 그것은 정치와 경제의 연계 원칙 아래서 대북지원과 경제협력을 엄격히 연계하고 북한에 핵 포기를 강력히 요청하며 미국과 전통적 동맹관계를 통해 북한문제를 풀어가는 것이었다. 이는 그들의 대북인식이 전임 정부와 정반대임을 보여주는 것이다. 특히 그들의 대북인식을 잘 보여준 사례는 정권 인수위에서 논의되었던 통일부 폐지 주장이었다. 비록 현실화되지는 않았지만 그들은 이전 정부 시기 통일부의 활동에서 문제점을 고치고 개선하기보다는 아예 통일부를 폐지함으로써 과거와 급격히 단절하려는 했다. 이는 남북관계를 '남과 북'의 민족문제로 인식하기보다 외교 일반의 한 영역으로 사고했음을 보여준다.[24] 곧 민족 중심적 시각보다는 국가 중심적 시각에서 대북문제에 접근했다.

초기 이명박 정부가 제시한 대북정책은 2008년 3월 발표한 '상생·공영의 정책'이었다. 그것은 북핵 해결과 남북한 공동번영의 실현을 통해 민족통일의 실질적 토대를 구축하는 것을 목표로 했고, 평화공동체·경제공동체·행복공동체의 형성을 실천방안으로 제시했다. 여기서 평화공동체는 한반도 비핵화와 남북 간 군사적 신뢰구축에 의해, 경제공동체는 남북한 경제협력의 확대와 북한의 경제회생을 통해, 그리고 행복공동체는 이산가족 문제와 국군포로 문제 및 북한주민의 삶의 질 향상을 통해 이루어질 것이라고 상정되었다.

또한 이명박 정부는 정책 목표와 기본 추진방향만을 제시한 상생·공영의 정책과 함께 구체적인 실천전략으로 2008년 6월 '비핵·개방·3000' 구상을 발표했다.[25] 이는 2007년 6월 대선 후보 당시 제시한 것으로, 북한이 핵무기를 폐기하고 개방화에 나설 경우 10년 후 북한의 1인당 국민소득을 3,000달러로

---

24) 정영철, 2012, 「MB정부 대북정책 평가와 향후 전망」, 조돈문·배성인 엮음, 『217, 한국 사회를 바꿀 진보적 정책 대안』, 서울: 메이데이, p. 478.

25) 이명박 정부의 대북정책은 대선 기간에 '비핵·개방 3000' 구상으로 등장했으나 정부 출범 이후 포괄적 형태로 다듬어져 상생·공영의 대북정책으로 정리되었다. 박종철 외, 2009, 『이명박 정부의 대북정책 및 추진환경과 전략』, 서울: 통일연구원, p. 2.

끌어올리겠다는 제안이다. 이는 북한 지도부의 핵 폐기를 유도하기 위해 핵 폐기의 진전 정도에 따른 대북지원의 내용을 담고 있다. 첫 단계로 북한이 핵시설 불능화 조치를 완료할 경우 남북경협의 확대를 위한 법적·제도적 토대를 마련하며, 다음 단계로 북한이 기존 핵무기 및 핵물질 폐기 등을 순조롭게 이행하면 5대 대북지원 분야 중에서 상대적으로 추진이 용이한 분야의 지원을 확대한다. 마지막 단계에는 북한이 핵 폐기 단계에 돌입하면 경제, 재정, 산업 인프라 등을 포함한 5대 분야 전체에 대해 본격적인 지원을 제공한다. 그리고 이를 뒷받침하기 위해 국제사회와 협력하여 400억 달러 규모의 국제협력기금을 조성하고 이를 북한에 투자하여 연평균 17%의 고도성장을 지속하도록 만들어 10년 후 1인당 국민소득 3,000달러 수준으로 도약시키겠다는 것이다.

이명박 정부의 이러한 대북정책을 전개한 데는 다음과 같은 대북인식이 깔려있었다. 첫째, 이명박 정부는 북한을 사라져야 할 정권 또는 곧 사라질 운명의 정권으로 보았다. 특히 김정일의 건강 이상설이 대두되자 정부는 북한의 '급변사태'를 기정사실로 간주하면서 대화와 협상보다는 붕괴 이후의 대책에 더 치중했다. 둘째, 이명박 정부는 남북관계를 엄격한 계산의 논리, 곧 '갑-을관계'에서 접근했다. 그들은 가진 자와 갖지 못한 자의 차이를 부각하여, 곧 힘의 차이를 부각시키면서 북한에 남한의 의도대로 따라올 것을 요구했다. 셋째, 이명박 정부는 북한을 인민들을 굶어 죽이는 못난 정권이면서도 세계 평화와 한반도 평화를 위협하는 '악한 존재'로 인식했다. 이는 부시 행정부가 북한을 '악의 축'과 '폭정의 전초기지'로 명명했던 것과 동일한 인식이었다.[26]

그런데 문제는 이러한 적대적인 대북인식으로는 이명박 정부가 현실에서

26) 정영철, 2012, 「MB정부 대북정책 평가와 향후 전망」, 조돈문·배성인 엮음, 『217, 한국 사회를 바꿀 진보적 정책 대안』, 서울: 메이데이, p. 480.

자신들이 원하는 성과를 거둘 수 없다는데 있다. 이명박 정부의 핵심 대북정책인 비핵·개방·3000은 남북 간의 현실적인 경제력의 차이를 전제로 북한에게 핵 포기를 요구하는 것이었다. 곧 그들은 북한이 '선 조치'(비핵, 개방)를 취하면 '보상'(국민소득 3000달러)을 주겠다고 했는데, 이는 전제 자체가 성립되기 힘든 불확실한 정책이다. 왜냐하면 이명박 정부가 전제하는 북한의 비핵화와 개방은 대북정책의 결과로서 성취되어야 하는 것이지, 이를 먼저 전제하고 북한에게 요구할 수 있는 것이 아니기 때문이다. 특히 현 시점에서 아무런 조건 없는 비핵화는 북한에게 외세의 압력에 대한 굴복을 의미하는 것이다. 따라서 이 정책은 북한에게 일방적으로 굴복을 요구하는 '불가능한' 것일 뿐이다. 결국 이명박 정부의 대북정책은 적대적 대북관에 기초하여 북한이 받아들일 수 없는 요구들로 구성된 것이었기 때문에 현실에서 성과를 보기 힘들었다.

그러면 이명박 정부의 대북정책과 대북인식이 남북관계를 어떻게 변화시켰는지 살펴보자. 정부 출범 초기인 2008년 3월 26일 김태영 합참의장 내정자는 국회에서 북한의 핵을 제거하기 위해 '선제공격'을 해야 한다고 발언했고 이명박 대통령도 이를 옹호했다.[27] 이는 북한을 '제압해야 할 적'으로 간주하는 이명박 정부의 대북인식을 잘 보여주는 것이었다. 따라서 북한은 "남측이 '선제타격' 폭언을 취소하고 사죄"할 것을 요구하는 등 크게 반발했고, 4월 1일 『로동신문』을 통해서는 비핵·개방·3000을 공개적으로 거부하고 이 대통령 실명 비판했다.

또한 이명박 정부는 6월 29일 '제2연평해전' 기념식을 2함대 사령부 주관 행사에서 정부 기념행사로 격상시키고 대규모 행사를 진행함으로써 북한을

---

[27] 내정자는 국회의원의 질문에 대해 "우선 제일 중요한 것은 적이 핵을 가지고 있을 만한 장소를 빨리 확인해서 적이 그것을 사용하기 전에 타격하는 것"이라고 대답했다. 김진환, 2012, 「이명박 정부 대북 군사정책 평가와 대안」, 조돈문·배성인 엮음, 『217, 한국 사회를 바꿀 진보적 정책 대안』, 서울: 메이데이, p. 492.

자극했다. 이런 상황에서 7월 11일 금강산 관광지구에서 북한 초병의 총격에 의해 남한 측 관광객이 사망하는 사건이 발생했고, 이에 대해 이명박 정부는 사과와 재발 방지를 요구했다. 그러나 북한은 8월 3일 '금강산지구 군부대 대변인 특별담화' 형식으로 금강산관광지구 통제 강화조치를 발표하면서 남북은 또 다시 팽팽히 맞섰다.

10월 2일에는 북한의 제의에 의해 이명박 정부 출범 이후 첫 남북 군사실무회담이 열렸지만 북한의 남한 민간단체 대북 전단 살포 중단 요구와 남한의 이명박 대통령 비방 중상 중단 요구가 충돌하면서 성과 없이 마무리되었다. 이후 이명박 정부는 대북 전단 살포를 제지하지 않았고, 이에 북한은 군사분계선을 통한 모든 육로통행을 엄격히 제한·차단하는 '12·1 조치'를 취했다. 이로 인해 개성 관광과 남북 간의 열차 운행이 중단되었고 남북경협 사무소도 폐지되었다. 또한 정부는 12월 6자회담 3차 수석대표회의에서 일본과 연대하여 북한 핵시설 검증의정서에 '시료채취 명문화'를 강력히 요구했고, 이로 인해 미국과 북한의 타협은 결렬되었다. 그러자 북한은 2009년 신년 공동사설에서 이명박 정부 "파쇼독재를 되살리며 북남대결에 미쳐 날뛰는 남조선집권세력"이라고 맹비난했고, 조선인민군 총참모는 서해 해상군사분계선 고수를 공언하며 남한과 '전면대결태세 진입'을 선포했다.[28]

결국 2008년 이명박 정부의 대북정책은 금강산 관광, 개성 관광, 남북 열차 운행, 남북경협 사무소 등 전임 정부 시기 이루어진 남북 간의 성과들을 무위로 돌리고 남북 간의 긴장을 고조시켰다.

이러한 기조는 2009년도에도 지속되었다. 이명박 정부는 3월 미국과 대규모 한미합동군사훈련을 강행하여 북한을 자극했다. 한편 북한은 3월 체제 비방 혐의로 개성공단 내 현대아산 직원을 억류하고, 4월 5일 장거리 로켓 발

---

28) 김진환, 2012, 「이명박 정부 대북 군사정책 평가와 대안」, 조돈문·배성인 엮음, 『217, 한국 사회를 바꿀 진보적 정책 대안』, 서울: 메이데이, pp. 494~495.

사, 4월 29일 우라늄 농축 선언, 5월 25일 제2차 핵실험, 6월 13일 우라늄 농축 시험단계 돌입 선언 등 공세를 거듭했다. 그러자 이명박 정부는 5월 26일 미국의 대량살상무기 확산 방지구상에 공식 참여할 것을 선언했고, 6월 12일 북한에 대한 전면 제재를 결정한 유엔 안보리 결의안 1874호에 적극 동조했다. 또한 이상희 국방장관은 6월 8일 '장관 메시지 15호'에서 북한 정권을 '부도덕하며 반인권적 집단'으로 비난했다. 이에 북한은 5월 27일 남한의 대량살상무기 확산 방지 구상 참여를 '선전포고'로 간주하고 서해 5개 섬의 '법적 지위'와 서해 영해 주변수역에서 움직이는 한미 해군함선과 일반 선박들의 '안전항해'를 담보할 수 없게 될 것이라고 선언했다.29) 이렇게 이명박 정부는 북한의 핵과 미사일 개발로 야기된 한반도의 위기 국면에서 긴장 완화를 위해 해법을 제시하기보다는 대북제제를 통해 북한을 압박하는 미국의 정책을 추종했다.

그런데 2009년 하반기 남북관계는 잠시 반전의 기미를 보였다. 8월 4~5일 빌 클린턴 전 미 대통령이 북한을 방문했고 북한에 억류되었던 미국 여기자가 석방되었다. 8월 16일에는 현정은 현대그룹의 회장이 김정일 위원장과 만나 경제협력을 포함한 남북관계개선에 합의했고 북한은 억류했던 현대아산 직원을 석방했다. 특히 북한은 8월 사망한 김대중 전 대통령 국장에 조문단을 파견했고, 이명박 대통령도 예방했다. 그리고 남북은 8월 26~28일 금강산호텔에서 적십자 회담을 개최하고 합의에 따라 9월 26~10월 1일 금강산에서 이산가족 상봉행사를 가졌다. 10월 16일과 17일에는 남북이 적십자 실무 접촉 및 임진강 수해방지 실무회담을 개최했다. 또한 10월 6일 북한은 원자바오 중국총리의 방북을 계기로 '다자회담 조건부 복귀'를 발표했다. 이는 2차 핵실험에 따른 국제사회의 대북제재 결과 북한에서 에너지 및 식량난이 더

---

29) 김진환, 2012, 「이명박 정부 대북 군사정책 평가와 대안」, 조돈문·배성인 엮음, 『217, 한국 사회를 바꿀 진보적 정책 대안』, 서울: 메이데이, p. 496.

욱 심화되었고 금강산관광 중단으로 인해 외화 가득 통로가 차단된 데 따른 것으로 보인다.

이명박 대통령도 2009년 8·15 광복절 경축사를 통해, 북한이 핵 포기 결심을 보여줄 경우 '한반도 신평화구상'을 추진할 계획임을 발표했다. 곧 남북한의 재래식 무기와 병력 감축을 통해 공영의 길로 나아갈 것을 제의하는 한편 북한이 핵을 완전히 폐기할 경우 북한경제의 회생을 지원하는 방안을 제시했다. 그것은 국제적 차원에서 대북지원 협력프로그램 가동, 남북관계 차원에서 경제공동체 구축을 위한 고위급 회의체 설치, 그리고 대북차원에서 경제·교육·재정·인프라·생활향상 등 5대 핵심분야 개발을 지원하는 프로그램을 추진이었다. 또한 이 대통령은 8월 뉴욕에서 북한의 비핵화를 효과적으로 실현하는 방안으로 '그랜드 바겐' 구상을 발표했다. 이는 북한과 단지 핵 프로그램만이 아니라 모든 문제를 협상 의제로 삼아 북한의 요구(체제안전 보장과 경제지원)와 국제사회의 우려 사항(북핵 폐기와 핵확산 방지)을 맞바꾸자는 일종의 '일괄타결' 방안이었다. 양측이 핵심 사안을 먼저 합의한 후 그것의 실행문제를 논의하자는 것이었다.[30] 그러나 일괄타결이라는 방법을 제외하고 이 구상은 비핵·개방·3000의 연장선상에 있는 것으로서 북한이 받아들일 가능성이 없는 비현실적인 정책이었다.

잠시 소강상태를 보이던 남북관계는 이명박 정부의 '강경한' 군사적 대응으로 인해 급속도로 악화되었다. 11월 10일 남한 해군은 대청도 인근 해역에서 북방한계선을 침범한 북한 함정에 대해 경고사격을 가했고, 북한 함정이 대응사격을 하면서 남북 함정 간 무력 충돌이 발생했다. 당시 남한 함정은 총탄 10발을 피격당한 후 북방한계선 이북으로 도주하는 북한 함정을 추적하며 약 3분여간 4,960발의 총포탄을 퍼부어 그들에게 큰 피해를 입혔다.[31] 이

30) 채규철, 2010, 「이명박 정부의 대북정책과 천안함 사건 이후 남북관계」, 『글로벌정치연구』 제3권 1호, 한국외국어대학교 글로벌정치연구소, pp. 71~72.

에 대해 북한의 조선중앙통신은 "남측이 무장도발 행위를 하였다"며 "사죄를 하고 책임을 지라"고 요구했고, 11월 12일 로동신문은 "남측의 계획된 도발" 이라며 "값비싼 대가를 치를 것"이라며 엄포를 놓았다. 결국 남한 해군의 '초강경' 조치는 '대청해전'을 낳았고 북방한계선 부근 서해를 남북 어선이 자유롭게 활동할 수 있는 '평화' 구역으로 만들려던 전임 정부의 소망과 달리 무력 충돌의 가능성이 높은 '긴장의 해역'으로 만들었다.

한편 이명박 정부는 2009년 말 북한의 급변사태에 대비한 통합형 '컨틴전시 플랜'(코드명 '부흥')을 작성한 것으로 알려졌다. 정부는 김정일의 건강 이상과 후계 세습, 핵무기 보유, 국제사회의 대북 제재, 경제난 등 북한 안팎의 사정이 이전 정부에 비해 크게 달라진 점을 감안해 김영삼 정부의 비상계획인 '충무계획'을 대폭 수정했다. 이는 북한이 핵을 포기하면 10년 내 북한 주민 1인당 소득을 3,000달러로 만들겠다는 비핵·개방·3000의 정신을 따라 북한의 경제개발에 무게를 둔다는 의미에서 '부흥계획'으로 명명했다.[32] 2010년 1월 14일 한국 언론에 이 계획이 보도되자 북한은 15일 국방위원회 대변인을 통해 "남조선 당국의 단독 반공화국 체제전복 계획"으로 비난하고 강경 대응 의지를 천명했다. 1월 20일 김태영 국방장관은 또 다시 북한에 대한 선제타격 발언을 하자, 24일 조선인민군 총참모부는 "우리에 대한 노골적인 선전포고로 간주할 것"이라며 "단호한 군사적 행동"을 경고했고, 수일간 서해상에서 해안포를 발사하는 등 긴장을 고조시켰다.

이명박 정부 등장 이후 적대적인 남북관계를 돌이킬 수 없게 만든 사건이 바로 2010년 3월 26일 발생한 '천안함 사건'이었다. 당시 서해 백령도 인근 해역에서 초계중이던 남한 함정 천안함이 침몰하여 해군 수병 40명이 사망하고

---

31) 언론 보도에 따르면 대청해전에서 북한군 8명이 사망했다고 보도했다. 『연합뉴스』, 2010년 6월 20일자.

32) 이명박 정부는 부흥 계획을 공식적으로 발표하지 않았지만 부인하지도 않았다.

6명이 실종되었다. 정부는 5월 20일 조사단 발표에서 천안함이 북한의 공격에 의해 침몰되었다고 발표했다. 이에 따라 정부는 5월 24일 ①북한선박의 우리해역 운항 전면 불허 ②남북교역 중단 ③우리국민의 방북 불허 ④북한에 대한 신규투자 불허 ⑤대북지원 사업의 원칙적 보류 등을 주요 내용으로 하는 '5·24 조치'를 발표했다.[33] 또한 6월 4일 천안함 사건을 유엔안전보장이사회 회부하고, 7월 25~28일에는 한미연합 해상훈련을 실시하는 등 강경조치를 취했다. 그러나 북한은 자신들이 천암함의 침몰과 전혀 관계없다고 주장하면서 남한 조치에 대한 대응으로 남한 선박 및 항공기의 영해, 영공 통과 전면 금지, 북남관계 전면 폐쇄, 북남 불가침 합의 전면 파기, 북남 협력사업 전면 철폐, 개성공단 폐쇄 가능성을 언급했다. 이에 대해 이명박 정부도 개성공단의 체류 인원을 대폭 축소했고, 신규 진출 및 투자를 금지했다. 결국 이명박 정부의 등장 이후 악화되던 남북관계는 천안함 사건으로 회복 불능 상태로 빠졌고, 그 결과 그나마 유지되던 화해협력정책의 성과마저도 모두 무화되었다.

천안함 사건 이후 고조된 남북의 군사적 긴장은 다시 남북의 무력 충돌을 가져왔다. 이명박 정부는 북한의 지속적인 경고에도 불구하고 대규모 군사훈련을 실시했는데, 11월 23일 남한 해병대가 연평도에서 대규모 화력훈련을 실시하려 하자 북한이 연평도에 170여 발의 포탄을 발사했다. 그 결과 남한의 군인과 민간인 각 2명이 사망하고 다수가 부상당하는 등 인명피해가 발생했다. 이는 6·25 이후 북한이 '최초로' 남한 영토에 직접 타격을 가한 사건으로 남북관계를 극도로 악화시켰다.

천안함 사건과 연평도 포격 사건 이후 이명박 정부는 북한에 대해 더욱 강경한 태도를 취했다. 정부는 2010년 12월 말 발행한 『국방백서』에서 북한을

---

33) 이 조치로 남북 간 일반교역 및 위탁가공과 대북지원 등이 크게 축소됨으로써 북한은 경제적으로 큰 타격을 입었다.

"우리의 적"으로 명시했고, 2011년 2월 8~9일 39차 남북군사실무회담에서도 남북고위급군사회담의 의제로 북한이 받아들이기 힘든 천안함 폭침과 연평도 포격 두 가지만을 제의함으로써 관계 전환의 돌파구를 차단했다. 또한 5월 10일에는 2012년 3월 서울에서 개최될 예정인 '핵 안보 정상회의'에 김정일 위원장을 초대한다는 이른바 '베를린 제안'을 북한에 전달했다. 그런데 제1차 '핵 안보 정상회의'는 북한을 핵 테러 범죄국으로 규정했기 때문에 이 제안은 북한이 전혀 받아들일 수 없는 것이었다. 따라서 북한은 11일 이 대통령을 '역도'로 표현하면서 "핵 포기를 대화의 전제조건으로 내세우는 것은 우리를 무장 해제시키고 미국과 함께 북침 야망을 실현해 보려는 가소로운 망동"이라고 비난했다. 같은 날 북한 조선중앙통신도 이 대통령의 초청 제안을 '도발적 망발'이라며 사실상 거부했다. 또한 북한은 6월 1일 지난 5월에 베이징에서 남한 정부 관계자들이 돈봉투로 정상회담을 구걸했다고 비난하면서 비밀 접촉 사실을 공개했다. 이는 북한이 더 이상 이명박 정부에 대한 불신을 넘어 그들과 대화하지 않겠다는 의사를 드러낸 것으로 해석되면서 공식, 비공식적인 남북관계의 단절 우려를 낳았다.

그러나 2011년에도 남북관계는 완전히 단절되지 않았다. 국제사회에서 대북지원 움직임이 등장했고 남북과 러시아의 가스관 연결 사업에 대한 논의가 진행되었으며 북한의 비핵화와 관련하여 남북 접촉도 이루어졌다. 게다가 북한은 7월 남북비핵회담에 응하여 22일 회담이 재개되었고 9월 21일 2차 회담도 개최되었다. 또한 사회, 문화, 종교 분야의 남북교류가 부분적으로 재개되었는데, 북한은 10월 10일 개성공단 입주기업의 애로 해소 조치를 발표하고 11월 8일 남한 정부는 '북한 영유아 지원 사업' 예산 중 보류되었던 기초의약품·의료장비 지원과 의료시설 개보수 사업 관련 예산 700만 달러의 집행을 허용했다. 그리고 2012년 2월 10일 외통위·남북관계 특위가 개성공단을 방문했다. 미국과 북한 관계도 개선되어 2월 23~24일 제3차 미북대화를 개최하여 비핵화 사전조치, 영유아지원, 양자관계 개선 등에 합의했다. 그러나 이러한 접촉은 남북관계의 진전에는 거의 기여하지 못했다.

이러한 상황에서 2011년 12월 17일 김정일 국방위원장이 사망하고 셋째 아들 김정은이 새로운 지도자로 등장했다. 이에 이명박 정부는 북한의 지도체제가 안정되는 것을 기다리며 기존의 대북정책을 유지했다. 그런데 북한은 이명박 정부와의 대화가 단절된 상황에서도 미국과의 대화를 모색했다. 북한과 미국은 고위급 회담을 진행하여 2012년 2월 29일 제3차 북미대화의 결과를 발표했다. 주 내용은 6자회담 재개에 앞서 북한이 우라늄농축프로그램(UEP)을 포함한 모든 핵개발 활동의 중단과 국제원자력기구(IAEA) 사찰단 복귀, 2005년 9·19 공동성명 이해 확약, 핵실험과 탄도미사일 발사 중지 등이었고, 대신 미국은 영양지원을 하는 것이었다.

이런 상황에서 이명박 정부는 3월 26~27일 서울에서 제2차 핵안보정상회의를 개최하여 북한을 압박했다. 그러자 북한은 4월 12일 실용위성 '광명성 3호'를 발사했다. 이는 북한의 새로운 김정은 지도부 역시 국제사회의 제재와 압박에도 불구하고 핵과 미사일 개발을 지속하겠다는 의지의 표현이었다. 이에 4월 16일 UN 안전보장이사회는 북한의 로켓 발사를 강력히 규탄하고 북한에 대한 제재를 확대하며 북한의 로켓 추가 발사나 핵 실험 시 상응하는 조치를 취한다는 내용의 의장 성명을 만장일치로 채택했다. 그러나 북한은 내부적으로 권력 이양 작업을 진행시켜 7월 17일 조선인민군 최고사령관 김정은에게 조선민주주의인민공화국 원수칭호를 수여하여 김정은 지배체제를 공고히 했다. 또한 북한은 8월 말 남한의 수해피해 복구를 위한 민간 지원을 제의를 받아들여 남북대화가 시작되었지만 9월 남측이 자신들이 원하는 쌀과 시멘트 대신 밀가루와 라면 및 의약품을 제시하자 지원 품목과 수량에 불만을 표시하며 지원을 거부했다. 또한 북한은 12월 12일 광명성 3호 2호기를 발사했다. 이는 북한이 대륙간탄도미사일능력을 갖추기 위한 것으로서 이전

과 달리 궤도 진입에 성공했다. 곧 이번에도 북한은 국제사회의 대북제재와
압력에도 불구하고 핵과 미사일 개발을 지속한다는 의지를 강력히 표명했다.
이에 이명박 정부는 북한의 미사일 발사를 규탄하고 유엔 안보리 소집을 요
구했다.

결과적으로 이명박 정부는 임기 내내 일관되게 자신들의 정책을 추진했
다. 그러나 그들은 한반도의 비핵화와 북한의 개방, 그리고 북한 주민 1인당
3,000달러 정도의 생활수준 향상을 내건 '비핵 · 개방 · 3000' 정책의 목표에 전
혀 도달하지 못했다. 대신 전임 정부가 이루어놓은 남북 교류의 성과를 대부
분 무위로 만들었을 뿐 아니라 북한과의 무력충돌을 불사함으로써 한반도의
군사적 긴장을 높였고 국가안보를 불안하게 만들었다. 또한 북한과의 대화와
교류가 시간이 갈수록 축소되었고 천안함 사건 이후 남북 대화는 사실상 단
절되었다.

그러면 왜 이명박 정부는 이러한 대북정책을 전개했는가? 이명박 정부의
대북정책에 영향을 미친 요인들을 살펴보자. 첫째, 최종 정책 결정자인 이명
박 대통령의 대북인식이 가장 중요하다. 기본적으로 북한에 대한 그의 인식
은 매우 부정적이었다. 그는 미국 부시 행정부와 마찬가지로 북한을 '악의
축'으로 인식한 것으로 보인다. 곧 북한은 국민들을 굶겨 죽이는 못난 정권인
동시에 세계와 한반도의 평화를 위협하는 '악한 존재'였다. 또한 그는 북한을
사라져야 할 정권, 또는 곧 사라질 운명에 처한 정권으로 인식했다.[34] 이런
시각에 기초하여 그는 김대중 · 노무현 정부의 대북화해정책을 비판했다. 곧
전임 정부의 정책이 북한체제의 전환을 가져오기는커녕 핵, 미사일 개발에
이용되었다고 판단했기 때문에 그것을 폐기하고 처음부터 북핵 제거를 전제
로 대북정책을 전개했다.

---

[34] 정영철, 2012, 「MB정부 대북정책 평가와 향후 전망」, 조돈문 · 배성인 엮음, 『217, 한국
사회를 바꿀 진보적 정책 대안』, 서울: 메이데이, p. 490.

둘째, 이명박 대통령이 이러한 대북정책을 전개할 수 있었던 데는 보수세력의 전폭적인 지원이 큰 역할을 했다. 2000년대 초반부터 남한 사회에서 시작된 '남남갈등'은 김대중·노무현 정부의 대북 화해정책을 적대시하는 보수세력의 '진영논리'를 강화시켰고 그들의 지지에 힘입어 이명박 정부의 대북정책이 등장했다. 그들은 이명박 정부의 대북정책에 반대하는 '진보세력'의 항의를 '온몸으로' 방어하고 김정일을 비방하고 미국 달러를 담은 대북전단을 살포하여 북한을 자극했다.

셋째, 이명박 정부가 강경한 대북정책을 지속하는 데는 북한의 강경 대응 역시 중요한 역할을 했다. 북한은 초기부터 이명박 정부의 대북정책을 비난했으며 핵과 미사일 실험을 통해 남한을 계속 압박했다. 특히 천안함 사건과 연평도 사건은 이명박 정부가 후퇴할 공간 자체를 봉쇄함으로써 강경한 대북정책을 지속하도록 만들었다.

넷째, 북한의 핵, 미사일 실험과 남북 간의 무력 충돌에 따른 국제사회의 대응 역시 이명박 정부의 대북정책이 지속되는데 기여했다. 국제사회는 핵, 미사일과 같은 대량살상무기 확산을 철저히 반대하는 입장이었기 때문에 북한이 핵과 미사일 실험에 나서자 강력한 제재를 통해 북한을 압박했다. 이명박 정부는 이러한 국제사회의 대북제재에 적극 동참했을 뿐 아니라 이를 통해 자신들의 정책의 정당성을 부여하면서 강경한 대북정책을 지속했다.

그러면 지난 5년간 이명박 정부의 대북정책이 우리에게 주는 교훈은 무엇인가? 첫째, 한국의 대북정책이 성과를 거두기 위해서는 먼저 북한이 수용할 수 있는 제안부터 시작해야 한다는 점을 보여주었다. 이명박 정부의 '비핵·개방·3000' 구상, 특히 이 구상이 전제로 한 북한의 핵 폐기는 체제안전이 보장되지 않는 상황에서 북한이 절대 받아들일 수 없는 제안이었기 때문에 북한의 반발을 초래했을 뿐 아니라 신뢰도 잃음으로써 도리어 남북관계를 악화시켰다. 따라서 한국 정부로서는 북한이 받아들일 수 있는 제안으로부터 시작하여 점차 공동 이익을 확대시키는 방향으로 대북정책을 전개하는 것이 필요하다.

둘째, 한반도 비핵화뿐 아니라 남북관계의 개선을 위해서도 대화와 협력을 통한 상호 신뢰구축이 반드시 필요하다는 점을 보여주었다. 이명박 정부 5년 간의 남북관계는 강경 대북정책으로 인해 두 차례의 남북정상회담의 합의, 금강산 관광, 개성 공단 운영 등 전임 정부가 구축했던 성과들을 대부분 중단시켰다. 특히 서해상의 무력충돌로 인한 군사적 긴장은 북한의 핵과 미사일 개발의 정당성을 높였을 뿐 아니라 남한 경제에 부담이 되는 군사비 지출을 증가시키도록 만들었다. 따라서 이명박 정부의 경험은 한반도의 평화와 남한 경제의 발전을 위해서라도 상호신뢰 구축을 통한 남북 간의 대화와 협상이 필요하다는 점을 보여주었다.

셋째, 북한과의 적대관계가 한반도 문제의 해결을 위한 6자회담에서 남한의 역할을 축소시킨 점을 고려할 때, 남한 정부는 남북이 이해관계를 공유할 수 있는 공간을 구출하여 북한을 견인할 필요가 있다. 이명박 정부의 강경한 대북정책은 남북 간의 대화를 중단시켰기 때문에 6자회담에서 남한 정부의 입지는 매우 축소되었다. 이는 한반도 문제가 결국 미북 대화나 6자회담과 같은 대외적 요인의 영향 아래 놓일 수밖에 없다는 점을 보여주었다. 따라서 한반도 문제 해결에서 한국의 입지를 강화하고 역할을 확대하기 위해서는 개성공단 확대와 같이 남북 간의 공통 이익을 구축할 수 있는 정책이 필요하다.

3. 나가는 말

이상에서 민주화 이후 보수정부의 대북인식과 정책을 고찰했다. 노태우 정부는 냉전 붕괴라는 국제 환경을 기반으로 남북기본합의서라는 남북 간 최초의 공식 문건을 채택하는 성과를 이루었지만, 남북의 기본적인 시각차와 북한의 핵 개발 의혹으로 더 이상의 진전을 이루지 못했다. 비록 노태우 정부가 부족한 정통성을 만회하는데 남북관계를 이용했을지라도 이전의 권위주의 정권과 달리 남북관계의 개선을 추진했다는 점에서 민족 중심적 시각을 견지했다고 평가할 수 있다. 그러나 후임 김영삼 정부는 초기에는 노태우 정부의 대북화해정책을 계승했음에도 불구하고 북한의 핵 개발과 김일성 주석의 사망에 적절히 대응하지 못함으로써 다시 권위주의 시기의 적대적인 대북정책으로 회귀했다. 또한 남북관계가 교착에 빠진 뒤에는 독자적인 대북정책을 추진하지 못한 채 미국의 대북정책을 추종했다. 따라서 김영삼 정부는 초기에는 민족 중심적 시각을 견지했지만 얼마 후 국가 중심적 시각으로 전환했다고 평가할 수 있다. 이에 비해 이명박 정부는 집권 이전부터 김대중, 노무현 정부의 대북화해정책에 반대하는 대통령 본인과 보수세력의 대북인식에 기초하여 '상생 · 공영의 정책'이라는 적대적 대북정책을 전개했다. 따라서 초기부터 남북관계는 대립되었고 북한의 핵, 미사일 개발과 남북 간의 무력충돌이 빈발하면서 화해하기 힘든 적대관계가 고착되었다. 그 결과 전임 정부 10년 동안 구축했던 남북관계의 성과가 대부분 무산되었다. 곧 이명박 정부는 임기 내내 일관되게 국가 중심적 시각을 견지했다.

이렇게 민주화 이후 세 보수정부의 대북인식과 정책은 상이한 모습을 띠고 있다. 이는 국제정세를 포함하여 각 정부가 처한 시대적 환경과 북한의 대응이라는 외부적 요인에 기인한 것이기도 하지만 지도자의 대북인식과 그에 따른 정책적 판단 역시 중요한 요인이라는 점을 보여준다. 물론 세 보수 대통령 모두 북한을 신뢰하지 않았지만 남북관계를 다루는 대통령과 정부의 정책적 판단은 상당히 대조적이었다. 노태우 대통령은 유리한 국제환경을 이용하여 북한을 대화의 장으로 견인했지만, 김영삼 대통령은 NPT 탈퇴와 핵 개발이라는 북한의 '도전'과 김일성 주석의 사망이라는 돌발적 상황에서 강경 대응함으로써 남북관계를 다시 냉전 시기로 후퇴시켰다. 다행스럽게도 김영삼 정부 시기에는 제네바 회담이라는 미북 대화가 진행되면서 무력충돌과 같은 극단적 상황이 등장하지는 않았다. 그러나 10년 후 김대중, 노무현 정부의 대북화해정책을 비판하며 등장한 이명박 대통령은 정책 수단과 목표를 혼동한 채 무조건 북한의 핵 포기를 요구함으로써 이전 10년간 구축된 남북 간의 신뢰를 붕괴시켰을 뿐 아니라 남북관계를 최악의 상황으로 빠뜨렸다. 물론 이렇게 된 데는 북한의 핵, 미사일 개발과 강경한 대응도 큰 역할을 했지만, 노태우, 김영삼 정부의 경험을 전혀 활용하지 못한 이명박 정부의 대응에도 문제가 있었다. 이는 평화적이고 안정적인 남북관계를 정립하기 위해 지도자의 인식과 정부의 정책적 판단이 매우 중요한 요소라는 점을 말해준다. 국제환경과 북한의 대응이 우호적이지 않을지라도 정부는 한반도의 긴장을 완화시키고 안정을 기하는 방향으로 정책을 전개해야 한다.

결국 민주화 이후 세 보수정부의 대북정책 사이에 놓인 차별성은 남북관계의 개선을 위해서는 적대적 인식과 대결정책보다는 대화와 타협을 통한 상호신뢰 구축이 중요하다는 교훈을 말해준다. 특히 그것이 불리하건 유리하건 한국 정부는 주어진 상황을 이용하여 북한을 대화와 협력의 장으로 이끌어 내는 정책적 '지혜'를 발휘할 필요가 있다.

민주화 이후 진보정부의 대북정책 연구
김대중, 노무현 정부

신종대

1. 머리말

어떤 사회현상을 단일 변인 중심으로 설명하가는 어렵다. 대북정책도 마찬가지이다. 대북정책의 추진과 전개 과정, 그 결과 등도 정책결정자, 국내정치, 대외환경 요인이 밀접하게 연관되고 복합적으로 상호작용한 결과라고 할 수 있다. 한마디로 한국의 대북정책은 정책결정자가 국내정치와 대외 환경이 제공하는 공간과 입력 속에서 결정하고 추진한다고 봐야 할 것이다.

이처럼 대북정책 추진이 국내외 환경의 변화로부터 영향을 받는다는 것은 재론을 요하지 않는다. 다만 이 글에서는 대북정책 추진에 대한 대외환경의 영향을 염두에 두되, 주로 대북정책의 국내정치 요인에 주목하고자 한다. 그렇게 함으로써 대북정책 논의에 있어 학술적 분석수준의 다양화에 기여할 수 있을 것이다. 나아가 분석수준을 국내정치에 둠으로써 정책적함 의도 끌어낼 수 있을 것이다. 국제정세, 남북관계, 국내정치 등 한국의 대북정책 추진환경 가운데 비교적 지율성의 여지가 크다고 간주되고, 또 커야할 국내정

치 공간을 정책결정자들이 어떻게 대면, 운용하는지 들어다 볼 수 있을 것이
다. 그리고 대북정책의 공과를 외부요인이 아니라 우선적으로 '안'에서 찾고
'내 탓'으로 돌리는 실천적 의미도 있을 것이다.

흔히 대북정책의 정쟁화를 방지하기 위해 대북정책의 초당화 내지 탈정치
화가 필요하다고 말한다. 그런데 과연 대북정책의 탈정치화는 가능한가? 결
론부터 말해서 대북정책의 탈정치화는 당위로서 거론될 수는 있겠지만, 현실
화되기는 쉽지 않다. 한 나라의 대외정책은 국내정치의 연장이며. 외교와 국
내정치는 밀접한 상관관계를 가진다. 특히 분단국가인 한국에서 대북정책은
매우 유용한 정치적 지원이기 때문이다. 흔히 지적되듯이 남북한 모두가 이
른바 '통일정치게임(the game of unification politics)'[1]을 통해 각기 자신의 체
제를 정당화하고 체제 내의 반대세력을 억압하며 국민 동원과 일체감을 조
성하는 수단으로 대북통일정책[2]을 이용해왔던 것이 저간의 사정이다.

이와 같은 사정으로 인해 역대 정부의 대북정책에는 거의 예외 없이 국내
정치 요인이 개재되어 있었다. 우리는 역대 정부들이 남북관계나 통일문제를
그 자체보다는 자신들의 정치적 목적을 위한 도구로 활용해 온 측면이 컸음
을 익히 알고 있다. 예컨대 이승만은 자신의 강압체제 강화를 목적으로 북진
통일론을 폈으며, 박정희는 유신체제 수립의 명분으로 남북대화를 적극 활용
하였다. 또한 전두환 정부는 광주항쟁 유혈 진압으로 인한 국내에서의 취약
한 정당성을 보완하기 위해 남북정상회담과 남북대화를 추진하였다. 그리고

---

[1] Lee, Manwoo, 1994, "Domestic Politics and Unification: Seoul's Perspective," Young Whan Kihl(ed.), *Korea and the World: Beyond the Cold War*, Boulder and London: Westview Press.
[2] 엄격하게 말해 통일정책과 대북정책은 구분된다. '통일정책'이란 대북정책의 상위개념으로서 남북통일의 철학과 원칙, 목표, 방안 등과 관련된 비교적 장기적인 정책이다. 이에 비해 '대북정책'이란 통일정책의 원칙과 목표 하에서 구성되는 북한과의 군사·안보, 경제, 사회문화 분야에서의 접근 및 교류협력의 방식, 속도, 폭 등과 관련된 비교적 중단기적이고 구체적인 정책이라고 할 수 있다.

노태우 정부 역시 집권 초기 5공 청산, 중간평가, 여소야대 상황을 돌파하기 위해 '7·7 선언'을 통한 북방정책을 가속화하였다. 또한 3당 합당 이후 중국, 소련과의 수교 외교를 정권 재창출과 내부권력 강화의 수단으로 활용하였다.

한편 변화와 개혁을 강조했던 김영삼 정부도 출범 초기 "어떤 동맹도 민족보다 나을 수는 없다."고 선언한 바 있으며, 비전향 장기수를 송환하는 등 한때 북한에 대해 전향적인 자세를 보여주었다. 여기에는 민족정체성 추구를 국내정치 수준의 정당성 자원으로 활용하려는 의도도 있었다. 그러나 북한의 NPT(Nuclear Non-Proliferation Treaty, 핵확산금지조약) 탈퇴 발표에 격분한 여론의 압박으로 인해 다시 강경정책으로 선회했다. 이것 역시 대북정책과 국내정치의 연관성을 반증하는 사례라고 할 수 있다.[3]

이와 같이 대북정책 및 남북관계는 국내정치와 상호 밀접한 연관을 지닌다는 것을 알 수 있다. 요컨대 분단국가에서 민족문제만큼 유용한 정치적 자원도 드물다. 때문에 대북정책과 국내정치의 접합과 연계는 불가피하다고 할 수 있다. 이하에서는 김대중·노무현 정부의 대북정책 전개과정 상의 균열과 갈등을 국내정치 요인에 초점을 맞추어 분석하고 평가해보고자 한다. 또한 대북정책 추진과정에 국내정치 요인이 어떻게 작용했는가를 구체적으로 살펴보고 논의할 것이다. 그리고 이를 통해 두 정부의 대북정책으로부터 일정한 교훈을 도출해보도록 한다.

이 글이 김대중·노무현 정부를 분석 대상으로 하는 이유는 그 이전 정부

---

[3] 한편 김영삼 정부는 1995년 6·27 지방선거 직전 대북 쌀지원을 국내정치 상황의 국면 전환에 활용하고자 했다. 1996년 제15대 국회의원선거를 앞두고는 비무장지대에서 북한의 잇단 무력시위가 발생했다. 이로 인해 당시 야당이던 국민회의가 수도권에서 적어도 10석 정도의 의석을 잃은 것으로 평가되었다(정준표, 1998, 「북풍의 정치학: 선거와 북한변수」, 『한국과 국제정치』 14권 1호, 경남대학교 극동문제연구소, p. 139). 이에 대해 야당은 '북풍' 의혹을 제기했다. 그리고 1997년 제15대 대통령선거를 앞두고는 신한국당 측에서 북한과 은밀하게 접촉하여 돈을 제공하는 대가로 총격전과 같은 무력시위를 부탁한 소위 '총풍' 사건 기획이 밝혀지기도 했다.

와 이후의 이명박 정부와는 달리 두 정부 시기 동안 가장 적극적인 대북관여 정책(engagement policy)[4]이 추진되었으며, 대북정책을 둘러싼 국내정치적 논란이 고조된 시기였다는 점이다. 따라서 대북 관여와 국내 지지기반과의 관계 즉, 대북정책 추진과 국내정치 간의 연관과 의미를 잘 표착할 수 있는 시기라고 보기 때문이다.

2. 대북정책과 국내정치: 연관과 함의

대북정책의 국내정치를 논하기에 앞서 대북정책에 영향을 주는 국내 수준의 요인 외에 여타 요인들에 대해 간략히 언급하도록 한다. 우선 국제 수준의 요인이다. 한국의 대북정책은 대외환경과 미국의 대한반도정책에 영향을 받는다. 예컨대 미국의 대북강경정책과 북미 적대관계의 지속은 대북 포용정책을 둘러싼 한미 간 균열과 이로 인한 남북관계 진전에 대한 논란을 초래한다.

2001년 미국 부시(George W. Bush) 행정부의 대북정책 재검토와 북미 간 갈등으로 인해 대북포용정책은 표류하기 시작했다. 또한 2006년 10월 제1차

---

4) '관여(engagement)'란 일반적으로 외교, 군사, 경제, 문화 등 다양한 영역에서 대상 국가와의 교류를 광범위하게 증진시킴으로써 대상국가의 정치적 행위에 영향을 미치는 정책으로서, 관여의 대상국과 주재국 간의 상호의존을 증진시켜 다양한 영역에서 협력을 강화하고, 관계 정상화까지 추구하는 정책이라고 할 수 있다. 한국의 대북 화해협력정책 또는 포용정책이 영어로 번역되는 과정에서 'engagement policy'로 옮겨졌지만 양자가 이론적 기반을 공유하고 있는지에 대해서는 논란이 있다. 그러나 한국의 대북포용정책 역시 북한과의 다방면에서의 교류협력 지속 및 확대를 통해 궁극적으로는 북한의 정치적 행동 변화를 유도한다는 점에서 관여정책과 기본 맥락을 같이 한다고 볼 수 있다. 관여정책에 대한 정의 및 자세한 논의는 전재성, 2003, 「관여(engagement) 정책의 국제정치이론적 기반과 한국의 대북정책」, 『國際政治論叢』, 한국국제정치학회, pp. 231~251 참조.

북한 핵실험 이후 대북정책 및 한미관계 설정을 둘러싼 국내적 논란은 이를 상징적으로 보여주었다. 북한의 핵실험은 북미관계의 정상화 없는 남북관계 발전의 한계를 여실히 보여주는 동시에 남북관계가 북미관계 개선에 미치는 영향에는 한계가 있음을 보여주었다.[5] 노무현 정부의 노력에도 불구하고 남북 정상회담이 성사되지 못하다가 2007년 10월에야 성사된 것도, 부시 행정부의 대북정책이 협상국면으로 전환되어 한반도 국제관계 환경이 변화된 데 기인한 점을 무시할 수 없다.

다음으로 남북 수준의 요인이다. 북한의 특정한 선택과 행위 역시 대북정책의 국내정치에 영향을 미쳤다. 예컨대 김대중 정부 이후의 대북화해협력과 지원정책에 대해, 북한의 핵개발시도와 미사일 발사 및 핵실험 등은 대북포용정책을 둘러싼 논란과 갈등을 급등시키는 요인이었다. 북한의 이러한 선택은 남한의 대북포용정책을 무색하게 하기 위한 것이라기보다 자신의 체제유지 및 대외협상전략의 소산이라고 볼 수 있다. 그러나 이는 남한의 대북 '협력에 대한 배반'이라는 인식과 구실을 제공했던 것이 사실이다. 그리하여 북한의 행동과 태도는 남북관계를 악화시키고 남남갈등을 촉발시키는 소재가 되었다.

보다 직접적인 남북관계 수준의 요인으로는 1999년과 2002년 서해상에서의 남북교전을 들 수 있다. 또한 2000년 제1차 남북 정상회담 직후 한나라당 이회창 총재에 대한 북한의 비난,[6] 2006년 7월 남북 장관급회담 시 북한 내

---

[5] 그렇다면 대북포용정책과 남북관계 개선을 통해 북핵문제를 해결한다는 접근은 하나의 기대이지 현실 영역은 아닐 수 있다. 또한 같은 논리로 북한의 핵실험을 대북 포용정책의 실패로 돌리는 것도 무리이다. 말하자면 대북정책과 북한의 핵실험 간에는 인과관계는 물론이고 별 상관관계가 없다고 할 수 있다. 북핵문제는 기본적으로 남북 수준의 사안이 아니라 북미 내지 국제 수준의 사안이기 때문이다. 그럼에도 불구하고 북한의 핵실험은 현실적으로 남북관계를 후퇴시키고, 대북포용정책 추진에 타격을 주며, 대북정책의 국내정치에 논란과 갈등을 유발하는 소재로 작용했다.

[6] 2000년 7월 6일, 한나라당 이회창 총재가 북한 핵과 미사일을 거론한 데 대해 북한은 이회창 총재를 'x'이라고 칭하며 '반통일 분자'라고 비난했다.

각 책임참사 권호웅의 '선군정치의 남한안보 기여' 운운 등과 같은 언행은 남
한사회에 파문을 일으키면서 대북정책의 국내정치에 균열과 갈등을 조장·
증폭시키는 요인이 되었다. 한국 국민들에게 자리 잡고 있는 '적' 또는 '동포'
이미지도 다분히 북한의 특정한 선택과 태도에 따라 공변(covariation)하는 것
임을 부인하기 어렵다.[7] 위에서 살펴본 바와 같이, 한국 정부는 대북정책에
영향을 주는 국제·남북수준의 요인을 통제하고 관리할 수 있는 구조의 자율
성(autonomy of structure)을 지나고 있지 않거나 상당히 제한적이다.

그러면 대북정책과 국내정치[8]는 상호 어떠한 연관관계가 있는가? 그리고
대북정책을 둘러싸고 국내정치에서 균열과 논란이 발생하는 원인은 무엇인
가?

우선 대북정책이 국내정치에 영향을 주는가, 아니면 국내정치가 대북정책
에 영향을 주는가 하는 논쟁은 소모적일 수 있다. 양자가 공히 일정한 타당
성을 지니며, 양자는 연계되어 상호작용한다고 할 수 있다.[9] 중요한 것은 양
자 간의 구체적인 연관과 상호작용, 특정 사안과 국면에서의 위계의 문제라
고 할 수 있다.

그럼에도 불구하고 양자를 일정하게 구분할 수는 있을 것이다. 예컨대 김
대중 정부의 대북포용정책은 한반도 평화와 남북관계 개선을 위해 개혁적
보수와 냉전적 보수의 집권연합—새천년민주당+자유민주연합—이라는 정치

---

7) 결과적으로 탈냉전기 체제생존에 직면하여 핵개발에 매달렸던 북한의 선택과 대남 태
도는 남한에서 정치사회와 시민사회의 자유주의적 보수세력이나 진보세력의 입지보다
는 냉전적 보수세력의 입지를 강화시켰다고 말할 수 있다.

8) 국내정치 요인의 구성요소로는 지배연합의 성격과 정치사회 내의 역학관계, 그리고 (세
대, 지역, 계층별) 여론을 들 수 있을 것이다. 이상이 국내정치 요인 가운데 일종의 구조
적 요인이라면, 남남갈등은 보다 역동적인 상황적 요인이라고 말할 수 있을 것이다. 그
러나 이 글은 이와 같은 구성요소들을 설명변수로 하여 정치하게 대북정책의 국내정치
를 설명하려는 시도는 아니다.

9) Putnam, Robert D., 1988, "Diplomacy and Domestic Politics: The Logic of Two-Level
Games," *International Organization*, Vol. 42. No. 3, pp. 427~460 참조.

기반과 IMF(International Monetary Fund, 국제통화기금) 극복, 한국의 경제자원을 적극 활용하는 '안에서 밖으로의' 외연화 전략이라고 할 수 있다. 동시에 대북포용정책은 여소야대 상황의 타파를 위한 정계 개편과 지배연합 재편, 그리고 국가보안법 폐지 등과 같은 민주개혁을 추진하기 위해 남북 화해협력과 정상회담을 적극 활용하고자 한 '밖에서 안으로의' 내재화 전략이기도 하다.[10)

이론상으로는 지배연합의 성격, 정치사회 내의 역학관계, 여론구도 등과 같은 (구조적) 국내정치 요인이 대북정책에 영향을 미치고 (구조적) 국내 정치 요인 또한 대북정책에 의해 영향을 받는다고 할 수 있다. 그리고 남남갈등[11)과 같은 (행위적) 국내정치 요인 역시 대북정책에 의해 일어나는 동시에 대북정책에 영향을 미친다. 말하자면 국내정치 는 대북정책에 영향을 주고받는 독립변수인 동시에 종속변수라고 할 수 있다.

전반적으로 보건대, 김대중 정부에서 국내정치가 대북정책을 추진 또는 제한한 측면이 대북정책 추진을 통해 국내정치를 개편한 측면보다 컸다고

10) 대외정책에서 국내정치 요인의 중요성을 강조하는 대표적 논의로는 Russett, Bruce, 1993, *Grasping the Democratic Peace: Principles for a Post-Cold War World*, Princeton University Press; Snyder, Jack, 1991, *Myth of empire: Domestic Politics and International Ambition*, Ithaca and New York Cornell University Press 참조. 반면 '제2이미지 역전이론(the second image reversed theory)'은 앞의 Russet(1993)과 Snyder(1991)와 달리, 외교정책이 국내정치와 구조의 반영일 뿐만 아니라 대외환경의 압력이 국내정치와 그 구조의 형성이나 변화의 원인이 된다는 점을 지적한다(Gourevitch, Peter, 1978, "The Second Image Reserved: The International Sources of Domestic Politics," *International Organization*, Vol. 32, No. 4, pp. 881~912를 참조).
11) 남남갈등은 엄밀하게 학문적으로 정립된 개념은 아니다. 1997년 8월 『한겨레신문』에서 처음 등장했다가 학계에서는 2000년 7월 한국정치학회 주관 워크샵에서 명지대 김도종 교수가 사용하면서 논의되기 시작했다고 할 수 있다. 더불어 김대중 정부의 대북포용정책 추진 이후 본격화된 한국사회 내 갈등현상을 지칭하는 용어로 언론에 널리 유포되었다. 이러한 점을 염두에 두면, '남남갈등'이란 한국사회 내 여타 갈등 과 구분하며 "대북정책, 남북관계, 통일문제, 북한에 대한 인식과 대응 등을 둘러싼 남한 내의 균열과 갈등"이라고 정의해 볼 수 있다. 남남갈등에 대한 포괄적 논의는 경남대 극동문제연구소 편, 2004, 『남남갈등: 진단 및 해소방안』, 서울: 경남대학교 극동문제연구소 등 참조.

할 것이다. 즉 통일문제에 남다른 신념과 철학을 가졌던 김대중 후보의 대통령 당선과, 남북 화해협력을 통해 한반도의 긴장을 완화하고 평화를 정착 시키려는 '국민의 정부'의 출범으로 대북포용정책이 추진될 수 있었다. 그러나 국내정치 수준에서 대북포용정책에 대한 반대와 남남갈등의 고조는 이의 발목을 잡는 요소가 되었다. 반면 제1차 남북 정상회담과 6·15 공동선언, 그리고 굵직굵직한 남북경협 사업 추진 등과 같은 대북정책의 성과는 김대중 정부가 기대했던 것만큼의 국내정치 개편이나 지지기반 확충을 가져오지는 못했다.

제2이미지 역전이론을 빌어 말하면, 김대중 정부 출범 이후의 대북포용정책 추진은 대통령의 정책 성향을 포함하여 당시의 국내정치와 그 구조를 일정하게 반영하고 있다. 그러나 대북포용정책 추진을 통해서 지배연합을 재편하거나 정치세력 간 역학관계 및 여론을 크게 변화 또는 재형성하지는 못했다. 요컨대 김대중 정부의 대북정책 추진과정에서 외연화의 측면은 있었지만, 내재화의 측면은 대북포용정책에 대한 지지 확산이나 정계 개편 수준에는 이르지 못하고 오히려 남남갈등이 이를 압도한 것처럼 보인다. 이렇게 보면 대북정책이 국내정치에 미친 영향보다 국내정치가 대북정책에 준 영향이 더 뚜렷하다고 말할 수 있겠다. 위와 같은 점은 노무현 정부에서도 대동소이했다.[12] 그러면 대북포용정책이 국내정치와 연관되는 원인은 무엇인가?

첫째, 김대중 정부의 대북포용정책을 둘러싸고 국내정치에서 남남갈등이 격화된 것은 기본적으로 이전까지 국제 수준에 머물고 있었던 탈냉전 조류가 점차 남북수준, 이어서 국내 수준으로 진입한데 기인한다고 볼 수 있다. 이에 따라 냉전 해체의 문제가 보다 직접적이고 현실적인 국내정치의 영역이 되었기 때문이다. 따라서 대북정책의 변화는 기존정치·이데올로기 지형

---

12) 이 글은 논의과정에서 외연화와 내재화의 측면을 염두에 두지만 이를 분석단위로 한 체계적 분석은 아니다.

과 긴장과 마찰을 동반할 수밖에 없다. 우리는 과거 분단국가 수립 시기 북한과의 적대와 대결을 통한 남한의 국가정체성 구축과정에서 균열과 갈등이 수반되었음을 잘 알고 있다. 마찬가지로 북한과의 화해협력을 통한 민족정체성 추구에도 갈등과 균열이 따르고 있는 것이다.

둘째, 대북정책의 국내정치는 과거 냉전·반공주의에 기득이익, 이념적 성향, 정서, 상흔을 가진 냉전적 보수세력들의 위기의식과 자신들의 기득이익 유지에 민감해진 상황과도 연관된다고 할 수 있다. 왜냐하면 남북갈등 완화와 화해협력 진전은 그간 북한요인을 구실로 억압된 정치, 경제, 사회 전반에 대한 변화와 개학 요구를 분출시키는 계기가 될 수 있기 때문이다. 때문에 냉전적 보수세력들은 탈냉전적 개혁세력들이 추진하는 대북포용정책에 위기의식을 갖고 그에 대한 대응을 모색하는 것이다. 무엇보다 남북관계가 진전될수록 대북정책은 이념 경쟁, 법제도 개편, 자원 배분, 지배연합 등 국내정치 재편을 둘러싼 이해가 엇갈리는 첨예한 이슈로 대두하기 마련이다. 때문에 대북정책을 둘러싼 논란과 갈등은 정책 목표 및 수단의 효율성·합리성 자체보다는 그 정책이 함축하는 권력관계, 이념, 이해득실의 맥락에서 비롯되는 경우가 많다.

셋째, 정부의 단기적 또는 임기 내 업적 추구, 지나친 대북 저자세, 대북정책 추진과 관련된 미숙한 정국운영 등도 대북정책의 국내정치를 초래하는 요소라고 할 수 있다. 김대중·노무현 정부가 대북정책 비판여론에 대한 설득 부족 및 야당과의 협력구도를 설정하지 못함으로써 대북정책의 국내 정치를 격화시킨 면이 없지 않았다. 이들 정부가 남북관계 개선에 공을 들였던 것은 주지하는 바다. 그러나 그에 비해 정작 대북정책 추진의 주요 동력인 내부 협력구도 구축에는 소홀함으로써 대북포용정책에 대한 반대와 남남갈등의 증폭을 자초한 면이 없지 않았다. 앞의 첫 번째와 두 번째 요인이 대북정책의 국내정치의 배경과 상황을 조성하는 일종의 유인 요인(pull factor)이라면, 세 번째는 보다 직접적으로 대북정책의 국내정치를 초래·격화시켰던 촉발요인(push factor)이라고 할 수 있다.

앞에서 지적한 것처럼 대북정책에 영향을 주는 요인은 국제, 남북, 국내의 세 가지 수준에서 접근할 수 있으며, 이 세 수준 간의 공조와 균형 없는 대북정책의 순항은 어렵다고 할 것이다. 하지만 대북정책의 국내정치에 영향을 주는 세 가지 수준의 요인 중 과연 어느 것이 보다 주된 요인인가는 구체적인 사안과 국면에 따라 달리 평가할 사안일 것이다.

한편 약소국의 관여인 한국의 대북포용정책은 미국과 같은 강대국의 관여정책과 달리 정책추진상의 자율성과 독자성이 제한적이다. 즉 한국의 대북포용정책은 국제질서 내지 동북아질서, 특히 미국의 대한반도정책의 방향과 틀에 의해 영향을 받는다. 다만 여기서는 일단 국제 수준의 요인이 미치는 영향을 통제하고 문제를 단순화하여 남북 수준과 국내 수준 중 어느 것이 대북정책 추진에 영향을 주는 주된 요인인가를 논의토록 한다.

〈가설 1〉 남북 수준의 요인이 대북정책에 영향을 미치는 주된 요인이다.
〈가설 2〉 국내 수준의 요인이 대북정책에 영향을 미치는 주된 요인이다.

위의 경쟁하는 두 가설의 타당성에 대해서는 좀 더 면밀한 분석이 요구된다. 이는 남북관계 설정 및 대북정책 추진의 방향과 방식, 폭과 속도등과 관련하여 중요한 함의를 지닌다. 예컨대 〈가설 1〉처럼 북한의 핵·마사일 실험이 남북관계와 대북포용정책에 부정적 영향을 주었고, 그에 따라 대북정책을 둘러싼 남남갈등[13]이 증폭되었다고 간주해 보자. 이 경우 추후에 북한 이 핵을 포기하고 개혁개방을 도모하는 상태에서 교류협력 한다면 과연 대북포용

---

[13] 남남갈등의 폭과 정도는 국내정치에서 대북정책에 대한 지지, 묵인, 반대를 가늠해 보는 지표가 될 수 있다.

정책에 대한 반대나 남남갈등은 발생하지 않거나 현격히 줄어들 것인가 하는 점이다. 만약 그렇다면 대북정책에 영향을 미치는 주된 요인은 〈가설 1〉처럼 남북관계 수준에 있는 것이고, 이 수준에서 해법을 모색함이 타당할 것이다.

그러나 만약 〈가설 2〉가 더 타당성이 있을 경우, 대북정책을 둘러싼 갈등은 궁극적으로 남북수준의 화해나 협력을 통해 해법을 모색할 수 있는 사안이 아니라, 남남 간의 대화 및 합의 추구 등과 같이 국내정치에서 출발하고 찾아야 할 것이다. 예컨대 2000년 남북 정상회담 이후 대북정책의 성과를 두고 '북한변화론'과 '북한불변론'을 둘러싸고 공방이 있었던바, 〈가설 2〉에 입각할 때 북한의 변화 여부는 대북정책에 대한 지지 여부를 결정짓는 주된 변수가 아닐 수 있다.

나아가 〈가설 2〉의 경우 남북관계의 성과를 통해 정부의 입지 강화를 도모하기가 용이하지 않다. 오히려 국내 입지 강화를 기반으로 남북관계 발전을 기하고 대북정책의 동력을 얻어야 한다는 결론이 도출될 수 있다. 만약 그렇다면, 남북관계 진전을 통해 냉전적 보수세력 또는 포용정책 비판세력을 고립시키는 밖에서 안으로의 내재화전략이나 지배연합 재편을 위해 대북포용정책을 추진하는 안에서 밖으로의 외연화 전략은 적절하지 않을 것이다. 그보다는 이들을 설득하고 합류시켜 남북관계 발전을 기하는 국내지지 확보 내지 국내 관여(engagement toward domestic society)[14]를 통한 대북관여(engagement toward North Korea) 추구 또는 국내 관여와 대북관여의 동시병행전략[15]이

---

[14] 관여란 국가 간 관계에 적용되는 개념으로 '국내 관여'란 개념이 적절하지 않을 수 있다. 다만 이 글에서는 대북정책에 비판적인 국내의 반대세력들에 대한 '접근을 통한 변화'를 의미하는 것으로 사용한다.

[15] 이 점에서 필자는 대북정책 추진에 있어 대북은 물론이고 대내와 대외 관여를 포괄하는 '삼면 관여전략(three level engagement)' 또는 관여정책 추진의 국내적 기반 강화에 착목하는 '관여기지론'의 발상이 필요하다고 본다.

더 타당할 것이라는 논리가 성립된다. 실제 1980년대 이후 남아프리카공화국에 대한 미국의 관여정책 경험에서 보듯이, 주체국의 국내 지지 확보는 원활한 관여정책 추진을 위해 긴요하다.[16] 따라서 〈가설 1〉을 경시할 수는 없지만, 〈가설 2〉에 초점을 두고 대북정책의 국내정치에 따른 균열과 갈등의 문제를 볼 필요가 있다.

그리하여 남북화해협력을 위해 중요한 것은 남북 간의 윈셋(win set) 확대뿐 아니라—사실 이 윈셋도 원래 국내 비준(ratification)을 전제로 할 때 의미를 지니지만—동시 또는 그 이전에 남북관계 및 대북정책에 대해 상이한 입장을 가진 남남 간의 공유영역 확대 노력이라는 점과 정책적인 함의를 도출할 수 있다. 이러한 남남 간의 공유영역 확대에 기반을 둔 대북정책과 북한의 대남정책 간 윈셋 확대를 도모하는 것을 통해서만. 궁극적으로 남북관계의 안정적 발전을 기할 수 있을 것이다.

물론 남남 간의 공유영역 확대를 우선하다가 남북관계 발전을 지체 또는 역진시킬 수 있다는 비판이 제기될 수 있다. 그러나 남남 간의 공유영역 확대 없는 남북 화해협력 확대는 기능할 수 있으나 지속되기는 어렵다.[17] 왜냐하면 그런 조건에서 추진된 남북협력은 남남갈등을 불러오고, 이로 인해 결국 남북 화해협력이 역진되기 십상인 때문이다. 따라서 궁극적으로 남남 합의에 기반을 두지 않은 여하한 대북정책도 지속 기능하지 않다고 할 수 있다.

이처럼 대북정책과 국내정치가 긴밀하게 연계되어 있고, 대북정책을 진전

---

16) Haass, Richard N. and Meghan L. O'Sullivan, 2000, "Terms of Engagement: Alternatives to Punitive Policies," *Survival*, Vol. 42, No. 2, pp. 117~118.

17) 이런 점에서 압박정책이든 관여정책이든, 국민적 합의에 기반을 두어 지속되면 모두 성과가 있을 것이라는 지적은 단순한 냉소 이상의 의미를 지닌다. 여하한 정책이든 국내적 합의기반이 취약하거나 정권 교체에 따라 왔다갔다 한다면 그 성과는 무망할 것이기 때문이다.

시키는 자원, 지지기반 등의 기본 동력은 국내정치로부터 나온다고 할 수 있다. 따라서 남남대화와 남남합의 없이 남북협력을 지향하는 대북정책은 탄력을 받기 어렵고 지속 가능하지 않다. 그런데 만약 이처럼 대북정책을 둘러싼 반대나 논란의 '주된' 요인이 남북관계 수준에 외재하지 않고 국내 수준에 내재하는 것이라면, 극단적으로 말해 남북관계를 아무리 발전시키더라도 대북정책에 대한 지지 확보나 남남갈등 해소를 기대하기 어렵다는 결론이 나온다. 더불어 내재하는 요인이 변하지 않는 한 남북화해의 진전을 전망하기 어렵다고 할 수 있다.

사실 김대중·노무현 정부 시기에 정권에 대한 호오(好惡)도는 대북정책 자체에 대한 찬반으로 그대로 투영되었다. 그리고 정권에 대한 호오도를 기반으로 한 세대 간, 지역 간 갈등구조가 대북정책 및 대미정책에 투영되어 남남갈등을 일으켰다.[18] 다른 말로 하면, 국내정치 문제가 대북정책 및 대미정책에까지 여과 없이 그대로 확산되어 투영된다는 것이다. 그리하여 국내정치-남북관계-한미관계가 동일선상에 배열되고 상호 침투되어 인식되는 것이다. 이런 조건에서 대북정책 반대나 남남갈등을 초래하는 요인으로서 표면화된 남북관계 또는 대북정책 이슈는 단지 부차적 요소 혹은 하나의 구실로 동원된다고 볼 수 있다. 그럴 경우 국내정치에 대한 고려 없이 부차화 혹은 명목화된 남북관계와 대북정책상의 성과를 통해 대북정책에 대한 지지 확보나 남남갈등의 완화를 시도하는 것은 오류일 수 있다.

---

[18] 김근식, 2011, 『대북포용정책의 진화를 위하여』, 파주: 한울, pp. 106~108; 김갑식, 2007, 「한국사회 남남갈등: 기원, 전개과정, 그리고 특성」, 『한국과 국제정치』 23권 2호, 경남대학교 극동문제연구소, pp. 40~52.

3. 김대중 · 노무현 정부 대북정책의 국내정치와 그 전개

가. 대북정책과 국내정치 요인

한 나라의 정책은 단순히 외부환경의 산물이 아니라 국내정치의 결과라고
도 할 수 있다.[19] 전시 중의 피점령과 국권상실과 같은 극단적인 경우를 제
외하고는 개별 국가들은 정책 선택에 있어서 여지를 갖는다.[20] 결국 특정 정
책의 선택은 한 국가 내에서의 권력분배, 사회세력, 제도, 국가구조 이념 등
국내정치에 의해 이루어진 다고 볼 수 있다. 그리고 국내정치에 의해 만들어
진 "정책은 (다시) 정치를 만든다."[21]

대북정책 역시 기본적으로 국내정치의 산물일 뿐만 아니라, 국내정치를
재형성하고 변화시킨다고 할 수 있다. 새천년민주당이라는 개혁적 보수세력
중심의 수평적 정권교체와 함께 남북 화해협력을 신념화해온 대통령의 성향
은 대북포용정책 추진을 가능하게 한 요인이 되었다. 그리고 김대중 정부는
2000년 4월 제16대 국회의원 선거를 불과 사흘 앞두고 남북 정상회담 개최
소식을 밝힘으로써 남북관계를 선거에 적극 활용하고자 했다. 이는 김대중
정부가 제16대 총선에서 남북정상회담 개최라는 빅뉴스를 통해 여소 야대를
극복하고 다수파로의 정치적 가반 확장을 기대했다고 볼 수 있다. 또한 김대
중 정부는 남북 정상회담 합의 발표 이후 국내정치의 안정 없이는 남북관계
의 주도가 어렵다는 논리로 여당의 승리를 호소하였다. 그러나 이러한 정상

[19] Gourevitch, Peter, 1986, *Politics in Hard Times: Comparative Responses to International Economic Crises*, Ithaca: Cornell University Press.

[20] Gourevitch, Peter, 1986, *Politics in Hard Times: Comparative Responses to International Economic Crises*, Ithaca: Cornell University Press, p. 65.

[21] Pierson, Paul, 1993, "When Effect Becomes Cause: Policy Feedback and Political Change," *World Politics*, Vol. 45, No. 4, pp. 595~628.

회담 합의의 동원에도 불구하고 제16대 총선은 여소야대로 귀결되었다.

　김대중 정부는 다시 2000년 6·15 공동선언 채택과 같은 남북 정상회담의 결과를 대북포용정책에 대한 지지기반을 확대하고 근본적인 정치재편을 시도하는 명분이자 정치자원으로 활용하고자 했다. 예컨대 김대중 대통령은 2000년 8월 광복절 기념사에서, 불가능하게만 여겨졌던 남북 화해협력을 이루어가고 있는 만큼 내부의 국민 화합과 무엇보다 여야 간의 화합을 이루어 가야 한다고 강조했다.22) 그리고 6·15 공동선언 제2항의 통일방안 공통성 확인과 관련하여 국민투표 가능성을 제기했다.23) 이것은 김대중 대통령이 국내정치의 재편이라는 프리즘을 통해 남북 정상회담 이후 남북 화해협력의 가속화를 통해 국내정치의 쟁점과 갈등을 덮고, 국내의 비판여론을 무마하며, 정치적 위기를 극복하고자 했다.24) 나아가 남북 화해협력 시대에 상응하는 이념, 제도, 지배연합의 재편을 도모했다고 할 수 있다.

　노무현 정부는 지배연합의 성격 면에서 김대중 정부와 유사했을 뿐만 아니라. 대북정책 면에서도 김대중 정부의 대북포용정책을 계승 발전시킨다는 입장에서 출범했다. 다만 노무현 정부는 대북포용정책과는 다소 구분되는 평화번영정책을 제시했다. 그러나 노무현 정부의 대북정책은 정부출범 초기부터 제2차 북핵위기로 인해 사실상의 큰 진전을 이루지 못했다. 북핵문제가 답보상태에 빠지자 평화번영정책은 제대로 구사되기 힘든 대외환경의 제약 속에 갇혔다. 북핵문제가 지속되면서 노무현 정부의 대북정책 기조는 활기를 띠기 어려웠다. 그리고 북핵문제 대두라는 외적 변수 외에도 대북특검법 수용으로 인해 대북정책 추진에 일정한 제약이 불가피해졌다.

　노무현 정부가 임기 초·중반에 국내정치적 동기에서 대북정책을 활용할

---

22) 『경향신문』, 2000년 8월 15일자.

23) 『경향신문』, 2000년 10월 9일자.

24) 김기정, 2000, 「남북정상회담과 국내정치」, 『외교』 55호, 한국외교학회, pp. 49~55.

의도가 있었는지는 불명하다. 정황이 잘 표착되지 않는다. 오히려 노무현 정부는 대북특검법 공포 외에도 한나라당과의 대연정 제안, 민주당 분당, 이라크 추가 파병, FTA(Free Trade Agreement, 지유무역협정) 추진 등으로 인해, 대북정책의 지지기반이자 노무현 정부의 실질적 근거지인 민주연합을 붕괴시켰다. 2004년 이후 보수언론을 중심으로 한 대북정책에 대한 비판 및 남남갈등 보도가 줄어들었는데, 이는 노무현 정부의 민주연합 해제와 밀접한 관련이 있다고 볼 수 있다. 그 때문인지 2006년에는 북한이 실제로 핵 실험을 감행했음도 불구하고 도리어 남남갈등의 빈도는 점점 줄어들었다. 이는 앞에서 제시한 〈가설 2〉의 타당성을 보여주는 한 예라고 할 수 있겠다. 이처럼 당시 북한의 핵실험에도 불구하고 대북정책을 둘러싼 남남갈등 빈도가 상대적으로 감소한 것을 두고, 한 논자는 2007년 제17대 대선에서의 대세가 특정 진영에게 유리하게 기울어졌다는 인식과도 상관성을 가질 것이라며 지적하기도 했다.[25] 따지고 보면 이와 같은 분석도 대북정책에 영향을 미치는 주된 요인이 북한의 구체적 행위나 남북관계 그 자체보다는 국내정치에 있음을 의미한다.

한편 2007년 대선 전 발표된 제2차 남북 정상회담 합의는 노무현 정부가 대북정책을 정치적으로 이용한다는 비판을 불러 일으켰다. 이 점에서 2007년 8월 이후, 제2차 정상회담을 전후로 대북정책을 둘러싼 논란과 갈등이 재연(再然)된 것은 남북 정상회담 개최가 대선 판세에 영향을 주는 변수로 작용할 수 있다는 판단에 기인한 것으로 볼 수 있다.

그럼에도 불구하고 전반적으로 보아 노무현 정부에서는 국내정치적 목적을 위한 대북정책의 동원이 전임 김대중 정부에 비해 두드러지지 않았다고 볼 수 있다. 그 이유는 무엇보다 대북정책이 북핵문제에 압도된 데다, 한미동

---

25) 백종국, 2007, 「핵문제의 국내정치: '남남갈등(南南葛藤)'을 중심으로」, 『북핵문제와 한반도 평화정착』, 한반도평화연구원 주최 제2회 한반도 평화포럼 자료집(서울, 6월), p. 187.

맹 재조정, 이라크 파병 등 굵직한 외교안보 현안의 하중 속에서 대북정책 자체의 활발한 추진이 어려워졌기 때문이다.

나. 대북정책의 국내정치 전개

대북정책을 둘러싼 국내정치적 균열과 갈등은 1998년 대북포용정책을 표방하며 적극적으로 남북 화해협력을 시도한 김대중 정부의 출범과 함께 격화되어 노무현 정부에까지 지속되었다. 즉 국가 대 정치사회, 국가 대 시민사회, 정치사회 대 정치사회, 시민사회 대 시민사회 수준에서 김대중·노무현 정부의 대북정책이 대한민국의 국가정체성을 훼손하고 김정일 독재정권을 지원하는 일방적인 '퍼주기'라는 논란을 둘러싸고 갈등이 격화되었다.26) 심지어 두 정부가 국가안보를 소홀히 하는 친북 성향의 좌파정권이라는 정치공세도 제기되었다.

김대중 정부의 대북포용정책은 초기의 높은 지지에도 불구하고 임기 내내 논쟁의 대상이 되었으며, 남남갈등을 촉발시키는 계기가 되었다. 냉전적 보수세력을 중심으로 한 햇볕정책 반대론자들은 남한의 대북지원과 협력이 북한을 근본적으로 변화시키지 않으면서, 북한의 정권과 장기적으로는 대남도발을 도와주고 있다고 비판했다. 또한 2000년 6·15 공동선언에서 남한의 국가연합 안과 북한의 낮은 단계의 연방제 안이 공통성이 있다고 인정한 것은 북한의 통일방안을 수용한 것이라며 비판했다. 정상회담 후 햇볕정책을 둘러싼 논란과 갈등은 정치사회 및 시민사회의 친북, 용공 논란으로 비화되었다.

---

26) 이에 대해 자세한 것은 손호철, 2004, 「남남갈등의 기원과 전개과정」, 경남대학교 극동문제연구소 편, 『남남갈등: 진단 및 해소방안』, 서울: 경남대학교 극동문제연구소, pp. 11~53; 강원택, 2004, 「남남 갈등의 이념적 특성에 대한 경험적 분석」, 경남대학교 극동문제연구소 편, 『남남갈등: 진단 및 해소방안』, 서울: 경남대학교 극동문제연구소, pp. 55~100 참조.

2001년 평양에서 열린 8·15 민족통일대축전 참석을 위한 방문에서 만경대 방명록사건과 같은 일부 참가자들의 행동이 북한을 친양한 것으로 알려지면서 친북 논란이 제기되었고, 이는 국가보안법 위반 등의 색깔논쟁으로 번졌다. 급기야 야당뿐 아니라 자민련까지 나서면서 정치적 쟁점이 되었고, 임동원 통일부장관 해임안 처리로 파문이 확산되었다. 이 과정에서 민주당과 자민련의 갈등은 결국 양당 공조체제의 와해를 가져왔다.

한편 출범 초기부터 제2차 북핵위기에 발목 잡혔던 노무현 정부의 대북정책은 활기를 띠지 못했다. 때문에 노무현 정부에서는 대북정책 자체보다 국가보안법 폐지와 사회개혁정책, 집권층의 성향 등을 둘러싼 균열과 갈등이 일어났다. 예컨대 2004년 9월 9일 열린우리당이 국가보안법 폐지를 당론으로 채택하자, 한나라당 박근혜 대표는 국가보안법 사수를 당론으로 채택하며 맞섰다. 당시 한나라당은 국가보안법 폐지, 과거사 청산, 사립학교법, 언론개혁법 등 4대 개혁 입법을 추진하는 노무현 정부를 친북·좌파 정권으로 몰고 갔다. 이 역시 〈가설 2〉의 타당성을 지지하는 것으로 볼 수 있다. 기본적으로 북한문제를 둘러싼 국내정치의 갈등과 논란은 대북정책 자체나 북한의 구체적 행위 여하 이전에, 국내 정치와 그 구조, 다시 말해 지배연합의 성격, 여야 등 정치세력 간의 역학관계, 지역별·세대별 여론구도 등을 반영하고 있다고 할 수 있다.

2007년 들어 그간 노무현 정부의 대북정책 전개를 제약해 온 부시 행정부의 대북정책이 협상 국면으로 전환된 데 힘입어, 2007년 8월 8일 제2차 남북정상회담 개최 합의가 발표되었다. 정상회담 개최 합의가 발표되자 정치권과 시민사회에서는 대선 일정, 현 정부의 잔여 임기 등을 이유로 개최 시기의 적절성 여부를 둘러싼 공방이 가열되었다. 그리고 정상회담에서 북측이 주장하고 나설 가능성이 높은 NLL(Northen Limit Line, 북방한계선) 재설정, 국가보안법 철폐, 한미연합 군사훈련 포기, 참관지 제한 철폐 등의 의제화 여부를 둘러싸고 논란이 일어났다. 당시 한나라당의 북핵 폐기 확약 주장에 대해 정부 측 인사는 회담에서 북핵 해결에 대한 합의를 이루는 데 노력하겠지만, 남북 정상회담을 핵회담 일변도로 모는 것은 정상회담에 재를 뿌리는 처사에 지나지 않는다고 반박했다.

한편 2007년 9월 10일 한나라당 이명박 후보가 북핵문제 해결 단계에 맞춰 경제협력 수준을 높여나가겠다는 '신한반도구상'을 발표하자, 노무현 대통령은 직접 이를 폄하하고 나섰다. 노무현 대통령은 "참여정부가 추진하는 남북경협에 대해 친북좌파, 퍼주기, 2중대라고 매도하다 남북 정상회담으로 인한 남북화해 무드가 조성되자 승차권 한 장 달랑 들고 편승하려는 유치한 발상"이라고 비난했다.[27]

2007년 10월 제2차 남북 정상회담 직후 대북정책을 둘러싼 논란과 갈등은 NIL문제를 중심으로 재점화될 조짐을 보였다. 북한이 서해장의 군사적 긴장완화의 선결조건으로 주장해온 NIL 재설정 문제는 정상회담 전부터 논란이 되었으나, 남북 정상이 합의한 선인문에는 그에 대한 언급이 전혀 없었다.[28] 서해상에 공동어로수역 등을 포함하는 서해평화협력특별지구를 조성하기로 합의하면서도 그 실행의 중요한 전제요소가 될 수밖에 없는 NIL문제는 절묘하게 피해간 것이다. 여하간 제2차 정상회담에서는 북한이 제기한 정치·군사적인 NIL문제를 경제협력 속에 묻었다. 그러나 남북경협에 따른 대규모 대북지원과 NIL, 국가보안법 정비 등에 대해 한나라당이 난색을 표함으로써 국내의 논란과 갈등은 계속되었다.

---

[27] 『한국일보』, 2007년 9월 11일자.
[28] 남북 정상회담 시 노무현 대통령과 김정일 국방위원장 간에 있었던 NLL 관련 발언록은 지난 2012년 제18대 대선을 달군 핫이슈로 등장한 바 있다.

다. 대북정책의 국내정치 영향

위에서 살펴본 바와 같이, 그간 남북갈등의 고조 속에 잠복해 있던 남남갈등은 대북포용정책 추진으로 인한 남북갈등의 완화와 함께 표출·격화되었음을 알 수 있다. 그리고 대북정책에 영향을 미치는 국제, 남북, 국내 세 수준의 영향, 특히 국내 냉전의 관성을 감안할 때 대북정책을 둘러싼 국내정치적 균열과 갈등은 결코 일시적 현상이 아니라 앞으로 상당 기간 지속될 구조적 현상이라고 볼 수 있다.[29] 더욱이 이와 같은 국내정치의 균열과 갈등은 남북화해협력 과정에서는 물론이고 남북통합 과정과 통합 이후에도 지속될 것으로 예상할 수 있다. 그러나 대북정책의 국내정치가 동반하는 균열과 갈등을 반드시 부정적으로만 볼 필요는 없을 것이다. 오히려 균열과 갈등의 표출과 공적 논의를 통해 사회적 합의를 만들어 가는 것이 바로 민주주의의 요체임도 사실이다. 균열과 갈등의 존재와 표출을 배제한 사회통합은 단지 갈등을 억압하고 내연시킬 뿐이다.

그런데 문제는 대북정책의 국내정치에서 오는 갈등의 과도한 격화가 이념적 양극화를 초래하여 사회통합을 저해하며, 이러한 이념적 양극화가 결국 남북갈등의 재고조로 이어진다는 점이다. 그리고 이와 같은 남북갈등의 재고조는 다시 남한의 냉전·반공주의 호출(interpellation), 북한의 체제 폐쇄를 강화하는 도구가 된다. 이렇게 되면 대북화해 기조는 역진될 수밖에 없고, 이러한 조건에서 남북관계의 진전은 무망하다. 우리가 남북관계 발전 및 한반도

---

[29] 주지하듯이 북한과 통일문제에 대한 태도는 한국 국민의 이념적 정향을 나타내는 핵심 지표이다. 성장과 분배라는 경제적 쟁점이 진보와 보수를 가르는 핵심 기준인 서유럽과 달리, 한국에서는 북한에 대한 태도와 안보이슈가 진보와 보수를 구분하는 기준이 된다. 그리하여 한국사회 이념갈등의 상당수는 북한에 대한 인식과 관련이 있다. 한편 한국국민들의 북한에 대한 인식과 태도는 미국에 대한 인식 및 태도와 높은 상관관계를 지닌다. 자세한 논의는 강원택·이내영 공편, 2011, 『한국인, 우리는 누구인가?: 여론조사를 통해 본 한국인의 정체성』, 서울: 동아시아연구원 참조.

평화의 기초를 남남합의 내지 국내정치 기반에서 찾아야 하는 이유도 바로 여기에 있다고 할 것이다.

또한 북한문제를 둘러싼 균열과 갈등은 대북정책의 국내정치로 인해 단지 대북정책 자체에 국한된 문제만은 아니다. 기실 대북정책을 둘러싼 갈등은 그 외양의 이면에 사회 전반에 걸친 개혁과 기득이익 재편문제가 자리 잡고 있는 가치·이익·권력 투쟁의 측면을 지닌다. 예컨대 냉전적 보수세력은 개혁적 보수 또는 자유주의적 보수세력이 주도하는 국내 개혁을 저지하고 자신들의 기득이익 고수를 위해 친북·좌파 언술을 개혁에 끼워 넣고자 한다. 친북·좌파 언술 끼워 넣기로 정치사회와 시민사회의 반공·보수 지향성을 자극함으로써 국내 개혁이 곧 친북·좌파로 의제되는 상황이 조성될 수 있다. 말하자면 아직 냉전·반공주의가 현격히 퇴조하지 않은 상황에서 개혁을 좌우의 이념문제로 전치시킬 수 있는 이슈 전환용으로 요긴한 것이 친북·좌파 언술의 동원이라는 점이다.30) 이는 냉전·권위주의 시기는 물론이고 노태우·김영삼 정부의 공안드라이브 등에서도 동원된 바 있는 사회의 개학요구를 저지하는 유용한 기제이다. 이 점에서 대북정책에 대한 반대나 이를 둘러싼 갈등은 일종의 '위장된' 반대 또는 갈등이라고도 볼 수 있다.

즉 대북정책에 대한 논란과 갈등은 순수한 정책적 차원의 논란과 갈등이라기보다 정파적 또는 이해관계의 측면이 강하다.31) 다만 이전 정부와 비교할 때, 김대중 정부 출범 이후 달라진 것은 국가가 아니라 정치사회와 시민사회의 냉전적 보수세력이 이를 동원하고 있다는 점이다.32)

30) 신종대, 2005, 「분단체제와 '친북청산': 국가정체성, 민족정체성, '친북청산'의 연관 구조와 동학」, 양승함 편, 『한국 사회의 주요 쟁점과 국가관리』, 서울: 연세대학교 국가관리연구원, pp. 97~180.
31) 물론 기득이익을 고수하고자 대북포용정책에 대해 정략 또는 이해관계 차원에서 반대하는 입장과, 보다 바람직한 대북정책의 방향과 방식에 대해 비판하는 입장과는 구분되어야 할 것이다. 그러나 대북정책의 국내정치가 심화될수록 양자의 구분은 모호해지고 후자가 들어설 여지가 점점 협애화된다고 할 것이다

이와 같이 북한문제를 둘러싼 논란과 갈등은 비단 대북정책에만 국한되지 않으며, 제반 국내정책 및 대외정책 문제로 퍼지는 확산효과(spill-over)를 지닌다. 예컨대 김대중 정부가 대북정책에서 좌파, 친북으로 규정되기 시작하자 신자유주의 경제정책을 펴고 민주주의와 시장경제의 병행발전을 추구하던 김대중 정부 자체가 곧바로 좌파정부로 공격받기 시작했다. 말하자면 대북정책에서의 성격 규정이 정권의 내부정책과 성격에 대한 규정으로 그대로 연결되었다.[33] 또한 남북관계 측면에서 김대중 정부에 비해 후퇴한 감이 없지 않은 노무현 정부의 대북정책 역시 친북·반미로 공격받았다. 그리고는 국가보안법 폐지, 과거사청산, 사립학교법, 언론개혁법 등 4대 개혁입법 추진에 대해서도 친북·좌파의 낙인이 가해졌다.

이렇게 볼 때, 대북정책을 둘러싼 논란과 갈등의 완화 내지 남남합의 없이는, 남북관계 설정이나 대북정책 자체에 대한 합리적이고 건전한 논의와 공론형성 그리고 정책 추진이 어려울 것이다. 그렇다면 대북정책 추진의 국내적 기반 강화야말로 남북관계 개선 프로세스에 있어서 문제의 핵심이자 근간이다. 정치사회와 시민사회에서 이념 대립 및 갈등의 양극화가 진행되는 상황에서는 안정적으로 정책을 추진하기 어렵다. 그리고 설사 남북 간에 의미 있는 합의를 갖더라도 이것이 지속가능하거나 실행될 가능성은 낮다.[34]

32) 손호철, 2004, 「남남갈등의 기원과 전개과정」, 경남대학교 극동문제연구소 편, 『남남갈등: 진단 및 해소방안』, 서울: 경남대학교 극동문제연구소, pp. 32~46.
33) 박명림, 2005, 「민주주의, 남북관계, 그리고 국민통합: 국내냉전과 남남갈등을 중심으로」, 양승함 편, 『한국 사회의 주요 쟁점과 국가관리』, 서울: 연세대학교 국가관리연구원, pp. 456~457.
34) 예컨대 2007년 북미 간 2·13 합의 등 한반도 정세 변화조짐에 따라, 한나라당도 처음에는 남북 정상회담 수용 등 대북정책 기조 변경을 표방하여 정치권 차원에서 대북정책 협력구도가 마련되는 계기가 될지 주목된바 있다. 그러나 한나라당은 막상 정상회담 개최가 결정되자 개최 시기와 의제 설정 등을 둘러싸고 정부와 여러 입장 차를 노정했다. 그리고 정상회담 이후에는 NLL 문제 등을 둘러싸고 정치권이 공방을 벌여 정상회담 후 속조치가 순조롭게 이행될 수 있을지 불투명했다. 주지하듯이 2008년 이명박 정부 출범으로 '10·4 선언'의 합의 내용은 잉크가 채 마르기도 전에 사문화되었다.

4. 김대중·노무현 정부 대북정책의 반성과 교훈
: 대북정책과 국내정치의 조화와 균형

김대중·노무현 정부 시기에 있었던 것과 같은 대북정책의 국내정치와 이로 인한 균열과 갈등을 어떻게 완화하여 지속 가능한 대북정책을 펼 수 있을 것인가? 대외정책과 마찬가지로 대북정책이 국내정치의 연장이 되는 현상 그 자체를 막을 수는 없을 것이다. 다만 대북정책의 국내정치로 인한 사회 내 심각한 균열과 갈등은 극복 내지 완화되어야 할 것이다. 앞서 대북정책의 국내정치로 인해 한반도의 현상 유지와 변경, 그리고 변경목표와 추진방식 등을 둘러싸고 대립하는 세력들 간의 균열과 갈등이 정치사회와 시민사회에서 고조되었음을 살펴보았다. 이는 환언하면 현상유지세력이나 현상 변경세력 가운데 아직 어느 세력도 권력, 이념, 그리고 제도가 결합된 헤게모니[35]를 구축하지 못하고 있다는 의미이다. 따라서 대북정책을 둘러싼 그와 같은 균열과 갈등을 극복·완화하기 위해서는 다음의 두 가지 경로를 상정할 수 있다.

첫째, 국내냉전 청산과 남북 화해협력을 지향하는 세력들이 냉전·반북 지향성에 가반을 둔 세력들의 반발을 제어하고, 남북 화해협력과 대북포용정책을 구현할 수 있는 물적 자원, 지배연합과 지지기반, 그리고 이념과 제도로 구성되는 헤게모니를 정치사회와 시민사회에서 구축하는 일일 것이다.

둘째, 대북포용정책을 구현하려는 세력들이 압도적인 헤게모니 구축을 당장 전망하기 어려운 조건에서 상대적으로 안정적인 대북정책을 추진할 수 있느냐의 여부는 대북정책 비판세력들의 의견을 겸허히 수용하여, 대북정책에 대한 사회적 합의와 지지기반을 정치사회와 시민사회에서 얼마나 구축하

---

[35] Cox, Robert W., 1986, "Social Forces, States and World Orders: Beyond International Relations Theory," Robert O. Keohane (ed.), *Neorealism and Its Critics*, New York: Columbia University Press, pp. 204~254.

느냐에 달려있다고 할 것이다. 이와 같은 사회적 합의와 지지기반 확대를 위한 공론화 과정을 통해 국가정체성과 민족정체성의 공존과 병행 발전을 도모하는 대북정책을 추진할 수 있을 것이다.

김대중·노무현 정부는 대북포용정책을 추진함에 있어, 위의 첫 번째 경로 진입이 담보되지 않은 상태에서 두 번째 경로마저 소홀히 했다. 때문에 두 정부는 대북포용정책 추진과정에서 발생한 균열과 갈등에 대해 일정한 책임을 면하기 어렵다고 할 것이다. 남남 간의 공유영역을 확대하기 위해서는 대북정책에 대해 상이한 입장을 갖고 있는 세력 및 계층 간의 타협, 가능한 정책상의 공유영역 확대 노력이 필요하다.[36] 중요한 것은 이를 도모할 수 있는 리더십과 국정운영 능력, 그리고 정교하고도 구체적인 정책대안이라고 할 것이다.

그러면 보다 구체적으로 위에서 말한 대북정책의 국내정치가 빚어내는 균열과 갈등을 극복하고 어떻게 국민합의를 이룰 수 있는가?

첫째, 국내냉전의 강고함에 비추어 그 극복과 지유는 오랜 시간을 요할 것이라는 점이다. 분단국가 정체성에서 민족정체성 또는 화해협력으로의 전환이 아무런 저항과 비판 없이 일조일석에 진행되기를 기대한다는 것 자체가 순진한 발상일 수 있다. 따라서 비록 정치사회와 시민사회의 냉전적 보수세력 또는 대북정책에 비판적인 세력들의 반대가 완고하고 귀에 거슬린다하더라도, 배제 대선에 그들과 대화하고 설득하려는 노력이 있어야 할 것이다. 그리고 남북화해협력이 그들의 기득이익 또는 한국전쟁 등 분단이 준 상처와 상충되지 않음을 설득할 수 있어야 할 것이다.

일례로 강고한 봉쇄정책이 북한의 변화나 위협공세를 막지 못하고 그러한

---

[36] 김대중 정부와 마찬가지로 이명박 정부의 대북정책 역시 이전 두 정부와의 차별성 부각에 치중한 나머지 정책전환에 대한 공론화 과정을 소홀히 하거나 무시했다. 그 결과 이명박 정부에서도 대북정책을 둘러싼 갈등과 대립이 그치지 않았다.

목적을 달성하기 위해서는 오히려 (매파적) 관여정책이 더 효과적이라는 점을 논리적이고 체계적으로 납득시켜야할 것이다.[37] 이와 같은 남남대화를 통해 남남합의를 도출해야 만이 적대적 분단국가정체성을 완화하고 민족정체성을 추구하는 대북정책을 안정적으로 펼 수 있다.

둘째, 국내냉전이 온존하고 있는 분단국가에서 대북정책 추진이나 성과에 대해 편가르기 식 지지를 도모한다면, 대북정책에 대한 논란과 갈등을 격화시킬 수 있음을 고려해야 한다.

김대중 정부는 대북포용정책과 그 운용에 대한 전폭적 지지자와 그렇지 않은 부류를 구분하여, 일종의 피아(彼我) 개념에 입각한 흑백논리적 대응을 보임으로써 정치·사회적 갈등 격화를 초래한 바 있다.[38] 제2차 남북 정상회담 이후 노무현 대통령의 "NLL은 영토선이 아니다(2007/10/11)," "(북측과 NLL) 변경 합의를 해도 헌법에 위배되는 것은 아니다(2007/11/01)"라는 발언 등 신중치 못한 언사 역시, 정상회담을 둘러싼 남남갈등을 더욱 가열시키는 자극제 역할을 했다. 대통령의 신중치 못한 독선적 언사가 NLL 문제 등에 민감한 보수층을 불필요하게 지극했다. 또한 NIL 관련 남북협상에서 정부의 입지를 스스로 축소시키는 빌미를 제공한 미숙함이 대북정책에 대한 논란과 갈등을 촉발시켰다.

이와 같이 편 가르기 식 또는 독선적 리더십은 대북정책 추진이나 그 성과와 국내정치 간의 연결을 촉발·강화시켜, 대북정책이 권력·이익·이념 대립과 갈등으로 전화될 수 있다. 그렇게 되면 이러한 대립과 갈등은 다시 대북정책 추진 그 자체에 타격을 주게 된다. 이런 상황에서 만약 사명감 또는

---

37) Cha, Victor D., 2002, "Hawk Engagement and Preventive Defense on the Korean Peninsula," *International Security*, Vol. 27, No. 1, pp. 40~78.

38) 남궁영, 2004, 「김대중 정부의 대북정책에 대한 비판적 해석: 남남갈등의 쟁점을 중심으로」, 『국제정치연구』 7집 2호, 동아시아국제정치학회, p. 29.

절대선에 입각한 일방적 리더십으로 대북정책을 강행하려고 하면, 국내정치
의 양극화는 일층 가속화되어 대북정책의 발목을 잡게 된다. 때문에 소수의
지지만을 받더라도 특정 대북정책을 추진하고 남북관계를 진전시키겠다는
것은 독선적인 소수만의 성찬에 그칠 뿐이다. 이는 지속 가능한 남북 화해
협력을 뒷받침할 국내 기반을 확대하는 길이 될 수 없다. 부분선의 상호 인
정이 문제해결과 사회통합의 출발점이다.

셋째, 대북정책과 관련한 논란과 갈등을 완화하기 위해 요구되는 것은 북
한문제와 관련된 반대세력들의 목소리를 수렴하여 사회적 합의와 통합을 만
들어가는 비전과 통합의 리더십이라고 할 것이다. 이는 갈등 표출을 조정 내
지 통합으로 승화시키지 않고서는 국내 냉전 청산과 민족정체성을 추구할
수 없고, 결국 지속 가능한 대북정책 추진을 기약할 수 없기 때문이다. 통합
방안 중 하나는 반대세력들과도 대북정책의 성과를 공유하는 일이다. 만약
김대중 대통령이 자신이 추진한 대북포용정책이 다름 아닌 전임 정부들이
추진한 평화통일정책을 계승하여 실천에 옮기는 것에 지나지 않는다고 하
면서[39] 대북포용정책 정국을 운영 했다고 가정해보자. 만약 이와 같은 '겸손
한' 정치공학 또는 보다 원숙한 리더십을 발휘했더라면 대북정책의 국내정치
양상은 실제와 많이 달라졌을지도 모른다. 이 점에서 무엇보다 대북정책을
여당과 야당의 공동지배영역(condominio)으로 만드는 것이 중요하다.[40] 그리
고 실제 이러한 노력의 일환으로 2005년 12월 여야 국회의원들이 발의한 '남
북관계발전법률'이 국회 본회의를 통과한 것은 남북관계 발전에 있어서 의미

[39] 임혁백, 2004, 「평화통일정책과 남남갈등의 극복」, 경남대학교 극동문제연구소편, 『남남
갈등: 진단 및 해소방안』, 서울: 경남대학교 극동문제연구소, pp. 318~319. 사실 1970년
대 박정희 정부 때부터 한국 역대 정부의 대북정책은 기본적으로 기능주의적 접근방식
에 입각해 있었다(구영록, 2000, 『한국과 햇볕정책: 기능주의와 남북한관계』, 서울: 법문
사, pp. 60~69 참조).
[40] 임혁백, 2004, 「평화통일정책과 남남갈등의 극복」, 경남대학교 극동문제연구소편, 『남남
갈등: 진단 및 해소방안』, 서울: 경남대학교 극동문제연구소, pp. 323~325.

있는 진전이었다. 노무현 정부는 김대중 정부가 국민적 합의가 충분하지 않은 시점에서 남북관계 개선 조치를 취한 결과 대북송금 등 여러 문제점이 발생한 것을 목격하고 이를 근본적으로 개선하고자 했다.[41] 그리하여 남북관계 발전에 따른 법률제정을 통해 여야간 협력과 국민적 동의하에 대북정책을 추진할 수 있는 틀이 마련되었던 것이다.

하지만 이명박 정부 출범 이후 남북관계발전법은 거의 사문화되었다. 이명박 정부는 남북관계발전 기본계획에 따른 연도별 시행계획을 내놓지 않았다. 물론 이명박 정부로서는 노무현 정부가 물러나기 직전인 2007년 말에 남북관계발전법에 근거해 차기 정부의 대북정책 방향을 담은 5개년 기본 계획을 발표한 것에 불만이 많았을 것이다. 당시에도 그 적절성 여부를 두고 많은 논란이 벌어졌다. 특히 상주대표부 설치 등을 담은 기본계획에 대해 보수 진영의 반발이 거셌다. 물론 곧 물러날 정부가 향후 정책방향에 대해 '대못'을 박고자 했던 것도 썩 잘한 처사는 아니다. 그러나 이명박 정부의 태도 역시 문제가 있었다. 노무현 정부가 설정한 기본계획에 불만이 있으면 이를 수정하거나 연도별 시행계획 수립 등을 통해 보완할 수 있었다. 그런데 아예 손을 놓고 있었던 것은 국민적 합의에 기반을 둔 대북정책 추진을 위해 만든 법적 토대를 유명무실하게 만들었다는 점에서 비판을 피하기 어렵다.

따라서 박근혜 정부는 이와 같이 사문화 상태에 있는 남북관계발전법을 조속히 정상화하고, 국회 내 남북관계발전특별위원회 등을 활성화하여 대북정책 수립 및 시행 과정을 여야 간의 명실상부한 공동지배영역으로 만드는 데 노력해야 할 것이다. 이런 점에서 최근 2013년 3월, 국회의장 직속으로 대북정책 거버넌스 자문위원회가 구성된 것은 고무적인 일이다.

---

41) 박건영, 2007, 「노무현 정부 대북정책의 평가와 과제」, 『북핵 실험과 2·13 합의 이후 북한의 선택과 한반도』, 2007년 한국국제정치학회 북핵문제 국제학술회의 자료집(서울, 4월), p. 110.

넷째, 대북정책의 목표 가운데 무리한 설정이나 비현실적인 부분을 합리
적으로 재조정하고 현실화할 필요가 있다. 미국의 남아프리카공화국에 대한
관여정책 추진에서 보듯이, 야심찬 목표(ambitious goals) 설정보다는 실현 가
능한 적절한 목표 설정이 관여정책의 효율적 작동에 기여할 수 있다는 점이
다.[42] 이런 점에서 김대중·노무현 정부는 물론이고 이명박, 박근혜 정부 역
시 적절한 목표 설정을 했는지 돌아보고 반성해볼 일이다.

우선 김대중 정부가 표방한 대북포용정책은 기본적으로 장기적이고 불확
실한 정책효용과 당장의 비용부담 및 장기간의 인내를 교환하는 정책이라고
볼 수 있다. 따라서 이와 같은 대북정책의 기본 성격, 가능영역과 한계 영역,
정책 수단, 추진 방식, 폭과 속도 등에 대해 공론화 과정을 통한 일정 한사회
적 인식 공유와 합의가 있어야 한다. 그것이 전제되지 않는 한 대북정책은 남
남갈등 속에 함몰되어 지속적 추진이 어렵게 될 수 있다. 김대중 정부 이래의
대북포용정책이 가정하고 있는 화해협력을 통한 남북관계 발전, 특히 북한의
변화를 유도하는 정책효용은 장기적으로 분산되어 나타날 수밖에 없다. 더욱
이 장기적인 정책효용이 있을지도 사실 그 상관관계가 불분명하다.[43] 그런데
이와 같은 대북포용정책 추진의 비용은 당장부터 소요되고 집중된다. 말하자
면 이 간극 때문에 대북정책을 둘러싼 갈등이 일정 정도 불가피하게 내연하
는 측면이 있다. 그렇다고 대북포용정책 또는 관여정책 외에 다른 합리적인
대안이 있는 것도 아님은 물론이다. 다만 대북포용 또는 관여정책을 통해 북

---

[42] Haass, Richard N. and Meghan L. O'Sullivan, 2000, "Terms of Engagement: Alternatives to Punitive Policies," *Survival*, Vol. 42, No. 2, pp. 118~119.

[43] 물론 그간의 대북정책이 가져온 여러 분야의 미시적인 정책효용을 부인할 수 없다. 그러나 북한의 미사일 발사와 핵실험 이후 보다 거시적인 차원에서 정책효용에 대한 논란이 있었다. '북한 변화'에 대해서는 김연철·배종렬·류길재·박종철·조윤영·문흥호·신정화·연현식·진희관·박형중·양문수·장형수·최용환·박병광, 2009, 『북한, 어디로 가는가?: 14인의 전문가가 본 북한체제의 변화 전망』, 서울: 플래닛미디어; 김영윤·조봉현·박현선, 2007, 『북한이 변하고 있다』, 서울: 통일연구원 등 참조.

한의 변화를 견인한다는 김대중 정부의 정책목표는 최소한 한계가 있었다.

대북정책은 북한 변화의 매개변수는 될 수 있겠지만 독립변수는 아니라고 봐야 할 것이다. 기본적으로 북한의 변화는 자체 변수에 의해 진행·촉발 되는 것이며, 대외환경이 영향을 준다고 하더라도 남북관계보다는 북미관계 등 여타 대외관계가 더 큰 영향을 미치는 것으로 볼 수 있다. 따라서 대북정책의 목표를 '분단관리-화해협력-변화대비-남북통합' 등으로 재설정할 필요가 있을지 모른다. 사실 북한 변화가 남남갈등의 초점이 된 것도 김대중 정부가 대북포용정책의 목표44)와 성과로 북한 변화를 지나치게 강조했던 데 기인하는 바 크다. 따라서 대북정책의 목표를 합리적으로 재조정하고 현실화하여, 이에 대한 국민적 합의를 모을 필요가 있다.

한편 노무현 정부의 경우도 대북정책 목표로 북핵문제의 우선적 해결을 내건 것은 제2차 북핵위기 발생이라는 당시 상황에서 부득이한 측면이 있었지만 무리한 목표 설정이었다.45) 북한의 비핵화(denuclearization)나 북한의 변화는 한국과 국제사회가 기대하는 것처럼 조기에 실현될 수 있는 사안 이 아니다. 노무현 정부가 선택한 대외정책의 우선적인 목표가 북핵문제의 조속한 해결에 집중되면서 대북정책이나 대외정책 전반에 있어 핵심적인 의제와 주된 관심이 북핵문제에 쏠렸다. 경우에 따라 대북정책과 북핵문제 해결을 위한 대외정책이 구분되지 못하고 혼란스럽게 진행되는 양상을 보이기도 했다.46) 주지하듯이 제2차 북핵위기는 그 성격이 한반도적 상황을 벗어나 국제

---

44) 김대중 정부는 남북 간 평화공존을 위해 1) 무력도발불용, 2) 흡수통일 배제, 3) 남북 간 화해협력 적극 추진이라는 3대 원칙하에, 구체적인 대북정책의 추진 기조로서 ① 안보와 화해협력의 병행 추진, ② 평화공존과 평화교류의 우선 실천, ③ 북한 변화를 위한 여건 조성, ④ 남북 간 상호이약 도모, ⑤ 남북 당사자 해결 원칙하에 국제적 지지 확보. ⑥ 국민적 합의에 의한 대북정책 추진 등을 제시했다.

45) 2002년 또다시 불거진 북핵문제로 노무현 정부의 평화번영정책은 '북핵문제의 평화적 해결'이라는 기본적 과제를 1차적으로 해결하고, 이를 통해 한반도 평화체제를 구축하며, 나아가 남북한의 공동번영과 동북아의 경제중심으로 도약하겠다는 3단계 정책을 제시했다.

이슈의 성격을 띠고 있었다. 따라서 노무현 정부의 희망이나 의도와 달리 한국이 주도적인 역할을 하기에는 그 위상과 역량이 상당히 제한적이었다. 북핵실험과 그 여파가 남북관계에 영향을 미쳤던 2006년의 상황과, 미국의 대북정책 변화로 그제서야 제2차 남북 정상회담 개최환경이 조성된 것은 이를 말해준다.

김대중 · 노무현 정부의 대북정책이 두 차례의 정상회담과 남북 간의 공동선언, 남북경협 및 인적교류 면에서 과거 정부들과는 확연히 비교되는 성과를 가져온 것은 부인할 수 없는 사실이다. 그러나 대북정책 목표를 과도하게 설정함으로써 비판과 논란을 자초한 측면이 크다. 물론 분단국가로서 남북관계 발전과 북한의 비핵화와 개혁개방, 그리고 통일한국을 향한 비전과 노력을 포기할 수는 없다. 그러나 그와 같은 비전과 노력을 담은 대북정책이 표방하는 목표와 실현 가능성 간의 간극이 지나치게 커서는 곤란하다.[47]

따라서 대북정책을 둘러싼 논란과 갈등을 완화하기 위해서는 이러한 간극을 좁히는 방향에서 대북정책을 재정립할 필요가 있다. 대북정책 목표의 최대강령적 설정만이 남북관계 발전과 한반도 평화체제 구축의 첩경은 아니다. 환언하면 남북관계를 발전시키는 데 있어 대북정책의 가능영역과 한계영역을 설정함으로써 한미관계, 북미관계 등 여타 대외관계가 남북관계에 미치는 역학과 역할 공간을 인정할 수 있게 된다. 나아가 대북정책뿐 아니라 대외관계를 통해 우회적으로 남북관계에 기여하는 지혜와 전략을 얻을 수 있을 것

---

46) 배종윤, 2010, 「노무현 정부의 외교정책과 한 · 미동맹」, 함택영 · 남궁곤 편, 『한국 외교 정책: 역사와 쟁점』, 서울: 사회평론, pp. 616~619.

47) 이명박 정부의 '비핵 · 개방 · 3000 구상' 또한 대북정책을 통해 실현하기 어려운 정책 목표를 설정하고 있다는 점에서 예외가 아니다. 박근혜 정부도 '북핵불용'의 확고한 원칙을 일관되게 견지하면서 남북관계를 통해 북핵문제 해결에 기여한다는 정책목표를 설정하고 있다. 물론 이와 같은 정책 설정은 봉쇄(containment)와 관여(engagement)의 결합이라고 할 수 있다. 그러나 봉쇄의 대상과 목표가 비핵화와 같이 높은 수준에 맞추어져 있고, 또 관여 대비 봉쇄의 비중이 높다면, 그와 같은 봉쇄는 관여정책 자체의 봉쇄로 귀결될 것이다.

이다. 결국 북핵문제, 북한문제, 그리고 한반도 문제의 해결은 동북아 지역협력구도 속에 묻어서 추진하는 것이 가장 현실적이고 또한 바람직할 것으로 보인다.

이렇게 보면 한반도의 평화와 통일기반 조성이라는 박근혜 정부의 정책 목표달성을 위해서는 북핵문제해결, 남북관계 진전, 한반도 평화협정이라는 세 차원을 선후관계 설정 또는 분리 추진하기보다는, 세 바퀴를 동시에 구동시켜 해결을 모색하는 일종의 '3륜정책'이 필요할 것이다.

다섯째, 남북경협과 화해협력을 추진하고 지속할 수 있는 국내경제의 기반이 중요하다. 김대중·노무현 정부 시기 대북포용정책 및 정상회담의 성과를 실현시키기 위해서는 초기 단계에서 남한의 대북 경제지원이 불가피했다. 즉 한국경제의 양적·질적 성장과 이를 바탕으로 한 정부의 대북지원 능력 및 기업의 대북진출 능력의 확대 없이는 정상회담의 성과를 현실화하기가 불가능했다.[48]

그러나 남한의 경제적 부담능력을 고려하지 않는 대북지원, 그리고 사회적 양극화 속에 추진되는 대북지원에 대해 논란과 비판이 많았다. 특히 인도적 대북지원을 넘어서는 대규모 인프라 건설 및 경협사업 확대에는 남한의 막대한 재원 투여가 필요했다. 제2차 정상회담 이후 남북경협 확대나 향후 대북개발지원이 본격화될 경우, 대북지원에 대한 공론화과정과 사회적 합의의 중요성은 더욱 커질 수밖에 없었다. 그러나 당시는 남한 내 양극화 해소 및 복지재원 마련이 시급한 관심으로 부각되는 상황이었다. 이런 조건에서 공론화를 통한 사회적 합의 도출 없이 단순히 민족정체성 추구에 호소하는 것만으로는 막대한 재원 투여에 대한 국민들의 동의를 얻어내기 어려웠다.[49]

---

48) 조동호, 2000, 「정상회담의 경제적 성과와 추진과제」, 『정상회담의 성과와 향후 과제』, 아태평화재단·통일연구원·한국개발연구원 공동주최 학술회의 자료집(서울, 10월), p. 88.
49) 이러한 문제의식에서 일종의 사회협약(social pact)인 대북정책에 대한 국민협약 체결이

그리고 핵심문제는 과연 한국경제가 향후에도 지속적으로 발전하여 남북관계의 진전을 위한 재원을 공급할 수 있느냐 하는 것이다.[50]

이 점에서 노무현 정부 시기에 남북경제공동체 구축의 이론적 틀로서 제시된 바 있는 남북 간 경제협력을 통한 한반도 평화구축과 한국의 발전 도모라는 '평화경제론' 논의[51]를 평가할 필요가 있다. 그리고 경제평화론의 일방적 유포를 넘어서서 그것의 국내적 기초에 주목하는 논의와 한국 독자발전론과 남북 동반발전론 간의 대화와 발전적 수렴 노력이 필요하다.

5. 맺음말

지금까지 대북정책과 국내정치 간의 연관과 그 원인에 대한 분석을 바탕으로, 김대중·노무현 정부 시기 대북정책의 국내정치가 어떻게 전개되었고, 국내정치와 대북정책이 상호 간에 어떠한 영향을 마쳤는지 살펴보았다.

흔히 대북포용정책에 대한 비판으로 ①북한 불변, ②북한 핵능력 증가, ③상호주의 부족 등이 거론된다. 그러나 본문에서 지적한 바 있듯이, 북한 변화와 북핵문제는 다분히 대북정책의 영역과 능력을 벗어나는 사안이다. 한국

제안되기도 했다. 조한범, 2006, 『남남갈등 해소방안 연구』, 서울: 통일연구원, pp. 70~71 참조.

[50] 향후 대북정책은, ① 남북경협과 한국경제 발전이 상승작용을 하거나, ② 비록 남북 경협이 한국경제 발전에 기여하지 못하거나 일정 정도의 출혈을 요하지만, 한국이 독자적인 경제발전을 이룰 경우는 지속될 수 있지만, ③ 남북경협이 한국경제에 기여하지도 못하고 출혈을 요구하는 상태에서 경제발전마저 정체된다면 활기를 띠지 못할 가능성이 높다.

[51] 조동호, 2006, 「한반도 평화경제체제 형성전략 수립」, 『북한경제발전계획 수립 및 실천방안 1』, 통일연구원 국내워크숍 자료집(서울, 6월); 조민, 2006, 「남북경제공동체 형성의 이론적 틀: 평화경제론」, 『남북경제공동체 형성전략』, 통일연구원 개원 15주년 기념 학술회의 자료집(서울: 4월) 참조.

정부가 이들 영역을 통제할 수 있는 '구조의 자율성(autonomy of sturucture)'을 확보하지 못한 것이 현실이다. 때문에 정책목표의 과도한 설정을 제외하고는 이를 특별히 대북포용정책의 실패로 보기는 어렵다. 상호주의의 경우 지나친 대북 저자세 등 일부 문제점이 없지 않았다. 그러나 남북 간에 등가성, 동시성, 대칭성의 기계적 상호주의를 적용하기는 현실적으로 어려웠음을 감안할 때 그리 문제가 아닐 수 있다.

이렇게 볼 때, 김대중, 노무현 정부의 대북정책 추진에서 성찰해야 할 초점은 위에서 제시된 세 가지가 아니라고 할 수 있다. 그 보다는 두 정부가 정치사회와 시민사회에서 대북포용정책에 대한 합의기반을 구축하는 데 소홀히 했다는 점이다. 이는 한국 정부가 '구조 내 자율성(autonomy within structure)'을 발휘할 수 있는 영역이다. 하지만 대북관여에 치중한 나머지, 정작 대북정책 추진동력의 원천인 국내지지 내지 관여를 등한시하였다. 그래서 "문제는 '안'이야, 바보야'라고 말해야 할지 모른다.

따라서 대북정책의 국내정치라는 관점에서 김대중, 노무현 정부의 대북정책을 검토해보고, 이로부터 교훈과 시사점을 도출할 필요가 있다는 것이 이 글의 문제의식이자 주요 주장이었다. 두 정부의 대북정책을 반성적으로 검토함으로써, 안정적이고 지속 가능한 대북정책의 수립·추진을 위해서는 대북정책과 국내정치 간 관계를 어떻게 설정해야 하는지에 대해 일정한 교훈을 얻을 수 있었다. 그리고 그 핵심은 정파적 업적에 급급한 대북정책 성과의 독점보다는 공론화 과정을 통한 정파 간의 공유 노력과 합의 도출이 중요하다는 것이었다. 중요한 정치자원의 공유가 쉽지는 않겠지만, 바로 그 때문에 그것 없이는 어떤 대북정책도 순항하기 어려운바 대북정책 추진에 있어서 신중하고 원숙한 정치역량이 요구된다는 것이다. 특히 분단국가에 서 민족문제가 강력한 정치자원인 점을 부정히는 것이 아니라, 바로 그 때문에 업적의 독점보다 공유를 통해서만이 대북정책의 정쟁화를 막고 안정적·효율적 추진을 기대한 수 있는 것이다. 그라고 이러한 공유와 합의기반의 획충을 통해 대북정책을 추진하는 것 자체가 해당정부의 업적이 될 수 있을 것이다.

대북정책의 정쟁화를 막고 남북관계의 질적 발전을 도모하여 한반도 평화체제를 구축해 나가기 위해서는 무엇보다 국내의 인적·물적 인프라 구축이 선행 또는 병행될 필요가 있다. 이렇게 분석수준을 '안'에 맞추어 보는 것은 대북정책에 대한 국내정치 차원의 차분한 반성뿐만 아니라, 대북정책 주체국의 주도권 견지를 위해서도 필요한 일이다. 그리고 안정적 대북관여를 위해서는 우선 내부의 사회적 합의와 역량 강화를 바탕으로 하여, 미국 등 국제사회와의 공동 관여(co-engagement)를 적절하게 활용하는 '삼면 관여정책을 구사할 필요가 있다. 그리고 이를 효율적으로 추진하기 위해서 대내적으로는 정지역량, 남북관계에서는 협상역량, 그리고 대외적으로는 외교역량이 중요할 것이다.

김일성 시대 북한의 대남인식 변화 연구

방인혁

1. 서론

북한의 대남정책은 국가의 대외정책 일반이 그러하듯이 남한에 대한 북한의 인식에 근거한다. 따라서 북한의 남한에 대한 인식과 그 변화를 이해하는 것은 북한의 대남정책 및 통일정책의 의도와 목표를 파악하는 기초이다.[1]

일반적으로 한 국가의 상대 국가에 대한 인식의 형성에는 다양한 요인들이 작용한다. 이념과 체제 측면에서 상대 국가와의 비교는 물론이고 서로 간의 힘관계, 두 당사자가 참여하고 있는 국제환경, 각 상대 국가 내부 정세 및 행위 나아가서는 오랜 역사적 과정에서 형성된 상대 국가에 대한 선입관까지 총체적으로 작용하는 것이다. 특히 분단국가인 남북한 사이에서는 이런

---

[1] 정영철은 남북한관계가 '보는 방식'과 '보여지는 방식'에 따른 '시선의 정치'였다고 본다 (정영철, 2012b, 「남북관계와 바라봄의 정치: 시선의 정치와 정당성 경쟁」, 구갑우·서보혁 편집, 『남북한관계와 국제정치이론』, 서울: 논형, p. 51). 즉 남북한은 서로를 보는 방식인 상대에 대한 인식을 통해 상대를 부정하고 자신을 정당화하는 관계를 지속함으로써, 남북한관계에서 상대에 대한 인식은 상대에 대한 정책은 물론이고 자신을 정당화하는 근거로 되었다고 본다.

일반적 요인들에 더 하여 통일의 과정에서의 주도권 다툼이라는 요인까지 고려해야 한다.

남북한은 분단 이후 냉전기의 전쟁과 적대적 경쟁을 거쳐 현재의 탈냉전 시기 화해와 대결의 긴장이 모순적으로 공존하는 관계를 맺어 왔다. 이런 관계의 변화는 결국 남북한이 서로에 대한 인식의 변화에 따른 것이며, 한편으로는 상황에 따른 상대에 대한 인식의 변화가 관계 변화의 방향과 폭을 규정하기도 했다. 특히 냉전기의 거의 전부를 포괄하는 김일성 시대 북한의 대남인식은 나름대로의 극적인 변화를 보였다. 즉 탈냉전 이후 김정일-김정은 시대 북한의 대남인식이 상대적으로 일관성을 보이는 것과 달리, 김일성 시대의 대남인식은 몇 차례 변화의 계기를 내포하고 있다고 볼 수 있다는 것이다.[2]

국가의 상대 국가에 대한 인식 형성에 작용하는 상술한 다양한 요인들을 기초로 김일성 시대 북한의 대남인식의 변화를 고찰한다면, 현재의 남북한관계 구축까지의 역사는 물론이고 북한의 통일정책에 대한 평가도 가능하게 해 줄 것이다. 즉 국제환경의 변화, 남북한 상호 역관계의 변화 나아가서는 남한의 정치적·경제적 및 사회적 변화에 대한 북한의 인식과 대응을 중심으로 현재 북한의 대남정책과 통일정책 및 이와 긴밀히 연관되는 북한의 대외정책의 기조와 목표를 파악할 수 있기 때문이다.

이상의 문제의식에서 이 글은 김일성 시대 북한의 대남인식의 변화를 고찰하고자 한다. 이를 위해 다음의 2절에서는 김일성 시대와 김정일-김정은 시대 북한의 대남인식의 형성과 변화를 결정하는 환경적 차이를 간략히 살펴볼 것이다. 이 글에서는 이런 환경적 차이에 따라 김일성 시대 북한의 대

---

[2] 김일성 시대 대남인식의 변화가 탈냉전 이후 김정일 시대의 그것에 비해 극적 변화의 계기가 있었다는 주장은 오해의 소지가 있다. 그러나 필자가 여기서 말하는 변화의 계기란 북한의 대남인식 형성에 작용하는 다양한 요인들의 변화가 김일성 시대에 더욱 빈번했다는 의미로 사용한 것이다. 이에 대해서는 2절에서 설명할 것이다.

남인식은 상대적으로 큰 변화를 겪었고, 그것이 김정일-김정은 시대 북한의 대남인식에 미친 영향을 파악할 것이다. 3절에서는 남북한 이념과 체제 요인, 남북한 힘의 관계, 남한의 사회민주화 진전에 대한 북한의 인식, 국제환경 변화 등을 변수들로 설정하여 김일성 시대 대남인식의 형성과 변화를 고찰할 것이다. 마지막 결론에서는 김일성 시대 북한의 대남인식에서 현재까지 유지되고 있는 요소와 변화된 요소를 살펴보고, 각각의 변수들에 따른 북한의 대남인식 변화를 요약함으로써 바람직한 남북한관계 설정을 위한 실천적 및 정책적 함의를 도출하고자 한다.

2. 김일성 시대와 김정일-김정은 시대
: 북한의 대남인식의 환경적 차이

김일성 시대와 김정일-김정은 시대를 확연히 구분할 수 있게 하는 국제환경적요인은 무엇보다 냉전과 탈냉전이라고 할 수 있을 것이다.[3] 물론 1994년 사망한 김일성의 집권 시기에 탈냉전이 도래한 것은 사실이지만, 김일성의 집권 시기대부분은 국제적 냉전 시기에 걸쳐 있었다는 점에서 이런 구분이 가능하다고 하겠다.

탈냉전이라는 국제적 대사건이 북한의 대남인식에 상당한 영향을 주었다

---

[3] 한 심사자의 지적처럼, '김일성 시대'라는 규정이 사회과학적 엄밀성을 갖는지는 의문이다. 황장엽의 증언처럼 북한정치사에서는 김정일로의 후계구도 구축이 진행되던 시기와 사실상 '김일성-김정일 공동 정권'으로 분류할 수 있는 시기도 있었기 때문이다. 그러나 이 글에서는 최고지도자를 중심으로 하는 북한정치사에서 김일성의 생전 시기는 거의 냉전 시기와 일치한다는 점에서 북한의 대남인식의 특징적인 한 시기로 규정하는 데 무리가 없다고 보았다. 또한 이 연구가 SSK 사업의 공동연구로 진행된 까닭에 정영철 교수와 김일성 시기와 김정일 시기로 구분하여 북한의 대남정책의 특징을 살펴보고자 했다.

는 것은 의심의 여지가 없다는 점에서, 김정일－김정은 시대 북한의 대남인
식과 정책은 탈냉전의 환경에 긴박되어 있다고 할 수 있다.⁴⁾ 특히나 탈냉전
의 도래와 함께 국제적 고립과 경제난 등에 따른 체제위기에 직면한 북한으
로서는 남한에 대한인식과 정책 실행에서 능동적 이기에는 어려움이 있었다.
달리 말하자면 김정일－김정은 시대 북한의 대남인식과 정책은 체제유지와
경제난 회복을 위한 외교적 노력의 일환으로 전개될 가능성이 높다. 이로 인
해 미시적 변화는 있겠지만 북한의 대남인식과 대남정책은 보다 일관성 있
고 예측 가능한 것으로 나타날 것이다.

　다른 한편으로 집권 시기 대부분이 냉전 시기와 겹치는 김일성 시대 북한
도 남한에 대한 인식과 정책에서 국제환경 요인의 영향은 고정적인 것으로
평가될 수 있다. 냉전 시기가 이념과 체제의 대립이 첨예한 시기였다는 점을
고려한다면, 김일성 시대 북한의 대남인식 변화에서 국제환경적 요인의 영향
은 상당히 고정되고 제약된 것이었기 때문이다. 따라서 김일성 시대와 김정
일－김정은 시대가 국제환경 차원에서 확연히 구분되고 이것이 각각의 대남
인식의 형성에는 상당한 영향을 미쳤지만, 국제환경 변수가 각각의 대남인식
의 변화에는 거의 영향을 미치지 못했음을 알 수 있다.

　북한은 탈냉전에도 불구하고 여전히 기존 이념과 체제의 고수를 전제한다
는 점에서 김일성 시대와 마찬가지로 김정일－김정은 시대 북한의 대남인식
에서 이념과 체제 변수의 영향력도 제한적이라 할 수 있다.⁵⁾ 이념과 체제 차

---

4) 탈냉전에 대한 북한의 초기 반응이 제국주의의 책략과 사회주의 국가들의 대내외정책
의 오류에 기인하는 것으로 자신과는 무관하다는 것이었다. 그러나 북한의 주관적 평가
와 대응과 상관없이 현실사회주의 진영의 붕괴에 의한 탈냉전이 김정일 시대 북한의 대
외 및 대남인식과 정책의 불가피한 환경적 구조로 작용한 것은 틀림없다.
5) 북한은 1992년 1월 3일 김정일의 담화 「사회주의 건설의 력사적 경험과 우리당의 총로
선」과 김일성 사후인 1994년 11월에 발표된 김정일의 글 「사회주의는 과학이다」 등의
글에서 탈냉전에도 불구하고 자신들은 기존의 이념과 체제의 고수를 거듭 천명했다. 따
라서 김정일 시대 북한의 대남인식에서 이념과 체제 변수는 김일성 시대와 마찬가지로
고정된 것임을 보여 준다.

원에서 북한은 탈냉전에도 불구하고 여전히 남한을 대립과 적대의 상대로 인식하고 있음을 의미한다. 물론 탈냉전 시기 김정일-김정은 정권이 체제유지와 경제난 극복 등 당면 과제의 해결을 위해 대외관계에 상당한 변화를 모색하고 있다. 이에 따라 남한에 대한 인식과 정책도 상당 부분 조정이 이루어졌다고 할 수 있다. 그러나 북한의 탈냉전기 대외 인식과 정책의 조정은 여전히 기존 이념과 체제의 고수를 전제하고 있고, 특히 통일의 주도권을 다투어야 하는 남한에 대해서는 변화보다는 현상유지 측면에서 접근하려고 함으로써 탈냉전에도 불구하고 대남인식에서의 변화는 제한적이라 할 수 있다.[6]

따라서 김일성 시대와 김정일-김정은 시대 북한의 대남인식에 변화를 초래한 변수들 가운데 남한 내부 정세의 변화와 이에 대한 북한의 인식, 남북한 상호 힘관계의 변화 등에 보다 주목할 필요가 있다. 또한 이런 변수들에서 김일성시대와 김정일-김정은 시대는 확연히 구분되는 차이들을 보이고 있다. 김일성시대 남북한은 총체적 힘의 균형[7]에서 상당한 변화가 있었고, 남한의 정치 상황에서도 상당한 변화가 일어났다. 이에 반해 김정일-김정은 시대에 들어와서 남북한은 힘의 관계에서 총체적으로 남한의 우위가 지속되었고, 남한의 정치 상황도 1987년 6월 민주대항쟁 이후 부침은 있지만 상당히 안정된 민주적 질서가 고착되었다. 남북한의 힘의 균형의 변화와 남한의 정치 상황의 두 변수에서 김일성 시대와 김정일-김정은 시대를 비교하면 다음과 같이 요약될 수 있다.

---

6) 김정일이 2000년 6월 제1차 남북정상회담의 사전 준비 과정을 되돌아보면서, 평화공존이나 평화정착 문제 등은 주변국들과의 문제가 거론되기 때문에 회피하는 것이 좋다고 생각했다고 말했다(김정일, 2005, 『김정일 선집 15』, 평양: 조선로동당출판사, p. 67). 이것은 탈냉전에도 불구하고 북한은 남한을 여전히 평화문제에서는 제한적인 역할 이상을 할 수 없다는 인식을 갖고 있음을 보여 준다.

7) 이 글에서 남북한 사이의 힘관계라는 용어는 정치, 외교, 경제, 사회, 국방 등 총체적인 국력의 비교를 지칭하는 것으로 사용한다.

가. 남북한 힘관계에서의 차이점

남북한 힘관계 특히 경제력 측면에서, 김일성 시대는 북한의 우위에서 남한의 우위로 역전되는 계기가 있었다. 한국전쟁 이후 북한은 이른 시기에 전후 복구를 거쳐 1960년대의 제1차 7개년 계획을 완수함으로써 남한에 비해 확고한 경제적우위에 있었다. 또한 정치권력 차원에서도 북한은 1956년 8월 종파사건 이후 김일성 세력의 단일지배체제를 확고히 함으로써 상당한 정치적 및 사회적 안정을 달성할 수 있었다. 이에 반해 남한에서는 이승만 독재정권하에서 전후 복구를 포함한 경제건설 전반에서 지지부진을 면치 못했다. 또한 1950년대 후반에는 미국 원조의 삭감 등으로 심각한 경제위기에 봉착했다.

그러나 1961년 5·16쿠데타 이후 박정희 군사독재의 경제재건을 목표로 하는 연이은 5개년 계획들로 남한경제는 급속한 발전을 이루었다. 이로 인해 대략 1970년대 중후반에 이르러서는 경제적 측면에서 남북한의 힘의 균형이 북한 우위에서 남한 우위로 역전되게 된다. 남북한 사이에서 경제력 우열관계는 곧바로 이념과 체제 측면에서 우열관계의 증표로 생각되었다. 냉전 시기 군사적 및 정치적 차원에서 이른바 남방삼각동맹과 북방삼각동맹이 대립하던 한반도 조건에서 상대방에 대한 경제적 성과의 우위는 곧바로 체제경쟁에서의 승리를 의미하는 것으로 보였기 때문이다.[8]

김일성 시대와는 달리 김정일-김정은 시대 북한은 남한의 경제성장에 비교되지 못할 정도의 만성적인 경제난에 봉착했다. 뿐만 아니라 탈냉전이 현

---

[8] 냉전 시기 한반도에서 군사적 힘의 관계는 1953년 10월 한미상호방위조약과 1965년 한일협정 체결로 한미일 군사동맹이 성립되었다. 반대로 1961년 5·16쿠데타 이후 북한은 동년 7월 6일과 11일 각각 소련과 중국과 〈우호협조와 호상방위조약〉을 체결함으로써 북방삼각동맹이 성립했다. 이런 조건에서 남북한 사이의 군사적 힘의 관계는 대체로 교착적인 균형 상태를 유지한 것으로 볼 수 있다.

실사회주의 진영의 붕괴로 초래된 것으로 북한은 외교적 고립과 심각한 안보 위기에 직면했다. 따라서 총체적인 힘의 관계에서 북한은 남한에 비해 절대적 열세에 처하게 되었고, 북한의 대남인식은 이런 절대적 열세를 전제로 형성될 수밖에 없었다. 달리 말하자면 김일성 시대 북한의 대남인식에서는 경제력 우열관계의 변화에 따른 변화가 발견되는 반면, 김정일-김정은 시대 북한에서는 그런 변화를 발견할 수 없다는 점이다.

나. 남한의 정치정세 변화에서의 차이점

북한의 대남인식의 형성과 변화에서 중요한 변수인 남한의 정치정세 변화는 김일성 시대에 보다 복잡하고 가변적이었다. 주지하다시피 남한에서는 1960년 4·19혁명에 의해 이승만 독재정권이 타도되었고, 이로 인해 남한에 정치사회에서는 혁신계의 등장 등 기존 반공일변도의 이념지형에 균열이 일어났다. 그러나 단명한 혁명적 분위기는 다시 1961년 5·16쿠데타로 전복되었고, 1979년 10·26 박정희 시해사건까지 오랜 군사독재시기를 거쳤다. 그러나 10·26 사건은 본질적으로 군사독재 집단 내부의 균열에 따른 것으로, 1980년 6월 광주민중항쟁이 진압되면서 신군부에 의한 군사독재정권은 1987년 6월 민주대항쟁 시기까지 청산되지 못했다. 그러나 남한의 정치정세는 1987년 6월 민주항쟁 이후 현재까지 민주화의 공고화와 심화라는 과제가 남아 있지만 절차적이고 정치적 민주화는 정착되었다. 따라서 김일성 시대 북한은 이러한 남한의 정치정세 변화에 따라 대남인식에서 상당한 변화가 불가피했다.

반면에 김정일-김정은 시대 북한은 절차적이고 정치적 민주화가 정착된 남한을 상대로 하게 됨으로써, 남한정치 정세의 변화라는 변수는 북한의 대남인식의 내용과 변화를 규정하는 요인으로서의 중요성은 사라졌다고 할 수 있다. 물론 남한의 집권세력의 이념적 좌표에 따라 약간의 부침이 없는 것은 아니지만,[9] 남한의 정권을 대화와 협상의 정당한 주체로 인정하지 않을 수 없게 되었다.[10] 물론이 시기 북한은 남한에서 반보수대연합을 통한 진보개혁의 추진과 조국통일운동의 발전을 강조하는 등[11] 남한의 총선이나 대선 등 정치일정에 개입하려는 양상을 보여 주고 있다. 그러나 북한의 이런 태도는 오히려 김정일-김정은 시대 북한의 대남인식에서 남한 정부 당국을 중시하고 있음을 역설적으로 보여 준다고 하겠다. 즉 과거 김일성 시대와 달리 남한 정부 당국과의 대화가 가장 중요하게 되었고, 이로 인해 북한에 보다 우호적인 정부가 남한에 들어서기를 바라는 것을 보여 주기 때문이다.

이상의 분석에서 알 수 있듯이, 김일성 시대의 대남인식은 현재의 김정일-김정은 시대와 달리 남북한의 상호 간 힘관계의 변화와 남한의 민주화 등 남한 내부 요인 등에 보다 민감하게 반응하였다. 그 결과 김일성 시대 북한의 대남인식이나 대남 및 통일정책에서는 몇 번에 걸친 변화가 발견된다.

---

9) 1993~1934년 이른바 제1차 북핵 위기와 특히 1994년 7월 김일성 조문파동을 계기로 북한은 김영삼 정부와의 일체의 대화를 거부하였고, 2008년 2월 이명박 정부 출범 이후 현재에 이르기까지 강경한 대립적 태도를 취하고 있다. 그러나 1990년 이후 남북고위급회담 개최와 1991년 12월 〈남북기본합의서〉 채택부터 특히 1998~2007년 김대중-노무현 정부 시기 두 차례에 걸쳐 남북정상회담을 수용했다. 이를 통해 북한은 남한의 민주화 이후 남한 정권의 성격에 따라 상당히 탄력적으로 대응하고 있음을 알 수 있다.

10) 2011년 2월 5일자 『로동신문』, 「〈론설〉 당국대화의 실현은 북남관계 개선의 선결과제」를 통해 알 수 있듯이, 현재 북한은 남북한 당국 간 대화를 여전히 남북관계 개선의 가장 중요한 통로로 인식하고 있다. 과거 김일성 시대 남한의 파쑈독재 정부를 비판하면서 대화의 상대로 인정치 않았던 것과 명백히 구별된다. 이에 대해서는 정영철, 2012a, 「김정일 시대의 대남정책과 대남인식」, 『현대정치연구』 제5권 제2호, 서강대학교 현대정치연구소, pp. 195~226의 2장 2절 참조.

11) 이에 대해서는 전종호, 2006, 「〈론설〉 남조선에서의 반보수대련합의 실현은 절박한 과제」, 『로동신문』, 1월 19일자.

3. 김일성 시대 북한의 대남인식 변화

북한의 대남인식 형성과 발전에서 이념과 체제 변수와 이와 연관성이 있는 국제환경적 변수는 상당히 고정적인 성격을 갖는다. 그러나 김정일－김정은 시대와 달리 김일성 시대 대남인식의 내용과 변화에서 남북한 힘관계의 변화와 남한정치정세 변화라는 변수는 상당한 영향력을 갖고 있었다. 그것은 김일성 시대에는 특히 경제력 우열관계의 변화와 함께 남한 정치정세의 몇 차례에 걸친 계기적변화가 포함되기 때문이다. 따라서 이 절에서는 이 두 가지 변수를 중심으로 북한의 대남인식 및 통일정책에서의 변화를 고찰하고자 한다. 위의 두 변수에 따른 김일성 시대 북한 대남인식의 변화를 민주기지론, 3대혁명역량강화론에 의거한 남조선지역혁명론, 고려민주연방공화국 창립방안론의 세 단계로 나누어서 고찰하고자 한다. 이런 단계 구분은 남북한 사이의 힘관계의 변화와 남한의 정치정세 변화에 부합되고, 또한 각 단계마다 북한의 대남인식과 통일정책에서의 변화와 연동되기 때문이다.

가. 민주기지론 시기 북한의 대남인식

김일성은 1945년 10월 10일 조선공산당 북조선분국 창립대회 보고 「우리나라에서의 맑스－레닌주의 당건설과 당의 당면과업에 대하여 북조선공산당 중앙조직위원회창립대회에서 한 보고」에서 최초로 민주기지노선을 제안했다.[12] 이 보고에서 김일성은 소련의 진주로 혁명 발전에 유리한 조건이 조성

---

[12] 북한은 1945년 10월 10일 서북5도당 책임자 및 열성자대회(5도 인민위원회 연합회의)'에서 조선공산당 북조선분국을 창립했다. 북조선분국은 서울의 조선공산당 당중앙의 권위가 침해받을 것을 우려한 국내파의 반발을 고려하여 국내파 김용범과 오갑섭을 각각 제1비서와 제2비서로 임명했다. 그러나 『김일성 저작집』 1권에 수록되어 있는 이 글의 부제에서는 북조선공산당 중앙조직위원회로 창립된 것으로 기록하고 있다. 이것은 1950년

된 북한과 미군의 주둔으로 친일파, 민족반역자를 비롯한 반동분자들이 활개
치는 남한은 전혀 다른 정세에 놓이게 되었다고 전제하면서 다음과 같이 주
장한다.

> 이러한 정세에서 남북조선의 공산주의자들을 망라하는 통일적당을 창건할 수
> 는 없습니다. 그렇다고 하여 우리가 통일적당을 창건할수 있는 조건이 성숙될 때
> 까지 가만히 앉아있어서는 안 될 것입니다. …… 우리는 북조선에 조성된 유리한
> 조건을 리용하여 강력한 당중앙지도기관으로서 북조선공산당 중앙조직위원회를
> 결성하여야 하겠습니다. …… 북조선공산당 중앙조직위원회를 결성하여야만 또
> 한 광범한 대중을 묶어세우고 건국사업을 잘하여 나갈수 있으며 북조선을 조선
> 혁명의 튼튼한 기지로 전변시킬수 있습니다.[13]

김일성은 이 보고에서 당의 정치노선을 논하면서, 당의 중요 과업으로 민
주주의적 민족통일전선 형성, 모든 반동분자의 청산, 지방의 인민위원회 조
직과 민주주의적 개혁 및 경제 부흥을 통한 민주주의 독립국가 건설의 기본
토대 구축, 공산당의 확대 강화와 사회단체 사업의 강화를 제시했다.[14] 결론
적으로 김일성은 "우리는 이와 같은 당면과업들을 수행하기 위하여 모든 힘
을 다함으로써 민주주의인민공화국건설을 다그치며 북조선을 부강한 민주주

대 중반 박헌영을 비롯한 국내파 숙청 이후 수정된 것임은 주지의 사실이다. 현재 북한
이 조선로동당의 창건일을 1945년 10월 10일로 지정한 데서 알 수 있듯이, 조선공산당
북조선분국을 사실상 현재 조선로동당의 전신으로 삼고 있다. 그러나 이 김일성 보고에
서 제안된 민주기지론은 원래의 의도와 다른 것으로 볼 필요는 없다. 따라서 이 글에서
는 북한의 민주기지론의 최초 제안문건을 김일성의 이 보고로 삼는다.

13) 김일성, 1979, 「우리 나라에서의 맑스-레닌주의 당건설과 당의 당면과업에 대하여; 북
조선공산당 중앙조직위원회창립대회에서 한 보고(1945.10.10.)」, 『김일성 저작집 1』, 평
양: 조선로동당출판사, pp. 308~309.

14) 김일성, 1979, 「우리 나라에서의 맑스-레닌주의 당건설과 당의 당면과업에 대하여; 북
조선공산당 중앙조직위원회창립대회에서 한 보고(1945.10.10.)」, 『김일성 저작집 1』, 평
양: 조선로동당출판사, pp. 320~327.

의자주독립국가 건설을 위한 강력한 민주주의적 기지로 만들어야 할 것입니다"15)라고 선언했다.

김일성의 이 보고에서 최초로 제기된 민주기지론은 북한의『정치사전』에 규정된 대로 단적으로 말해 "혁명하는 나라의 한지역에서 승리한 혁명을 공고히하여 혁명의 전국적 승리를 담보하는 책원지"16)를 의미한다. 이처럼 민주기지론은 해방 이후 남북한 사이의 달리 조성된 혁명정세에서 유리한 조건에 있는 북한의 당과 정권의 건설을 통해 민주주의의 성과를 전국적으로 확대하여 가겠다는 것이었다.

민주기지론은 미국의 식민지 예속상태에서 벗어나지 못한 남한이라는 대남인식에 기초한 것이었다. 한국전쟁 종전 직후인 1953년 10월 20일 조국통일민주주의전선 함경남도 열성자회의에서 한 김일성의 연설「모든 힘을 민주기지 강화를 위하여」에서도 이런 대남인식의 기본틀은 여전히 고수되고 있다. 김일성은 이 연설에서 한국전쟁에서 북한이 쟁취한 승리 가운데 첫 번째로 "조국의 통일기지이며 혁명의 근거지인 공화국북반부를 사수"17)한 것을 내세우며 다음과 같은 대남인식을 보여 주었다.18)

우리 앞에 나서고 있는 가장 중요한 과업은 분렬된 조국을 통일하는 것입니다.
전쟁은 끝났으나 조국통일위업은 실현되지 못한 채 그대로 남아있습니다. 미제국

---

15) 김일성, 1979,「우리 나라에서의 맑스-레닌주의 당건설과 당의 당면과업에 대하여; 북조선공산당 중앙조직위원회창립대회에서 한 보고(1945.10.10.)」,『김일성 저작집 1』, 평양: 조선로동당출판사, p. 327.

16) 사회과학출판사, 1973,『정치사전』, 평양: 사회과학출판사, p. 1235.

17) 김일성, 1980,「모든 힘을 민주기지강화를 위하여; 조국통일민주주의전선 함경남도열성자회의에서 한 연설(1953.10.20.)」,『김일성 저작집 8』, 평양: 조선로동당출판사, p. 101.

18) 한국전쟁은 다름 아닌 이런 북한의 민주기지 노선 실행의 대표적 사례로 볼 수 있다. 한국전쟁이 최초에는 내전의 성격을 갖는다는 점에서 북침설과 남침설의 대립과 상관없이 이른바 민주개혁의 성공을 통해 역량을 강화한 북한이 민주기지 노선에 따라 전국적 통일을 목표로 한국전쟁을 주도했던 것이 분명하다.

주의자들은 남조선에서 물러가지 않고 계속 둥지를 틀고 있으며 남조선인민들은 여전히 미제의 식민지통치밑에서 신음하고 있습니다. 우리는 하루빨리 조국을 통일하여야 하며 미제의 식민지통치밑에서 신음하는 남조선인민들을 구원하여야 합니다.[19]

이처럼 민주기지론은 남한의 이승만 정부를 미국의 식민통치의 "괴뢰도당"으로 규정하고, 남한의 인민을 구원의 대상으로 보는 대남인식에 기초했다. 민주기지론의 이런 대남인식을 뒷받침했던 것은 한국전쟁 이후 북한의 빠른 전후복구와 이후 5개년계획의 성공에 따른 남한에 대한 경제력 우위와 함께 전쟁으로 더욱 강화된 남한의 이승만 독재체제에 따른 남한 정치사회의 난맥상에 기인한 것으로 볼 수 있다. 위의 김일성 연설에서는 이승만 정권이 북한이 제의하는 일체의 평화적 통일 제안을 거부하고 있다고 비난하면서 다음과 같이 조국의 평화적 일을 위해서는 북한의 민주기지를 강화해야 한다고 주장했다.

민주기지를 강화하면 미제국주의자들과 리승만괴뢰도당이 함부로 공화국북반부를 먹겠다고 덤벼들지 못할것입니다. 민주기지를 강화하여 정치, 경제, 문화의 모든 부문에서 남북간의 차이를 하늘과 땅 같이 만든다면 남조선인민들은 미제와 승만도당을 반대하고 우리를 적극 지지하게 될 것입니다.[20]

요컨대 민주기지론에 따르면, 북한의 민주기지 강화를 통해 미국과 남한 "괴뢰도당"의 침략으로부터 벗어날 수 있으며, 이를 통해 북한의 민주기지가 정치, 경제, 문화 등 다방면에 걸쳐 남한에 대해 우위를 차지하게 됨으로써

[19] 김일성, 1980, 「모든 힘을 민주기지강화를 위하여; 조국통일민주주의전선 함경남도열성자회의에서 한 연설(1953.10.20.)」, 『김일성 저작집 8』, 평양: 조선로동당출판사, p. 108.
[20] 김일성, 1980, 「모든 힘을 민주기지강화를 위하여; 조국통일민주주의전선 함경남도열성자회의에서 한 연설(1953.10.20.)」, 『김일성 저작집 8』, 평양: 조선로동당출판사, p. 109.

남조선 인민들로부터 지지를 받아 북한 주도의 통일이 가능해진다는 논리이다. 이에 대해 이종석은 민주기지론에 대한 이해에서 오류가 있었다고 주장한다. 그는 이런 인식이 한국전쟁을 통해 민주기지 개념을 이해하려는 경향에서 나온 오류로 "민주기지론은 통일을 향한 적극적 개념이라기보다는 한 지역에서 일방적으로 추진하고 있는 혁명건설을 통일의 관점에서 정당화시키기 위한 매개개념의 성격이 더 강하다고 할 수 있다"21)고 주장한다. 그러나 이종석의 이런 주장은 한국전쟁을 민주기지론의 필연적 산물로 잘못 이해하는 것을 경계하는 의미는 있지만, 실제로 분단 초기 전한반도적 자주독립국가의 건설이라는 통일과제가 남북한 모두에게 가진 의미를 생각하면 동의하기 어렵다.

물론 이종석도 민주기지론은 장기적 발상으로 평화적 전도와 물리적 전도가 포괄되지만, "다만 평화적 전도의 길은 쉽게 정책화시킬 수 있으나 전쟁이라는 물리적 수단을 동원하는 길은 압도적 역량의 우세와 유리한 국제환경의 조성이라는 조건들이 갖추어지지 않으면 안 된다"22)고 올바로 지적하고 있다. 그러나 1960년 이전 시기 북한에서 반복하여 주장된 민주기지론을 살펴보면 정치, 경제, 문화 등 다방면에 걸친 건설의 촉구와 남한에 대비한 압도적 우위에 대한 자신감 나아가서는 한반도 문제의 평화적 해결을 위한 국제여론의 환기 등을 강조하는 점에서, 민주기지론을 이종석의 주장처럼 당면 북한의 혁명건설을 통일로 정당화하기 위한 매개개념에 불과한 것으로 보기 어렵기 때문이다.23)

요약하자면 1945~1960년에 걸친 북한의 민주기지론은 해방 이후 남북한에

---

21) 이종석, 1995, 『현대 북한의 이해: 사상·체제·지도자』, 서울: 역사비평사, p. 366.

22) 이종석, 1995, 『현대 북한의 이해: 사상·체제·지도자』, 서울: 역사비평사, p. 367.

23) 남조선지역혁명론의 의의에 대한 다음 절의 논의에서 반복되겠지만, 민주기지론에 대한 이종석의 인식의 한계는 1960년대 북한의 대남정책이 민주기지론에서 남조선혁명론으로 바뀌었다는 견해를 오류라고 보는 그의 주장에 대한 반비판을 통해 살펴볼 것이다.

조성된 정세의 차이에서 비롯된 것으로, 북한에서 혁명과 건설의 진전을 통해 민주기지를 강화하여 이를 시발점으로 삼아 전한반도 범위로 혁명의 확산과 북한의 민주기지에 기반한 통일을 지향하고자 한 것이었다. 또한 이런 민주기지론의 바탕에는 남한에 대한 북한의 우세한 역관계에 대한 자신과 이승만 독재 치하의 남한의 억압적 정치질서에 대한 비판적 인식과 자신감이 자리하고 있었다. 이런 측면에서 남한에 대한 압도적 힘의 우위에 대한 자신감과 인민의 이승만 정부에 대한 불신의 강도를 오판한 북한의 남침으로 인한 한국전쟁은 민주기지론의 필연적 산물은 아니지만 중요한 전략적 선택의 하나였다는 평가가 가능할 것이다.

나. 남조선지역혁명론 시기 북한의 대남인식

1960년 4·19혁명에 의한 이승만 정권의 붕괴와 단명한 제2공화국 시기 남한에서의 정치정세의 전개 및 이에 대응하는 1961년 5·16쿠데타의 발발 등 1960년대 반 남한은 정치적 격변기를 보냈다. 이에 대한 북한의 대남인식과 대남정책에서의 변화는 1961년 9월 개최된 조선로동당 제4차 당대회에서 집중적으로 드러났다. 김일성은 1961년 9월 11일 「조선로동당 제4차대회에서 한 중앙위원회사업총화보고」에서 남한에서의 4·19혁명에서 5·16쿠데타에 이르는 과정을 요약한 다음, 다음과 같은 "남조선 인민들의 투쟁과업"을 제시했다.

> 남조선인민들이 반제반봉건투쟁을 성과적으로 진행하며 이 투쟁에서 승리하기위하여서는 맑스-레닌주의를 지침으로 하며 로동자, 농민을 비롯한 광범한 인민대중의 리익을 대표하는 혁명적당을 가져야 합니다. …… 혁명적당이 없었고 뚜렷한 투쟁강령이 없었으며 따라서 기본군중인 로동자, 농민이 항쟁에 널리 참가하지 못하였기때문에 4월인민봉기는 철저히 조직적으로 전개되지 못하였으며

남조선인민들은 그들이 흘린 피의 대가를 미제의 다른 앞잡이들의 손에 빼앗기지
않을수없었습니다. 역시 그와 마찬가지로 혁명적당의 령도가 없었으며 로동자,
농민, 병사 대중이 각성되지 못하였기때문에 남조선인민들은 군부상층의 파쑈분
자들에 의한 권력탈취를 막지 못하였으며 민주주의적권리에 대한 적들의 공격을
반대하여힘있는 반격을 조직하지 못하였습니다.

　　남조선인민들은 이 쓰라린 경험에서 반드시 교훈을 찾아야 합니다. 남조선인
민들은 광범한 군중속에 깊이 뿌리박은 로동자, 농민의 독자적인 당을 가져야 하
며 그 합법적지위를 쟁취하여야 합니다.[24]

　남한에서 마르크스-레닌주의에 입각한 독자적인 혁명적 당을 건설할 것
과 그것의 합법적 지위를 쟁취할 것을 주장한 것이다. 이것은 이전의 민주기
지론에는 없던 조항으로 이른바 남조선지역혁명론으로의 변화의 핵심적 내
용이다. 남한에서 독자적인 혁명적 당 건설에 대해 1964년 2월 27일 개최된
조선로동당 중앙위원회 제4기 8차 전원회의에서 결론「조국통일위업을 실현
하기 위하여 혁명력량을 백방으로 강화하자」에서는 "북조선인민들은 남조선
인민들을 지원할 수는 있으나 그들의 투쟁을 대신할 수는 없습니다"[25]라고
전제하며 다음과 같이 보다 상세히 제시되었다.

　　그러면 남조선의 혁명력량을 어떻게 길러내야 할 것입니까?
　　무엇보다도 먼저 혁명의 주력군을 튼튼히 꾸리는 문제가 중요합니다. 혁명의
주력군이란 혁명에 동원될 수 있는 기본계급과 그 속에 깊이 뿌리박은 맑스-레
닌주의당을 의미합니다. 맑스-레닌주의당의 령도 밑에 사회의 기본계급인 로동
자, 농민이 동원되여야만 혁명이 승리할 수 있는 것입니다.[26]

24) 김일성, 1981, 「조선로동당 제4차대회에서 한 중앙위원회사업총화보고(1961.9.11.)」, 『김
　　일성 저작집 15』, 평양: 조선로동당출판사, pp. 129~130.
25) 김일성, 1982, 「조국통일위업을 실현하기 위하여 혁명력량을 백방으로 강화하자(1964.2.27.)」,
　　『김일성 저작집 18』, 평양: 조선로동당출판사, p. 141.

이 글에서는 미제국주의자들을 몰아내고 민족해방혁명을 완수하기 위하여서는 세 가지 혁명역량 즉, 북조선의 혁명역량, 남조선의 혁명역량 및 국제적 혁명역량이 필요하다는 3대혁명역량론[27]이 함께 제기되었다. 즉 기존의 민주기지론의 내용인 북한혁명역량의 지속적 강화와 함께 남한에서의 독자적인 전위적 당 건설을 주요 내용으로 하는 남한혁명역량 및 국제혁명역량이 전한반도 혁명 성공의 조건으로 제시된 것이다. 따라서 1961년 9월 조선로동당 제4차 당대회를 계기로 북한 대남정책의 기본방향이 과연 민주기지론에서 남조선지역혁명론으로 변화되었는가라는 문제가 제기된다. 이 문제에 대해 이종석은 다음과 같은 이유로 부정적으로 인식했다.

> 1960년대 북한이 '남조선혁명론'을 내세우며 실천에 옮기려 했던 '민주기지론'은 전쟁을 수반하지 않은(이런 의미에서 평화적인) '남조선혁명 후 조국통일'이라는 전도(前途)였다고 볼 수 있다. 따라서 1960년대 북한의 대남정책이 '민주기지론'에서 '지역혁명론'으로 바뀌었다고 보는 견해는 북한의 '남조선혁명역량 강화'에 대한 강조를 확대해석한 데서 온 오류라고 할 수 있다.[28]

이종석에 따르면, 민주기지론은 북한이 사회주의 국가로 남는 한 포기할 수 없는 당위적 명제이고, 다만 실천능력에서의 부재로 인해 지역혁명론으로 변경시킨 것에 불과하다고 보는 것이다.[29] 그러나 이종석이 간과한 것은 북한이 현실사회주의 국가의 당의 기본원칙이라고 할 수 있는 일국 일당 원칙에 수정을 가하고 있다는 점이다. 일국 일당의 원칙은 1920년 7월 24일 코민

---

26) 김일성, 1982, 「조국통일위업을 실현하기 위하여 혁명력량을 백방으로 강화하자(1964.2.27.)」, 『김일성 저작집 18』, 평양: 조선로동당출판사, p. 141.

27) 김일성, 1982, 「조국통일위업을 실현하기 위하여 혁명력량을 백방으로 강화하자(1964.2.27.)」, 『김일성 저작집 18』, 평양: 조선로동당출판사, p. 135.

28) 이종석, 1995, 『현대 북한의 이해: 사상·체제·지도자』, 서울: 역사비평사, pp. 367~368.

29) 이종석, 1995, 『현대 북한의 이해: 사상·체제·지도자』, 서울: 역사비평사, p. 368.

테른 제2차 대회에서 결의된 "프롤레타리아 혁명에 있어서 공산당의 역할에 관한 테제"에 명기되었다. 즉 테제에서는 "각각의 나라에 단 하나의 통일적인 공산당이 존재하지 않으면 안 된다"[30]고 명시했다. 이런 코민테른의 테제가 아니더라도 사회주의 국가에서 공산당을 비롯한 혁명적 전위당의 영도적 역할을 감안하면 남한에 독자적인 전위적 혁명당 건설의 필요성을 주장하는 남조선지역혁명론은 기존의 민주기지론과 질적 차이를 인정해야만 한다.[31]

물론 북한에서 민주기지론을 최초로 제기했던 1945년 10월 10일 김일성의 북조선분국 창립대회 보고에서 당시 남북한에 조성된 정세의 차이로 북한지역의 당조직 건설을 정당화한 것은 사실이다. 그러나 당시 북조선분국은 남북한이 각각 미군과 소련군 점령이라는 조건의 차이에서 장래 남북한 공산주의자들의 통일적 당 건설을 위한 과도적 조치로 주장된 것이었다. 또한 민주기지론은 혁명이 먼저 성공한 지역을 근거지로 해서 확산해간다는 기조에 입각한 것임을 감안한다면, 남북한의 통일적 혁명적 전위당 건설의 한 과정으로 제기된 것임을 알 수 있다. 이렇게 본다면 남조선지역혁명론은 민주기지론과 달리 한국전쟁으로 남한에서 전위당이 와해된 조건에서 당시 남한의 정치정세의 변화에 따라 새로운 유형의 마르크스-레닌주의적 독자적 전위당 건설을 제안했던 점에서 차이가 있다.

일반적으로 일국 일당 원칙에 따르면, 별도의 남한의 혁명적 전위당이 필

---

30) 편집부 편역, 1988, 『코민테른과 통일전선: 코민테른 주요 문건집』, 서울: 백의, p. 171.

31) 1960년대 초 동서 냉전이 첨예했던 시기 국제공산주의 진영에서 소련의 위상은 확고했다. 뿐만 아니라 1943년 제2차 세계대전에서 연합국들 사이의 동맹을 강화하기 위해 소련이 코민테른을 해체하기는 했지만, 당시에는 국제 노동운동과 사회주의운동에 대한 과거 코민테른의 결정들이 여전히 위력을 발휘하고 있었다. 이런 조건에서 북한이 남한의 정세변화와 남북한의 혁명조건의 변화를 이유로 일국일당의 원칙을 포기한 것은 단순히 전술적 고려에 따른 것으로 치부하기 어렵다. 구갑우가 북한 연구에서 흔히 발견되는 오리엔탈리즘적 경향을 비판하면서, '열린 보편주의' 시각을 가질 것을 주장하는 점은 이 점과 관련하여 매우 적절한 지적이다(구갑우, 2005, 「북한연구의 '국제정치': 오리엔탈리즘 비판」, 경남대학교 북한대학원 엮음, 『남북한 관계론』, 파주: 한울, p. 267).

요하다는 남조선지역혁명론은 남북한의 사회성격이 이미 달라졌고, 그에 따라 전위당이 추구해야 할 당면의 혁명적 과업도 다르다는 것을 북한 측에서 인정한 것으로 보아야 한다.

1964년 2월 조선로동당 중앙위원회 제4기 8차 전원회의에서 남한에서의 혁명적 전위당 결성 필요성이 제기된 이후, 남한에서 이에 동조하는 통일혁명당 창당준비세력이 활동을 시작했음은 주지의 사실이다. 그러나 통일혁명당 창당 사업은 1968년 중앙정보부에 의해 지도부가 검거됨으로써 실패로 돌아갔다. 이후 북한은 북한지역에 통일혁명당을 조직하여 이것이 마치 남한에 존재하는 것처럼 선전함으로써, 남한에서의 혁명적 전위당 결성을 골자로 하는 남조선지역혁명론은 사실상 파탄에 이르게 되었다.

그러나 통일혁명당의 이런 실패가 곧바로 민주기지론과 남조선지역혁명론의 차이를 부정하는 근거로 되기 어렵다. 왜냐하면 민주기지론은 혁명적 전위당을 중심으로 하는 북한의 혁명역량 강화를 통해 남한인민을 식민예속과 독재통치로부터 해방시키겠다는 것이 골자인 반면, 남조선지역혁명론은 1964년 2월 당중앙위원회 4기 8차 전원회의에 김일성이 "북조선인민들은 남조선인민들을 지원할 수는 있으나 그들의 투쟁을 대신할 수는 없습니다"[32] 고 선언한 것에 핵심이 있기 때문이다. 달리 말하자면 민주기지론에서는 조선로동당이 한국전쟁 이후 혁명적 당이 부재한 남한으로 혁명을 확대하는 책임을 자임한다면, 남조선지역혁명론은 남한에 혁명적 전위당의 활동을 지원하겠다는 것이다. 민주기지론과 남조선지역혁명론의 차이에 대해서는 북한에서 주체사상이 이론적으로 체계화된 이후인 1975년 조선로동당 창건 30주년을 기념해 발간된 허종호의 『주체사상에 기초한 남조선혁명과 조국통일리론』에서도 다음과 같이 명기되어있다.

---

32) 김일성, 1982, 「조국통일위업을 실현하기 위하여 혁명력량을 백방으로 강화하자(1964.2.27.)」, 『김일성 저작집 18』, 평양: 조선로동당출판사, p. 141.

북과 남의 상반되는 이 두 발전추세와 계급관계는 필연적으로 한 나라 안에서 두 개의 서로 다른 혁명과업이 제기되지 않을 수 없게 하였으며 통일적인 하나의 조선혁명이 조성된 정세의 주객관적조건에 맞게 북과 남의 두 지역에서 각기 자기 지역의 특성에 따라 진행되지 않을 수 없게 한 객관적 근거로 되었다.[33]

남조선혁명은 조선혁명의 기지로서의 북반부에서의 혁명과 유기적인 련관 밑에 진행되면서 그의 믿음직한 후원을 받게 되며 북반부혁명기지의 강력한 지원밑에 미제의 식민지통치와 군사파쑈통치를 뒤집어엎고 남조선사회의 민주주의적발전을 보장하며 우리 민족의 지상의 혁명과업인 조국통일위업에 적극 복무한다.[34]

이처럼 사회주의의 일국 일당 원칙과 민주기지와 남조선지역혁명론의 관계에 대한 북한의 입장을 고려하기 위해서는, 남한에서의 독자적인 혁명적 전위당 결성을 골자로 하는 남조선지역혁명론이 제기된 주객관적 배경을 살펴보아야 한다. 위의 허종호의 앞 부분 인용에서처럼 북한은 남조선지역혁명론의 객관적 근거는 남북한에 각각 조성된 발전추세와 계급관계의 차이에서 찾고 있음을 알 수 있다. 여기서 알 수 있듯이 남북한의 힘관계에서 북한은 강한 자신감을 갖고 있었다. 그렇다면 주체적 배경은 1960년 4·19혁명에서 1961년 5·16쿠데타에 이르는 남한 내부 정치정세의 변화임을 추정할 수 있다.

북한이 대남정책의 틀을 남조선지역혁명론으로 변화시킨 1961년 9월 조선로동당 제4차 당대회 중앙위원회 사업총화보고에서 김일성은 남한정세가 민주주의 세력의 성장으로 혁명에 유리하게 전개되고 있다고 주장하며, 4·19혁명에서 5·16쿠데타에 이르는 남한정세에 대해 다음과 같이 분석했다.

---

33) 허종호, 1975, 『주체사상에 기초한 남조선혁명과 조국통일리론』, 평양: 사회과학출판사, p. 19.
34) 허종호, 1975, 『주체사상에 기초한 남조선혁명과 조국통일리론』, 평양: 사회과학출판사, pp. 30~31.

지난해 봄에 미제국주의식민지제도밑에서 부패와 학정을 더는 참을수 없게 된 남조선인민들은 드디여 새 정치와 새생활을 요구하여 영웅적항쟁에 일떠서 리승만 ≪정권≫을 무너뜨렸습니다. 이 것은 남조선인민들이 구국투쟁에서 이룩한 커다란 승리였으며 미제국주의의 조선침략정책에 대한 심대한 타격이였습니다.

4월인민봉기는 남조선인민들의 반미구국투쟁에서 새로운 전환점으로 되었습니다. ……

장면 ≪정권≫의 마지막시기에 남조선에서 정치적 및 경제적 위기는 매우 날카롭게 되었습니다. 인민생활은 참을수 없는 궁지에 빠져들어 갔으며 부패와 사회적무질서는 날이 갈수록 더욱 심하여졌습니다. …… 막다른골목에 이른 미제국주의자들과 남조선반동은 파국에 놓인 자기들의 지배를 유지하여보려고 파쑈적 군사독재를 세우는 모험의 길에 들어섰습니다.[35]

이상에서 알 수 있듯이 김일성은 남한에서 1960년 4·19혁명에 의해 이승만 정권이 붕괴하고, 남한 민중이 미국의 제국주의 지배에 저항할 만큼 성장하는 계기로 되었다고 평가했다. 또한 1961년 5·16쿠데타는 바로 성장한 남한 민중의 저항에 대한 미국과 남한의 지배세력의 파쑈적 대응으로 인식했다. 남한민중의 저항과 역량에 대한 북한의 평가는 민주기지론 시기에는 발견되지 않았다. 남한 민중의 미국의 식민예속과 국내의 대리정권의 독재에 신음하는 존재로 북한의 민주기지를 통해 구원받아야 할 수동적 존재에 불과했다. 그러나 김일성은 4·19혁명으로 이승만 정권을 붕괴시킨 남한 민중이 혁명적 전위당을 갖지 못함으로써 결국 5·16쿠데타에 의한 군사파쑈체제의 지배에 들어가게 되었다고 평가하면서[36] 남한의 혁명적 전위당 결성을 골자로 하는 남조선지역혁명론의 제기한 것이다.

---

[35] 김일성, 1981, 「조선로동당 제4차대회에서 한 중앙위원회사업총화보고(1961.9.11.)」, 『김일성 저작집 15』, 평양: 조선로동당출판사, p. 127.

[36] 김일성, 1981, 「조선로동당 제4차대회에서 한 중앙위원회사업총화보고(1961.9.11.)」, 『김일성 저작집 15』, 평양: 조선로동당출판사. p. 129.

　　남조선지역혁명론은 1964년 2월 개최된 조선로동당 중앙위원회 제4기 8차
전원회의에서 김일성의 결론에서 알 수 있듯이, 3대혁명역량론[37]의 한 구성
부분이다. 여기서도 알 수 있듯이, 북한은 이른바 민주기지론 시기 북한의 혁
명과 건설의 성과로 북한의 역량이 남한보다 월등히 우세하다는 전제에 입
각한 것이었다. 따라서 3대혁명역량론에서 북한은 남한민중의 남조선혁명을
후원하고 지원하는 존재로 위치 지워진 것이다.

　　결론적으로 말하자면, 1961년 9월 조선로동당 제4차 당대회를 계기로 민주
기지론에서 남조선지역혁명론으로 변화된 북한의 대남정책 기조는 민주기지
론 시기와 마찬가지로 북한의 남한에 대한 힘의 우위를 확신하면서도, 1960년
4·19혁명으로 변화된 남한 정치정세의 변화에 대응하는 것이었다. 그러나
남조선지역 혁명론은 통일혁명당 창당의 실패라는 현실적 문제와 함께, 이론
적 측면에서도 혁명과정에서 북한의 후원과 지원 이후 혁명의 종결지점에서
어떠한 방식으로 남북한이 결합될 것인지는 여전히 불투명한 문제점을 갖는
것으로 평가할 수 있을 것이다. 결국 1980년 10월 조선로동당 제6차 당대회
에서 제기된 〈고려민주연방공화국 창립방안〉은 이 두 문제점에 관한 어느
정도 해결의 실마리를 제시하고자 하는 것으로 볼 수 있다. 즉 혁명적 전위
당에 의한 혁명 아래 단계의 남한 민주정부를 대상으로 하는 완성태로서의
연방제 방안의 제시였다.

다. 고려민주연방공화국 창립방안론 시기 북한의 대남인식

　　1980년 10월 10일 김일성은 「조선로동당 제6차대회에서 한 중앙위원회사
업총화보고」에서 '고려민주연방공화국 창립방안'을 통일정책으로 제시하면

---

[37] 김일성, 1981, 「조선로동당 제4차대회에서 한 중앙위원회사업총화보고(1961.9.11.)」, 『김
　　일성 저작집 15』, 평양: 조선로동당출판사, p. 135.

서 다음과 같은 원칙을 제시했다.

우리 당은 북과 남이 서로 상대방에 존재하는 사상과 제도를 그대로 인정하고
용납하는 기초우에서 북과 남이 동등하게 참가하는 민족통일정부를 내오고 그밑
에서 북과 남이 같은 권한과 의무를 지니고 각각 지역자치제를 실시하는 련방공
화국을 창립하여 조국을 통일할것을 주장합니다.[38]

남북한의 사상과 제도를 그대로 인정한다는 이 원칙은 민주기지론이나 남
조선지역혁명론에서는 보이지 않았던 것으로 북한의 대남인식과 통일정책에
서 큰 변화를 보여 주는 것이었다. 북한을 혁명의 근거지, 책원지로 삼아 전
국적 범위로 혁명의 확산을 목적으로 했던 민주기지론은 물론이고 남한에
마르크스-레닌주의에 입각한 전위당을 통해 반제반봉건 민주주의 혁명의
수행을 주장했던 남조선지역혁명론도 남북한의 사상과 제도의 통일을 전제
로 한 것이었다. 또한 1960년 4·19혁명 직후였던 1960년 8월 14일 김일성의
8·15 15주년 기념 연설에서 최초로 제안했던 연방제 제안이나 1973년 6월 23
일 제안했던 고려연방제 제안에서도 연방제는 사상과 제도의 궁극적 통일로
가는 과도태로서의 연방제였다. 그러나 고려민주연방공화국 방안은 다음과
같이 연방이 통일의 완성태라는 점을 분명히 했다.

련방국가의 통일정부는 북과 남에 있는 사회제도와 행정조직들, 각당, 각파, 각
계각층의 의사를 존중히 여기며 어느 한쪽이 다른쪽에 자기 의사를 강요하지 못
하도록 하여야 할 것입니다.

북과 남의 지역정부들은 련방정부의 지도밑에 전민족의 근본리익과 요구에 맞

---

38) 김일성, 1987, 「조선로동당 제6차대회에서 한 중앙위원회사업총화보고(1980.10.10.)」, 『김
일성 저작집 35』, 평양: 조선로동당출판사, p. 347.

는범위에서 독자적인 정책을 실시하며 모든 분야에서 북과 남사이의 차이를 줄이
고 나라와 민족의 통일적발전을 이룩하기 위하여 노력하여야 할것입니다.[39]

　　사상과 제도상의 용인을 전제하면서, 연방제를 통일의 완성태로 제시한
고려민주연방공화국 창립방안에 대해, 고병철은 사실상의 제도적 통일이며
"국내외 선전용으로 내놓은 정치적 도구의 성격"[40]의 측면을 가졌다고 비판
한다. 즉 사상과 제도의 용인을 주장하면서도 군사적 대치상태 해소와 민족
연합군조직, 대외정책의 공동 추구 및 최고민족연방회와 연방상설위원회를
주축으로 하는 연방정부 수립 주장도 사실상 제도적 통일을 표방한 것이라
는 평가이다. 또한 남한당국과의 협상이 불가피함에도 당시 전두환 정부의
타도를 선동하고 있다는 점에서 정치적 선전도구에 불과하다는 주장이다. 고
병철은 다만 선전용에 불과했던 고려민주연방공화국 방안은 1991년 1월 1일
김일성의 신년사에서 '낮은 단계의 연방제'로 실용주의적 조정을 받게 됨으
로써 통일방안의 성격을 갖게 되었다고 주장한다.[41]

　　그러나 고병철의 이런 주장은 고려민주연방공화국 창립방안을 제시했던
김일성의 보고 내용을 심층 분석하고, 기존 북한의 대남정책의 기조들이었던
민주기지론과 특히 남조선지역혁명론의 내용과 비교해 보면 정당화되기 어
렵다.

　　첫째, 김일성은 해방 후 남북한에는 오랜 기간 서로 다른 제도와 사상이
지배했기 때문에, 사상과 제도를 절대화하면 "불가피적으로 대결과 충돌을

39) 김일성, 1987, 「조선로동당 제6차대회에서 한 중앙위원회사업총화보고(1980.10.10.)」, 『김
　　일성 저작집 35』, 평양: 조선로동당출판사, p. 347.
40) 고병철, 2005, 「남북한 관계의 역사적 맥락」, 경남대학교 북한대학원 엮음, 『남북한 관계
　　론』, 파주: 한울, p. 51.
41) 고병철, 2005, 「남북한 관계의 역사적 맥락」, 경남대학교 북한대학원 엮음, 『남북한 관계
　　론』, 파주: 한울, p. 51.

가져오게 되며 그렇게 되면 도리여 분렬을 심화시키는 결과를 낳게 될 것입니다"[42]라고 전제했다. 즉 남북한의 기존 제도와 사상을 용인하지 않는 통일은 불가능하다는 인식을 전제로 했다.

둘째, 당시 전두환 정부를 비판하고 전복을 선동한 것은 고려민주연방공화국의 남측 지역 정부가 최소한의 민주주의적 질서에 입각한 것이어야 한다는 의미에서, 남한민중을 유혈적으로 진압한 것에 대한 비판의 의미이다. 이는 김일성이 "오늘 남조선에서 벌어지고 있는 비극적 사태와 남조선 인민들이 겪고 있는 재난"[43]의 장본인인 미국의 앞잡이인 전두환 정부와는 연방제 논의를 할 수 없다는 의지의 표명이었던 것이다. 통일방안은 현실성과 함께 규범성을 무시할 수 없다는 측면을 고려할 필요가 있다.

셋째, 민주기지론과 남조선지역혁명론이 북한의 이념과 체제는 물론이고 혁명과 건설의 성과에 대한 자부심을 전제로 하여, 남한으로의 혁명의 확대 혹은 후원·지원을 말하는 데 반해서, 고려민주연방공화국 창립방안에서는 이런 북한의 자신감이나 우월감이 거의 나타나고 있지 않다는 점이다.

고병철의 주장과 달리 고려민주연방공화국 창립방안이 기존의 민주기지론과 남조선지역혁명론과 구분되는 새로운 북한의 대남정책 및 통일정책이라고 한다면, 그것은 어떤 대남인식에서 비롯된 것인지를 살펴볼 필요가 있다. 북한의 대남인식과 정책에서의 변화는 다음의 몇 가지 변수 차원에서 이해할 수 있다.

첫째, 1970년대 중후반을 기점으로 남북한의 경제력 우월관계가 역전된 것이다.[44] 이념과 체제의 대립 내지는 교착을 전제로 하는 냉전 시기 사회주의

---

42) 김일성, 1987, 「조선로동당 제6차대회에서 한 중앙위원회사업총화보고(1980.10.10.)」, 『김일성 저작집 35』, 평양: 조선로동당출판사, p. 346.

43) 일성, 1987, 「조선로동당 제6차대회에서 한 중앙위원회사업총화보고(1980.10.10.)」, 『김일성 저작집 35』, 평양: 조선로동당출판사, p. 342.

44) 이 시기 남북한 경제력 역전에 대해서는, 정영철, 2012, 「김정일 시대의 대남인식과 대

국가와 자본주의 국가 사이의 힘의 우열관계나 이념과 체제의 우열관계의 중요한 지표는 경제적 성과였다. 따라서 북한의 남한에 대한 경제적 우위의 역전은 남북한 힘의 관계에서 북한의 자신감 상실의 원인이 되었을 것이다. 실제로 고려민주연방공화국 창립방안에서는 기존의 민주기지론이나 남조선지역혁명론에서 강하게 전제되었던 북한의 자신감이 보이지 않는다.

둘째, 남조선지역혁명론의 핵심이었던 남한에서의 마르크스-레닌주의적 전위당 건설 즉, 통일혁명당 창당에 실패한 점이다. 북한은 북한지역에 존재했던 통일혁명당을 남한에 존재하는 전위당이라고 주장했으나 이런 주장의 허구성은 누구보다도 북한 자신이 잘 알았을 것이다. 따라서 남조선지역혁명론에 기초한 통일의 실현이 어려운 일이라는 점을 북한 스스로 인식하고, 새로운 대남 및 통일정책을 제시하지 않을 수 없었을 것이다.

셋째, 남한의 정치정세의 변화에 대한 북한의 새로운 평가와 관련하여 생각해보아야 한다. 김일성은 다음과 같이 남한 정치정세의 변화를 분석하고 있다.

지난해 10월부터 부산과 마산, 서울과 광주를 비롯한 남조선각지에서 줄기차게 벌어진 인민들의 용감한 투쟁은 악명높은 매국노, ≪유신≫독재의 원흉을 파멸시키고 그 잔당들에게 준엄한 경고를 내리였습니다. 특히 지난 5월 수많은 인민들이 일제히 떨쳐 일어나 손에 무장을 들고 용감히 싸운 광주인민들의 영웅적봉기는 남조선의 파쑈통치지반을 크게 뒤흔들어놓았으며 미제와 그 앞잡이 군사파쑈분자들을 불안과 공포에 떨게 하였습니다. …… 오늘 남조선에서는 미제와 그 앞잡이 군사파쑈분자들의 책동에 의하여 매우 엄중한 사태가 벌어지고있습니다. …… 오늘 남조선은 대중적 살륙만행이 공공연히 감행되고 인민들의 자유와 권리가 무참히 짓밟히는 20세기말기의 가장 참혹한 인간생지옥으로 전변되였습니다.[45]

남정책」, 『현대정치연구』 제5권 제2호, 서강대학교 현대정치연구소, 제2장 1절 참조.

즉 북한은 남한 민중의 투쟁에 의해 유신체제가 붕괴된 이후 미국과 남한의 군사파쇼의 탄압으로 참혹한 상태에 처해 있다는 주장이다. 김일성은 남한에서 민주주의가 말살되고 군사파쇼 통치가 실시되는 조건에서는 민족의 화해와 단결이 불가능하다고 전제하며, "남조선에서 ≪유신체제≫를 청산한 기초 우에서 군사파쑈 ≪정권≫을 광범한 인민대중의 의사와 리익을 옹호하며 대변하는 민주주의적인 정권으로 교체"[46]해야 한다고 주장했다. 달리 말하자면 고려민주연방공화국 창립을 위한 선결조건을 남한에서 민주주의적 정권의 수립이라고 주장한 것이다.

이처럼 고려민주연방공화국 창립방안은 남북한 힘의 관계에서 북한의 열세로 의 전환을 계기로 남한에서 혁명적 전위당에 의한 혁명 성공의 불투명성, 그리고 남한 민중의 투쟁에도 불구하고 여전히 군사파쇼가 지배하고 있는 조건 등을 고려한 것으로 보인다. 특히 1960년 4 · 19혁명 직후 남한에서 마르크스-레닌주의적 전위당 창당을 주장했던 남조선지역혁명론이 실패한 조건에서 이후 지속적인 민중의 투쟁으로 유신체제가 붕괴되었지만 여전히 군사파쇼의 통치가 지속되는 남한의 정치적 조건을 감안한 것으로 보인다. 달리 말하자면 남한의 정치정세에서 민주주의 질서의 구축이 절박한 과제로 부상하는 것과 함께, 힘의 관계에서 열세에 처한 북한의 입장에서 남한의 민주정부와의 연방을 통일의 완성태로 제시한 것으로 볼 수 있다.

1990년 초반 탈냉전과 함께 외교적 고립과 경제난으로 총체적 체제위기에 직면한 북한은 1987년 6월 민주대항쟁을 통해 정치적 및 절차적 민주주의로 이행한 남한과의 타협과 공존 나아가서는 북한의 이념과 체제의 유지를 전

---

45) 김일성, 1987, 「조선로동당 제6차대회에서 한 중앙위원회사업총화보고(1980.10.10.)」, 『김일성 저작집 35』, 평양: 조선로동당출판사, pp. 340~341.

46) 김일성, 1987, 「조선로동당 제6차대회에서 한 중앙위원회사업총화보고(1980.10.10.)」, 『김일성 저작집 35』, 평양: 조선로동당출판사, p. 343.

제로 하는 통일방안이 필요했을 것으로 보인다. 1991년 1월 1일 김일성의 신년사에서 제안된 '낮은 단계의 연방제'는 바로 이런 필요의 산물로 볼 수 있다. 따라서 현재까지도 북한의 대남인식과 대남정책의 기본축은 여전히 '고려민주연방공화국 창립방안' 시기와 마찬가지로 볼 수 있다.

4. 결론

한 국가의 상대 국가에 대한 인식과 정책을 결정하는 변수들은 다양하다. 국제환경 변수, 상호 힘관계 변수, 상대의 정세와 행동 변수에 특히 냉전기에는 이념과 체제 변수까지 작용하기 마련이다. 남북한의 상대에 대한 인식과 정책 형성에서도 이런 변수들은 상당한 영향을 미쳤다. 김일성 시대 북한의 대남인식 형성에서는 이런 다양한 변수들이 작용하는 정도에 있어 특징적 양상을 보여 주었다.

냉전기는 물론이고 탈냉전기에도 북한은 기존 이념과 체제의 고수를 주장한다는 점에서, 이념과 체제 변수는 북한의 대남인식 형성에는 작용하지만 그것의 변화에 미치는 영향은 제한적이었다. 또한 냉전기인 김일성 시대 국제환경은 남방삼각동맹과 북방삼각동맹의 대치 속에서 대남인식과 정책의 변화에 미치는 영향이 제한적이었다. 냉전 시기의 국제 상황은 그만큼 경직성과 불변성을 가지기 때문이었다.

김일성 시대 북한의 대남인식의 기본축은 민주기지론에서 남조선지역혁명론으로 그리고 고려민주연방공화국 창립 방안론으로 구분될 수 있다. 이런 북한 대남인식의 기본축을 변화시킨 요인 가운데 이념과 체제 변수와 국제환경 변수의영향이 제한적이었다면, 남북한 힘관계의 변화와 남한의 정치정세의 변화라는 두 변수의 역할에 따른 것이었다.

　남북한 힘의 관계라는 변수 측면에서 민주기지론과 남조선지역혁명론은 북한의 힘의 우위에 대한 자신감에 기초한 것이었다. 반면에 고려민주연방공화국 창립방안은 그 자체가 1970년대 중후반을 획기로 하는 남북한 힘의 우위의 역전과 이에 대한 북한의 인식에 기초한 것이었다. 한편으로 민주기지론, 남조선지역혁명론, 고려민주연방공화국 창립방안은 모두 남한의 민중투쟁과 지배세력의 대결에 따른 정치정세의 변화에 의한 것이었다. 이런 측면에서 김일성 시기 북한의 대남인식 변화에서 가장 직접적이고 중요한 변수는 다름 아닌 남한의 정치정세 즉, 민주화의 진전에 따른 것이었다는 평가가 가능하다.

　민주기지론에서 남조선지역혁명론으로의 변화는 남한의 1960년 4·19혁명에 의한 이승만 독재정권의 붕괴가 계기로 되었다. 민주기지론은 혁명에 먼저 성공한 책원지로서 북한의 역량으로 전한반도 차원으로 혁명을 확대하는 전략이었다. 반면 남조선지역혁명론은 4·19혁명으로 조성된 민중적 정치공간이 5·16쿠데타로 좌절된 경험에서 남한에서 마르크스-레닌주의적 전위당 구축을 통해 남한에서 반제 반봉건 민주주의혁명을 추구하고자 한 것이었다. 이때 북한의 혁명역량은 남한의 혁명을 후원하고 지원하는 역할을 하는 것으로 상정되었다. 3대혁명역량론의 문제의식이 바로 이것이었다.

　그러나 1960~70년대 남한의 정치정세는 통일혁명당 창당 실패부터 박정희 정권 시기의 급속한 경제성장에 따른 남북한 경제력 우열관계의 변화 등 남조선지역혁명론의 구상과 배치되는 방향으로 진행되었다. 1979년 10·26 사건으로 박정희의 유신정권이 붕괴되고 남한의 민주역량이 일시 강화되기도 했지만, 전두환 등 신군부의 쿠데타로 민주화는 실패하고 말았다. 이런 남한 정치정세의 진행을 본 북한은 남한에 대한 경제적 열세 등을 인식하면서 사상과 제도의 차이 용인을 전제로 하는 통일의 완성태로서 고려민주연방공화국 창립방안을 제시했다. 여기서 북한은 남조선지역혁명론을 제기했던 시기

의 자신감은 실종된 상태로 남한에서 민주주의적 정권의 수립을 남북한 화
해와 대화 및 나아가서는 연방제 수립의 전제로 제시했다. 요컨대 고려민주
연방공화국 창립방안은 남조선지역혁명론보다 통일의 상대인 남한 정부의
성격을 보다 낮은 단계로 설정한 것이었다.

　이상의 분석에 따르면, 김일성 시대 북한의 대남인식 형성과 변화에는 남
북한 힘관계와 남한의 정치정세 변화라는 변수들이 가장 중요한 역할을 한
것으로 볼 수 있다. 또한 남한에 대한 경제력 열세로 드러나는 힘관계에서
열세에 처할수록 혁명보다는 공존으로 대남정책의 목표를 조정한 것을 알
수 있다. 또 다른 한편으로는 남한사회의 민주화의 가능성과 진전에 따라 사
상과 제도의 차이를 용인하는 통일방안으로 변화해왔을 알 수 있다. 1987년
6월 민주대항쟁으로 남한에서 적어도 절차적인 정치적 민주주의가 정착된
1991년 1월 1일 김일성이 신년사에서 '낮은 단계의 연방제'를 들고 나온 것이
이를 증명한다. '낮은 단계의 연방제'는 기본틀에서는 고려민주연방공화국과
동일한 점에서 탈냉전 이후 김정일의 대남인식의 기본축도 여전히 고려민주
연방공화국 창립방안임을 알 수 있다. 특히나 김정일-김정은 시대 탈냉전으
로 인해 국제적 고립과 경제난이 심화됨으로써 대남 힘의 열세가 심화되고
있는 현재 조건에서 급격한 변화는 불가능할 것이다.

　탈냉전 이후 남북한 힘관계에서 남한의 우위가 불변하다면, 남한의 민주
화의 공고화와 심화는 결국 북한의 대남인식과 대남 및 통일정책을 보다 공
존적이고 타협적인 방향으로 유도할 수 있는 중요한 수단이다. 이런 측면에
서 남한의 민주화 진전은 결국 북한을 보다 유연하고 현실적이며 타협적인
남북한관계로 나설 수 있도록 하는 실천적 함의를 갖는다. 물론 북한이 체제
와 국가의 유지를 위해 대외관계를 극적으로 전환한다면, 이념과 체제 변수
와 국제환경 변수가 북한의 대남인식의 내용과 변화에 큰 영향을 미칠 가능
성이 있지만, 적어도 현재 기존이념과 체제의 고수를 강조하는 북한의 태도

를 감안하면, 김정은 시대 북한의 대남인식과 대남정책의 기본틀에도 이런
실천적 함의는 여전히 유효할 것이다.

김정일 시대 북한의 대남인식 변화 연구

정영철

1. 서론

1994년 10월 김정일은 김일성에 대해 "생전에 조국통일문제를 내놓고는 모든 문제를 깨끗이 마무리하시였습니다. 조국통일문제도 멀지 않아 해결될 수 있는 토대를 튼튼히 마련하여 놓으시였습니다"라고 평가했다.[1] 김정일의 평가처럼 과연 김일성이 통일문제를 제외하고는 모든 문제를 마무리했는지는 의문이다. 다만, 분명한 것은 1994년 김일성의 죽음이 북한만이 아니라 한반도 전체에 걸쳐 한 시대의 마감을 의미하는 것이었다는 점이다. 그렇지만 한반도의 오랜 갈등과 충돌의 역사마저 종결된 것은 아니었다. 오히려 그의 죽음을 계기로, 남북한관계는 더욱 경색되었고 1990년대 초반에 이룩된 작은 결실마저도 실행되지 못한 채로 더욱 어려운 시기를 맞이해야 했다. 다만, 그의 죽음 직전에 위험한 수준까지 발전했던 북－미 간 전쟁위기, 그리고 이를

---

[1] 김정일, 1998, 「위대한 수령님을 영원히 높이 모시고 수령님의 위업을 끝까지 완성하자 (1994.10.16.)」, 『김정일 선집 13』, 평양: 조선로동당출판사. p. 423.

극적으로 반전시킨 당시 김영삼과의 정상회담 합의는 오랜 기간의 한반도 분단 상태의 일대 변화의 시작을 의미하는 것이었다. 그러나 그것이 실현되기까지는 또 그만큼의 시간이 요구되었다.

세계적인 냉전의 해체, 남북관계에서 힘관계의 확연한 차이, 그리고 김일성의 죽음 등은 김일성 시대에 마련한 통일정책에도 변화를 가져올 수밖에 없었다. 비록 탈냉전에도 불구하고 한반도에서의 냉전은 해체되지 않았고, 남북 간 힘의 역전에도 불구하고 팽팽한 대결의 구조는 그대로였으며, 김일성의 죽음에도 불구하고 북한의 노선과 정책은 일정하게 지속되었지만, 객관적인 상황은 과거의 정책을 지속하기 어려웠다. 즉, 김정일 시대는 북한의 통일정책이 변화할 수 있었던 환경 속에 위치해있었던 것이다. 그리고 김일성 시대 마지막 시기에 보였던 통일정책의 변화는 2000년대 들어와 김정일에 의해 공식적으로 표면화되기 시작했으며, 남북관계에 있어서 커다란 변화를 맞이하게 되었다.

물론, 김일성 시대에도 그의 대남인식과 그에 따른 대남정책은 역사적으로 변천을 거듭하였다. 김일성 시대에 북한의 대남인식은 1970년대를 기점으로 변화하기 시작했고, 통일정책 역시 연방제 방식이 점차 공식화되는 등의 변화를 보여왔다.[2] 이러한 변화는 그 핵심에 남북 간 힘의 관계가 놓여있다. 그러기에 1990년대 초반 김일성은 처음으로 '누가 누구에게 먹고 먹히우는 방식'의 통일을 공식적으로 부정하고, 남한의 흡수통일정책에 대한 노골적인 비난과 동시에 경계심을 드러내었던 것이다.[3] 김일성 시대 통일론의 특징은 일원론적 통일관에서 다원론적 통일관으로의 변화였다. 즉, 체제통일을 포기

---

2) 김일성 시대의 대남인식에 대해서는 정영철, 2012, 「남북관계와 바라봄의 정치: 시선의 정치와 정당성 경쟁」, 구갑우·서보혁 편집, 『남북한관계와 국제정치 이론』(서울대학교 국제문제연구소, 『세계정치』 16집), 서울: 논형 참조.

3) 김일성, 1996a, 「신년사(1991.1.1.)」, 『김일성 저작집 43』, 평양: 조선로동당출판사, p. 11.

하고 두 체제의 공존을 인정하는 방식의 통일이었던 것이다. 그것이 연방제 방식의 통일이었고, 이마저도 1990년대 초반부터는 연합제에 가까운 '낮은 단계의 연방제'로 변화되었다.

김정일 시대의 대남정책은 김일성 시대의 유산에 덧붙여, 새로운 환경과 조건을 반영한 것이었다. '민족대단결'이라는 오랜 담론이 여전히 강조되고 있지만, 민족대단결의 주체로서 남북 당국 간 대화의 중요성이 그 어느 때보다 강조되었고, 한반도 문제의 국제화에 대해서도 일부분 동의해 나섰다. 특히, 남북관계, 북미관계, 한미관계가 상호 영향을 주고받으면서 이전과는 다른 게임의 양상을 만들어내었다.

이 글은 주로 김정일 시대의 대남인식과 그에 기초한 대남정책을 다룬다. 그리고 김일성이 남겨놓았던 자리에서부터 논의를 이끌어가고자 한다. 그것은 김정일의 대남정책은 계승과 동시에 변화의 산물이었기 때문이다. 여기서 다루는 시기는 대체로 김일성의 사망 이후의 시기가 될 것이다. 보다 구체적으로는 김일성의 사망과 남한에서 김대중 정부가 출범한 시기부터가 될 것이다. 또한, 여기서 다루는 대남인식은 북한이 바라보는 남한에 대한 시선을 의미하며, 대남정책은 이러한 인식에 기초한 정책을 의미하는 것으로 사용한다.[4]

---

[4] 엄밀히 말해 통일정책과 대남정책은 구분된다. 통일정책은 통일과 관련된 제반의 정책을 의미하는 반면, 대남정책은 북한이 추구하는 남한과 관련된 제반의 정책을 의미한다. 그럼에도 양자는 긴밀한 연관을 맺고 있고, 현실에서는 거의 동일한 의미로 사용되고 있다. 이 논문에서는 대남정책과 통일정책을 엄밀하게 구분하지는 않을 것이다. 다만, 문맥에 대한 고려와 보다 적합한 의미의 전달을 위해서 이 두 용어를 적절하게 혼용할 것이다.

2. 김정일의 남북관계 인식

가. 김일성의 대남인식 – 힘관계의 역전과 시대에 따른 변화

김일성의 대남인식은 역사적으로 변천을 거듭해왔다. 초기 우월감에 가득 찬 시선으로 남한을 바라보는 그의 대남인식은 1980년대를 거치면서 절대적 우월감은 사라지고, 대신에 경제구조와 사회정치적 체제의 우월성을 주장하는 것으로 바뀌어갔다. 1960년대까지 '남조선인민'들을 도와주어야 할 신성한 민족적 의무로 규정하던 것에서 벗어나, 1970년대에 접어들면서 경제력에 대한 평가를 비껴나서 사회주의 제도의 우월성을 보다 더 강조하였다. 즉, 무상치료제와 무료의무교육제 등의 제도적 시혜가 우월성의 표현으로 등장하였다. 반면, 남한에서의 발언은 이제 북한의 경제력을 앞지르기 시작했다는 자신감으로 바뀌고 있었다.[5] 사실, 남북한의 경제통계에 의하더라도 1976년을 기점으로 경제총량에서 그리고 무역환율을 기준으로 한 1인당 국민소득에서도 남한이 북한을 앞지르기 시작했다.[6] 이러한 변화된 상황은 김일성의 대남인식의 변화, 그리고 그에 따른 통일정책의 변화를 가져왔다. 북한의 통일방안의 변천에는 남북관계 및 남북한 간의 힘관계, 그리고 사회경제적 동질성의 약화라는 배경이 자리하고 있다.

그럼에도 불구하고 정치적으로 북한은 남한에 대한 공세를 계속하였다.

---

[5] 박정희는 1978년 제9대 대통령 취임사에서 "이제 우리의 국력은 북한을 제압하게 되었습니다"라고 선언하였다. 박정희, 1978, 「제9대 대통령 취임사(1978.12.27.)」, 대통령기록관(http://www.pa.go.kr, 검색일: 2011년 12월 1일).

[6] 북한의 경제통계를 정확하게 파악하기는 불가능하다. 이런 점을 전제하고, 남북한 경제통계를 비교하면 1976년의 경우, 북한의 GNP는 공식 환율로 28,221(백만 달러), 1인당 GNP는 1,735(달러) 수준이며, 남한의 GNP는 28,550(백만 달러), 1인당 GNP는 797(달러)에 달한다. 남한이 1인당 GNP에서도 앞서기 시작한 해는 1986년으로 북한의 경우 공식 환율 기준 2,324달러인 반면, 남한은 2,505달러였다.

미제의 식민지 지배로부터의 해방과 억압받는 '남조선 인민'들을 구원해야
한다는 '해방의 인식'이 여전히 남아있었다. 그러나 힘의 관계가 역전된 상황
에서 남한에 대한 공세는 과거와는 다른 방식으로 진행되었다. 즉, 과거 해방
의 신념에 따른 우월감이었다면, 이제는 방어적인 것이었다. 이는 군사적인
측면에서 보다 더 뚜렷이 드러난다. 김일성의 표현에 따르면 북한의 군사력
은 오로지 '정치사상적 측면'에서만 앞서는 것이었으며, 남한과 미국의 군사
력 증강에 대한 경계심이 앞서 나타나고 있었다.[7] 과거 남한의 전쟁위협에
대한 자신감과는 사뭇 다른 발언인 셈이다.

　남북관계의 측면에서 김일성의 인식은 '냉전의 시선'에서 벗어나지 못하였
다. 세계를 '적과 아'의 두 개로 나누고, 선과 악의 대결로 인식하는 냉전의
시선은 해방과 동정으로 표현된다. 김일성에게 남한은 미제와 그 상층부 '반
동'들에 의해 지배당하고 있는 곳이자, 동시에 그 아래에서 고통받고 있는 주
민들을 '해방'시켜야 하며, 궁극적으로는 전국적인 범위에서 혁명을 성공시켜
야 할 대상이었다. 문제는 이러한 기본적인 인식에도 불구하고, 그것을 실행
하기 위한 능력은 점차 약화되어갔다. 이는 김일성 시대의 통일노선으로서
'민주기지론', '3대혁명역량강화론'이 1980년대에 들어와 완성된 통일국가의
모형으로서 '고려민주연방공화국 창립방안'으로 변화된 데에서도 찾아볼 수
있다.[8] 이마저도 냉전의 해체와 남한의 힘의 우위가 확연하게 드러난 1990년
대 초반에는 낮은 단계의 연방제로 변화되었다. '고려민주연방공화국 창립방
안'이 그 내용으로서 주한미군 철수와 국가보안법 철폐 및 중앙정부의 권한
강화 등을 담고 있었다면, 낮은 단계의 연방제는 사실상 형식적으로는 중앙

7) 김일성, 1992, 「쏘련 따쓰통신사대표단과 한 담화(1984.3.31.)」, 『김일성 저작집 38』, 평
　양: 조선로동당출판사, p. 286.
8) 이에 대해서는 방인혁, 2012, 「김일성시대 북한의 대남인식변화 연구」, 『현대정치연구』
　제5권 제2호, 서강대학교 현대정치연구소를 참고할 것.

정부의 1주권 기능을 담고 있으면서도, 실제로는 남북 연합과 같은 내용으로 채워진 것은 현실의 상황을 수용한 변화로 보아야 할 것이다.

결국 김일성의 대남인식은 공세에서 열세로, 우월감에서 체제의 수호를 위한 방어적인 것으로 변화되었고, 자연스럽게 통일정책 역시 북한의 우위에 따른 일원론에서 연방제로, 그리고 다시금 낮은 단계의 연방제로 변화되었다. 그리고 김정일은 김일성이 남긴 이러한 통일유산의 바탕위에서 새롭게 전개되어야 했다. 과거의 하층통일전선에 입각한 혁명의 시각이 아니라 현실의 변화를 수용하여 당국자 간 회담을 앞세워야 하고 남한과의 기능주의적 협력을 수용해야 하는 것이었다.

나. 김정일의 대남인식 – 고립과 봉쇄의 탈출구

김일성의 유산은 김정일에게 그대로 이어졌다. 국제적인 고립과 봉쇄의 환경에서 김정일로서는 당면의 체제를 추스르는 것이 보다 중요한 문제였다. 김정일의 통일정책은 김일성 사망 3년 후, 1997년 8월 4일의 노작을 통해 공식화되었다. 그러나 소위 '8·4 노작'의 핵심은 김일성 노선의 충실한 승계였으며, 평화와 통일 그리고 북미관계 개선에 대한 전반적인 문제를 담고 있었다.[9] 제목에서도 알 수 있듯이 김일성의 유훈을 철저히 계승하는 것에 방점이 찍혀있었다. 사실, 이 기간 동안 북한의 당면 과제는 체제 안정화 및 국가기구의 재정비에 있었다고 할 수 있다. 그러기에 김일성 사후, 1997년 김정일은 '혁명과 조국을 믿음직하게 수호할 수 있는 군사적 담보를 확고히 마련하여' 놓은 것이 '2년 반 동안 우리 투쟁의 주되는 총화이며 우리의 위대한 승리'였다고 말했던 것이다.[10]

---

9) 김정일, 2000, 「위대한 수령 김일성동지의 조국통일유훈을 철저히 관철하자(1997.8.4.)」, 『김정일 선집 14』, 평양: 조선로동당출판사.

　　그러나 김일성의 통일정책에 대한 충실한 계승에도 불구하고 김정일의 통일정책은 변화된 조건을 반영할 수밖에 없었다. 1997년 6월에 발표된 김정일의 노작「혁명과 건설에서 민족성과 주체성을 확립할 데 대하여」는 변화에 대한 사상적, 이론적 방향을 보여주고 있다. 즉, 이 노작에서 김정일은 다른 사회주의 국가와 다른 자신들의 '주체적 노선'에 대한 정당성을 강조하면서도 동시에 민족주의가 가지고 있는 반제국주의 성향과의 연대와 연합의 가능성을 높이 평가하고 있다.[11] 이는 냉전의 해체와 북한의 고립, 그리고 세계화의 물결에 대한 북한의 대응이라 할 수 있다.[12] 그러나 이러한 민족성 – 민족주의의 강조는 통일문제에서 남한 당국을 포함하여 대단결의 여지를 보다 더 확대할 수도 있음을 의미한다. 구체적으로 이러한 변화는 남북관계의 개선을 보다 더 강조하는 것일 수밖에 없었다. 그리고 이는 1998년 김정일이 내놓은 '민족대단결 5대 방침'으로 구체화되었다. 즉, 1998년 김정일은 민족자주, 애국애족, 남북관계 개선, 외세의 지배와 간섭 배격 그리고 전 민족의 연대연합의 5대 방침은 김일성이 1993년 제시한 '전민족대단결 10대 강령'과 큰 차이를 보이지 않지만, 남북관계 개선을 강조함으로써 남한 당국에 대한 새로운 정책이 가능함을 암시하고 있다.[13]

　　김일성 시대와 비교하여 김정일 시대의 국제환경과 주변 상황은 과거의

---

10) 김정일, 2000,「올해는 사회주의경제건설에서 혁명적 전환의 해로 되게 하자(1997.1.24.)」, 『김정일 선집 14』, 평양: 조선로동당출판사, p. 277.

11) 김정일, 2000,「혁명과 건설에서 주체성과 민족성을 고수할 데 대하여(1997.6.19.)」, 『김정일 선집 14』, 평양: 조선로동당출판사.

12) 북한에서 1990년대 이후, 민족주의가 재평가되었던 배경은 사회주의 붕괴에 따른 영향과 더불어 세계화에 대한 대응 그리고 주체사상에 따른 맑스주의적 민족주의에 대한 재평가가 자리하고 있다. 이에 대해서는 정영철·한동성, 2008, 『서울과 도쿄에서 평양을 말하다』, 서울: 선인의〈대담 1〉을 참조할 것.

13) '민족대단결 5대 방침'은 김정일, 2000,「온 민족이 대단결하여 조국의 자주적 평화통일을 이룩하자(1998.4.18.)」, 『김정일 선집 14』, 평양: 조선로동당출판사. '전 민족대단결 10대 강령'은 김일성, 1996b,「조국통일을 위한 전 민족대단결 10대 강령(1993.4.6.)」, 『김일성 저작집 44』, 평양: 조선로동당출판사.

노선을 그대로 지속하기에는 불가능하였다. 이미 남북 간 힘의 관계가 확연하게 갈리고 있었고, 국제적인 상황 역시 고립과 봉쇄의 구조가 지속되고 있었다. 오히려 '북핵문제'로 인한 국제적인 고립과 봉쇄는 더욱 강화되었다.[14] 비록 1994년 제네바합의를 통해 미국과의 대화에 중요한 반전의 계기를 만들기는 했지만, 북한이 희망하는 관계개선과 경제협력 등으로 나아가기에는 갈 길이 너무나 멀었다. 이런 상황에서 남한에서의 정권교체와 남북대화의 재개는 북한에게는 새로운 기회였다. 즉, 남한을 통한 워싱턴으로의 길과 한반도의 상황변화를 변화시킬 수 있는 기회가 만들어진 것이다. 그리고 2000년 정상회담은 한반도 문제를 지금까지와는 완전히 다른 방식으로 풀어가는 실타래를 제공하였다. 이러한 상황변화와 함께, 김정일의 대남인식은 김일성의 그것과는 일정하게 차별성을 보여주었다. 즉, 남한은 식민지와 종속에서 해방되어야 할 대상이 아니라 화해와 협력을 통해 실리를 추구하고, 통일문제를 진지하게 논의할 수도 있는 대상이 되었다. 이러한 대남인식의 변화를 다음의 3가지로 정리할 수 있을 것이다.

우선, 남한은 보수 반동의 지배(敵)에 시달리고 있는 불쌍한 인민(我)이라는 냉전적인 시각에서 변화되었다.[15] 과거 김일성 시대에서 보여주었던 남한

---

[14] 1990년대 중반 이후, 북한이 느꼈던 고립감은 미국 등 국제사회의 봉쇄만이 아니었다. 냉전체제의 해체는 역설적으로 북한이 의거하고 있던 사회주의 진영이 소멸됨으로써 힘의 한 축이 붕괴하는 결과를 낳았다. 그리고 '냉전의 게임'이 붕괴함으로써, 북한은 오히려 보다 더 큰 위협감을 느껴야 했다. 이러한 '냉전의 역설'에 대해서는 장달중, 2009, 「한반도의 냉전엔드게임과 북미대립」, 『한국과 국제정치』 25권 2호, 경남대학교 극동문제연구소를 참조할 것.

[15] 북한 대남인식에 대한 적과 동포의 이중성에 대한 분석으로는 김갑식, 2010, 「탈 냉전기 동북아 질서와 북한의 남북관계에 대한 인식」, 『韓國政治研究』 19집 3호. 서울대학교 한국정치연구소를 참조할 것. 김갑식의 분석은 적과 동포라는 이중성에 근거하여 민족자주권과 민족대단결 등의 북한 통일정책의 시기별 변화를 잘 보여주고 있다. 적과 동포의 이중성적 인식은 분명한 사실이지만, 동시에 북한의 지배엘리트에게서 보이는 인식은 적과 동포 및 합작의 대상이라는 보다 세분화된 인식으로 나타나고 있다. 이는 김대중 정부 이후 시기, 남한의 정부 당국자와의 대화에 적극성을 부여하고, 자신들과의 합작에 부정적인 영향을 미칠 수 있는 '보수대연합'에 대한 공격을 강조한 것에서도 나

상층의 '보수반동' 혹은 '지배층'을 타도하고 아래로부터의 통일전선을 통해 혁명과 통일을 추진했던 전략은 점차 폐기되었고, 정부 당국 간 대화의 중요성을 강조하였다. 최근의 노동신문 논설은 '북남대화에서 기본은 실권과 책임을 가진 당국대화이다. 당국대화의 실현이자 곧 북남관계의 개선이다'고 주장할 정도로 당국 간 대화가 2000년대 이후, 남북관계 개선과 진전에 핵심적인 요인이 되었다.[16] 물론, 과거 김일성시대에도 남북 당국자 간의 대화는 중요하였고, 또 그런 역할을 하였다. 그러나 과거의 당국자 간의 대화와는 다르게 김정일 시대의 당국자 간 대화는 남북관계 개선과 발전의 기본으로 자리잡게 되었으며, 이는 곧 북한이 정상회담 이후, 남북관계의 현실성을 충분히 인식하고 있음을 말해주고 있다. 이는 김정일 시대에 북한이 절실하게 남북관계 개선을 바라고 있다는 사정과 관련된다.[17] 덧붙인다면, 남한의 상층부에 대한 분리된 시각이 나타난 것이다. 이제 남한의 상층부는 협력해야 할 세력과 반북세력으로 구분되었고, 이러한 반북ー반통일세력에 대해서 공동으로 대처할 것을 요구하였다.[18] 남북 간 대화와 협력이 절실한 상황에서, 남한의 집권자가 화해와 협력을 추진하는 세력으로 재생산되는 것은 중요한 문제였다. 따라서 북한은 남한에 대한 내정간섭이라는 비판에도 불구하고, '남조선에서의 반보수대연합을 이룩하는 것이 절실'함을 강조하고,[19] '진보개혁을 계속 추진하며 조국통일운동을 새로운 높은 단계로 발전시켜나가기 위한 근본방도는……반보수대연합을 이룩'하는 것이라고 반복적으로 강조하였다.[20]

타난다.

16) 『로동신문』, 2011년 2월 5일자, 「〈논설〉 당국대화의 실현은 북남관계 개선의 선결과제」.

17) 전미영, 2005, 「북한 대남정책 연구의 쟁점」, 『統一問題硏究』 Vol. 17, No. 2, 평화문제연구소, p. 57.

18) 전미영, 2006, 「북한 김정일정권의 대남·통일정책 변화: 『로동신문』 분석을 중심으로」, 『統一政策硏究』 Vol. 15, No. 1, 통일연구원, p. 13.

19) 호영길, 2006, 「〈론설〉 3대애국운동의 기치높이 통일위업의 새로운 전기를 열어나가자」, 『로동신문』, 1월 4일자.

둘째, 북한의 입장에서 남한은 경제회생과 체제유지를 위해서라도 협력해야 할 대상으로 변화되었다.[21] 이는 단순한 외화벌이의 수단으로서만이 아니라, 남한과의 경제협력을 통하여 경제회생의 전기(轉機)를 꾀할 수 있다는 것을 의미한다. 북한의 현 상황은 경제건설을 위한 내부자원이 고갈되어 있으며, 따라서 외부 자원의 동원을 요구받고 있다. 2000년 이후, 북한이 보여준 부분적인 개혁 및 개방의 행보, 외부 자본의 투자를 위한 법·제도적 정비 등은 외부로부터의 투자를 유치하기 위한 목적을 갖는다. 그러나 한반도의 상황이 안정되지 않는 한, 북한에 대한 투자는 쉽지 않다. 이런 조건에서 북한에게 남북한의 경제협력은 대단히 중요한 외부자원의 통로가 되는 것이다. 북한의 남한과의 경제협력에 대한 인식은 '6·15 공동선언'과 '10·4 선언'에서도 나타나고 있다.[22] 북한 역시 과거의 일방적인 수혜자의 입장에서 벗어나, 유무상통의 원리에 따른 경제적 논리로 발전하고 있는 것이다. 이러한 북한의 인식은 남한 경제의 종속성과 식민지적 지배라는 인식과 현실의 필요에 따른 인식이 일정하게 차이를 보이고 있음을 말해준다.[23]

셋째, 김정일 시대의 북한에게 남한은 봉쇄의 돌파구이자 동시에 세계로 나아갈 수 있는 통로로 인식되고 있는 것으로 보인다. 이는 2000년 정상회담 이후, 남북관계의 개선을 전후하여 유럽 및 서방 세계와 외교관계를 수립한 것

---

20) 전종호, 2006a, 「〈론설〉 남조선에서 반보수대련합의 실현은 절박한 과제」, 『로동신문』, 1월 19일자.

21) 전미영, 2005, 「북한 대남정책 연구의 쟁점」, 『統一問題硏究』 Vol. 17, No. 2, 평화문제연구소, p. 57.

22) '6·15 공동선언'의 4항과 '10·4 선언'의 5항에는 남북한 경제협력의 원칙이 제시되어 있다. 또한, 이 조항들은 북한의 남북경제협력에 대한 태도를 엿볼 수 있는 대목들이다.

23) 1980년대 이후, 북한의 남한 경제에 대한 인식은 앞서 말한 것처럼 '종속'이었다. 이러한 인식은 김정일에게도 동일하게 나타나고 있다. 다음의 말은 김정일의 남한 경제에 대한 인식을 뚜렷이 보여주고 있다. "최근에 남조선에서 경제를 발전시켰다고 떠들고 있는데 그에 대하여 환상을 가지지 말아야 하며 남조선경제의 식민지적예속성과 기형성에 대하여 똑똑한 인식을 가져야 합니다." 김정일, 2000, 「경제사업을 개선하는데서 나서는 몇 가지 문제에 대하여(1996.4.22.)」, 『김정일 선집 14』, 평양: 조선로동당출판사, p. 167.

에서도 드러난다.[24] 이는 남한이 곧 북한에게는 고립과 봉쇄의 돌파구로서
인식되고 있음을 의미한다. 또한, 북한이 요구하는 북미관계의 개선 혹은 관
계정상화에 있어서도 남한이 점차 중요해지고 있다. 즉, 남한의 국제적인 역
량의 강화와 한반도에서의 발언권이 강화되면서 과거 '워싱턴을 통한 서울의
압박'에 더하여 '서울을 통한 워싱턴의 압박'이 가능해졌음을 의미한다.[25] 이
는 북미관계, 남북관계, 한미관계 등이 과거에 비해 보다 더 복잡한 구조로 만
들어지게 됨을 의미함과 동시에, '한반도 문제의 한반도화'와 '한반도 문제의
국제화'가 동시에 진행될 수도 있음을 말해준다. 이와 관련 김갑식은 2003년
베이징 3자회담 이후, 6자회담이 성사된 것은 북한이 '한반도 문제의 국제화'와
'한반도 문제의 한반도화'에 동의했음을 의미한 것이라고 진단하고 있다.[26]

결국 김일성 시대의 대남인식과는 다른 김정일 시대의 인식이 2000년대 이
후부터는 분명하게 드러나고 있는 것이다. 그리고 이러한 인식의 변화는 북
한을 둘러싸고 있는 대내·외적 상황의 변화에 기반하고 있다. 김일성 시대
에는 북한이 남한에 대해 해방과 동정과 시혜의 시선을 가졌다면, 김정일 시
대에는 이러한 위치가 뒤바뀌어 해방과 동정과 시혜의 대상으로서 북한이 '바
라보여'졌다. 그럼에도 불구하고 김일성 시대의 통일정책으로서 '민족대단결'
과 '민족자주권' 확립에 대한 이론적 시선은 변치 않고 있다. 또한, 화해와 협
력의 진전에도 불구하고, 정치군사적 대결의 '갈등의 구조'가 바뀌지 않는 한
이러한 이론적 시선은 쉽게 바뀌지 않을 것이다. 이는 김정일 시대의 남북관

---

[24] 2000년부터 2010년까지 북한이 외교관계를 새로 맺거나, 복교한 국가의 수는 약 27개국
    에 이른다.
[25] 이와 관련 '미국 없는 북한'을 상상하기 어렵다는 것은 분명하지만, 동시에 2000년대 이
    후의 상황에서는 '남한 없는 북한'도 상상하기 어렵게 되었다. 이는 한반도 문제의 당사
    자 관계가 과거에 비해 중요해졌음을 의미한다. '미국 없는 북한을 상상하기 어렵다'는
    주장에 대해서는 도진순, 2001, 『분단의 내일 통일의 역사』, 서울: 당대.
[26] 김갑식, 2010, 「탈 냉전기 동북아 질서와 북한의 남북관계에 대한 인식」, 『韓國政治研究』
    19집 3호, 서울대학교 한국정치연구소, p. 123.

계가 갖는 한계이자, 채 이루지 못한 미완의 과제로 제기될 수 있다.

다. 새로운 삼각관계의 형성

2000년대 이후, 김정일의 대남인식은 앞서 말한 것처럼, 김일성 시대의 그 것과는 일정한 차별성을 보여주고 있다. 이는 객관적 상황의 변화와 북한의 역량 약화와 이에 따른 현실적인 힘의 관계에 의해 강제된 측면으로 이해할 수 있다. 그리고 여기에는 북한의 통일정책에 심대한 영향을 미치는 새로운 변수가 부각되었다. 바로 '남－북－미'의 새로운 삼각게임의 등장이었다. 그 리고 이러한 삼각게임의 등장은 '한반도 문제의 국제화'를 더욱 촉진하고 있 다. 이제 통일문제는 한반도 내부의 문제이면서 동시에 한반도를 둘러싼 국 제문제와 중첩되었다. 이미 한반도 문제에 대한 국제화 혹은 유관국가들 간 의 상관관계에 대해서는 1990년대 초반 김일성의 발언에서도 나타났다. 즉, 김일성은 1993년 신년사에서 "조선의 통일문제는 우리 민족이 주체가 되어 해 결하여야 할 민족적문제인 동시에 유관국들도 책임을 느끼고 적극 협력하여 야 할 국제적문제입니다"라고 하여,[27] 한반도의 통일문제는 민족 내부문제이 면서 동시에 국제적인 문제라고 인정하였다. 김정일 역시 '8·4 노작'에서 "조 선문제를 옳게 해결하기 위하여서는 유관국가들도 조선의 통일을 돕는 성실 한 립장에서 긍정적인 역할을 하여야 할 것이다"라고[28] 하여 한반도 문제가 유관국가들이 관련된 국제적인 문제임을 인정하였다. 한반도 문제의 국제화 는 곧 북한이 줄곧 주장해왔던 '민족내부' 문제로서의 통일이 변화된 조건에 서는 국제적인 성격을 띨 수밖에 없음을 인정한 것이었다. 또한, 여기에는 보

---

[27] 김일성, 1996b, 「신년사(1993.1.1.)」, 『김일성 저작집 44』, 평양: 조선로동당출판사, p. 44.
[28] 김정일, 2000, 「위대한 수령 김일성동지의 조국통일유훈을 철저히 관철하자(1997.8.4.)」, 『김정일 선집 14』, 평양: 조선로동당출판사, p. 358.

다 중요한 문제가 함축되어 있다. 즉, 통일을 위해서 요구되는 평화적 조건의 마련에는 남북관계의 개선만으로는 어렵다는 현실과 남북 간의 정치군사적 대결의 해소를 위해서도 북미관계의 개선과 동북아 유관국가들 간의 협력관계를 구축하는 것이 필연적이라는 것을 의미한다. 이는 김정일이 재미언론인 문명자와의 인터뷰를 통해서도 밝히고 있듯이, "이번 상봉과 회담에서 어떤 의제들을 가지고 토의하겠는가 하는 것을 사전에 합의할 때 나는 남측에서 제기하는 〈평화공존〉문제와 〈평화정착〉문제를 토의하려면 자연히 주변국들 문제가 거론되기 때문에 그 문제는 피하는 것이 좋다"는[29] 인식은 현재의 남북한 처지에서 평화의 문제, 그리고 통일문제의 해결을 위해서는 주변국가들과의 협력이 절실하게 요구되고 있음을 의미하는 것이었다. 그리고 2007년의 '10·4 선언'에서의 평화문제의 합의는 남북관계 및 북미대화의 진전에 따라 남북이 일정한 수준으로 평화문제를 제기할 수 있는 상황을 만들어낼 수도 있음을 말해주는 것으로 볼 수 있다.[30] 지금까지 줄기차게 한반도 평화문제에 대해 북미 간 대화를 주장하던 북한이 남한과 '종전선언' 및 '한반도 평화체제'에 대한 논의와 합의를 했다는 것은 '실권없는 존재'로서의 남한에 대한 인식에서 완전히 벗어났다는 것을 의미한다. 그리고 이는 앞으로의 한반도 평화체제 구축에서도 중요한 의미를 던져주는 지점이다.

다른 한편, 북한의 대남인식과 새로운 남북관계의 형성에서 중요한 영향을 미친 요소는 과거와는 전혀 다른 협상틀이 만들어졌고, 이것이 남북관계와 상호 작용을 주고받고 있다는 사정과도 관련된다. 즉, 이러한 새로운 국제

---

29) 김정일, 2005, 「조국통일은 우리 민족끼리 힘을 합쳐 자주적으로 실현하여야 한다(2000.6.30.)」, 『김정일 선집 15』, 평양: 조선로동당출판사, p. 67.
30) 당시의 상황은 2005년의 '9·19 공동성명'과 이어진 '2·13 합의'가 배경으로 놓여있었다. 또한 부시행정부의 '종전선언' 의향 표명에 대한 노무현 정부의 적극적인 대응도 자리하고 있었다. 이러한 배경 속에서 제2차 정상회담에서 평화문제를 적극적으로 제기할 수 있었다.

협상틀은 북미 간 대화를 핵심으로 하지만, 형식적으로는 3자, 4자, 6자회담 등의 다자적 협상틀로 전개되었다. 이러한 협상틀은 과거와는 다른 '서울－평양－워싱턴'의 삼각게임이 등장했음을 의미한다. 그리고 북한의 입장에서 이러한 삼각게임의 틀 속에서 남한이 어느 한쪽으로 쏠려가는 것을 방지하기 위해서라도 남북관계가 중요해졌다. 실상, 이러한 삼각게임의 틀에서는 남북이 미국을 일정하게 견인할 수도 있었고, 역으로 한미의 협력 속에 북한을 궁지로 몰아넣을 수도 있었다.[31] 그리고 이러한 상황을 만들어낸 요인으로는 김대중 정부에서 시작된 '햇볕정책'을 들 수 있다. '햇볕정책'은 북한 고립화정책의 폐기였고, 이는 거꾸로 북한의 남한에 대한 인식을 변화시키는데 중요했다.[32] 문제는 미국에 대한 인식 변화에서 획기적인 것은 김정일의 '8·4 노작'에서 밝힌 "우리는 미국을 백년숙적으로 보려 하지 않으며 조미관계가 정상화되기를 바라고 있다"라는 언급에서 분명하게 나타났다.[33] 그럼에도 불구하고 김정일은 "나는 미국사람들에 대하여 크게 기대를 가지지 않습니다……우리는 미국과의 관계에서 절대로 우리의 자존심을 버리고 비굴하게 머리를 숙이여 풀리는 그런 문제해결은 바라지 않습니다"라고 하여,[34] 미국

---

31) 부시행정부 시절의 6자회담은 미국의 남한 및 일본과의 협력을 통한 북한에 대한 압박에 대응하여, 중국을 중재자로 삼아 북한이 러시아를 끌어들인 것이라고 할 수 있다. 결과적으로 미국이 요구한 국제적인 다자회담의 틀은 갖추었지만, 여전히 핵심은 북미관계였고, 다른 한편으로는 노무현 정부 시절의 남북협력이 부시행정부의 의도와 강경책을 일정하게 방어했다고 할 수 있다. '서울－워싱턴－평양'의 삼각게임의 룰과는 별도로 '북－중－미' 간의 삼각관계 역시 중요한 변화였다. 이러한 '북－중－미' 삼각관계에 대해서는 이상숙, 2009, 「북－미－중 전략적 삼각관계와 제2차 북핵위기: 북한의 위기조성전략을 중심으로」, 『國際政治論叢』 49집 5호, 韓國國際政治學會를 참조할 것.

32) 장달중, 이정철, 임수호, 2011, 『북미대립: 탈냉전 속의 냉전 대립』, 서울: 서울대학교출판문화원, p. 194.

33) 김정일, 2000, 「위대한 수령 김일성동지의 조국통일유훈을 철저히 관철하자(1997.8.4.)」, 『김정일 선집 14』, 평양: 조선로동당출판사, p. 358.

34) 김정일, 2005, 「조국통일은 우리 민족끼리 힘을 합쳐 자주적으로 실현하여야 한다(2000.6.30.)」, 『김정일 선집 15』, 평양: 조선로동당출판사, p. 69.

에 대한 관계정상화가 북한의 일방적인 양보를 통해 해결될 수 없음을 분명
히 하였다. 또한, 김정일의 이와 같은 상반된 입장은 1997년과 2000년이라는
상황도 놓여있다. 즉, 1997년의 입장은 통일문제에 대한 원칙적인 입장의 표
명이라면, 2000년의 상황은 북한이 일정하게 자신감을 가지고 미국과의 문제
를 풀어나가던 시기의 입장이다. 그러나 위의 언급에서 중요한 점은 북한이
냉전적인 대미 인식에서 어느 정도 벗어나서, 국제정치의 현실에 입각하여
문제를 풀어나갈 수 있음을 보여주었다는 점이다. 그리고 이러한 변화가 김
일성 시대의 대남, 대미 인식과 구분되는 김정일 시대의 대남, 대미 인식이라
할 것이다.

3. 김정일의 대남정책

가. 정상회담과 협상틀의 변화

변화된 대남인식은 통일정책에서도 나타났다. 즉, 현실에서의 '실리주의적
대남정책'으로 나타났다. 이러한 변화가 가능했던 것은 앞에서 지적했듯이,
북한을 둘러싼 대내·외적 조건의 변화였다. 그리고 변화는 협상틀의 변화에
서 나타났다. 즉, 남북한간의 정상회담, 그리고 '북핵문제'를 둘러싼 새로운
협상틀이었다. 정상회담은 1994년 성사 직전, 김일성의 죽음으로 인해 무산
된 미완의 협상틀이었다.[35] 사실, 94년의 정상회담은 북한의 전격적인 요청
과 제안으로 인해 성사된 것이었다. '북핵문제'로 인한 갈등이 최고조에 달한

---

[35] 남북 간의 정상회담은 이미 오랜 전부터 물밑에서 논의되었다. 전두환, 노태우 시절 밀
     사를 통한 정상회담의 논의들이 오고갔으나, 이러한 논의들은 아무것도 실현되지 못하
     였다.

시점에서 북한이 던진 정상회담은 의제와 논의 방향이 사전에 아무런 논의
도 없었던 것으로서, 북한이 수세적 상황에서 던진 돌파구의 의미를 지니고
있었다. 이 당시 북한의 통일정책은 냉전의 붕괴와 이에 따른 고립, 경제적
상황의 악화, 북핵문제로 인한 한반도 전쟁 위기, 그리고 남한의 강경한 대북
정책에 따라 '흡수통일'을 걱정하지 않을 수 없는 상황이었고, 체제의 유지가
가장 중요한 요구로 나서고 있었다. 김일성 시대에도 정상회담은 물밑에서
논의되어왔다. 전두환, 노태우 정부 시절, 남북은 밀사의 파견을 통해 정상회
담을 타진해왔지만 결과적으로 모두 실패하고 말았다. 그러나 김정일 시대의
정상회담은 남북 간의 주요 현안을 조율하고, 새로운 관계로 진전시키기 위한
핵심적인 협상틀이 되었고, 남북관계를 그 이전과 이후로 구분하는 중요한 분
기점의 역할을 하였다. 김대중 정부의 '햇볕정책'이라는 전향적인 대북정책과
남북관계 개선을 통한 돌파구를 모색하던 북한의 입장이 접점을 형성하면서
2000년 정상회담은 가능했다.[36] 오랫동안의 회담을 통해 의제를 조율하고, 현
실가능한 시책들을 합의하게 되면서 정상회담은 이후에도 장관급회담을 비
롯한 다양한 회담을 통해 이어졌다. 중요한 것은 정상회담에서 합의한 내용
들이다. 비록 제1항에서는 북한의 전통적인 '자주'의 원칙이 명기되었지만, 전
체적인 내용은 통일의 원칙과 통일방안에 대한 합의, 그리고 기능주의적 교
류와 협력으로 채워졌다. 이는 북한이 그동안 주장하던 정치군사적 문제의
우선적 해결이라는 원칙을 유지하면서 현실적으로는 기능주의적 교류와 협
력을 수용한 결과라고 할 수 있다.[37] 북한이 이처럼 기능주의적 접근을 수용
하고, 평화의 문제와 정치군사적 문제의 해결을 뒤로 미룬 적은 앞서 지적한

---

36) 이에 대해서는 임동원, 2008, 『피스메이커』, 서울: 중앙북스를 참조할 것.
37) 남한의 기능주의적 원칙과 북한의 정치군사적 우선 해결의 원칙이 서로 합의를 이룬 것
  은 1991년의 〈기본합의서〉일 것이다. 〈기본합의서〉는 정치, 군사, 평화와 경제 및 사회
  문화 교류 등이 아주 적절하게 조화되어 있다.

김정일의 발언에서처럼, 미국 등 주변국가들과의 관련성도 있지만, 북한의 남한에 대한 인식과 필요성의 증대, 그리고 통일정책의 변화라는 점에서도 찾아볼 수 있다. 즉, 북한의 입장에서 남한은 과거와 같은 '종속과 의존'의 상대인 것만이 아니며, 한반도 문제의 '실권없는 당사자'만도 아니었고, 오히려 발언권이 점차 강해지고 있는 '마땅한 상대자'였던 것이다. 또한, 당시 북한의 처지에서 기능주의적 접근의 수용 역시 변화된 환경 속에서 통일문제와 당면의 북한의 문제를 해결하는 데서 커다란 의미를 지니는 것이기도 하였다.[38] 이렇게 본다면, 북한은 김정일 시대에 들어와 남한의 기능주의적 접근을 오히려 적극적으로 수용하고, 남북관계를 전반적으로 발전시키고자 하는 정책으로 변화했다고 보인다. 이는 2007년의 '10·4 선언'에서는 정치군사적 문제로서 평화의 문제까지 포괄적으로 '남한'과 합의하고, 기능주의적 교류와 협력의 폭을 더욱 확대시키고 있는 것에서도 확인할 수 있다.

김정일 시대의 협상틀은 김일성 시대의 단편적이고, 일회적인 성격과는 구분된다. 즉, 정상회담 이후, 남북의 협상은 일정한 수준의 제도로 고착화되어 갔다. 즉, 전반적인 남북관계를 규율하는 회담-구체적인 실무 협상-실행 협상 등의 구조가 형성되었고, 문제가 발생했을 경우 두 정상 간의 간접 대화(특사 회담 등)를 통해 이를 풀어나갔다.[39] 물론, 장관급 회담을 기본축으로 하는 회담은 남북관계의 모든 문제를 담아내기에는 어려운 틀이었지만, 중요한 것은 남북이 정상회담을 계기로 협상의 틀을 제도화하고, 이를 적극적으로 수용, 활용했다는 점이다. 2007년의 제2차 정상회담을 계기로 장관급

---

38) 북한이 기능주의적 접근을 거부했다는 것은 사실과 다르다. 북한은 정치군사적 문제의 해결을 도외시한 기능주의적 접근을 거부했던 것이다. 흔히 말하는 북한의 연방주의적 접근과 남한의 기능주의적 접근에 대한 북한의 설명으로는 정영철·한동섭, 2008,『서울과 도쿄에서 평양을 말하다』, 서울: 선인의 〈대담 7〉을 참조할 것.

39) 정상회담 이후, 중요한 고비마다 특사 파견을 통한 문제 해결이 남북 간에 정형화된 룰처럼 활용되었다. 김대중 정부 시절의 임동원, 노무현 정부 시절의 정동영 특사의 사례는 이를 잘 보여주고 있다.

회담의 격을 높여 총리급 회담을 전반적인 남북관계를 조율하는 협상틀로 하는 데 동의하였다. 남북관계의 진전에 따라 협상틀이 점차 고위급의 대화로 변화되었던 것이다.[40]

　김정일 시대의 북한 대남 협상은 당국자 간 대화를 중심에 두고 진행되었다. 물론, 민간의 교류와 협력도 중시하였다. 이전부터 북한이 주장한 '책임있는 당국자' 간의 대화가 비로소 실현된 것이라고도 할 수 있다. 이러한 북한의 협상전략은 대남정책에서 '상층통일전선'의 형성이 과거 그 어느 때보다 중요해졌음을 반영하는 것이라 할 수 있다. 그리고 이러한 전략은 결국 남북 간의 협상틀의 변화로 귀결되었다. 그리고 이러한 협상틀은 북한의 입장에서 여전히 중요한 전략으로 남아있는 것으로 보인다. 그것은 2011년까지만 하더라도 당국 간 대화가 위기를 타개할 수 있는 현실적 방도로 강조하고 있는 데서도 알 수 있다.[41] 결국 협상틀의 변화는 과거와 같은 '혁명논리'에 의해서가 아니라 민간대화까지를 포괄하는 당국 간 대화를 통해 문제를 해결해가고자 하는 것이라 할 수 있으며, 이는 북한이 2000년대 이후, 사실상 남한에 대한 '폭력을 수반하는 혁명전략'을 적어도 뒤로 미루어놓았음을 의미하는 것이라 할 수 있다.[42]

---

[40] 제2차 정상회담 이후 마련된 협상틀은 기본적으로 제1차 정상회담과 동일한 구조였다. 그러나 회담의 격은 바뀌어서 총리급 회담−분야별 장관급 회담−분야별 실무 회담 등으로 보다 더 확대, 세분화되었다.

[41] 『로동신문』, 2011년 2월 5일자, 「〈론설〉 당국대화의 실현은 북남관계 개선의 선결과제」.

[42] 이러한 변화는 2010년 당대표자회에서 바뀐 당규약을 통해서도 드러난다. 당규약은 '공산주의' 사회의 실현이 삭제되고, 남한에 대해서는 '남조선에서 미제 침략무력을 몰아내고', '사회의 민주화와 생존을 위한 남조선 인민들의 투쟁을 지지 성원하며'로 되어 있다(《노동당 규약》, 2010.9.28.). 여러 가지 다른 의미로 해석될 수 있지만, 과거의 주한미군 철수가 아닌 '미제 침략군'으로 대상이 바뀌었으며, 남조선의 사회민주화에 대한 지지와 성원의 입장으로 변화되었다. 만약, 현재 주둔하고 있는 주한미군이 북한의 입장에서 '침략군'의 성격을 덜어낸다면, 주둔할 수도 있음을 의미하는 것이 아닐까? 이미 북한이 표방한 바 있는 '주한미군 주둔 용인'과 모순되지 않는다고 할 수 있다.

나. 탈냉전의 대남정책 – 기능주의의 수용과 한반도 문제의 국제화

김정일의 대남인식은 앞서 설명한 것처럼, 실리주의적 인식이 보다 앞서 있는 것으로 보인다. 따라서 김정일은 과거의 전통적인 북한의 대남정책에서 보다 유연한 입장을 취할 수 있었고, 이는 현실에서 남한의 기능주의를 수용하고 이를 적극적으로 활용할 수 있었다. 내부의 경제적 문제를 해결하기 위한 실용주의적 정책이 대남정책에서도 나타난 것이다. 이러한 변화는 2000년 정상회담에서 합의한 낮은 단계의 연방제와 연합제의 공통성을 인정하고, 이를 지향하는 방향에서 통일방안을 협의하기로 한 것이다. 일부에서는 이를 북한의 연방제 방안을 수용한 것이라는 비판을 하고 있지만, 다른 측면에서 보자면 북한이 남한의 연합제를 수용했다는 점이 보다 더 강조되어 지적되어야 할 것이다. 이는 연방제와 연합제의 공통점은 연합제의 내용으로 채워질 수밖에 없기 때문이다.[43] 북한이 조국통일 3대헌장으로 제시하는 '7·4 남북공동성명의 3대 원칙', '고려민주연방 공화국 창립 방안' 그리고 '민족대단결 10대 헌장'에서 통일과 직접 관련되는 가장 중요한 문제는 연방제 방식의 통일이라고 할 수 있다. 주목할 것은 북한의 표현 방식에서 '연방제'가 아닌 '연방제 방식'을 주장하고 있다는 점이다. 북한 역시 현실적으로 연방제가 의미하는 '1주권 국가'만 충족하면, 남북한의 제도를 그대로 존속하는 '공존'의 방식에 강조점을 두고 있는 것이다. 이는 1990년대부터 북한이 주장하고 우려해왔던 '흡수통일' 혹은 '제도통일'에 대한 대응이라고 할 수 있다.[44] 사실,

---

[43] 엄격하게 따지면, 북한의 '낮은 단계의 연방제'는 중앙정부 기구의 수립이라는 점을 제외하면 내용적으로 연합제와 거의 유사한 것으로 평가할 수 있다.

[44] 북한의 연방제 통일에 대한 주장이 최근의 일은 아니다. 또한, 이미 '두 제도의 공존'을 기초로 연방제를 수립해야 한다는 주장도 계속 이어졌다. 그러나 1980년의 '고려민주연방 공화국 창립방안'이 전제로 하는 주한미군 철수, 국가보안법 폐지, 공산당 활동의 허용, 남한 사회의 민주화 등이 더 이상 거론되지 않고 있는 것은 '연방제' 통일이라는 북한의 주장이 현실적인 입장에서 '공존'에 강조점을 두는 것으로 변화되었다고 볼 수 있

북한의 이러한 입장은 지금까지도 지속되고 있다. 즉, 적어도 남북관계에서 제도와 사상의 문제는 내려놓자는 것이다. 즉, '상대방의 사상과 제도를 부인하면 대결밖에 초래할 것이 없으며 북남관계의 발전을 기대할 수 없다'는 것이다.[45] 따라서 정상회담에서의 합의는 북한이 줄곧 주장해왔던 정치군사적 문제의 우선 해결의 입장에서 기능주의적 교류와 협력을 적극적으로 수용하고, 이를 통해 남북관계를 진전시키며 대결구조를 약화시킬 수 있는 대남정책으로의 변화가 놓여있다. 다방면의 교류와 협력, 그리고 신뢰관계의 구축을 통해 남북관계를 발전시키고, 이를 통해 워싱턴과의 대화까지 발전시킬 수 있다는 것이다. 과거 워싱턴과의 대화를 통해, 서울을 압박하던 것에서 이제는 서울-평양-워싱턴의 삼각관계를 적극적으로 활용하기 시작한 것이다. 북핵문제를 계기로 워싱턴과의 대화를 통해 서울을 압박하는 것과 동시에 서울과의 대화를 통해 워싱턴을 압박하는 삼각게임은 그 이면에 남북관계의 이러한 변화가 있었기에 가능한 것이었다. 결국 북한의 입장에서 남북관계의 진전은 워싱턴의 압력을 피할 수 있는 '우군의 확보'였고, 또한 우군의 도움에 의해 워싱턴과 유연한 대화를 할 수 있었던 중요한 동력이었다. 따라서 이 시기에 있어서 남북관계는 '통일'문제로서의 성격만이 아니라 '북핵문제', '한반도 문제' 그리고 '동북아 문제'까지를 아우르는 복잡한 성격이 되었다.

이러한 복잡한 성격은 곧 앞서 말한 '한반도 문제의 한반도화'와 동시에 '한반도 문제의 국제화'라는 두 개의 축이 교차하는 것이었다. 그리고 북한은 대남정책을 매개로 하여 자신들의 외교정책에 활용하는 것으로 나아갔다. 정상회담 이후, 외교관계의 확대뿐만 아니라 국제적인 외교무대에도 적극적으

는 근거들이다. 그리고 이는 '낮은 단계의 연방제'로 공식화되었다.
45) 호영길, 2005, 「〈론설〉 북남관계의 실속있는 발전은 통일운동의 절박한 요구」, 『로동신문』, 10월 21일자.

로 나서기 시작했다. 6자회담 역시 이러한 성격과 무관치 않다. 북미 직접 대화를 강력히 주장하던 북한이 6자회담을 수용한 것은 다자회담을 통한 북핵 문제의 협상틀이 결코 불리하지 않다는 판단이었고, '한반도 문제의 국제화'에 대해서도 얼마든지 대응할 수 있다는 판단 때문이었다. 사실, 6자회담의 '9·19 공동성명' 및 '2·13 합의'에 의해 만들어진 다섯 개 실무그룹(working group: 1. 한반도 비핵화, 2. 북·미 관계정상화, 3. 북·일 관계정상화, 4. 경제 및 에너지 협력, 5. 동북아 평화·안보체제)은 남북 간 통일문제를 제외한 한반도 문제를 둘러싼 포괄적인 논의 틀을 구성하고 있다.[46] 물론, 현재 6자회담은 교착상태를 벗어나지 못하고 있고, 6자회담의 진행 그 자체 역시 북미 간 합의가 놓여있지만, 국제적인 협상틀의 성과에 따라 남북관계 및 통일문제에 상당한 영향을 받는다는 점에서 과거와 달라진 조건이라고 할 수 있다. 그리고 여기에 북한이 적극적으로 참여함으로써 남북관계와 국제관계가 상호 영향을 주고받는 구조를 만들어내었다는 점에서 과거와 구분된다 하겠다.

이러한 '한반도 문제의 국제화'는 과거 '북한-중국-소련'과 '한국-일본-미국'의 삼각 대립구도에 의해 규정되었던 것과는 다른 것이라 할 수 있다. 즉, 과거의 국제적 대립 구도는 진영의 논리에 따라 진행되었던 것과는 달리, 김정일 시대의 국제적인 대립은 진영 논리가 아니라 각자의 이해관계에 따른 유동적인 것이었으며, 남북한 및 북미, 한미 간의 양자 간 대화의 결과에 따라 합의와 결렬이 반복되는 양상을 띠었다. 그리고 이러한 구조는 상호 간의 영향이 크게 작용하면서, '한반도 문제의 국제화'는 그 이면에 '한반도 문제의 한반도화'의 주요 의제가 부각되기도 하였고, 반대로 '한반도화'의 의제

---

[46] 다섯 개 워킹그룹 중 5번인 동북아 평화·안보체제 실무그룹은 남북한에 있어서도 중요한 의미를 담는다. 그것은 동북아 평화·안보체제를 형성하기 위해서는 한반도 평화체제의 문제와 미군문제 등을 논의해야 하기 때문이다. 이런 점에서 북한이 의도한 '한반도 문제의 국제화'의 수용은 오히려 통일에 유리한 국제 환경을 마련하는 전략으로서의 성격도 갖고 있다고 할 수 있다.

가 '국제화'에 영향을 미치기도 하였다. 이는 북한의 대남정책과 외교정책이 밀접하게 연관되어 진행될 수밖에 없는 구조가 형성되었음을 의미하며, 북한 역시 이를 적극적으로 활용하고 있음을 말해준다. 따라서 이러한 역학구도 속에서 이명박 정부의 평양 압박을 위한 서울-워싱턴 동맹의 강화는 북한 으로서는 심각한 위협이었고, 또한 이러한 삼각게임이 가져올 수 있는 위험 한 구도의 하나였다. 북한의 눈에 이명박 정부의 '서울-워싱턴'동맹의 일방 적 강화와 압력은 과거와 같은 '외세와의 공조를 통한 북남관계의 국제화'에 다름 아니었던 것이다.[47] 북한이 의도했던 한반도 문제화는 한반도를 둘러 싼 문제 즉, 북핵문제와 평화의 문제 등에 대한 포괄적 합의 구조의 창출이 었고, 이 문제의 해결과정에서 '남북 간의 협력'은 성과를 낼 수 있는 훌륭한 자산이었던 것이다. 그리고 이는 김대중-노무현 정부의 시기에 일정부분 실 행에 옮겨지기도 하였다. 결국 적어도 남북관계라는 측면에서 '한반도 문제 의 국제화'는 남한의 위상 강화를 반영하는 것이자, 북한의 입장에서는 평화 의 문제를 제기하고, 의제화하는 공간으로서 유용했던 것이다.

4. 김정일 시대 남북관계와 통일정책의 평가와 유산

가. 대결구조의 약화와 미완의 해체

2000년대 이후, 남한 정부가 남북관계를 한미관계의 종속변수가 아니라 독 립변수로 인정하는 정책을 시행함에 따라,[48] 북한 역시 남한의 이러한 정책

47) 엄일규, 2009, 「〈론평〉 북남관계 문제 국제화책동은 무엇을 노린 것인가」, 『로동신문』, 3월 13일자.
48) 장달중, 이정철, 임수호, 2011, 『북미대립: 탈냉전 속의 냉전 대립』, 서울: 서울대학교출

에 편승하는 태도를 보였고, 남북 간의 대결구조를 약화시키고 공존의 패러
다임을 적극적으로 수용하였다. 이에 따라 남북 간의 대결구조는 화해와 협
력에 따른 기초적인 신뢰관계의 형성으로 나아갔다. 이즈음 북한은 '우리민
족끼리'를 내세우면서 '민족대단결'론에 기초한 남북관계의 진전을 주장하였
다. 북한이 주장한 '우리민족끼리'의 이념은 '6·15 공동선언'의 제1항의 '자주'
의 원칙을 표현한 것이었다. 또한, 북한의 '우리민족끼리'의 주장은 통일문제
에서 '민족 내부의 문제'임을 강조하는 것이었다.

　남북관계는 김대중－노무현 정부 10년간 민간차원의 교류와 협력을 넘어,
정부 당국자 간의 회담이 제도화되는 단계에까지 이르렀다. 그러나 이 과정
에서도 갈등과 협상이 반복되어 나타났다. 이러한 갈등과 협상의 반복은 남
북관계가 여전히 불안정한 제도화의 단계에 있으며, 갈등의 구조가 해제되지
않았음을 의미한다. 그것은 북한의 입장에서 보자면, 교류와 협력을 통한 기
능주의적 신뢰관계의 구축에도 불구하고, 정치군사적 해결의 측면에서는 별
다른 진전이 이루어지 않았음을 의미한다. 한반도 갈등의 주된 구조가 정치
군사적 문제에 있다면, 기능주의적 접근을 통한 남북관계의 진전은 한계를
가질 수밖에 없다. 이는 '서로 교류만 하면 자연히 신뢰가 조성된다는 것은
본질을 외면'한 것이며, '북남관계 발전의 장애요인의 하나는 서로 다른 사상
과 체제로부터 발생한 의식문제와 그로 인한 법적, 제도적 문제'인 것이며,
'이런 조건에서 쌍방의 사상과 체제를 존중하는 것이 북남관계를 발전시킬
수 있는 옳은 처방'이라는 주장에서 나타나고 있다.[49] 즉, 근본문제의 해결에
대한 상호 간의 인정과 노력이 있어야 한다는 의미이다.

　또한, '북핵문제' 등 한반도의 평화 구조를 둘러싼 국제사회의 개입이 강화
되었다. 이에 대한 북한의 정책은 두 축으로 진행되었다. 그것은 북미 간 직

판문화원, p. 194.
[49] 전종호, 2006b, 「〈론설〉 북남관계를 근본적으로 개선해야 한다」, 『로동신문』, 5월 4일자.

접 협상을 통한 '북핵문제' 해결과 관계정상화 및 평화체제의 구축이며, 동시
에 남북 간 정치군사적 대결 구조의 이완이었다. 따라서 북한은 북미 간 직
접 협상을 추진함과 동시에, 남북 간 국방장관 회담 및 군사 실무자 회담을
통해 정치군사적 문제의 해결에 나섰다. 그러나 이러한 정치군사적 문제의
해결에서 미국과의 문제는 결코 외면할 수 없는 것이었다. 즉, 남북관계의 진
전을 위해서는 정치군사적 문제의 해결이 필연적으로 나설 수밖에 없었다.[50]
기능주의적 교류와 협력의 한계이자, 노무현 정부 시절 신기능주의적 협력으
로 나서게 된 배경이라고 할 수 있다. 따라서 '10 · 4 선언'의 제3항과 제4항의
합의는 이러한 객관적 배경하에서 필연적으로 제기되는 것이었으며, 남북이
교류와 협력을 확대 · 발전시키기 위한 필수적 요구였다.

　사실, 한반도의 정치군사적 문제의 해결은 두 개의 축으로 구성된다. 하나
는 남북이 자체적으로 해결할 수 있는 군사적 신뢰 및 불가침의 문제이며,
다른 하나는 미국을 포함한 관련국들의 합의를 통해 한반도의 구조적인 평
화체제를 구축하는 문제이다. 이는 북한이 오랫동안 주장해왔던 남북 불가침
과 북미 평화협정의 요구에서도 나타나고 있다. 그리고 김정일 시대에 들어
와 남북관계의 진전과 더불어 변화가 발생했다. 즉, 전통적으로 주장해왔던
북미 평화협정의 문제는 '3자 내지 4자' 정상들의 합의를 통한 평화체제 구축
으로 변화되었다.[51] 2000년 정상회담 이후, 남북관계의 진전은 북한이 바라
보는 남한이 과거의 '실권없는 존재'가 아닌 '점차 발언권이 강화되는' 존재이
며, '서울 - 평양 - 워싱턴'의 삼각게임에서 '서울 - 평양'이 워싱턴을 압박할 수
도 있게 되었다.[52] 그리고 이러한 '서울 - 평양'의 협상과 워싱턴에 대한 압박

---

50) 이와 관련 좋은 사례는 개성공단 관련 비무장 지대의 지뢰 제거 등의 작업과 동시에,
　　비무장지대 통과를 위한 통행 등과 관련하여 유엔사(주한미군사령부)와 갈등을 빚었다.
　　이런 문제들은 앞으로 남북관계가 진전될수록 부각될 수밖에 없다.
51) '10 · 4 선언'의 제4항.
52) 물론, 평양 - 워싱턴이 서울을 압박하는 구도도 가능하다. 일반적으로 말하는 '통미봉남'

은 김대중-노무현 정부 시절에 일부분 드러나기도 하였다. 이 시기는 북한이 남한과의 관계진전을 통해 미국의 강경책을 방어한 것이라고 할 수 있다.

남북관계의 대결구조는 2000년대 이후, 상당부분 변화하였다. 그러나 정치군사적 문제의 미해결은 기능주의적 교류와 협력의 한계를 가져왔다. 이를 극복하기 위한 남북의 합의는 '10·4 선언'이라 할 수 있다. 그러기에 북한 역시 '6·15 공동선언'이 통일의 이정표라면, '10·4 선언'은 이를 이행하기 위한 실천강령으로 표현하고 있다.[53] 남한의 입장에서는 신기능주의로의 변화이며, 북한의 입장에서는 평화의 문제를 비롯한 정치군사적 문제의 본격적인 합의라고 할 수 있다. 북한의 입장에서 '10·4 선언'은 남한과의 정치, 군사, 경제 및 사회 그리고 외교의 영역까지 협력을 확대시켜나가고자 했던 것이라 할 수 있다. 그러나 '10·4 선언'은 남북관계의 악화와 함께 실현되지 못하고 있다.

'10·4 선언'의 좌절은 오늘날 북중관계의 밀착에서 보이는 것처럼 북한으로 하여금 다른 선택을 하도록 강제하였다. 북한은 중국을 통한 협력의 강화 및 남한과의 적대관계를 선택했다. 그리고 이러한 북한의 선택에는 중국과의 경제협력을 비롯한 '전략적 협력관계'의 강화가 자리하고 있다. 즉, 한반도 상황의 변화는 미국, 중국의 새로운 갈등 구조에 영향을 미치고 있는 동시에 그에 영향을 받고 있으며, 이에 따라 북한으로서는 남한이 가졌던 고립의 탈출구, 경제협력의 협력자 등의 위치를 중국을 통해 대체함으로써 남북관계의 악화가 가져온 손실을 대체할 수 있었다. 아니, 오히려 중국과의 협력을 통해 남한 및 미국의 대북 강경정책을 효과적으로 방어할 수 있었다. 오늘날 북한

의 구도가 그러하다. 문제는 워싱턴의 태도이다.

[53] "10·4 선언은 민족의 자주적발전과 통일위업을 추동하는 고무적 기치이며 6·15 공동선언을 전면적으로 구현하기 위한 실천강령이다." 김정옥, 2008, 「〈론설〉 6·15 공동선언의 기치높이 통일과 번영의 새 시대를 열어나가자」, 『로동신문』, 1월 3일자.

이 보여주는 모습은 남한을 매개로 한 전략의 좌절을 '북방정책'을 통해 대체하고 있으며, 중국을 최대한 활용하면서 활로를 찾아가고 있는 것으로 해석할 수 있다. 북한으로서는 불안한 안보를 일정 대체할 수 있으며, 경제협력의 거의 유일한 원조자로서 중국의 전략적 가치가 상승할 수밖에 없었던 것이다. 이는 1990년대 북한이 찾을 수 있었던 거의 유일한 출로였던 남한에서의 정권 교체와 대북 강경정책으로의 변화에 대응하여, 2000년대 이후 새롭게 조성된 중국과 러시아 등과의 관계 회복에 기반하여 그리고 미국과 중국간의 갈등 구조를 활용하여 북방으로의 대체 출로를 찾은 것으로 볼 수 있다. 그러나 북한의 이러한 대체 출로는 곧 남북관계의 후퇴와 동시에 남북의 합의 사항인 '6·15 공동선언'과 '10·4 선언'을 대남정책의 핵심 요소로 삼았던 북한의 전략이 일부분 후퇴한 것이라고 할 수 있다. 또한, 오늘날의 북한 대남정책에 남한 정권의 성격이 상당한 영향을 미치고 있음을 말해주고 있다. 북한의 대남정책의 성과이자 동시에 한계라고 할 수 있겠다.

나. 미완의 해체와 남겨진 과제

김정일 시대에 들어와 두 번에 걸친 정상회담으로 남북관계는 과거와 구분되는 화해와 협력, 공존의 시대로 진입하였다. 그러나 이러한 변화에도 불구하고 남북관계는 언제든지 후퇴할 수 있는 구조적 한계를 지니고 있었다. 그 이유는 다음의 세 가지로 분석할 수 있다. 첫째, 남북관계에서 근본문제에 해당하는 정치군사적 대결 구조의 해체가 이루어지지 않고 있다는 점이다. 한반도의 정치군사적 문제의 미해체는 북미관계의 불안정, 그리고 군사적 충돌의 가능성이 상존하는 조건에서 남북관계를 언제든지 뒤흔들 수 있는 구조로 작동하고 있다. 사실, 정치군사적 문제의 해결을 위한 남북 간의 노력은 '10·4 선언'에서 중요한 합의가 이루어졌음에도 불구하고 이를 실행할 수 있

는 여건의 미성숙, 그리고 미국과 북한과의 관계 불안정 등이 남아있음으로
하여 제대로 실행되지 못하고 있다. 둘째, 남한의 위상이 강화됨으로써 남한
정권의 대북정책에 의해 언제든지 남북관계가 흔들릴 수 있다는 점이다. 과
거 남한 정권은 미국의 대한반도 정책에 종속되어 남북관계를 '자주'적으로
풀어나갈 수 있는 여지가 거의 없었다. 그러나 2000년대 이후 남한 정권의 위
상 강화는 남북관계에서 남한이 하나의 독립변수로 움직일 수 있는 여지를
확대하였다. 따라서 김대중·노무현 정부 시대에는 남한 정부의 햇볕정책이
나 포용정책이 남북관계의 개선을 추동하는 동력이 될 수 있었다. 그러나 이
명박 정부의 '비핵·개방·3000'으로 대표되는 대북정책은 이전의 화해·협력
정책을 부정하고, 이를 뒤로 돌리는 요인으로 작용하고 있다.[54] 이 문제는
현재의 남북관계 개선에서 당국자 간 대화의 중요성을 확인해줌과 동시에,
북한의 입장에서는 하층통일전선에 비한 상층통일전선의 중요성이 갈수록
커진다는 것을 의미한다. 그리고 이는 북한의 대남정책에 큰 영향을 주는 변
화된 조건이라고 할 수 있다. 마지막으로 동북아시아의 불안정한 국제질서를
들 수 있다. 동북아시아의 새로운 질서의 형성은 중국과 미국을 축으로 하여
새롭게 재편되고 있다. 그리고 여기에 한반도 문제는 동북아질서의 변화를
추동하는 핵심적인 이해관계가 걸려있는 문제라 할 수 있다. 이러한 상황에
서 북한은 미국 및 남한과의 관계가 고착되면서 중국과의 전략적 협력관계
를 보다 더 강화하고 있다. 최근 장성택의 중국 방문과 뒤이은 북-중 간 경
제협력의 진전이 가시화되고 있는 점은 이를 뒷받침하고 있다.[55] 이러한 북

---

54) 이러한 지점이 바로 북한이 지적하는 '자주'의 핵심 사항이다. 따라서 미국의 부시 행정
부 시절 대북 강압정책이 노무현 정부를 흔들고 있을 때, 북한은 '외세가 끼어들면 복잡
성과 난관만 조성되게 되고 결국 통일의 길이 가로막히게 된다'고 주장하면서, '6·15 공
동선언'의 이행을 강조하였다(『로동신문』, 2005년 6월 15일자, 「〈론설〉 6·15 공동선언
은 민족자주통일선언」). 이런 점에서 보면, 이명박 정부의 정책은 '자주'의 원칙을 부정
하고, 외세를 끌어들이는 정책에 다름 아닌 것이다.
55) 장성택의 중국 방문은 김정은 시대에 들어와서도 북한이 중국과의 협력을 전략적으로

중 협력의 강화는 최근 북한의 아리랑 공연이나 모란봉 악단의 공연에서 조
-중 친선을 유독 강조하고 있는 모습에서도 확인할 수 있다.56) '서울-워싱
턴-평양'의 게임이 불안정해질수록 그리고 '북-중-미' 삼각관계의 불균형
이 진행될수록 북중 간 전략적 협력관계는 상호 간의 이해관계에 따라 당분
간 지속될 가능성이 높은 것으로 보인다.57) 문제는 이러한 구조 속에서 남북
한이 동북아질서의 재편 과정에서 언제든지 중국과 미국의 정책에 의해 흔
들릴 수 있다는 점이다. 중미 간 갈등에 따른 한미관계, 북중관계, 한중관계
가 영향을 받게 되며, 이 과정에서 남북관계는 종속변수가 되고 있다.

그러나 이러한 객관적 요인 이외에 현재의 북한이 힘의 관계에서 열세에
처해있다는 점이 지적되어야 할 것이다. 1990년대 위기의 시간을 극복하고는
있지만, 북한은 여전히 경제적으로 그리고 정치적으로 불안정한 상황에 내몰
려 있다. 특히, 경제적 위기와 이를 극복하기 위한 북한의 상황은 자신들의
내부 자원의 동원을 통해서는 해결하기 어려우며, 주변국과의 협력이 필수적
으로 요청되고 있다. 특히, 미국과의 관계 개선은 북한의 경제위기 극복과 북
한이 추진하는 경제강국 건설에 가장 중요한 요인이 되고 있다. 또한, 남북관
계의 진전과 개선 역시 북한의 입장에서는 중요한 대외환경의 조건이 될 것
이다.

이와 같은 요인들이 결국 남북관계에서도 비대칭성을 만들어내게 되고,
다양한 양자관계에서도 비대칭성을 형성하게 되면서 불안정이 해소되지 않

강화하겠다는 의지의 표현이자, 현실적으로는 북중 경제협력을 통해 경제회생에 필요
한 자원을 확보하겠다는 경제적 실리주의가 결합된 것으로 보인다.

56) 이들 공연에는 공통적으로 '조-중 친선'과 '혈맹'을 강조하는 내용이 삽입되어 있다. 특
히, 아리랑 공연은 애초에 없었던 '조-중 친선'을 내용으로 새로 추가하였다.

57) 중국의 북한에 대한 전략적 이해와 북한의 중국에 대한 전략적 이해관계에 대해서는 이
상숙, 2011, 「북한의 대중국인식과 정책」, 『북한연구학회 춘계학술발표논문집』, 북한연
구학회(서울, 4월); 이희옥, 2009, 「중국과 동아시아: 북중관계의 새로운 발전」, 『동아시
아 브리프』 5권 2호, 성균관대학교 동아시아지역연구소.

고 있는 것으로 보인다. 한반도를 둘러싼 강대국의 이해관계가 얽힌 조건, 정치군사적 문제가 쉽게 해결되지 않고 있는 상황, 북한의 힘관계의 뒤처짐 등이 북한의 대남정책에서 한계요인으로 작용하고 있으며, 결국 김정일로서는 이를 해결하기 위한 내부 경제 건설, 중국과의 협력, 북미 간 협상 등의 다양한 전략을 취하도록 했지만, 미완의 상태로 귀결되고 말았다. 그리고 이는 이제 막 출범한 김정은체제에 그대로 과제로 남겨지고 있다. 이러한 과제를 어떻게 풀어나가느냐가 앞으로의 김정은체제의 안정과 발전에 핵심적인 문제로 남아있다 할 것이다.

5. 결론

2011년 김정일의 갑작스러운 죽음은 한반도에 새로운 상황을 불러오고 있다. 김정일의 죽음에도 불구하고, 북한체제의 흔들림이 아직은 보이지 않고 있다. 현재는 김정일의 정책이 어떻게 변화할 것인지가 관심의 초점이 되고 있다. 아직까지는 김정일 시대의 노선이 그대로 계승되고 있는 것으로 보인다. 북한의 주장처럼, '6·15 공동선언'의 발표로 〈우리민족끼리〉의 시대가 펼쳐진 것으로 본다면,[58] 김정은 시대의 통일정책도 김정일 시대의 통일정책과 크게 다르지 않을 전망이다. 적어도 당분간은 김정일 시대가 남겨준 유산을 계승하는 것이 될 것이다. 그리고 김정일이 남겨준 남북한 공존과 협력의 패러다임은 앞으로도 쉽게 변하지 않을 것으로 보인다.

이렇게 본다면 김정은 시대에 들어와서도 북한은 남북 당국 간 대화를 통한 남북관계의 개선과 미국과의 관계정상화를 통한 국제화─세계화─의 길

---

58) 『로동신문』, 2005년 6월 28일자, 「〈론설〉 자주통일은 온 민족의 절박한 과제」.

을 추진할 것이다. 그것은 현재의 북한 처지에서 비록 김정일의 죽음에도 불구하고, 남북관계 및 북미관계에서 달라진 것은 아무것도 없기 때문이다. 따라서 현재의 북중 협력관계를 유지하고, 남북 당국자 간의 대화를 통한 개선, 그리고 미국과의 협상을 통한 관계정상화라는 전략적인 틀은 그대로 유지하게 될 것이다. 물론, 지금의 남북관계 속에서 현 남한 정부와의 대화는 당분간 기대하기 힘들지만, 그렇다고 북한이 남한과의 관계를 지금과 같은 적대적 관계를 지속하지는 않을 것이다. 이는 2012년 4월 15일의 '태양절' 행사에서 김정은이 행한 연설에서도 나타나고 있다. 그렇지만 단기적으로는 김정은 체제의 안정화 및 공고화를 위한 내부 정치에 보다 역점을 두면서, 남북관계가 변화할 전망은 별로 보이지 않는다.

결론적으로 김정은의 북한은 김정일 시대에 이루어놓은 남북한 협력의 패러다임을 지속하고자 할 것이다. 또한, 중국과의 협력을 유지하면서 미국과의 관계정상화 전략을 포기하지도 않을 것이다. 이는 어쩌면 김정일이 김정은에게 남겨준 과제라고 할 수 있다. 바로 이 지점에서 김정은의 통일정책은 시작될 것이며, 적어도 그의 독자적인 정책이 수립될 때까지는 이를 유지하고자 할 것이다.

그러나 장기적으로 보자면, 김정은 시대의 북한은 경제강국의 성과를 가시화하고, 현실 생활에서 이를 증명해보여야 한다. 그러기 위해서는 외부세계와의 협력이 더욱더 요구되고 있다. 현재의 중국이 그러한 통로가 되고 있지만, 결국은 '통일과 세계화'의 문제에 대한 원칙과 전략이 마련되어야 할 것이다. 그것은 북한의 입장에서 남북관계의 개선은 곧 '세계화'를 위한 가장 안전한 통로의 하나이며, 거꾸로 세계화의 추진은 통일문제에서 새로운 의제와 구체적인 조치가 요구되기 때문이다. 그리고 이는 단지 남북'관계'만이 아니라 북한 내부의 '변화' 동인으로도 작동하게 될 것이다. 과연 이러한 상황에 맞닥뜨려서 김정은이 선택할 수 있는 것은 무엇일까? 그것은 바로 지금부

터의 남북관계 형성이 중요한 영향을 미치게 될 것이고, 바로 이러한 현실에
서부터 정책의 내용이 결정되어 나갈 것이다.

　이러한 판단은 앞으로 통일이 민주주의와 인권의 증진 과정이어야 한다는
문제설정 속에서 자유, 인권, 복지가 '민족자주성'에 기반하여야 한다는 북한
의 주장[59]이 결국은 '민족의 자주성'으로 표현되는 '민족 내부문제로서 통일'
과 동시에 '자유, 인권, 복지'의 보편성을 인정하는 '세계화'의 결합을 심각하
게 고민해야 함을 말해준다. 앞으로의 북한이 '통일과 세계화'의 의제를 보다
더 구체화할수록, 우리 역시 그들의 문제설정 속에서 민주주의와 인권이 통
일과 어떻게 결합할 수 있을지를 고민해야 할 것이다. 김정은 시대가 안고
있는 과제이자 동시에 우리에게 풀기를 요구하는 퍼즐이라 할 것이다.

---

59) 평양출판사, 1992,『통일국가론: 1민족 1국가 2제도 2정부론』, 평양: 평양출판사, p. 100.

제 3 부

한반도정치론

이　론

역　사

전　망

북한인권 논의 성찰과 코리아 인권

서보혁

우리 사회는 물론 국제사회에서 북한인권문제가 공론화 된 지 10여 년이 되었지만 남한 진보진영의 인식과 대응은 걸음마를 벗어나지 못하고 있다. 인권이 진보의 어젠다(agenda)인 점을 감안할 때 정치권과 시민사회를 막론하고 남한 진보진영이 북한인권문제에 침묵하거나 소극적인 태도를 보이는 것은 이해하기 힘들어 보인다. 여기서는 그렇게 된 저간의 사정을 살펴보고 진보진영이 취할 수 있는 대안적 입장을 제안해 보고자 한다. 물론 그에 앞서 우리사회에서 나타나고 있는 북한인권 논의 지형과 그간 진보진영이 보인 문제점을 먼저 성찰해볼 필요가 있다.

1. 북한인권문제의 부상 배경

북한인권이 국제사회의 주목을 받은 것은 냉전이 해체된 후 북한의 식량난으로 대량 탈북자들이 발생한 1990년대 후반부터이다. 당시 국제사회는 북

한에 대한 인도적 지원, 탈북자 보호, 그리고 북한 정부를 향한 인권 침해 비
판 및 개선 요구에 나섰다. 그러다가 2000년대 들어 일부 국내외 시민단체들
의 로비에 힘입어 유엔 인권기구에서 북한인권문제가 다뤄지기 시작하였다.
2003년부터 유엔 인권위원회에서(2006년부터는 인권이사회에서), 2005년부터
는 유엔 총회에서 북한인권결의가 채택되기 시작해 오늘에 이르고 있다. 또
2004년 제60차 유엔 인권위원회에서 채택된 북한인권결의에서 북한인권특별
보고관 제도가 도입돼 오늘까지 북한인권 상황을 모니터링해 유엔에 보고하
고 있다. 그리고 2013년 3월 21일 제22차 유엔 인권이사회에서 채택한 북한인
권결의(A/HRC/RES/22/13)에서는 북한인권침해의 실태조사는 물론 책임소재
파악을 임무로 하는 조사위원회(Commission of Inquiry)가 구성되어 1년간 활
동하고 있다.[1] 이런 일련의 북한인권결의는 유럽연합이 주도하고 있는데, 미
국과 일본이 적극 동참하고 있다. 미국과 일본은 2004년, 2006년 각각 북한인
권법을 제정했다. 한국은 정권의 대북정책 방향에 따라 유엔의 북한인권결의
에 대한 투표와 북한인권법 제정에 관해 입장을 달리해왔다. 이명박 정부 등
장 이후 한국 정부는 유엔의 북한인권결의에 일관되게 찬성 투표하고 있지
만, 북한인권법 제정은 국회와 여론에서 의견 대립이 팽팽해 이루어지지 않
고 있는 상태이다.

　냉전시기 남과 북은 뜨거운 체제경쟁의 연장선상에서 상대방의 인권문제를
비방의 소재로 삼았다. 그렇지만 냉전체제가 해체돼 가던 1988년부터 1992년
사이 남북 대화 및 교류가 활발해지자 인권문제를 이용한 상호비난은 크게
줄었다. 남북한은 유엔에 동시 가입하는 한편 남북기본합의서를 채택해 내정

---

[1] 2014년 1월 현재 유엔 인권이사회가 가동시키고 있는 조사위원회는 시리아와 북한 인권
문제에 관한 두 개이다. 북한인권 조사위원회는 3명의 위원에 10여 명의 조사관들로 구
성되어 식량권, 고문 및 비인도적 처우, 표현의 자유, 생명권 등 9개 영역에 걸친 인권
침해, 특히 반인도적 범죄 관련 상황 및 책임문제를 조사해 그 보고서를 2014년 3월 제
25차 인권이사회에 제출하였다.

불간섭에 합의하였다. 물론 냉전이 해체되면서 국제사회에서는 민주주의, 인권, 비확산과 같은 초국가적 규범이 국가주권보다 그 영향력이 높아지는 것처럼 보였다. 1980년대 남한에서 민주화운동이 국제적 관심사였다면 1990년대 들어서는 북한의 핵개발 문제가 국제사회의 주목을 받기 시작하였다. 일련의 위기 상황을 거친 뒤 1994년 제네바 기본합의(Agreed Framework)로 북한의 핵동결이 이루어지자마자 북한의 인권문제가 국제적 관심사로 떠올랐다. 극심한 식량난과 대규모 탈북자 발생이 계기가 되었다. 당시 북한인권은 생존권을 중심으로 이해되었지만, 국제인권기구의 관심을 받으면서 정치범수용소, 공개처형, 종교의 자유 등 그 범위가 시민적·정치적 권리(약칭 자유권)로 확대되어갔다.[2] 1990년대 말부터 남한에서 대북 포용정책이 전개되면서 교류협력과 인도적 지원을 중심으로 북한주민의 생존권 개선을 우선으로 한 접근이 전개되었다. 그러나 그것은 북한 정권에 대한 압박, 나아가 정권교체를 통한 북한인권 개선을 추구하는 보수진영과 '남남갈등'을 불러일으켰다.

남한 정부의 대북 포용정책 시기, 진보적 시민사회 진영은 정부정책을 지지하며 그것이 만들어낸 열린 공간에서 교류협력에 나서고 인도적 지원에 치중하였다. 북한인권문제 전반에 대한 문제의식은 갖지 못했던 것이다. 당시 남한 내 진보와 보수세력은 북한인권문제에 대해 상이한 입장과 접근을 보였지만, 그것을 남한인권과 연관지어 생각하거나 분단체제의 맥락에서 파악하지 못한 것은 흥미로운 공통점이다.

이상에서 보는 것처럼 1990년대 들어 북한인권문제에 대한 공론화, 비판적으로 말해 북한인권문제에 대한 표적 접근은 국제정치체제와 남북관계가 변수로 작용하였다. 냉전시기 세력균형체제의 와해로 잔존 현실 사회주의국가들의 인권문제가 부각된 것이 일차적 요인이다. 중국, 쿠바와 함께 북한의 인

---

2) 서보혁, 2009, 「남북한 인권에서 코리아 인권으로」, 『역사비평』 통권 88호, 역사문제연구소, pp. 163~164.

권문제가 유엔의 논의 테이블에서 주목받았다. 그렇지만 우리 사회에서 북한
인권문제가 갈등을 빚어낸 것은 냉전 해체만으로 설명하기 어렵다. 북한인권
문제를 둘러싼 갈등은 남북관계, 남한 내 정부와 시민사회의 관계가 또 다른
요인으로 작용하였다. 남북관계가 우호적일 때 북한인권문제는 수면 아래로
내려갔지만 우리사회에서는 첨예한 정치적 쟁점으로 부상하였다.

북한인권문제의 급부상 혹은 표적 접근에는 1987년 이후 시민사회의 지형
변화, 특히 진보진영의 분기(分岐)도 한 몫 하였음을 부인할 수 없다. 민주화
가 됐으니 이제는 북한을 보편적 시각에서 보아야 한다, 혹은 민주화운동을
통해 인권 신장을 이룩한 경험을 북한에도 적용해볼 수 있겠다는 생각이 일
어났다. 한국 진보세력 내에서 민주화운동과 통일운동의 우선순위를 둘러싼
논쟁은 1970년대부터 시작되었다.[3] 민주화 이후 남한 진보세력에게 나타난
새로운 현상은 통일운동의 활성화였다. 대학가에서는 반공교육을 비판하고
'북한바로알기운동'과 같은 통일교육이 일어났다. 통일운동의 지역화, 대중화
시도도 나타났다. 이는 보수세력에게 국가정체성을 흔드는 친북노선으로 비
춰졌다.

통일운동은 민주화 이후 방향을 잃은 보수세력에게 위협으로 다가갔다. 그
들은 독재와 인권 유린의 오명을 덮을 수단이 필요했는지도 모른다. 1994년
김일성 주석의 사망 직후 이어진 북한의 연이은 식량난과 탈북 행렬은 북한
체제의 무능력은 물론 북한 붕괴 가능성까지 불러일으켰다. 시민들은 탈북자
들을 구원하고 북한에 인도적 지원을 하면서도 대량 탈북자의 발생과 그들
이 증언하는 북한의 인권 상황에 놀라움을 숨기지 못하였다. 그때 위기에 빠
진 보수세력은 큰 지원세력을 만났다. 변혁운동 진영 중 민족해방(NL)그룹
중 일부가 북한민주화운동으로 변신한 것이다. 일부 대북지원단체 지도자들

3) 박경서 · 이나미, 2010, 『WCC 창으로 본 '70년대 한국 민주화 인식』, 파주: 지식산업사, pp. 283~297.

도 북한 정권 비판에 나서기 시작하였다. 그 중심에 북한인권 문제가 있었다. 물론 당시 주류 NL그룹은 북한과 매년 여름 '범민족대회'를 개최하는 데 주력 하였지만 북한의 아킬레스건은 건드리려 하지 않았다. 당시 민중민주(PD)그 룹도 북한인권문제를 거론할 준비가 되어 있지 못하였다.[4] 일부 운동세력의 보수진영으로의 투항(이라고 한다면)이 가능했던 것은 냉전 해체를 자유민주 주의의 승리로 간주한 주류 담론과 북한체제가 보편 규범을 역행하는 시대 착오적인 존재라는 인식이 결합되었기 때문이다. 보수세력은 새로운 형태의 체제 우월의식으로 민주화 과정과 그 이후 가졌던 열등의식을 깨끗이 씻어 내고, 북한인권문제를 이용해 진보진영을 제압할 참신한 담론을 만들어낼 수 있겠다는 기대를 가졌을 것이다. 남한 보수세력의 구원투수는 북한인가? 이 것 또한 분단체제의 멍에를 지고 갈 한국의 진보, 아니 우리 현대사의 숙명 의 일단이다.

2. 각개약진의 허약함과 그 원인

한국에서 진보와 보수의 입장 차이는 다양한 분야에 걸쳐 뚜렷하게 나타 나고 있다. 그러나 양극화와 분단 상황에서 정치적으로 가장 첨예한 입장 차 이를 보이는 분야가 노동문제와 북한·통일문제일 것이다. 북한을 있는 그대 로 존중하면서 상호 신뢰구축과 공동이익을 추구하며 점진적이고 평화적으 로 통일을 추진해나가자는 것이 진보 측의 기본 입장이다. 반면에 북한은 근 본적인 변화가 있어야 하며 통일은 남한 주도로, 필요하다면 흡수통일도 추 구해야 한다는 것이 보수 측의 입장이다.

---

4) Bo-hyuk Suh, 2012, "South Korea's Progressives and North Korean Human Rights," *Journal of Peace and Unification* 2:2, pp. 30~31.

북한인권 관련 사안들에 대해서도 진보와 보수 측의 입장 차이는 분명하게 나타난다. 도식화의 위험을 무릅쓰고 이해를 돕기 위해 다음과 같이 말해 볼 수 있을 것이다. 북한인권 상황이 대단히 심각하다는 입장이 보수, (일부 그에 동의하면서도) 과장됐다는 입장이 진보진영의 판단이다. 탈북자에 관해 보수 측이 난민 혹은 망명자로, 진보측이 주로 경제 이주자로 각각 규정한다. 북한인권 상황이 열악해진 원인에 대해 진보세력은 미국과 서방의 광범위한 대북 제재, 정전 및 분단체제, 자연재해 등 외부적, 우연적 요인을 강조하는 반면, 보수세력은 북한체제의 구조적 문제점을 강조한다. 북한인권 개선 방향에 관해 진보세력은 국제사회와 남한의 역할분담 하에서 남북관계 개선을 통한 교류협력, 인도적 지원, 인권대화를 강조하지만, 보수세력은 국제사회와 남한이 일치된 목소리를 내며 폭로, 압박, 나아가 정권교체도 언급한다. 구체적 사안으로 대북 인도적 지원에 대해서는 보수가 상호주의와 투명성 보장 하의 조건부 지원을, 진보가 생존권 개선을 위한 무조건 지원을 각각 주장한다. 유엔에서 이루어지는 북한인권 결의에 대해서는 보수가 찬성을, 진보가 회의 혹은 반대해 왔다. 그리고 미국의 북한인권법과 한국의 북한인권법 제정 움직임에 대해서도 보수가 찬성, 진보가 반대해왔다.[5]

위와 같이 북한인권문제에 대한 진보세력의 기본 입장을 살펴보았지만 현실에서는 단일하게 나타나지 않고 강조점에 따라 나눠진다. 아래에서는 진보진영의 입장을 크게 세 가지로 나누어 각각의 움직임을 관련 정당 및 시민단체의 활동을 통해 소개해본다.[6]

---

[5] 윤덕민 · 김근식, 2011, 「북한 인권개선을 위한 합리적 접근: 사회통합적 시각」, 사회통합 위원회편, 『사회통합: 대화와 소통으로 가까워집니다』, 서울: 사회통합위원회; Bo-hyuk Suh, 2007, "Controversies over North Korean Human Rights in South Korean Society," *Asian Perspective* 31:2, pp. 23~46.

[6] 이하는 Bo-hyuk Suh, 2012, "South Korea's Progressives and North Korean Human Rights," *Journal of Peace and Unification* 2:2, pp. 34~40을 수정 축약한 것이다.

첫 번째, 민족주의 시각이다. 이 시각에서 북한인권문제는 인권의 보편성을 실현하는 것이기보다는 통일을 달성해야 하는 민족문제의 하위 영역이다. 그런 점에서 북한인권문제를 통해 북한 정부를 비판하고 심지어는 정권교체를 주장하는 것은 반민족적이고 반통일적인 행태로 보인다. 민족주의 시각에서 북한인권문제는 북한을 공격하기 위한 정치적 수단으로 생각되기 때문에 적극적으로 다루기 곤란한 '뜨거운 감자'이다.

정당 중에서 북한·통일문제를 민족주의 시각에서 바라보는 대표적 정당이 통합진보당이다. 물론 창당 당시 세 진보정당들이 참여하였기 때문에 통진당 노선 모두가 민족주의 시각이라 말할 수는 없다. 그러나 다수파는 북한인권문제가 북한압박용으로 쓰이고 있다고 보면서 사실은 북한인권 침해에 무관심한 듯이 보인다. 결국 북한문제에 대한 인식 차이는 통진당이 분열하는 원인이 되었다. 정도의 차이는 있지만, 민주당 일부에서도 북한인권문제를 민족주의 시각에서 접근하고 있다. 시민사회에서는 한국진보연대가 대표적이다. 민족주의 시각에서 한반도 평화정착과 남북관계 발전이 우선이고 북한인권문제는 거의 다뤄지지 않는다. 그 결과 민족주의 시각에 서 있는 진보진영은 북한인권문제에 침묵하고 있다는 지적을 받고 있다.

둘째는 보편주의 시각이다. 다른 나라의 인권문제와 마찬가지로 북한인권문제도 똑같은 잣대로 판단하고 개선을 위해 관여를 해야 한다는 입장이다. 물론 이런 시각에 선 진보세력은 북한인권문제를 다루는 과정에서 분단과 군사적 대치 등 한반도의 특수 상황을 고려해야 한다는 점을 잘 알고 있다.[7] 지금은 없는 진보신당의 경우가 그런 입장을 보였다. 진보신당은 북한인권문제를 거론하며 "인권을 국제정치적 압력수단으로 이용하는 대신 남북의 인권문제를 공동으로 논의할 인권대화 채널을 구성한다"는 입장을 밝힌 바 있다.

---

[7] 이 지점이 극단적 보편주의와 온건한 보편주의를 가른다. 일부 보수세력이 주장하는 북한 정권 교체를 통한 북한인권 개선은 극단적 보편주의의 예라 할 수 있다.

진보신당의 이런 입장은 현 정의당, 노동당에 스며들어 있는 것으로 보이는데, 적어도 정의당은 북한인권문제에 대한 공식 입장을 준비하고 있는 것으로 알고 있다. 안철수 의원도 2012년 대통령 후보 시절, 북한인권 상황이 전반적으로 열악하다는 공감대가 형성돼 있다고 진단하고, 인도적 문제 해결과 탈북자 인권 보호는 물론 종합적 북한인권 개선 계획을 수립하겠다고 공약한 바 있다. 진보적 시민사회 진영 내에서도 보편주의적 시각에서 북한인권을 접근하려는 움직임이 있어왔다. 2003~2004년 미국의 북한인권법 제정 움직임에 대응하며 만들어진 '한반도 인권 준비모임'은 유엔에 북한인권 대안보고서(Alternative Report)를 제출하고 부정기적으로 〈한반도 인권 뉴스레터〉를 발행하기도 하였다. 위 뉴스레터를 통해 이 모임은 북한인권 상황과 북한의 군사주의를 비판한 바 있다. 하지만 진보진영에서 보편주의 시각은 민족주의 시각이나 실용주의 입장보다는 그 움직임이 뚜렷하지 않다. 참여연대 평화군축센터가 이 시각에서 계기가 있을 때 북한인권문제를 다루면서 기본입장 발표를 준비하고 있다. 보편주의 시각은 민족주의 시각과 달리, 북한인권 상황의 심각성과 남한의 역할에 공감하고 있다. 다만, 개선 방법에 대해 명쾌한 대안을 제시하지 못하고 있다.

셋째, 실용주의적 입장이다. 이 입장은 민족주의와 보편주의 시각의 중간에 서 있다 할 수 있는데 전략적 접근 태도를 보인다. 대북 포용정책의 입장에서 보면 북한인권은 한반도 평화와 남북관계 발전과 연계하여 접근할 문제로서, 남북 간 신뢰 수준을 반영하여 실천 가능한 것부터 점진적으로 다룰 필요가 있다는 판단이다. 김대중, 노무현 정부는 ▷ 북한의 식량난에 대한 인도적 지원을 통한 북한주민의 생존권 개선, ▷ 탈북자의 한국 입국 적극 수용과 정착 지원, ▷ 이산가족 상봉과 납북자 송환 등을 통한 남북 주민들 사이의 행복추구권 보호와 같은 정책을 전개하였다. 2012년 문재인 민주통합당 대선 후보도 당시 북한인권문제에 관심을 표명하고 북한도 인권개선에 나서

야 한다고 언급한 바 있다. 그러나 실용주의적 입장은 실제 북핵문제의 평화
적 해결을 바탕으로 한 한반도 평화정착에 밀려 북한인권에 대한 정책 비중
이 낮았다.

북한인권문제에 대한 전략적 접근은 현 민주당의 정책으로 계승되고 있다.
민주당은 "햇볕정책의 대원칙은 여전히 유효하다"[8]고 주장하면서 인도적 지
원을 통한 생존권 중심의 북한인권 개선을 기조로 하고 있다. 시민사회에서
는 대북 포용정책 계승을 천명하며 창립한 한반도 평화포럼이 실용주의적
시각에 선 대표 단체이다. 포럼은 2012년 대통령 선거를 앞두고 통일외교안
보 분야에서의 비전과 10대 과제를 제시한 바 있다. 거기에 북한인권문제에
관해 북한의 반발과 남북관계의 안정적 관리를 고려해 신중하게 문제를 제
기하고, 남북한 신뢰구축을 심화하여 남북대화를 통한 북한인권의 개선 여지
를 확보해 나간다는 입장을 포함시켰다.[9] 전략적 접근은 북한인권문제의 보
편성을 부인하지 않고 있고, 이념에 사로잡혀 실질적인 효과가 제약받는 문
제를 극복할 가능성을 열어놓고 있다. 그렇지만 다른 정책 목표와 연계하고
맥락을 과도하게 의식해 일관성을 잃을 우려가 있다.

이상 살펴본 바와 같이 진보진영의 북한인권문제에 대한 구체적인 입장은
단일하지 않다. 그중 보편주의와 실용주의 시각은 긍정적으로 검토할 가치가
있다. 그러나 진보진영은 북한인권 개선을 위한 구체적인 대책에는 포용정책
을 통한 제한적인 전략적 접근 경험을 제외하고는 뚜렷하지 않다. 그렇다면
진보진영은 어떤 성찰을 할 수 있을까?

먼저, 객관적 사실로서 북한에 인권침해 현상이 있고 그 실상이 평균 이하
의 심각한 수준이라는 판단을 하는데 인색할 필요가 없다. 민족주의 시각은
이 객관적 측면을 대북관, 통일관과 같은 주관적 측면에 종속시키고 있다는

---

8) 민주당 홈페이지 초기화면. www.minjoo.kr.(검색일: 2014년 1월 16일)
9) 한반도 평화포럼, 2012, 『잃어버린 5년, 다시 포용정책이다』, 서울: 삼인, pp. 93-98 참조.

비판에 직면하고 있다. 물론 북한인권 상황을 직접 파악하지 못해 과장, 은폐, 악용의 소지가 있겠지만 대량탈북 그 자체와 교차분석 된 탈북자들의 증언을 통해 북한의 인권 상황이 전반적으로 대단히 열악한 것으로 평가되고 있다. 방법상으로도 사실은 일단 사실의 영역에서 다룰 필요가 있는데, 지나친 정치적 고려가 진보의 어깨를 스스로 무겁게 해온 것이 사실이다.

둘째는 북한인권 논의 틀을 진보의 관점에서 제시하지 못하고 기성 담론에 따라 가거나 부정하는 소극적 태도를 극복해야 한다. 보수진영이 주도해온 기성 북한인권 담론은 '북한 정권이 책임 있는 것으로 간주되는 북한 지역 내의 인권침해 문제'로 그려진다. 이 경우 북한인권에 포함될 나머지 범주로서 탈북자 인권, 이산가족 등 인도적 문제, 북한 내 경제·사회·문화적 권리(사회권)는 주변화 되고, 발전권과 평화권은 배제되어 버린다. 여기서 북한인권은 (남한인권도 그렇지만) 분단체제와 조우한다. 기성 북한인권 담론은 북한 지역과 북한 정권으로 축소해 그 범위와 관련 행위자가 한반도 차원이 아니라고 주입해왔다. 북한이 분단의 반쪽이 아니라 일반적인 하나의 국가로 보는 것이다. 기실 북한인권은 북한 차원을 인정하되 그에 한정하지 않고 분단체제의 틀에서 파악할 때 그 성격과 범주를 이해하고 해결 방향을 모색하는데 통합성을 획득할 수 있다. 그래서 진보진영은 보수진영이 짜놓은 논의 틀에 들어가기도 싫어했다. 문제는 대안적 논의 틀을 정립하지 못한 점이다. 북한인권문제에 대해 진보가 침묵에 가까운 소극적 태도를 보인 저간의 사정은 여기로부터 연유한다.

셋째, 비난을 무릅쓰고 하는 말이지만, 대부분의 진보진영은 국제인권 담론 및 메커니즘의 동향에 무지했거나 알려고 하지 않았다. 거기에는 제국주의, 식민주의, 오리엔탈리즘(orientalism) 등으로 국제정치를 파악해온 진보진영의 관성이 작용하고 있다. 국제정치 현실에 대한 비판적 시각은 지금도 여전히 유효하다. 그렇지만 역사의 진보는 비록 더디고 불만족스럽지만 국제적 차원에도 이루어진다. 특히, 인권문제에서 힘과 규범, 국가이익과 보편가치의 경쟁은 역동적이다. 그런 가운데 인권 범주의 확장, 인권개선 방법의 발전, 국제연대의 진전은 우리사회의 인권은 물론 북한인권에도 적용 혹은 응용해볼 수 있다. 따라서 진보진영은 국제인권 담론 및 메커니즘의 동향을 잘 파악하고 그것을 활용할 지혜를 가져야 한다. 그동안 그러지 못했기 때문에 현실에서 적정 정책을 선택해놓고도 대내외에 충분히 이해를 구하지 못했던 경우가 없지 않았다. 국내외를 막론하고 청중을 설득시킬 공통 언어와 그에 기반한 접근을 시도한다면 적어도 보편주의, 실용주의 시각에서 진보진영은 북한인권 개선을 위한 현실적인 대안을 제시할 수 있다.

3. 변혁적 중도주의와 코리아 인권

북한인권문제는 우리와 특수관계인 북한을 상대로 보편가치를 실현하는 난해한 문제이다. 냉전 해체를 보편가치의 확대 과정에서 일대 전기로 파악하는 학설이 존재하고, 동시에 냉전 해체로 안보 위협이 높아진 북한이 국제사회의 인권 개선 요구를 정치공세로 간주하고 있다는 점도 참작하는 균형된 인식이 필요하다. 북한인권문제는 보편－특수과제로서의 특성을 갖고 있기에 그만큼 어느 한쪽으로 경도될 위험을 안고 있다. 그동안 보수세력은 보편주의론(실제는 상당 부분 근본주의, 절대주의 시각)에 입각해 북한인권문제를 북한 압박, 통일담론 주도 및 정치적 우위 점하기 등의 효과를 획득한 점이 적지 않다. 진보진영은 뚜렷한 입장을 갖지 못하고, 특히 구체적인 정책 대안을 제시하지 못하면서 보수진영의 담론과 경쟁에 나설 수 없었다. 이제는 진보진영이 북한인권문제에 대해 분명한 입장을 갖고 실효성 있는 정책 대안을 제시할 때이다.

북한인권을 둘러싼 논의는 통일론을 재구성할 필요성을 불러일으킨다. 기존 통일론이 정치·이념 및 결과 중심의 논의로 흘러온 점은 많이 지적되어 왔다. 보수세력이 주도해온 북한인권 담론과 마찬가지 비판을 받을 수 있다. 그러나 시사하는 바도 없지 않다. 대안적인 통일론은 ▷ 통일을 과정으로 인식하고 점진적인 통합으로 접근하고, ▷ 거기에 한반도의 모든 구성원, 특히 통일 논의에 소외되었던 민의 참여를 보장하고, ▷ 인류보편의 가치를 구현한다는 원칙 하에서 재구성할 수 있다. 그중 세 번째가 기존의 과정통일론에서 추가된 부분이다.

'과정으로서의 통일'의 핵심은 단일 국민국가 수립 그 자체가 아니라, 한반도에 살고 있는 모든 사람들이 분단체제의 질곡을 넘어 인간다운 삶을 만들어가는 노력이다. 통일을 보편가치의 구현으로 접근하는 것은 ▷ '과정으로서의 통일'론의 접근 원칙들—평화주의, 점진주의, 상호이해—에 부합하고, ▷ 남북 협력의 내용을 풍부하게 하고, ▷ 우리사회의 통일 역량을 결집하고, ▷ 국제적 지지와 협력을 확대하고, ▷ 한반도 통일이 인류문명의 발전에 기여하는 등 복합적 의의를 갖고 있기 때문이다.[10] 보편가치를 장착한 '과정으로서의 통일'론은 백낙청 선생께서 주창한 '변혁적 중도주의'[11]와도 상응한다. 왜냐하면 인권을 포함시킨 통일론은 한편으로 대결적 이념에 기초한 분단체제를 혁파할 하나의 방향으로 삼을 만하고, 다른 한편 북한·통일문제를 둘러싼 우리사회 내 이념 갈등을 넘어 폭넓은 공감대를 만들어낼 수 있기 때문이다. 문제는 보수진영 주도의 기성 북한인권 담론이 인권'성'이 극히 부족한 대신 정략적 성격이 강하다는 점이다.

---

10) 서보혁, 2012, 「한반도 통일과 보편적 인권의 실현」, 지구촌평화연구소 편, 『통일한반도를 향한 꿈 코리안 드림』, 서울: 지구촌평화연구소, pp. 234~235.
11) 백낙청, 2012, 「2013년 체제와 변혁적 중도주의」, 『창작과 비평』 2012 가을호, 창작과 비평사, pp. 15~35.

북한인권문제가 우리사회에서 새로운 유형의 갈등의 소재가 되고 북한을 타자화 시키는 담론으로 활용된 지 오래다. 이때 북한인권은 남한과의 체제 차이로 주목 받는 인권(자유권)침해 문제에 집중되고, 그래서 인권개선을 명목으로 북한체제에 대한 폭력적 접근도 허용될 수 있다는 주장이 공공연히 들린다. 인권은 그 사회의 발전 수준을 반영하되 시간과 장소를 불문하고 존중할 기본권─생명권과 생존권 등─이 있고, 그 사회의 요구에 의해 그 외연이 부단히 확장돼 가는 속성이 있다. 1980년대 유엔 총회에서 인정된 개발권과 평화권12)이 양극화가 심해지고 국제분쟁이 지속되고 있는 오늘날, 특히 한반도에서 긴요한 점을 보수세력은 인정하지 않고 있다. 이때 인권 각 항목들 사이에 상호의존적이고 불가분의 관계가 형성된다.13) 그렇지 않을 경우 나타나는 선택주의는 선택된 인권의 온전한 실현도 이루어내지 못한다. 이점에서 진보와 보수 모두 북한의 사회권과 자유권을 상대적으로 강조해왔다는 점에서 비판을 면할 수 없다. 인권 내의 상호의존성과 함께 중요한 점이 인권과 다른 보편가치들 사이의 상호의존성이다.14) 북한인권은 북한체제의 문제만이 아니라, 분단으로 주민들의 평화로운 삶과 북한사회의 지속가능한 발전이 구조적으로 제약받고 있다는 점과 깊이 관련되어 있다. 이점은 정도와 형태 차이는 있어도 남한도 마찬가지이다. 북한인권을 북한 내의 인권문제로 국한시켜 접근할 때의 한계가 여기에 있다. 인권 증진을 명목으로 인도주의를 무시하고 평화를 해칠 때 인권 근본주의의 위험이 발생한다. 우리사회 내

---

12) 박홍순, 「유엔의 개발권 논의 동향과 북한 인권에의 시사점」, 북한인권연구센터 편, 『북한인권 이해의 새로운 지평』, 서울: 통일연구원, pp. 245~250; 서보혁, 2012, 「국제 평화권 논의와 북한인권」, 북한인권연구센터 편, 『북한인권 이해의 새로운 지평』, 서울: 통일연구원, pp. 203~244.

13) 비엔나 세계인권대회 선언문 제5항(1993년 6월 25일).

14) 국제인권협약은 유엔 헌장을 훼손하는 것으로 해석될 수 없다(국제자유권규약 제46조). 이는 유엔이 추구하는 여러 목적들(인권, 평화와 안보, 개발, 인도주의) 사이의 조화와 우애·협력의 존중을 의미한다.

극단적 보수세력이 이런 우에 빠져있고, 반면에 진보는 이 점에 주목했지만 보편가치들을 조화시킬 방도를 제시하지 못했다.

이밖에도 도구주의, 상대주의, 차별주의도 인권문제를 다룰 때 나타나는 문제들이다. 진보진영 내 민족주의 시각은 상대주의, 도구주의의 혐의를 받을 수 있고, 보수세력은 차별주의적 태도로 비판받을 수 있다. 반짝이는 모든 것이 금은 아니다. 인권 증진을 위해서는 그 과정과 수단도 인권다워야 하고, 무엇보다 인권 증진에 나서는 주체가 인권감수성을 충분히 갖고 있어야 한다. 더구나 인권 개선 주체와 대상—이런 관계가 인정된다면—이 적대관계라면 더욱 그렇다. 냉전시기 유럽에서 동서 양진영이 대화의 틀을 만들어 상호 존중하고 신뢰조성에 힘쓰며 꾸준히 인권증진 논의를 이어간 사례는 타산지석이 되고 있다.[15]

북한 내의 인권 상황이 대단히 열악하고 거기에 북한체제의 책임이 있다는 점을 인정하는 것은 진보진영의 정체성과 관계없는 일이다. 북한인권 상황이 그렇게 된 것은 북한 정부가 일차적 책임을 져야 한다. 다만, 북한인권을 북한 내의 인권침해문제로 제한해 그 원인을 북한체제로 돌려 대북 압박이나 국내정치적 이용에 나서는 것은 경계할 바이다. 인권을 명목으로 인권에 반하는 행태는 분명히 비판해야 한다. 그렇지만 진보진영이 거기에 머무르고 대안을 제시하지 못한다면, 보수세력의 인권정치 행태를 바로잡기도 힘들뿐더러 북한인권문제에 침묵한다는 오명에서 벗어날 수도 없다.

이상의 논의를 반영해 진보진영의 북한인권정책에 대한 기본입장을 다음 5가지 테제로 정리해볼 수 있다.

---

[15] Bloed, Arie (ed.), *The Conference on Security and Co-operation on Europe: Analysis and Basic Documents 1972~1993*, Norwell: Kluwer Academic Publishers; 서보혁 편저, 2012, 『유럽의 평화와 헬싱키 프로세스』, 서울: 아카넷.

① 북한인권은 인류 보편가치를 한반도에 구현하는 노력의 일환으로 북한사람
들의 인권 상황과 개선 방안, 그리고 관련 동향을 포함하는 문제이다.

② 북한인권은 북한 내의 인권, 탈북자 인권, 남북 간 인도적 문제로 구성되어
있고, 한반도 모든 주민들의 평화적인 생존과 행복한 삶을 추구할 권리와
직결되어 있다.

③ 북한인권문제의 원인과 해결에 북한체제는 물론 분단체제 및 국제정치질서
와 관련되어 있다.

④ 북한인권 개선을 위해 각자가 처한 위치와 능력을 존중하고 협력해나가되
실질적 개선에 이바지해야 한다.

⑤ 남한은 북한인권 개선 노력의 실효성을 제고하기 위해 남북 간 협력을 증진
하고 분단체제를 극복하는데 힘써야 한다.

인권문제에 있어 국가는 야누스이다. 인권 침해자이면서 인권 개선의 책
임을 지기 때문이다.[16] 북한인권문제에 있어 남한의 보수는 전자를 강조하
며 후자를 무시하고, 진보는 전자에 침묵하며 후자에 관한 대안을 제시하지
못했다. 진보진영이 보수세력 주도의 북한인권 담론과 국제인권기구의 우려
에 부담을 갖는 것은, 그것이 북한인권의 실효적 개선에 이바지 하는 게 아
니라 한반도 평화와 남북 화해에 역행할 우려가 크다고 보기 때문이다. 위에
서 제시한 진보진영이 채택할 수 있는 다섯 가지 테제는 그동안 진보진영이
북한인권 논의에 소극적이었던 자세를 극복하고 실효적인 개선에 나설 근거
를 제시해주고 있다.[17]

필자는 기성의 협소한 북한인권 담론의 문제점들을 지적하고 "남북한이

---

16) 스탠리 코언 지음, 조효제 옮김, 2009, 『잔인한 국가, 외면하는 대중』, 파주: 창비; 샌드라
프레드먼 지음, 조효제 옮김, 2009, 『인권의 대전환: 인권 공화국을 위한 법과 국가의 역
할』, 서울: 교양인 참조.

17) 시간, 행위자, 맥락 등을 고려한 구체적인 북한인권 개선방안에 대해서는 서보혁, 2007,
『북한인권: 이론·실제·정책』, 파주: 한울, pp. 413~421; 이대훈, 2008, 「비갈등적 북한
인권 개입」, 한국인권재단 주최 2008 제주인권회의 발표문(제주, 6월) 참조.

국제 인권 원리와 상호 존중의 정신 아래 인권 개선을 위해 협력해나가는 과정"으로서 '코리아 인권'을 제시한 바 있다.[18] 코리아 인권은 북한인권문제가 보편—특수문제라는 인식하에 한반도 차원에서 접근할 때 실효성이 높다고 본다. 북한인권은 북한 내의 인권은 물론 한반도 모든 주민들의 평화적 생존권과 행복추구권과 긴밀히 연결되어 있으므로 따로 떼서 접근하는 방식은 명백한 한계가 있다. 거기에 남북 간의 상호 이질적 체제와 적대관계는 실질적 인권개선을 위해 남북 간 신뢰조성과 협력관계 형성이 얼마나 중요한지를 말해준다. 그런 점에서 코리아 인권은 변혁적 중도주의를 북한인권문제에 적용한 논리이자, 북한인권문제에 대한 진보적 대안의 하나로 말할 수 있다.

이제 진보진영은 분명하게 말할 수 있다. 보수세력의 주장처럼 협소한 시야, 일방적이고 공격적인 접근, 변종 우월의식으로 가득 찬 북한인권 개선은 인권답지 못하고 그 실효성이 의문스럽다. 실질적인 개선은 북한인권이 분단체제의 해체 작업과 함께 가야 할 코리아 인권의 일부라는 인식을 갖고, 북한을 비판과 함께 협력적 자세로 대할 때 이루어질 수 있다. 이때 남북관계는 북한인권과 선후의 관계가 아니라, 남한이 북한인권문제에 관여할 폭을 확대시킬 고유한 채널이자 북한인권을 코리아 인권 차원에서 접근할 기회의 창으로 작용하도록 해야 한다. 그러나 이상의 내용은 진보진영이 북한인권문제에 취할 수 있는 대안 모색이지 그 내용이 특별히 진보적인 것은 아니다. 단지 확장된 인권의 보편'성'을 구체적인 현실에 합리적으로 적용하는 노력의 일단으로서의 의미는 있다 하겠다.

---

18) 서보혁, 2011, 『코리아 인권—북한 인권과 한반도 평화』, 서울: 책세상.

보편주의 통일론과
인권 · 민주주의 친화형 남북관계의 탐색

서보혁

1. 문제제기

대한민국 헌법은 대한민국이 한겨레의 대표로서 "자유민주적 기본질서에 입각한 평화적 통일"을 지향한다고 밝히고 있다. 분단의 배경을 생각하면 민족주의를 통일 이념으로 삼을 수도 있을 것이다. 그러나 분단된 지 적지 않은 시간이 흘렀다. 대내외적으로 시대사조와 통념에서 적지 않은 변화가 있었다. 통일 이념으로 호명되어 온 민족주의조차 시대 변화에 적응하며 명맥을 유지하는 것이 힘들어 보인다. 국가주의는 분단과 반공 이데올로기에 힘입어 민주화 이후에도 건재해 보이지만 그 폭력성은 경계를 받고 있다. 냉전 해체와 민주화를 거치고 북한의 시대착오적인 현상을 목도하면서 민족주의와 국가주의 대신 보편가치에 바탕을 둔 북한 · 통일 논의가 대두하고 있다. 이와 달리 통일문제 자체에 대한 관심이 줄어들고 있다. 통일문제에 대한 정략적 이용 관행, 북한에 대한 혐오감 증대, 세계화 · 정보화 시대의 도래, 세대 변화 등이 그 요인들이다. 이상과 같은 대내외적 환경 변화는 기존의 통일론에 대한 근본적인 성찰을 요구하고 있다.

통일이 분단의 종식이자 한반도 냉전구조의 해체라고 의미 부여한다고 해도 통일은 민족공동체의 실현이라는 비전 외의 뚜렷한 대안은 제시되지 않고 있다. 그러나 통일=민족공동체 실현은 동어반복이거나 형식논리를 넘어서지 못하는 것처럼 보인다. 최근 한반도 정세 변화와 남한의 체제 우위를 감안할 때 기존 통일론을 재검토할 필요가 있다는 지적이 일어나고 있다. 그러나 정부도 인정하고 있듯이 통일론의 재검토는 학계나 언론 등 시민사회에서 먼저 논의해나갈 필요가 있다. 논의의 우선순위도 권력 구조나 통일 단계와 같은 구체적인 문제보다는 통일의 당위와 지향, 기본 방향에 대한 충분한 논의가 우선되어야 할 것이다. 이에 대한 폭넓은 여론 형성과 그 과정에서 국민 통합 노력 없이는 새로운 통일방안도 사상누각에 불과할 것이다.

이런 문제의식에서 이 글은 기존 통일 논의의 문제점을 밝히고 새로운 통일담론으로서 보편주의 통일론을 제시하고자 한다. 또 보편주의 통일론의 바탕으로서 인권·민주주의 친화형 남북관계를 검토할 것이다. 문제제기에 이어 2장에서는 통일 논의의 추이와 특징을 살피고 있는데, 기존 통일론의 변천을 따라가면서 몇 가지 유형을 제시하고 그 특징과 문제점을 도출할 것이다. 3장에서는 보편주의 통일론이 제기되는 배경을 대내적 차원, 대외적 차원, 남북관계 차원에서 살펴보고 그 연장선상에서 보편주의 통일론의 방향을 3차원에서 다룰 것이다. 이어 4장에서는 인권·민주주의 친화형 남북관계의 상을 그려보고 그것을 구체화 할 수 있는 환경조성 및 정책 과제에 대해 각각 3차원에서 논의할 것이다. 이 연구는 문헌연구방법에 의존하고 있는데 정부의 통일방안과 관련 2차자료에 대한 분석을 포함하고 있다.

2. 통일 논의의 추이와 특징

가. 기존 통일론의 유형과 변천

1) 민족주의 통일론의 변용

한반도에서 민족주의는 혈연, 지역, 그리고 문화적 동질성을 바탕으로 한 가장 강력한 통일 이념이라 해도 과언이 아닐 것이다. 민족주의는 장구한 역사 속에서 확인된 종족적 동질성을 강조하는 '문화민족'[1]과 근대 민족국가체제의 수립 과정에서 만들어진 정치적 기획의 성격을 강조하는 '국가민족'[2]을 두 축으로 하고 있다. 남북을 막론하고 한국민들 사이에 민족주의 정서가 지속되는 것은 이러한 민족의 두 가지 측면이 한국 민족주의에 강하게 자리 잡고 있기 때문일 것이다. 물론 민족을 구성하는 요소가 다양하고 그에 대한 강조점의 차이로 민족주의도 단일하지 않다. 1990년대 이후 한국 민족주의론은 민주화, 탈냉전, 세계화의 맥락에서 변용을 시도하며 통일에 어떤 역할을 할 수 있는지에 관해 관심이 모아졌다. 물론 냉전이 붕괴되고 민주화가 되었다고 세계적 차원에서 민족주의가 소멸되었다고 말하기는 어렵다. 냉전 해체와 세계화의 도래가 동시 발생한 세계적 환경에서 민족주의 소멸은 과도한 전망이나 기대라는 비판과 세계화의 파괴적, 분열적 영향에 맞서 정체성과 자결을 향한 민족주의의 반작용이 더 커진다는 주장 등이 제기되었다.[3]

---

[1] Motyl, Alexander (ed.), 2001, *Encyclopedia of Nationalism* 1, San Diego: Academic Press, p. 251.

[2] 김동춘, 2000, 『근대의 그늘-한국의 근대성과 민족주의』, 서울: 당대 참조.

[3] 세계화 시대에 즈음해 민족 및 민족국가의 전망에 대한 다양한 견해는 Tetsunori, Koizumi, 1993, *Interdependence and Change in the Global System*, University Press of America; Gulillen, Mauro, 2001, "Is Globalization Civilizing, Destructive or Feeble? A Critique of Five Key Debates in the Social Science Literature," *Annual Review of Sociology*, No. 27, pp. 235~260; Kim, Samuel (ed.), 2000, *Korea's Globalization*, New York: Cambridge

전반적으로 냉전 붕괴 이후 한국에서 민족주의론은 주로 통일문제와 관련
지어 논의되었고 그때부터 민족주의 담론은 대내외적 환경 변화를 반영해 '열
린 민족주의'로 변용되어 나타났다. 조민은 한국 민족주의가 통일에 기여하려
면 민족주의 내에서 존재하는 위계와 불평등을 대신해 '수평적 동료의식'을
부여할 것을 제안한다.[4] 박종철은 한국 민족주의를 위로부터의 민족주의와
아래로부터의 민족주의의 길항작용으로 파악한다.[5] 물론 분단 상황에서 이 두
가지 민족주의는 기회의 균등을 갖고 균형적인 상호작용을 한 것은 아니다.[6]
진덕규는 민족주의가 주권, 계급, 시민권을 포괄한다는 기든스(A. Giddens)의
논의를 인용하며 민족주의가 단순히 통합만을 추구하는 통일의 민족주의로
귀착되어서는 안 되고 더 나은 미래를 지향하는 발전성을 모색하여야 한다
고 말했다.[7]

이상과 같은 탈냉전 직후 나타난 민족주의 논의들의 특징은 복고적, 문화
적 민족주의 논의가 줄어든 대신 민주화, 세계화 등의 영향으로 자유, 평등,
정의, 국제협력 등 보편 규범과 원칙들이 적극 수용되어 왔다는 점이다. '열
린 민족주의'를 형성한 이런 담론 변화는 민족주의론의 개념적 유연성과 현
실 적응력을 보여주는 것이라 하겠다. 그렇지만 그만큼 민족주의가 본래 핵
심 구성요소 혹은 고유의 정향이 허약함을 말해주는 측면도 없지 않다. 열린
민족주의론에서 민족주의는 문화민족의 특징을 중심으로 지속되면서 외부의

University Press; Weiss, Linda, 1998, *The Myth of the Powerless State*, New York: Cornell
University Press.

[4] 조민, 1994, 『한국 민족주의 연구』, 서울: 민족통일연구원.
[5] 박종철, 1993, 「민족주의의 개념 및 한국 민족주의의 특성」, 민족통일연구원 편, 『통일
   이념으로서 민족주의』, 개원 2주년 기념 국내학술회의 발표논문(서울, 4월).
[6] 전재호, 2002, 「남북한 민족주의 비교 연구: '역사의 이용'을 중심으로」, 『한국과 국제정
   치』 18권 1호, 경남대학교 극동문제연구소, p. 164.
[7] 진덕규, 1993, 「한국 민족주의의 미래구도: 통일을 위한 민족주의 이념의 정향」, 『統一
   研究論叢』 제2권 1호, 民族統一研究院, pp. 97~122.

흐름과 조우하는 양상을 보였다. 그렇지만 열린 민족주의는 세계화, 민주화의 진전은 물론 정보화, 다문화, 세대변화 등 신사조의 파도에 깎이면서 독자 생존이 힘들어졌다. 민족주의는 늘 새로운 파트너가 필요한지도 모른다.[8]

한국 민족주의는 오랜 역사와 피억압의 경험에서 오는 인종적 배타성이 컸다. 그런데 경제적 상호의존과 민간교류가 확대되면서 타민족, 해외교포, 외국인이 국내에 들어오게 되었다. 결혼이주자, 외국인노동자 증가 등 우리 사회의 변화에 따라 통일교육도 민족주의에 기반을 두면서도 다문화주의를 수용하는 상황에 직면해있다.[9] 이는 민족주의 담론의 변용을 요구하게 되었는데 자유주의와 민족주의를 결합한 자유주의적 민족주의의 발상이 그 하나이다. 자유주의적 민족주의는 개인의 자유와 기본권을 중시하는 한도 내에서 민족주의를 수용하는 것을 말하는데,[10] 이 용어의 단어 배열 순서와는 반대로 자유주의가 더 강한 의미를 나타낸다. 2000년대 이르러 민족주의론은 더욱 형해화되고 보편가치에 의존해 연명해가는 양상을 보일 정도이다. 이경식은 민족주의와 민주주의의 친화성을 인정하면서 둘 중 하나를 배격하는 극단론을 경계하고 있다.[11] 김창근 역시 다문화 시대에서 통일교육의 변화를 검토하면서 '통일 민족주의'가 시민권적 민족주의, 민주주의적 민족주의, 국제주의적 민족주의의 모습을 가져야 한다고 주장한다.[12] 말하자면 통일한국은 인류의 평화공영에 이바지하는 민족국가가 되는 셈이다. 이때 민족주

8) 민족주의가 타 이데올로기와 맺는 다양한 관계에 대해서는 Smith, Anthony, 1991, *National Identity*, Reno NV: University of Nevada Press.
9) 차승주, 2012, 「교과서에 나타난 통일담론에 대한 고찰: 민족주의를 중심으로」, 『윤리교육연구』 제29집, 한국윤리교육학회, pp. 475~496.
10) 장동진 · 황민혁, 2007, 「외국인노동자와 한국 민족주의: 자유주의적 민족주의를 통한 포용 가능성과 한계」, 『21세기정치학회보』 제17권 제3호, 21세기정치학회, pp. 231~256.
11) 이경식, 2002, 「통일의 구체적 작동 메커니즘으로서의 민족주의」, 『한국시민윤리학회보』 제15집, 한국시민윤리학회, pp. 239~268.
12) 김창근, 2010, "「문화 시대의 '통일 민족주의'와 통일교육」, 『윤리연구』 제77호, pp. 150~151.

앞에 어떤 관형어를 붙여도 그 민족주의는 이미 민족주의적 성격을 탈각하게 되는 셈이다. 드디어 세계화 시대 민족주의는 극복의 대상으로 인식된다. 그것은 분단과 권위주의 시대를 거치면서 국가민족주의, 위로부터의 민족주의에 대한 반감을 매개로, 민족주의적 정치담론에 대한 불신을 경과한 후 민족주의 자체에 대한 무관심으로 나타났다.

  2) 국가민족주의 통일론

  20세기 말 세계적 차원의 냉전 해체가 한반도에서의 냉전 해체를 동반하지 못하였다. 그렇지만 남북 간 역학관계의 기울어짐 속에서 국제적 고립, 식량난과 대량 탈북자 발생 등 북한체제의 불안정성이 나타났다. 민주화 이후 남한 시민사회의 관심이 통일문제로 이동하는 양상을 보였고, 정부는 북한 붕괴가능성을 검토하기까지 하였다. 그런 상황 속에서 남한체제의 우월성에 바탕을 둔 국가주의 통일론이 득세하기 시작하였다. 이때 민족주의는 문화민족보다는 정치민족 측면이 부각되었다. 그것은 남한 주도의 통일국가건설이라는 국가주의 프로젝트의 정당화 언술로 기능하였다. 현상적으로 국가민족주의 통일론으로 보이는 논의는 실제 단어의 조합 순서와 달리 국가주의가 민족담론을 포섭하고 있다. 국가주의 통일론은 남북 간 역관계의 변화에 상응하여 그 내용을 달리해왔다.[13] 남한의 우위가 명백해진 상황에서 한국 주도의 통일론이 부상하는데 그 이념적 기반이 국가주의다. 한반도에서는 민족국가 수립이 유예된 채 두 가지 산업화 방식이 국지적 냉전 대결을 벌여나갔다. 물론 국가주의 통일론이 냉전 해체 이후 처음 나타난 것은 아니다. 반공반북 이데올로기를 자양분으로 한 권위주의 시대 국가주의 통일론은 정권안보용으로 이용된 측면이 크다. 예를 들어 박정희 정권은 선건설 후통일, 승공

---

13) 자세한 논의는 전재호, 2002, 「남북한 민족주의 비교 연구: '역사의 이용'을 중심으로」, 『한국과 국제정치』 18권 1호, 경남대학교 극동문제연구소, pp. 135~166.

통일 등을 명분으로 한 자신의 정치적 이익을 위해 민족주의와 국가주의 담론을 생산·활용하였다. 국가주의는 민족주의를 포용한 지배 이데올로기로서 통일, 반공, 경제발전을 정당화 하는 이념으로 활용되었다.[14]

북한의 미래 예측이 불확실하고 체제 이질성이 더해가는 상황에서 통일은 민족 정서보다는 남한체제 혹은 국가 우위의 접근이 설득력이 있는 것처럼 보인다. 통일 민족국가 수립 이전에도 개인의 자유와 권리를 보호 장려하는 데 국가의 역할이 요청된다. 민주화 이후 시민권의 폭발적 성장과 민족·통일문제를 둘러싼 극심한 이념적 갈등이 국가의 효율성에 의해 조정되지 않을 때 민주주의와 사회통합은 물거품이 될 수도 있기 때문이다.[15] 이렇게 국가주의는 권위주의시대의 오명에서 벗어나 통일을 대비하는 미래지향적인 역할을 부여받을 수도 있다. 민족주의를 포섭한 국가주의는 국가민족 측면의 민족 개념과 세계화 시대 민족국가 수립 과제의 호환성에 의해 그 타당성이 높아 보인다. 물론 국가주의에 내장된 위계성, 폐쇄성, 비민주성, 폭력성을 어떻게 통제하느냐의 문제는 남아있지만 말이다.

그러나 국가주의는 국가가 정책결정의 주도자일 뿐만 아니라 그 자체가 목적이라는 속성을 갖고 있다. 국가주의가 현실에서 구체화 되는 과정에서 국가는 특정 정치세력, 국가이익은 특정 정치적 이익으로 변질되는 경우를 어렵지 않게 볼 수 있다. 현실 정치에서 국가주의는 국가의 기원이나 그 국가의 다수민족을 신비화, 정당화할 수 있다. 국가주의로 무장한 정치세력은 국가통합 혹은 국가발전을 명분으로 강압과 동의, 전통적 지배와 현대적 지배를 배합시킨 통치전략을 전개한다. 근대에 두드러졌던 국가주의는 산업화,

---

14) 전재호, 1998, 「박정희 체제의 민족주의: 담론의 변화와 그 원인」, 『韓國政治學會報』 제
   32집 4호, pp. 89~109.
15) 박명림, 1999, 「민주주의 그리고 평화와 통일: '민주적 평화'와 한국의 평화·통일」, 『세
   종연구소 연구논문』 99-16, 세종연구소, pp. 47~48.

군사화 과정에서 대중을 동원하는데, 그 과정에서 동의와 강압이 동시에 활용된다.[16] 위로부터의 민족주의는 국가주의를 정당화 하고 국가의 발전전략에 대중을 동원하는 기제로 이용된다. 국가주의도 새로운 임무를 부여받으며 변용될 수 있지만 이런 태생적, 경험적 문제점을 고려할 때 미래 통일 이념의 자격이 있는지 의문이다.

3) 하이브리드 통일론

앞에서 민족 개념에 문화적 동질성(문화민족)과 근대의 기획(국가민족), 이두 측면이 있다고 말했다. 탈근대로 진입한지 오래인 세계적 추세 앞에서 문화민족 측면에 선 통일은 시대착오적으로 보일 수도 있다. 신기욱의 지적처럼, 종족동질성에 바탕을 둔 민족통일 테제는 남북 간 많은 차이를 감출 뿐만 아니라 분열적이고 갈등유발적일 수 있는 통일에 대한 환상을 불어넣을 위험마저 있다.[17] 물론 통일이 될 때까지 문화민족적 측면을 발동시킬 대중적 정서와 정치적 필요는 지속될 것이다. 그렇다면 문화민족 대신 국가민족 측면을 강조한 통일은 대안적 통일론으로 삼을 만한가? 위에서 국가주의 통일론을 검토해보았지만 그 가능성과 함께 잠재적 한계도 동시에 발견된다. 요컨대, 민족주의 혹은 국가주의의 변용으로 통일담론을 지속적으로 재생산해낼 수 있을까 하는 의문이 든다. 그 둘의 변용에도 불구하고 그 한계가 크다면 대안적 통일담론은 무엇으로 담을 수 있을까?

오늘날 남한 정부와 여론에서 통일은 민족주의와 국가주의, 혹은 문화민족주의와 국가민족주의 등 여러 요소들이 혼재해있다. 민족과 국가, 한국과 세계, 그리고 당위와 현실, 개인과 민족(국가)이 동거하고 있고, 주어진 상황과 정향에 따라 각 대당관계의 구성 요소들 사이의 상대적 비중이 달라지기

---

16) 조희연, 2009, 『동원된 근대화』, 서울: 후마니타스, pp. 184~186, 200, 212~213.
17) 신기욱, 2006, 『한국 민족주의의 계보와 정치』, 파주: 창비. pp. 283~284.

도 한다. 현실적으로 통일담론은 위와 같은 통일 요소 및 이념적 구성물들의
복합체이다. 통일의 정당성과 가능성에 이롭다면 특정 이념이나 측면에 경도
되지 않고 기동성을 갖고 필요한 바를 채택하는 전략적 태도가 필요한지도
모른다. 이를 실용주의 통일론이라 이름 붙일 수 있을 것이다. 실용주의 통
일론은 특정 이념적 정향보다는 통일에의 유용성을 기준으로 입론을 시도하
는데, 따라서 여러 조류들이 혼재하는 하이브리드(hybrid)형이라 할 수 있다.

〈표 1〉 정부의 통일방안의 변화 추이

구분	내용
통일 원칙	자주·평화·민족대단결(7.4) → 자주·평화·민주(노태우) → 자유민주주의(김영삼) → 자주, 평화, 민족대단결(김대중, 노무현) → 자유민주주의(현재)
통일국가 상	민족·민주·자유·복지(전두환) → 자유·인권·행복(노태우) → 자유민주주의(김영삼) → 민주주의, 시장경제(김대중) → 자유민주주의(현재)

〈표 1〉에서 보듯이 통일 원칙과 통일국가의 구성 요소에서 민족주의와 보
편규범은 공존하고 있고, 둘의 상대적 비중이 민족주의에서 보편규범으로 이
동하는 경향이 있다. 특히, '한민족공동체 통일방안'은 우리 정부의 통일방안
을 가장 체계적으로 제시한 것이라 하겠는데, 그 이유 중 하나로 통일 원칙
과 통일국가 상을 뚜렷하게 제시한 점을 꼽을 수 있다. 이 통일방안은 통일
의 원칙으로 기존의 '민족대단결' 원칙을 삭제하고 '민주'의 원칙을 삽입했고,
통일국가의 상을 인권을 비롯한 보편규범으로 제시하고 있다. 나아가 '민족
공동체 통일방안'을 발표한 김영삼 정부는 자유민주주의를 통일 원칙 및 통
일국가 상으로 동시에 제시하고 있다. 김대중 정부는 민주주의와 시장경제를
통일국가의 상으로 언급했으나, 노무현 정부와 함께 7·4 남북공동성명에서
밝힌 통일 3원칙을 견지하였다. 그러나 공식적으로 김영삼 정부 이후 지금까

지 자유민주주의는 통일로 가는 과정이나 절차에서뿐만 아니라 통일국가에 서도 일관되게 추구되어야 할 가치여야 한다는 점을 확고히 하였다.[18] 박근 혜 정부가 천명한 '한반도 신뢰 프로세스'는 남북관계의 정상화를 일차적 과 제로 하는데 그것은 "상식과 국제적 규범이 통하는 남북관계"를 말하고, 거기 서 "무엇보다 중요한 것은 북한의 변화된 모습과 행동이다."[19] 이때 북한 변 화의 근거와 방향은 국제규범의 준수 즉, 보편가치의 구현을 말한다.

나. 기존 통일론의 특징과 문제점

기존 통일론을 주도해온 민족주의와 국가주의는 각각, 그리고 상호 간에 변용을 거듭하며 남한 내와 남북 간에 강렬한 생존력을 보여주는 것처럼 보 인다. 그러나 두 통일론에는 적지 않은 거품이 들어있고 정치적 목적을 위한 명분으로 이용되어 왔다. 또 남한에서 민주화, 북한의 체제 고립, 밖에서 세 계화와 정보화, 아래에서 세대변화와 개인주의 등 다방면에서의 통일 환경 변화가 일어났다. 그로 인해 민족주의 및 국가주의 통일론은 시대착오적일 가능성이 높아진다.

남한 정부의 통일방안은 국가주의를 바탕으로 보편주의와 민족주의가 동 거하고 있는 양상을 보인다. 그런 가운데 민족주의보다는 보편주의, 민족주 의의 경우에도 문화민족 측면보다는 국가민족 측면이 더 부각되는 추세를 보여주고 있다. 통일문제가 민족문제임을 완전히 부정하지 못하지만 혈연적 동질성보다는 통일 민족국가가 가져다 줄 유무형의 효과에 거는 기대를 읽 을 수 있다. 남한 정부의 통일론에서 발견되는 보편주의와 민족주의의 동거

---

[18] 통일교육원, 2013, 『2013 통일문제 이해』, 서울: 통일교육원, p. 88.

[19] 박근혜, 2013, 「제68주년 광복절 경축사」, 8월 15일. 청와대 홈페이지 www.president.go.kr (검색일: 2014년 3월 7일).

는 불가피한 면이 있고, 필요에 따라 그 둘 중 하나를 호명할 수 있는 편리함
이나 전략적 가치가 있을 것이다. 그러나 국가주의의 폭력성, 보편주의와 민
족주의의 긴장으로 하이브리드형 통일론은 불완전하고 불안전함을 안고 있
다.

　기성 통일론은 위와 같은 특징과 함께 몇 가지 측면에서 심각한 문제점을
보이고 있다. 먼저, 보편성의 측면에서 기성 통일론은 큰 문제점을 안고 있
다. 여기서 보편성은 통일의 필요성과 지향성이 국가나 민족의 틀에 갇혀 있
지 않고 세계적인 규범을 반영하고 국제적인 지지를 담고 있다는 의미이다.
그런 점에서 민족주의, 국가주의 통일론은 보편성과 큰 거리가 있고, 실용주
의 통일론도 보편성의 견지에서 볼 때 한계를 안고 있다. 물론 열린 민족주
의, 국가민족주의, 실용주의 통일론이 보편성을 가미하려는 시도인 것은 사
실이지만, 그것은 여전히 국가주의, 민족주의의 틀에서 모색된 것이다. 다만,
실용주의 통일론이 민족주의보다는 보편주의 측면을 강조하는 면이 있지만,
국가주의의 영향력이 작지 않다. 향후 통일론에서 보편성을 강조하지 않으면
대내외적 지지를 확대하기 어려울 것이다.

　둘째는 포용성이다. 기성 통일론에서 북한은 통일의 동반자와 대상, 두 가
지 의미로 파악되어왔다. 7·4 남북공동성명 이후 우리 정부의 통일방안에서
북한은 통일논의에서 동반자로 간주되어 왔다. 우리 정부의 현 통일방안인
'민족공동체 통일방안'에서 제시된 남북연합은 남북합작에 의해 실현되는 2단
계 통일이다. 그렇지만 남북 체제경쟁 과정에서 북한체제가 통일의 일부가
될 수 있느냐에 대한 근본적인 회의는 우리사회에 상존한다. 그런 통념은 민
주화를 거치면서도 헌법과 국가보안법에 의해 제도적으로 지지받아 왔다. 김
대중 정부, 노무현 정부를 거치면서 흡수통일 반대, 남북 화해협력 혹은 평화
번영 담론이 부상했다. 그러나 이명박 정부 들어서면서 북한붕괴, 급격한 통
일이 거론되었다. 오늘날에 이르러 자유민주주의는 통일 원칙 및 통일국가의

상으로 공식화되었다. 자유민주주의가 북한 변화의 방향 혹은 국제규범 준수의 근거 중 하나로 주장돼 왔지만, 그것을 남한체제로의 흡수 혹은 동화로 파악한다면 평화적 통일 원칙과 상충할 수 있다. 그런 점에서 기성 통일론은 포용성이 미흡했다고 할 수 있어 향후 통일론은 이를 보완할 필요가 있다.

셋째, 일관성이다. 기성 통일론이 보편성과 포용성이 불충분하거나 통일론에 따라 그 경중을 달리 했다는 점은 일관성의 문제와 관련이 있다. 각 정권의 대북정책이 정책 정향과 주요 수단에서 일관성이 부재했다는 지적은 우리 사회에서 공감대를 얻는 성찰 지점이다. 이는 우리 정부의 대북정책에 대한 대내외적 지지와 대북협상력 제고에 역행할 뿐만 아니라 통일의 잠재적 지지 기반인 북한주민에 대한 영향력 확대 노력에도 부정적일 수 있다는 점에서 유의할 점이다. 따라서 향후 통일론은 보편성, 포용성, 일관성 등 적어도 세 가지 측면을 보완하며 정립할 때 그 지지도와 타당성을 극대화할 것으로 전망된다.

3. 보편주의 통일론의 필요성과 방향

가. 보편주의 통일론의 제기 배경

보편주의 통일이란 한반도 통일을 한반도 전역에 인류 보편가치를 달성하는 과정으로 정의할 수 있다. 간단히 말해 보편주의 통일은 민족통일이라는 형식에 보편가치를 내용으로 담는다. 이 통일론에 담길 보편가치는 물론 한 가지가 아니다. 오늘날 국제사회에서 통용되는 민주주의, 평화, 인권, 정의와 화해, 인도주의, 지속가능한 발전 등이 그것들이다. 따라서 이들 보편가치들 사이의 상호의존성에 유의해 그것들을 통일 과정에 조화롭게 담아내는 노력이 중요하다. 따라서 보편주의 통일론에서 보편가치에 역행하는 형식은 인정되지 않는다. 이때 민족 동질성 회복, 민족공동체의 실현과 같은 민족주의 통일론의 합리적 핵심은 보편주의 통일론에 융해된다.

보편주의 통일론이 제기되는 배경을 먼저 대내적 측면에서 살펴보면 민주화 효과를 들 수 있다. 민주화 효과란 1987년 이후 우리사회가 민주화 과정에서 성취한 결과와 한계를 통일 논의에 반영되는 것을 말한다. 여기에는 긍·부정적인 면이 함께 있다. 시민의 각성과 힘으로 권위주의체제를 종식시킨 경험과 그 이후 시민권의 확대, 그리고 그 연장선상에서 북한을 민주주의 방향으로 변화시킬 필요성은 긍정적 측면의 민주화 효과이다. 그에 비해 '민주화 이후 민주주의'가 공고화 되지 않고 역진하는 경우와 불평등이 심화되는 현상은 성찰할 부분이다. 이와 같은 민주화 효과의 두 그림자는 북한·통일문제를 둘러싼 우리사회의 여론 분열(소위 남남갈등)[20]과도 관련 있다. 민주화의 이중 효과는 우리사회 전반에 민주주의를 확대·발전시킬 것을 요구하고 있고 그럴 때 남한의 민주화 성취가 보편주의 통일론의 확립에 이바지 할 수 있을 것이다.[21]

보편주의 통일론이 제기되는 대내적 배경의 또 다른 면은 통일문제에 관한 여론 지형의 변화를 꼽지 않을 수 없다. 서울대학교 통일평화연구원이 발표한 여론조사에 따르면 국민들의 통일의식은 적지 않는 변화를 보여주고 있다. 민족주의보다는 보편주의적 통일 정향이 국민들 사이에 높아가고 있음을 알고 있고, 여기에 세대 변수를 개입시키면 그런 추세는 더 뚜렷하게 나

[20] 경남대학교 극동문제연구소, 2004, 『남남갈등 진단 및 해소방안』, 마산: 경남대학교출판부; 강원식, 2004, 「남남갈등의 스펙트럼과 논점들: 현실론적 고찰」, 『統一政策硏究』 제13권 제1호, 통일연구원, pp. 283~309.
[21] 통일과 민주주의의 상관관계에 대한 국민들의 의식에 관해서는 박명규·김병로·송영훈·장용석·정은미, 2013, 『2013 통일의식조사』, 서울: 서울대학교 통일평화연구원, pp. 43~46.

타나고 있다. 예를 들어 위 설문조사에서 '통일이 필요하다'는 응답이 2007년 63.8%에서 2013년 54.8%로 줄어든 반면, '통일이 필요 없다'는 응답은 2007년 15.1%에서 2013년 21.5%로 높아졌다. 특히, 젊은 세대일수록 통일의 필요성에 대한 응답이 다른 세대보다 크게 낮았다. 2013년 19세에서 29세의 응답률은 40.4%에 불과하였다. 그런 가운데 통일의 이유에 대한 응답에서도 같은 민족이기 때문이라는 응답은 2007년 50.6%에서 2013년 40.3%로 줄어들었다. 20~30대의 경우 위 응답률이 30%를 보였고, 50대 이상에서도 12.5%가 줄어들었다. 그에 비해 전쟁 위협 감소를 이유로 응답한 경우는 같은 시기 19.2%에서 30.8%로 늘어났다.22) 통일을 위한 시급한 과제에 대한 응답을 보면 통일을 단순히 민족의 재결합보다는 보편가치의 구현으로 보는 시각이 압도적으로 높다는 것을 알 수 있다. 〈표 2〉를 보면 통일을 위한 시급한 과제로 평화, 인권, 인도주의 등 보편가치 실현에 대한 응답이 일관되게 높게 나타났다.

〈표 2〉 통일을 위한 과제별 시급성

구분	2007년	2008년	2009년	2010년	2011년	2012년	2013년
회담 정례화	66.8%	61.7%	72.2%	69.7%	67.7%	68.5%	67.9%
군사긴장해소	79.9%	71.3%	83.7%	83.7%	83.2%	77.4%	81.5%
인도문제* 해결	79.9%	72.0%	73.0%	75.7%	75.8%	74.0%	70.8%
북한개혁개방	78.3%	69.0%	80.5%	78.2%	79.6%	79.3%	74.6%
북한인권개선	–	76.3%	76.3%	82.8%	80.0%	79.8%	79.4%
미군철수	31.1%	30.3%	25.0%	24.4%	24.0%	22.5%	22.1%

* 인도문제: 이산가족 · 국군포로 문제.
** 출처: 박명규 · 김병로 · 송영훈 · 장용석 · 정은미, 2013, 『2013 통일의식조사』, 서울: 서울대학교 통일평화연구원, p. 87.

---

22) 박명규 · 김병로 · 송영훈 · 장용석 · 정은미, 2013, 『2013 통일의식조사』, 서울: 서울대학교 통일평화연구원, pp. 27~28, 30~31.

이상 민주화의 이중 효과와 통일에 관한 국민 여론의 추이는 보편주의 통일론의 정립 필요성을 말해준다. 말하자면 민주화와 세계화가 파생시키는 다양성에 대한 존중과 민족 정체성의 약화는 통일을 남북을 넘어 다양한 주체와 영역의 복합 네트워크로 접근할 필요성을 높여주고 있다.[23]

둘째, 대외적 측면에서도 보편주의 통일론은 그 당위성이 높아가고 있다. 오늘날 국제사회에서 북한은 안보 위협자, 인도적 지원 대상, 인권침해국 등의 얼굴로 비춰지거나,[24] 악마, 동정의 대상, 비정상적 행위자와 같은 이미지를 자아내고 있다.[25] 이는 국제사회에서 한반도 문제는 북한문제로 환원될 수 있고, 그것은 분단 민족의 아픔에 대한 공감보다는 평화와 안보, 인권, 인도주의 등 보편가치에 대한 관심으로 모아진다고 하겠다. 물론 북한·통일문제에 대한 국제사회의 보편주의적 시각에 관련국들의 이익이 투사되어 있음을 간과해서도 곤란하고, 한국의 민족주의적 입장을 무시할 필요도 없다. 다만, 통일에 관한 민족주의적 입장도 국제사회를 향해서는 그 역사적 맥락에 대한 설명과 함께 보편가치와 맺는 관련성으로 설득하는 것이 더 유용할 것이다. 통일을 보편주의 시각으로 접근할 경우 한국의 통일정책에 대한 국제사회의 공감과 지지를 더 확대시킬 수 있다. 나아가 보편주의 통일론은 한국의 통일론이 한반도에 보편가치를 실현함으로써 인류문명의 발전에 기여하는 의의를 갖는다.

셋째, 남북관계 측면에서 보편주의적 통일론이 필요한 것은 남북한 정부의 통일정책이 체제경쟁의 성격을 띠었다는 성찰에서 연유한다. 1972년 7·4

23) 박명규·이근관·전재성 외, 2012, 『21세기 통일방안구상, 연성복합통일론』, 서울: 서울대학교 통일평화연구원, pp. 23~24.
24) 백태웅, 2014, 「북한의 변화를 희구하며」, 『한겨레신문』, 3월 9일자.
25) Smith, Hazel, 2000, "Bad, Mad, Sad or Rational Actor? Why the 'Securitization' Paradigm Makes for Poor Policy Analysis of North Korea," *International Affairs*, Vol. 76, No. 3, pp. 593~617.

공동성명에서 밝힌 통일 3원칙은 남·북·해외의 모든 민족구성원들에게 통일의 희망을 불러일으켰지만 그 3원칙에 대한 남북의 해석은 각기 달랐다.[26] 남북 간 체제경쟁은 국제정세와 남북 간 역관계의 변화에 따라 그 행태를 달리해왔다. 냉전 해체 이후 북한은 퇴행적인 민족주의 담론에 의존하고 있고, 남한은 7·4 공동성명의 통일 3원칙 중 '민족대단결' 원칙을 빼고 대신 '민주'의 원칙을 넣어 그것을 자유민주주의로 풀이하고 있다. 이는 탈냉전 이후 나타난 새로운 유형의 체제경쟁으로 볼 수도 있다. 이런 악순환을 끊고 보다 보편타당성을 갖고 대내외적으로 폭넓은 지지를 획득할 대안적 접근으로 보편주의 통일론을 검토할 가치가 크다는 것이다.

보편주의 통일론을 수립하는 과정에서 대내·외적 차원보다 남북관계 차원이 더 어려움이 있다. 세계적 냉전 해체 이후에도 한반도에는 냉전구조가 가시지 않고 있고 남북 간 체제경쟁은 그 양상을 달리하며 지속되고 있기 때문이다. 그럼에도 남북이 1991년 국제연합에 가입해 국제사회의 규범과 가치를 준수할 것을 공약했다. 남북은 몇 차례 국제무대에서 협력하기로 공약한 바도 있다. 이런 사실은 남북이 보편가치를 증진시키는 방향으로 협력을 발전시켜나가야 할 필요성이 크다는 점을 말해준다. 그럴 경우 남북은 민족담론을 활용한 체제경쟁을 지양하는 대신 보편주의에 바탕을 둔 새로운 통일 논의에 착수할 수 있을 것이다.

나. 보편주의 통일론의 방향

보편주의 통일론은 ① 보편가치 구현과 분단 극복 노력의 조화, ② 보편가치들 사이의 상호의존, ③ 이 양자의 대·내외 및 남북관계 차원에서의 포괄적 추진 등 적어도 세 가지 의미를 담고 있다.[27] 한국의 통일정책은 대내적

---

26) 김형기, 2010, 『남북관계 변천사』, 서울: 연세대학교 출판부, pp. 74~76.

지지, 대외적 협력, 북한 선도 등 3차 방정식과 같은 성격을 갖고 있다. 같은
맥락에서 보편주의 통일론도 이 세 차원에서 그 방향을 수립해나갈 수 있다.

첫째, 보편주의 통일론을 정립하기 위한 대내적 방향은 '민주주의의 공고
화'이다. 물론 민주주의의 공고화란 민주주의만큼이나 정의하기가 쉽지 않
다.[28] 한국은 최소주의적, 법제도적, 절차적 측면에서는 민주주의 공고화 단
계에 진입하였다고 할 수 있다. 그렇지만 나머지 측면으로까지 공고화를 확
대시키고 그것이 역진하지 않도록 하는 노력이 중요하다. 임혁백의 언급처럼
민주주의 공고화를 엘리트와 대중이 다함께 사회 모든 면에서 민주적 절차
와 규범을 제도화, 내면화, 습관화 하는 과정으로 파악한다면,[29] 민주주의도
평화와 인권과 같이 부단한 정진을 요구받는다. 이와 같이 민주주의에 대한
과정론적 이해와 민주주의 공고화에 대한 포괄적 인식은 남한의 민주주의
발전을 한반도 전역에 파급효과를 가져오는데 유용할 것이다. 남한에서의 민
주주의 공고화는 사람·정보·통신을 통해 북한에 전달되고, 그것은 남한에
대한 북한 주민들의 선호를 증대시키고 북한 정권에 '민주적' 정책을 확대하
도록 압박할 것이기 때문이다. 남한의 민주주의 공고화가 북한을 민주주의에

---

27) 이 세 가지는 보편주의 통일론을 정립(鼎立)하는데 필요한 세 축이지만 시론적 연구 수
준을 넘지 못하는 본고에서는 그중 세 번째 문제에 한정해서 논의하고 있다.

28) 박경미, 2012, 『한국의 민주주의: 공고화를 넘어 심화로』, 서울: 오름; 박기덕, 2006, 『한
국 민주주의의 이론과 실제: 민주화·공고화·안정화』, 파주: 한울; Chu, Yun-han,
Diamond, Larry and Shin, Doh Chull, 2001, "Holting Progress in Korea and Taiwan," *Journal
of Democracy*, Vol. 12, No. 1, pp. 122~136; Linz, Juan J. and Stephan, Alfred, 1996,
*Problems of Democratic Transition and Consolidation: Southern Europe, South America, and
Post-Communist Europe*, Baltimore: Johns Hopkins University Press; Pzeworski, Adam, 1991,
*Democracy and the Market: Political and Economic Reforms in Eastern Europe and Latin
America*, Cambridge: Cambridge University Press; Whitehead, Laurence, 1989, "The
Consolidation of Fragile Democracies: A Discussion with Illustrations," In Robert A. Pastor,
ed., *Democracy in the Americas: Stopping the Pendulum*, New York: Holmes and Meier.

29) 임혁백, 1997, 「민주주의 공고화 연구서설」, 한배호 편, 『한국의 민주화와 개혁』, 성남:
세종연구소, p. 32.

친화적인 방향으로 선도하는 모범이 되는 것이다. 나아가 민주주의가 21세기
모든 사회의 통합 자원이라 할 때 민주주의는 통합형 통일 원리로 기능하며
'연성복합통일'의 근간의 하나가 될 수 있다.[30]

둘째, 보편주의 통일론 정립을 위한 대외적 방향은 국제사회가 지향하는
보편가치의 구현을 목표로 하는 대외정책을 전개하는 것이다. 최근 우리사회
에서 회자되고 있는 중견국 외교도 이런 맥락에서 이해할 수 있다. 중견국
외교는 기본적으로 국력 크기를 반영하지만 대내적으로 민주주의 사회의 성
취와 자긍심을 바탕으로 평화, 인권, 지속가능한 발전 등 국제사회의 지향에
발맞추면서 국가이익과 보편가치를 조화롭게 추진하는 새로운 외교를 말한
다.[31] 한국은 민주화와 산업화를 동시에 달성한 경험과 국제사회와의 높은
상호의존도를 반영해 '기여외교'를 더 확대해나가야 할 것이다. 한국의 외교
정책 방향에 보편가치 구현의 의미를 보다 강조하고 그 연장선상에서 통일
방안에서도 보편가치를 보다 확대 반영할 필요가 있다. 그럴 때 한국의 대외
정책 일반과 통일외교는 선순환 할 수 있고, 한국의 통일정책에 대한 국제적
지지는 보다 커질 것이다.

세 번째 가장 어려운 측면인 남북관계에서 보편주의 통일론을 정립할 방
향이다. 불리해진 안보환경에 따라 북한은 인권과 같은 연성이슈를 안보와
같은 경성이슈와 분리해 유연하게 대응하지 못하고, 연성이슈도 경성이슈와
같이 민감하게 반응한다. 북한은 국제사회의 인권개선 요구를 "반공화국 모
략 책동"으로 간주하고 있다. 그렇지만 동시에 북한은 국제사회의 지속적인
인권 개선 요구에 대응해 탈북자들에 대한 부분적 처벌 완화, 인권 관련 법

---

30) 박명규·이근관·전재성 외, 2012, 『21세기 통일방안구상, 연성복합통일론』, 서울: 서울
대학교 통일평화연구원, pp. 27~28.
31) 김상배·이승주·배영자 공편, 2013, 『중견국의 공공외교』, 서울: 사회평론; 김우상, 2012,
『신한국책략Ⅲ: 대한민국 중견국 외교』, 서울: 세창출판사, 제2장.

률의 제·개정 등 일부 전향적인 반응을 보이기도 한다. 그런 이중적 현상은 남한을 포함한 국제사회가 북한에 보편가치를 증진하는 일에 시사점을 준다. 보편가치의 위반에 대해서는 관련 국제 규범 및 원칙을 갖고 일관된 모니터 링과 비판을 가하는 동시에, 개선책은 북한체제와 직결시키기보다는 해당 사안별로 접근하는 방식이 효과적이다. 이때 남북관계는 통일이 한반도 전역에 보편가치를 구현하는 과정임을 북한에 설득하는 채널이자, 그것을 위해 남북이 협력하는 장으로 재정의된다. 그럴 때 남북관계와 북한인권 사이의 우선순위를 둘러싼 소모적 논쟁은 소멸하고 양자 간 선순환 관계가 형성될 수 있다. 이상 제시한 보편주의 통일론 정립을 위한 세 측면에서의 방향은 기존의 통일론에서 노정되었던 문제점들을 극복하고 일관성, 보편성, 포용성을 제고하는 효과를 기대할 수 있다(〈그림 1〉).

〈그림 1〉 보편주의 통일론 구상

효과	일관성	보편성	포용성
	↑	↑	↑
방향	민주주의 공고화, 보편가치와 국익 조화, 미래지향적 남북관계 정립		
배경	민주화 효과, 통일여론 변화, 국제요인 부각, 북한변화 유도		

4. 인권·민주주의 친화형 남북관계 구축

분단의 장기화와 세계질서 변화라는 상이한 두 흐름이 한반도에 교차하면서 남북관계의 특수성과 세계 보편가치가 자연스럽게 소통하지 못하고 있다. 그런 점에서 남북관계를 인권·민주주의 친화적인 방향으로 탐색하는 작업은 한반도 문제의 모순적 성격을 지양하고, 남북관계를 시대정신과 보편규범 속에서 재구성 하는 의의가 있다. 인권·민주주의 친화적인 남북관계 구축은 미래지향적인 남북협력의 새로운 컨텐츠(contents)를 보여줄 뿐만 아니라 보편주의 통일론의 정립에도 기여할 수 있다.

가. 인권·민주주의 친화형 남북관계 상

남북한의 인권·민주주의관은 상호 체제 및 경제발전 수준의 차이 등으로 인해 차이점이 적지 않고,[32] 그 실태는 더 큰 격차를 보이고 있다.[33] 보편주의 통일론은 유망한 잠재적 통일론의 하나이지만 아직 우리사회에서 공감대가 크지 않다. 그렇기 때문에 그 전망을 제시하고 그에 부응하는 컨텐츠를 담아낼 필요가 있다. 인권·민주주의 친화형 남북관계는 보편주의 통일론의 발판이다. 인권·민주주의 친화형 남북관계 상을 그리기 위해서는 적어도 그 근거, 방향, 기본 내용, 방법을 검토해보아야 할 것이다.

첫째, 인권·민주주의 친화형 남북관계를 그릴 수 있는 근거는 국제사회에서 통용되는 인권·민주주의 규범이다. 오늘날 인권은 국제인권규약의 제정, 가입, 비준을 통해 국제법적 지위를 갖고 있고 민주주의는 법 앞의 평등, 자유, 법치 등을 골자로 그 범위가 확대되고 있다. 세계인권선언이 주권재민의 원리와 참정권을 포함시키는 것을 시작으로 비엔나 세계인권대회 선언문을 거쳐 인권과 민주주의는 상호보완적 관계를 맺고 있다.[34] 유엔 인권기구에

---

32) 김정일, 1997, 「우리나라 사회주의는 주체사상을 구현한 우리식 사회주의이다(1990년 2월 27일)」, 『김정일 선집 10』, 평양: 조선로동당출판사, pp. 471~472; 조정현·김수암 외, 2013, 『2013 북한인권백서』, 서울: 통일연구원, pp. 59~65; 김찬규·이규창, 2009, 『북한 국제법 연구』, 파주: 한국학술정보, pp. 161~166.

33) Freedom House, "Freedom in the World 2014," http://www.freedomhouse.org/report/ freedom-world/freedom-world-2014#.Ux6pCj-SzJU(검색일: 2014년 3월 11일); The Economist Intelligence Unit, 2013, *Democracy index 2012: Democracy at a standstill*, London, p. 22.

서 채택된 수많은 결의들이 이점을 재확인하고 있고 양자의 구현 방법이 발전해오고 있다. 인권과 민주주의의 상호의존성은 양자의 상호 중첩성에서 출발한다. 국제 자유권규약과 사회권규약은 정치적 민주주의와 경제적 민주주의와 많은 부분 겹친다.

그러나 남북한 사이에 인권·민주주의에 관한 합의는 거의 없다. 1972년 체결된 동서독 기본조약에 인권 존중 조항이 있는데 비해 남북기본합의서에는 없다. 시민사회의 형성 경험이 없는 상태에서 전쟁과 냉전을 치른 한반도의 현실을 반영하는 대목이다. 따라서 인권·민주주의 친화형 남북관계 상의 근거는 국제사회의 관련 규범에서 찾을 수 있다. 이는 인권·민주주의 친화형 남북관계 수립을 위한 남북 대화가 다자 틀을 통해 시작하고, 그런 틀 안팎에서 북한이 국제규범을 보다 준수하도록 촉구할 필요성을 불러일으킨다.

둘째, 인권·민주주의 친화형 남북관계의 방향은 궁극적 목표로 보편주의 통일임은 말할 나위 없다. 물론 남북한 사이에 차이가 뚜렷한 인권·민주주의관을 감안할 때 이 두 주제를 놓고 남북대화가 가능할지는 아직은 비관적이다. 남북이 신뢰를 형성하고 관계를 제도화 수준으로 발전시키는 시기에 민간 혹은 1.5트랙의 대화가 가능할 것이다. 그런 경험을 축적시켜 가면서 상호 필요와 이해의 기반 위에서 남북 협력 프로그램을 모색할 수 있을 것이다. 이때 남한은 우선, 인권·민주주의 친화형 남북관계의 비전과 기대효과에 공감대를 이루고 국제사회로부터 지지를 이끌어낼 필요가 있다. 그리고 나서 북한에 인권·민주주의 친화형 남북관계가 남한체제로의 흡수통일이 아니라 남북 상생과 민족번영을 보장하는 통일의 초석임을 설득해나가야 할 것이다.

---

34) Gutto, Shadrack, 2002, "Current concepts, core principles, dimensions, processes and institutions of democracy and the inter-relationship between democracy and modern human rights." Seminar on the Interdependence between Democracy and Human Rights held by Office of the High Commissioner for Human Rights. Geneva. 25-26 November, pp. 2~3.

셋째, 인권·민주주의 친화형 남북관계의 내용은 관련 유엔의 권고를 준거로 할 수 있다. 인권문제와 관련해 유엔은 이중기준 논란을 불식시키기 위해 2006년 보편정례검토(UPR) 제도를 도입해 이제 모든 유엔 회원국들은 자국의 인권실태를 평가받고 있다. 또 각국이 비준한 특정 국제인권규약위원회의 검토보고서(Concluding observation)에서 건설적인 인권개선 안이 제시되고 있다. 남북한도 예외가 아니다. 여기에 북한은 심각한 인권침해로 특별절차[35]의 적용을 받고 있다. 남북한도 유엔의 인권메커니즘의 적용을 받으며 각각 인권개선 노력을 취하고 있다. 그 과정에서 남북은 유엔인권최고대표부(UNHCHR)와 기술협력을 할 수도 있고, 신뢰 증진에 발맞춰 인권대화에 나설 수도 있다.

넷째, 인권·민주주의 친화형 남북관계를 구축할 방법은 크게 남북협력과 국제협력, 두 가지 접근이 있다. 두 협력도 정부 차원과 비정부 차원, 1.5트랙으로 나눠 접근할 수 있고, 그런 협력 방법도 남북관계의 수준과 한반도 정세 등과 같은 맥락을 고려해 단계적으로 모색해볼 수도 있을 것이다.[36] 인권·민주주의 친화형 남북관계 구축은 북한의 인권·민주주의 증진 역량강화에 초점을 두어야 한다. 인권 분야에서는 유엔인권최고대표부, 민주주의 분야에서는 체제전환국 중 북한과 국교가 있는 나라의 관련 기관이 북한과 적절한 기술협력 파트너가 될 수 있다.

나. 인권·민주주의 친화형 남북관계 구축 과제

인권·민주주의 친화형 남북관계의 상을 현실화하기 위해서는 그에 우호

---

[35] UNHCH, 2013, *Directory of Special Procedures Mandate Holders*, Geneva 참조. 북한인권 관련 유엔 특별절차로 국가인권특별보고관, 조사위원회가 가동되고 있다.

[36] 이대훈, 2008, 「비갈등적 북한 인권 개입」, 한국인권재단 주최 2008 제주인권회의 발표문(제주, 6월).

적인 정책환경 조성과 구체적인 정책이 필요하다. 아래에서는 이 두 과제를 대내, 대외, 남북관계 등 세 차원에서 생각해보고자 한다.

1) 정책 환경조성 과제

첫째, 대내적 측면에는 국민들에게 통일의 비전을 제시하고 통일 관련 여론을 통합해내는 일이 우선 과제이다. 분단 극복으로서의 통일은 우리사회의 분열 극복으로서의 통합과 함께 추진해야 한다. 통일에 대한 기대가 과거에 비해 낮아진 오늘날 국민 설득을 위해 분단 비용 최소화, 통일 편익 극대화의 관점에서 통일 여론을 조성할 필요가 있다. 다만 남한의 사회경제적 문제를 통일로 해결하겠다는 접근은 북한을 설득하기 어렵고 주변국들의 경계를 살 수 있다는 점에서 유의해야 할 것이다. 따라서 국민의 다양한 통일 의견을 수렴하면서 북한을 설득하고 국제사회의 지지를 함께 이끌어낼 공통분모는 인권, 민주주의, 평화, 인도주의 등 보편주의 통일론에서 찾을 수밖에 없을 것이다. 이런 대내적 정책 환경상의 과제는 대외정책, 대북정책의 근간이 된다는 점에서 그 중요성을 재확인할 필요가 있다.

둘째, 대외적 측면에서 정책 환경조성 과제는 한국의 본격적인 통일외교 전개와 한반도 평화정착이다. 북한·통일문제의 국제적 비중이 높아짐에 따라 통일외교의 중요성도 높아가고 있다. 통일외교는 단기적, 사안별 협력은 물론 중장기적, 종합적 협력을 병행해나갈 성질의 과제이다. 정부가 추진하는 '동북아 평화협력구상'은 중장기적, 종합적 수준에서 전개할 필요가 있다.[37] 이와 관련해 한국은 역내 안보와 협력 증진에는 촉진자 역할을, 한반도 평화정착에는 당사자 역할을 병행 수행해 나갈 필요가 있다. 특히 한반도 평화정착은 보편적인 평화외교와 맞닿아있고 통일외교의 보편성을 지지하는 주요

---

37) 박인휘, 2013, 「박근혜 정부의 신뢰 외교와 국제협력 방안」, 임강택·서보혁·이기동· 조봉현 편, 『한반도 신뢰의 길을 찾는다』, 서울: 선인, pp. 169~182.

정책과제이다. 현실적으로 북한의 위협과 북한이 의식하는 안보 불안을 동시에 해소되지 않는 이상 보편주의 통일을 추진할 평화적 환경은 난망할 것이다.

셋째, 남북관계 측면에서 정책 환경 상의 과제는 남북관계의 복원 및 제도화이다. 박근혜 정부의 대북정책인 '한반도 신뢰 프로세스'가 강조하고 있듯이 남북 간 신뢰 없이는 남북관계를 발전시켜 나갈 수 없다. 남한의 대북정책은 1) 남북관계 발전, 한반도 평화정착, 통일기반 구축 등 3대 목표를 선순환 관계하에 추진하고, 2) 균형 있는 접근, 진화하는 대북정책, 국제협력 등의 접근 원칙을 갖고 추진해나간다.[38] 이런 목표와 원칙은 남북관계의 정상화를 통해서 현실화 될 수 있다는 점에서 당국 간 대화의 정례화가 전제되어야 한다. 그렇지만 남북관계의 정상화는 중단된 대화의 복원이나 과거 남북 합의의 이행에 그치지 않고 보편 규범과 원칙이 준수되는 의미를 포함시킬 필요가 있다. 미 오바마 행정부와 같이,[39] 비핵화 문제와 인권문제를 별도의 채널에서 병행 논의하는 유연성도 요청된다. 이때 남북 대화와 합의를 보편 가치와 대립시키기보다는 보편가치 구현의 관점에서 이끌어낼 수 있는 지혜가 요청된다.

2) 3차원적 정책

대내적인 차원에서 인권·민주주의 친화형 남북관계 구축에 유용한 정책 중 하나는 '국제인권규범의 국내적 이행'을 성실하게 계속 전개하는 일이다. 국제인권규범의 국내적 이행은 독립적 국가인권기구 설치에 관한 '파리 원칙'에서 명문화되어 있다. 파리원칙의 취지는 모든 나라가 자국의 인권을 국제

---

38) 통일부, 2013, 『한반도 신뢰프로세스』, 서울: 통일부.

39) 킹(R. King) 미 국무부 북한인권 특사는 "북한과는 비핵화를 논의하는 채널과 인권문제를 논의하는 채널이 별도로 있으며 두 사안은 서로 연계돼 있지 않다"고 밝혔다. 『연합뉴스』, 2014년 3월 15일자.

인권규약 수준으로 신장시키자는 것이다. 그래서 유엔인권기구는 각국의 인권 상황 모니터링, 평가, 정책권고 등의 임무 수행을 위해 국가인권기구 설치를 요청하고 있다. 남한은 2001년 국가인권위원회가 설립되었는데, 북한은 설립하지 않았다. 국가인권기구는 정부기구가 아니라 독립적 국가기구로서의 위상을 갖지만 실제 인권정책은 국가인권기구의 권고[40]를 받아 범정부 차원에서 시행된다. 남한이 국제인권규범의 국내적 이행을 적극 시행해나가는 것은 대내 인권 증진을 바탕으로 국제적 지지 확대 및 위상 제고, 대북 인권 개선 유도, 그리고 남한의 통일정책에 보편성 제고 및 북한 주민의 지지 확대 등 다각적인 효과를 창출해낼 수 있다. 남한이 국내외 인권기구의 인권개선 요구[41]에 응하며 인권신장을 선도해나갈 경우 북한의 인권개선은 물론 남북관계를 보편가치의 구현 차원에서 업그레이드(upgrade)해 보편주의 통일의 기반을 구축하는데 이바지 할 것이다. 그런 맥락에서 정부가 "인도적 문제 해결과 북한인권 개선 추진"[42]을 인내심을 갖고 전개한다면 위와 같은 기대효과를 창출할 수 있을 것이다.

　대외정책 차원에서 인권 · 민주주의 친화형 남북관계 구축에 유용한 정책은 기여외교와 다자협력을 적극 추진하는 일이다. 기여외교의 양대 축이라 할 수 있는 공적개발원조(ODA)와 평화유지활동(PKO)에 한국은 경제규모와 국제적 위상을 반영해 관련 예산 및 인력을 지금보다 확대하는 한편, 공적개

---

40) 예를 들어 국가인권위원회는 정부에 37개 분야에 걸쳐 중기 인권정책 권고안을 통보한 바 있다. 국가인권위원회, 2012, 『2012~2016 국가인권정책기본계획 권고안』, 서울: 국가인권위원회.

41) Sekaggya, Margaret, 2013, "Report of the Special Rapporteur on the situation of human rights defenders- Mission to the Republic of Korea," The United Nations Human Rights Council, Geneva, 23 December; 민주화를 위한 변호사 모임 등 163개 시민사회단체, 2014, 「유엔인권이사회 제2차 국가별 인권상황정기검토(UPR) 권고에 따른 유엔인권권고 이행계획에 대한 시민사회 제언」, 1월 14일.

42) 현 정부의 한반도 신뢰 프로세스의 본격 가동을 위한 중점 추진과제 중 제일 과제.

발원조의 경우 북한 개발을 포함시켜 국제협력을 선도해나가는 방안을 검토
할 필요가 있다. 한국의 공적개발원조는 그 기금이 국제사회의 기준에 미치
지 못하고[43] 대북 개발원조는 그와 별도로 진행되고 있어 재검토가 필요하
다. 민주주의 신장의 경험은 산업화 성과와 함께 한국의 연성국력(soft power)
으로서, 다자외교를 통한 확산 과정에서 북한에 전파하는 일도 가능할 것이
다. 이런 작업에 남북 동시수교국이자 개발도상의 국가들과 협력하는 것이
유용하다. 기여외교는 통일외교와 선순환 할 필요가 있고 그런 정책 혁신을
위해서는 관련 정부 부처 간 협조체제를 확립하는 것이 우선 과제이다.[44]

마지막으로 인권·민주주의 친화형 남북관계 구축의 주 영역인 남북협력
의 과제는 국내에서 여러 방안들이 제시되어 있다.[45] 현실적으로 새로운 남
북관계를 일거에 구축하기는 어렵다. 점진적 접근이 요청된다. 국제레짐이
확립돼 있고 남북이 관련 국제인권규약에 가입하고 있는 분야부터 협력을
강구할 수 있을 것이다. 인도적 지원 및 개발협력을 통한 사회권 증진을 위
한 협력도 가능하다. 그러나 전반적인 북한인권 개선은 북한체제의 개혁개
방, 남북관계, 한반도 안보환경 등 여러 변수들을 종합 고려하여 단계적인 로
드맵(roadmap) 수립이 요청된다.[46] 또 남북협력의 경우에도 정부, 민간단체,
국가인권기구가 역할분담을 할 수도 있다. 서독의 대동독 인권정책도 교훈으

<hr/>

[43] 한국은 2013년 12월 현재 국민총소득(GNI) 대비 ODA 비율은 0.14%로 여전히 경제협력
개발기구 개발원조위원회(DAC) 회원국 평균 0.29%(2012년 기준)의 절반에도 미치지 못
하고 있다. 정부는 ODA를 2015년까지 GNI의 0.25%로 확대하겠다는 공약했지만, 연도별
계획 달성이 여의치 않은 것으로 알려져 있다. 국제개발협력시민사회포럼(KoFID), 2013,
「정부는 공적개발원조(ODA) 규모 증대 공약을 이행해야 한다」, 12월 24일.
[44] 황병덕·박영호·임강택 외, 2013, 『한반도 통일공공외교 추진전략(II): 한국의 주변4국
통일공공외교의 실태 연구(총괄보고서)』, 서울: 통일연구원 참조.
[45] 이규창·김수암·이금순 외, 2013, 『인도적 지원을 통한 북한 취약계층 인권 증진 방안
연구』, 서울: 통일연구원; 임강택, 2013, 『대북경제제재에 대한 북한의 반응과 대북정책
에의 함의』, 서울: 통일연구원.
[46] 서보혁, 2006, 『국내외 북한인권 동향 평가와 인권개선 로드맵』, KINU 정책연구시리즈
2006-06, 서울: 통일연구원.

로 삼을 가치가 크다. 서독의 대동독 인권정책은 대결적 정책에서 실용적 정책으로 변화했고 그런 흐름 속에서 정책 내용이 확대해갔음을 알 수 있다. 특히 양독관계를 이용한 인권정책에서 국제채널을 활용한 정책으로 나아간 점과 콜(H. Kohl) 보수정권이 이전의 브란트(W. Brandt)·슈미트(H. Schmidt) 진보정권의 동독정책을 계승한 점, 그리고 서독이 지역안보협력의 제도화 과정 속에서 양독관계 개선을 병행추진한 점은 시사하는 바가 크다.[47] 이산가족 상봉, 인도적 지원 등 인도적 관심사를 병행 추진함으로써 보편가치를 호혜적으로 증진해나가는 지혜가 필요하다. 그런 상호 인권 증진사업의 성과를 축적시키고 그 과정에서 남북관계가 정상화 궤도에 오를 때 인권·민주주의 친화형 남북관계를 본격적으로 구축해나갈 수 있을 것이다.

5. 맺음말

기성 통일론의 주요 이념적 공급원이 되어 온 민족주의와 국가주의는 시대 변화에 따른 통일정책 정당화 차원에서 변용을 거쳐 왔다. 급기야 민족주의의 속성과 모순되는 내용이 ○○민족주의로 유통되고 북한체제의 고립과 남북관계 경색으로 국가주의가 부상하고 있다. 물론 민족주의와 국가주의는 통일의 당위성과 통일 실현의 동력으로 그 유용성이 완전히 사라지지는 않을 것이다. 국가 차원의 통일론이 논리적 일관성보다는 정책적 유연성 차원에서 실용주의적 성격을 띠고 있는 것도 이해할만하다. 그렇지만 기존 통일담론으로 담기 어려운 새로운 환경과 통일의 방향이 부상하는 반면 통일에

47) 안지호·손기웅·김대경·베른하르트 젤리거, 2013, 『서독의 대동독 인권정책』, 서울: 통일연구원; 박경서·서보혁 엮음, 2012, 『헬싱키 프로세스와 동북아 안보협력』, 파주: 한국학술정보.

대한 관심이 약화되는 현실에 상응하는 통일론의 개발은 시의적절한 문제의
식이라 하겠다. 보편주의 통일론은 그에 관한 시론적 논의로서 새로운 통일
담론 논의의 단초가 되기를 기대한다.

보편주의 통일론은 인류 보편가치를 한반도 전역에 구현하는 과정으로서 통
일을 새롭게 정의한다. 간단히 말해 통일의 형식에 보편가치를 내용으로 담는
다는 발상이다. 이런 발상은 열린 민족주의 통일론에서 모색되었지만 민족주
의 담론이 보편주의 정향을 담기에는 내적 모순과 외적 도전을 이겨낼 수 없
다. 물론 이때 공동체 문화, 화해, 평화주의 등 한국 민족주의의 건강한 요소들
은 보편주의 통일론에 융해되고 폐쇄성, 위계성과 같은 부정적 요소들은 지양
된다. 같은 맥락에서 민족은 시민의식을 함양한 세계 공동체의 한 단위로의
위상을 가진다. 보편주의 통일론은 민주화와 탈냉전, 세계화를 계기로 급변해
온 대내외 환경 변화와 시대적 요청을 적극 반영한 대안적 담론으로서 기존
통일론의 문제점을 극복할 잠재성을 갖고 있다. 실제 대내적으로 통일 여론
수렴, 대외적으로는 국제사회의 지지를 바탕으로 인류문명의 발전에 적극 기
여할 통일담론으로 발전해나갈 수 있다. 그러나 보편주의 담론이 추상적 기
대로 그치지 않기 위해서는 현실성 있는 남북관계 확립이 관건이다. 인권·민
주주의 친화형 남북관계의 상을 제기하고 그것을 구체화 할 환경 조성과 정
책 제언을 각각 3차원으로 제시한 것은 그런 필요에 대한 해답의 모색이다.

물론 이상의 논의가 시론에 불과하다고 하더라도 이상주의로 평가될 소지
가 없지 않다. 이상의 논의가 현실성을 갖기 위해서는 보편주의 통일론이 민
족주의 통일론과 건강한 경쟁관계를 가질 필요가 있다. 무엇보다 우선적인
과제는 인권·민주주의 친화형 남북관계가 평화, 인도주의, 발전 등 다른 보
편가치들과 조화를 이루며 발전해갈 정책 인프라 확립과 북한 선도전략 수
립이다.

북한의 민주주의론
내재적 접근법에 기초하여

방인혁 · 손호철

1. 들어가며

소련 및 동유럽 사회주의의 붕괴에 대해 마르크스주의 내외로부터 민주주의의 결핍이 그 주요한 원인으로 지적되고 있다. 절차적 · 형식적 민주주의만이 가능한 유일의 민주주의라고 주장하는 자유주의로부터의 비판은 이데올로기적 공세의 혐의가 짙은 것으로 논외로 치더라도, 유로코뮤니즘, 포스트마르크스주의 등 마르크스주의 내부에서 제기되는 민주주의의 부재와 관료주의에 대한 비판은 면밀한 검토를 요하는 것이라 본다.

사실 소련과 동유럽의 사회주의 국가들이 혁명의 방어와 급속한 생산력 발전을 위해 채택했던 스탈린주의적 당－국가체제(party-state system)는 인민의 통치라는 진정한 민주주의의 실현보다는 효율성을 강조하는 중앙집권적 동원체제를 일상화함으로써 인민의 소외 즉, 관료주의를 만연케 했다. 그 결과 소련과 동유럽의 현실사회주의는 '인민에 의한 통치'라는 민주주의의 근본이념은 물론 '인민을 위한 통치'라는 민주주의의 결과마저 전유할 수 없음으로써 결국에는 인민의 체제에 대한 신념의 철회라는 엄중한 결과를 낳게 되었다. 이를 통해 알 수 있듯이 혁명의 방어와 생산력의 발전이라는 인민을 위한 정책도 그것이인민의 참여와 자발성에 기초하지 않을 경우 결코 실현될 수 없음이 역사적 경험으로 증명되었다고 볼 수 있다.

현실사회주의가 실질적 민주주의 실현을 목표로 했지만, 절차적 민주주의마저 달성치 못했다는 비판은 충분히 타당한 것이라 할 것이다. 그렇다고 해서 자유주의자들이 주장하듯이 실질적 민주주의는 현실화되기 어려운 이상이고 현실에서 실현가능한 것은 절차적 민주주의뿐일까? 또한 유로코뮤니즘이나 페레스트로이카에서 주장하듯이 부르주아적 절차적 민주주의의 심화와 완성이 사회주의적 민주주의의 전제이거나 동일한 것인가? 이 글에서는 이두 가지의 주장 모두가 불충분한 것이라는 기본입장을 견지할 것이다. 그 이유는 다음의 두 가지 때문이다.

첫째, 인간의 장구한 역사에서 인민들은 착취와 속박을 거부하는 즉, 실질적 민주주의를 향한 투쟁을 벌여 왔고, 현재의 부르주아적 절차적 민주주의는 이 과정에서 현재의 계급간의 역관계를 반영한 것이기 때문이다. 실질적 민주주의와 절차적 민주주의는 이상과 현실의 관계가 아니라 전자가 시간적 포괄범위가 보다 넓은 보편과 특수의 관계로 보아야 한다. 즉 '인민의 통치'라는 민주주의의 어원[1]과 이념에 비추어 볼 때, 실질적 민주주의가 이의 실현을 위한 다양한 역사적 단계들에서의 인간의 투쟁을 총칭하는 것이라면, 절차적 민주주의는 부르주아사회에서 프롤레타리아를 비롯한 인민대중을 지배하는 부르주아의 통치방식, 특히 강화된 피지배계급의 역량에 맞서 형식적이고 절차적 평등을 부여하지 않을 수 없던 부르주아의 자유민주주의 통치

---

[1] 민주주의(democracy)의 어원은 그리이스어 'demos'(인민)와 'crotos'(지배)의 합성어인 'democratia' 즉, 인민의 통치이다(森 宏一 編集, 1978, 『哲學辭典』, 東京: 靑木書店, p. 462 참조).

형태인 것이다. 즉 절차적 민주주의는 '인민의 통치'인 진정한 실질적 민주주
의를 향한 인간의 장구한 투쟁이 부르주아사회라는 역사 특수적 시기에 달
성한 통치의 형태일 뿐, 실현가능한 유일한 민주주의일 수 없다.

둘째로, 절차적 민주주의는 진정한 실질적 민주주의인 '인민의 통치'를 위
한 필요조건이기는 하지만, 통치형태일 뿐인 절차적 민주주의를 사회주의적
민주주의의 전제조건이라거나 그것의 완성을 사회주의적 민주주의와 동일한
것으로 볼 수 없기 때문이다. 즉 부르주아적인 절차적 민주주의가 사회주의
적 민주주의의 구성요소로 되기 위해서는 부르주아적 통치 질서의 전복 즉,
혁명이라는 단절적 계기를 통과한 후 그것이 가진 진보적 측면이 계승되는
지양의 과정을 통해야 한다. 레닌(Lenin)이 올바로 지적했고[2] 오늘날 서구의
선진자본주의 국가들에서 알 수 있듯이, 부르주아적 절차적 민주주의의 완성
에도 불구하고, 사회주의적 민주주의는 물론이고 빈부의 차이의 심화와 만성
적 실업 등 인간다운 삶의 최소조건마저 실현되지 못하는 실정이다. 따라서
절차적 민주주의의 완성과 심화를 통한 사회주의로의 이행 혹은 사회주의의
완성을 주장했던 유로코뮤니즘과 페레스트로이카는 물론이고, 초역사적 성
격의 민주주의 완성을 사회주의와 동일시한 포스트 마르크스주의의 주장은
비판되어야 한다고 본다.

---

[2] 레닌은 초역사적이고 초계급적인 국가나 민주주의 개념의 사용을 비판하면서 다음과
같이 말했다. " '자유인민국가'는 1870년대에 있어 독일 사회민주주의자들의 강령적 요구
였고 현실적 표어였다. 이 표어에는 과장된 속물적 유행을 탄 민주주의 개념을 묘사한
것을 제외하고는 그 어떠한 정치적 내용도 담겨 있지 않았다는 것이 명백하다.…… 왜
냐하면 그것은 결국 부르주아 민주주의를 미화(美化)하는 것 이상이 아니었고, 국가 일
반에 대한 사회주의적 비판을 이해하는 데에도 실패했기 때문이다. 우리는 자본주의 하
에서의 프롤레타리아트를 위한 가장 양호한 국가형태로서의 민주공화국을 찬성한다.
그러나 우리는 가장 완벽한 부르주아 민주주의 공화국에 있어서조차도 대다수 인민들
이 임금노예라는 것을 망각해도 좋은 그 어떠한 권리도 가지고 있지 않다. …… 결론적
으로 모든 국가는 '자유롭지도' 않으며 또한 '인민의 국가'도 아니다." (V. I. 레닌 지음,
김영철 옮김, 1988, 『국가와 혁명』, 서울: 논장, pp. 31~32).

요컨대 소련과 동유럽 현실사회주의 위기와 붕괴의 주요한 원인의 하나가 '인민의 통치'의 부재와 인민을 위한 정책의 결여 즉, 민주주의의 실패라는 점은 분명하지만, 그렇다고 해서 부르주아적 절차적 민주주의의 무매개적 완성을 통해 사회주의적 민주주의가 가능해질 수 없으며 오직 사회주의 발전 단계에 상응하는 새로운 민주주의 이론과 질서를 창출해야만 한다는 것을 알 수 있다. 이 글에서는 이러한 문제의식에서 사회주의진영의 붕괴에도 '우리식 사회주의'론을 내세우며 현실사회주의와의 차별성을 주장하는 북한의 민주주의관을 분석해보고자 한다. 민주주의의 실패가 현실사회주의의 붕괴 원인의 하나라고 한다면, 북한의 '우리식 사회주의'의 전도를 전망하기 위해서는 민주주의에 대한 북한의 인식과 실천에 대한 연구는 중요하다고 보기 때문이다. 뿐만 아니라 마르크스주의 역사에서 북한 사회주의가 갖는 위상을 탐구하는 데서도 민주주의에 대한 북한의 입장은 중요한 실마리를 제공할 수 있다고 보기 때문이다.

이를 위해 이 글에서는 송두율에 의해 북한연구방법으로 제기된 내재적 접근법에 의거하여 북한의 민주주의론을 살펴보고자 한다. 이 글의 순서는 다음 장에서 분석틀인 내재적 접근법에 대한 논쟁적 흐름을 개관하여 내재적 접근법의 유효성을 확인할 것이며, 이후 이에 의거하여 북한의 민주주의에 대한 인식과 개념을 살펴보고 그것이 어떤 제도적 장치를 갖고 어떻게 현실에서 작동되고 있는지 그리고 그것의 의의와 한계는 무엇인지를 분석할 것이다. 끝으로 현재 북한이 처하고 현실적 조건에서 북한 민주주의론이 어떠한 상황에 직면해 있으며 이에 대한 북한의 대응을 시론적 수준에서나마 탐색하고자 한다.

2. 분석틀 – 내재적 접근법

송두율은 1988년 북한연구방법론으로 기존의 전체주의론과 산업사회론적 접근방법이 "사회주의를 '밖'으로부터 즉, 시민적 민주주의나 자본주의 척도로 분석해내려 하는 점"[3]을 비판하면서 내재적 접근법을 제안하였다. 송두율의 정의에 따르면, 내재적 접근법은 "사회주의 이념과 현실을 내재적으로 즉 '안'으로부터 분석 비판하여, 사회주의 사회가 자본주의 사회와는 다른 이념과 정책의 바탕 위에 서 있다는 것을 인정하고, 이 사회주의가 이룩한 성과를 이 사회가 이미 설정한 이러한 이념에 비추어 검토 비판 …… 사회주의를 '밖'에서 들여다보는 선험주의적 태도와는 달리 자본주의와는 구별되는 사회주의의 독자성은 물론 그 발전의 다양성도 인정하고"있는 방법론이다.[4] 이에 대해 강정인은 강정구와 이종석의 방법론을 "내재적 접근론자"로 망라하여, 그것이 북한체제에 대한 적절한 이해에 기여한 공로는 과소평가할 수 없지만 여러 가지 문제점과 약점 또한 지니고 있다면서 내재적 접근법과 외재적 접근법의 "양 접근법의 상호관계를 면밀히 검토함으로써, 양 접근법이 상호 대립적이면서도 상호보완적인 측면이 있기 때문에 북한사회의 적절한 이해를 위해서는 양 접근법을 적절히 병용해야 한다"고 주장했다.[5] 즉 강정인은 내재적 접근법의 문제점과 한계로 외재적 접근법과 내재적 접근법에 대한 편협한 이해, 북한체제의 긍정적 측을 부각시키는 논리의 일방성, 북한체제에 대한 비판적 태도의 회피 또는 결여, 사회주의권 붕괴와 변혁방향 설명에의 무력성을 들고 있다.[6] 강정인의 비판에 대해 송두율은 "내재적(immanent)

---

[3] 송두율, 1988, 「북한사회를 어떻게 바라볼 것인가」, 『사회와 사상』, 한길사, p. 107.
[4] 송두율, 1988, 「북한사회를 어떻게 바라볼 것인가」, 『사회와 사상』, 한길사, pp. 107~108.
[5] 강정인, 1994, 「북한연구 방법에 대한 새로운 제언」, 『역사비평』 통권 26호, 역사문제연구소, p. 320.
[6] 강정인, 1994, 「북한연구 방법에 대한 새로운 제언」, 『역사비평』 통권 26호, 역사문제연

이라는 뜻은 우리 인식이 경험에 의거하고 있다는 것을 우선 강조한다. 또 내재적이라는 뜻의 반대말은 외재적(external)이 아니라 선험적이다. …… 북한사회의 내재적 접근은 북한사회주의가 스스로 제시한 이념을 그 경험적 성과에 비추어본다는 관점에 서 있기 때문에, 이념과 경험의 긴장관계를 드러내 보일 수밖에 없다"고 반론했다.[7] 즉 송두율은 내재적 접근법은 북한이 채택하고 있는 사회주의 일반적 이념과 북한 고유의 북한식 사회주의 이념과 목표를 비판의 기준으로 삼아 북한이 이룩한 현실의 경험적 결과를 평가하는 것인데, 내재적 접근의 반대개념으로 외재적 접근방법을 거론하는 경우에는 '선험적 이념'에 의거하여 하나의 세계에서 살고 있기 때문에 생겨나고 있는 확실한 하나의 보편적 기준을 서구적 가치체계로 동일시하게 되어 "은연중 외재적=보편적=서구적이라는 등식에 빠져 있음을 보여준다"고 주장한다.[8] 송두율의 이런 비판은 송두율의 내재적 접근에 대한 비판의 의미로 "내재적비판적 접근방법"을 제안했다고 주장하는 이종석에 대해서도 동일하게 적용된다.[9] 이종석은 송두율의 내재적 접근법을 비판하면서 "한 사회 혹은 이론에 대한 내재적 이해가 충분히 전제된다면 그것에 대한 평가나 검토는 내재적 정합성만이 아니라 외재적 기준에 의한 평가가 가능"하다고 주장함으로써,[10] 결국 북한의 이념과 현실에 대한 내재적 접근과 달리 그것의 평가기

구소, pp. 323~332.

[7] 송두율, 1995, 「북한연구에서의 '내재적 방법' 재론」, 『역사비평』 통권 28호, 역사문제연구소, p. 225.

[8] 송두율, 1995, 「북한연구에서의 '내재적 방법' 재론」, 『역사비평』 통권 28호, 역사문제연구소, p. 226.

[9] 이종석은 자신의 내재적-비판적 접근이 내재적 접근론과 "동일한 연구주제를 둘러싸고 서술방식의 차이가 나타났으며 전혀 상이한 평가도 빈번하게 나왔다. …… 강정인이 두 접근법 사이에 놓여 있는 실제 연구상의 깊은 차이점을 간과한 채 내재적비판적 접근론을 내재적 접근론 속에 뭉뚱그려서 다소 북한 편향적이라는 의미를 지닌 내재적 접근론자들이라는 딱지까지 붙이는"것에 항변한다(이종석, 2000, 『새로 쓴 현대 북한의 이해』, 서울: 역사비평사, p. 26).

[10] 이종석, 2000, 『새로 쓴 현대 북한의 이해』, 서울: 역사비평사, p. 25.

준을 선험적인 가치나 이념에 둘 수 있다고 보기 때문이다.[11] 북한에 대한
과학적 연구방법으로 내재적 접근법의 중요성을 적극 평가하는 강정구도 "권
력세습, 민주화 등의 여러 요소들에 대해서는 북한의 내적 논리로는 객관적
인 설명이나 비판을 기대하기 힘든 부분이 남아 있다. 이러한 경우 우리는
외재적 접근법을 사용함으로써 설득력이나 객관성을 높일 수 있다"고 주장한
다.[12] 즉 강정구도 내재적 접근법이 현실의 경험적 결과를 판단하는 기준이
그 사회가 지향하는 이념과 목표에서 나오는 것임을 간과함으로써, 권력계승
이나 민주화, 인권 등에 어떤 선험적 이념이 게재될 위험에 노출되고 있다.
이 또한 내재적인 것의 반대어를 외재적인 것으로 파악한 한계에서 기인한
것으로 본다. 요컨대 송두율의 내재적 접근법은 북한사회가 표방하는 이념이
나 지향이 무엇인지를 내재적으로 파악할 뿐만 아니라, 현실에서 그것들이
어떤 방식으로 실현 혹은 왜곡되었는가를 경험적으로 파악된 이념과 지향을
판단기준으로 검증하는 것으로, 선험적 이념의 주관적 개입을 통제하는데 합
리적 핵심이 있는 것이다. 이런 내재적 접근법을 송두율은 칸트의 '한계이념'
에 기초한 '내재적─비판적'(immanent-kritisch) 용어에서 이념과 경험의 긴장
관계를 나타내는 것으로 보는데,[13] 필자가 보기에 이것은 마르크스주의의 철

---

11) 이종석은 자신의 내재적─비판적 접근에 의한 연구순서로 A. 연구대상의 현황, 내재적
논리 연구 → B. 문제점의 발견(내재적, 외재적 혹은 제3의 관점에서의 문제점 지적모두
가능) → C. 북한의 대응 추적 → D. 대응의 한계와 전망, 과제의 발견으로 제시한다(이
종석, 2000, 『새로 쓴 현대 북한의 이해』, 서울: 역사비평사, pp. 26~27). 이 경우 B에서
선험적 이념의 자의적 개입을 통제할 수 없음으로, 결과적으로는 현실과 이념 연구에서
의 객관성과 평가에서의 주관성이 착종된 기묘한 것으로 되는 바, 자신의 항변처럼 송
두율의 내재적 접근론의 고유한 합리적 문제의식과 전혀 무관한 것으로 된다. 왜냐하면
선험적과 반대되는 의미로서의 내재적 접근법은 결국 비판의 기준이 내재적으로 파악
한 연구대상의 이념과 지향이 되어야 하기 때문이다.
12) 강정구, 1990, 「연구방법론: 우리의 반쪽인 북한사회를 어떻게 이해하고 설명해야 할까?」,
『북한의 사회』, 서울: 을유문화사, p. 26.
13) 송두율, 1995, 「북한연구에서의 '내재적 방법' 재론」, 『역사비평』 통권 28호, 역사문제연
구소, p. 225.

학의 근본문제의 두 측면인 '물질의 선차성'과 '사유와 존재의 동일성 문제 즉, 세계의 인식가능성'[14] 및 사물의 변화발전의 법칙인 변증법의 기본원 리[15]에 의거하여도 설명이 가능하다고 본다. 즉 유물변증법은 모든 사물과 현상은 우리의 의식으로부터 독립하여 선재(先在)하고 자신의 내적 모순(대 립물 투쟁)을 통해 발전하는 것이며, 인간은 이것을 적극적 실천이나 과학적 연구를 통해 인식할 수 있는 것으로 본다. 따라서 마르크스가 『자본론』에서 보여주었던 '구체에서 추상으로', 다시 '추상에서 구체로의' 두 상승적 연구와 서술의 방식[16]은 객관적이고 경험적 연구를 통해 자본주의의 작동원리의 본 질적 법칙을 밝혀내고 이에 의거하여 현실의 구체적 현상을 본질로부터 설 명하는 데, 이것은 내재적 접근론의 기본인식과 동일한 것으로 볼 수 있기 때문이다. 사실 송두율의 다음과 같은 지적은 내재적 접근법이 갖는 인식론 적 방법론적 일반성을 보여 주는 것으로 이해할 수 있다.

---

14) 마르크스주의 철학의 근본문제인 사유와 존재, 물질과 의식의 관계문제에서 제1측면은 물질의 선차성이고 제2측면은 세계에 대한 인식가능성이다. 이에 대해서는 F. 엥겔스 지음, 양재혁 옮김, 1989, 『포이에르바하와 독일고전철학의 종말』, 서울: 돌베개, p. 31을 참조할 것.

15) 변증법의 3대 법칙을 엥겔스는 양의 질로, 질의 양으로의 전화, 대립물 상호침투, 부정 의 부정으로 보았다(F. 엥겔스 지음, 김민석 옮김, 1987, 『반듀링론』, 서울: 새길, pp. 131~153).

16) 마르크스는 『자본론』의 서술을 자장 구체적이고 경험적 연구가 가능한 상품의 분석으 로부터 시작한다. 상품에서 다양한 질적 규정(사용가치나 모양, 냄새 등)을 사상시켜 나 가 가장 추상적이고 일반적인 가치(교환가치)를 발견함으로써 모든 상품 사이의 비교를 가능하게 한다. 동질적인 것만이 일반적 비교가 가능하다는 점에서 가치의 발견은 노동 력 그 자체가 상품으로 되는 가장 고도로 발전된 상품사회인 자본주의의 본질을 등가의 가치교환에 있으며 등가교환을 가장한 착취 즉, 잉여가치의 개념에서 찾을 수 있게 되 었다. 이를 통해 자본주의 사회에서의 온갖 현상 형태들인 이윤, 이자, 지대 등의 비밀 을 해명했다. 이런 연구와 서술의 방식은 경험적 구체에서 추상적 법칙을 추출하고 이 를 통해 다시 현실의 제 사회현상을 본질적 법칙이 현상된 것으로 그 필연적 측면과 그 것의 발현을 촉진 혹은 억제하는 우연적 측면을 공히 이해하는 것으로, 경험적 연구를 통한 이념과 지향의 확인과 그것을 판단·비판의 기준으로 하여 현실의 결과를 평가하 고자 하는 내재적 접근법의 문제의식과 동일한 것이다.

    북한사회에 대한 내재적 접근은 남한사회에 대한 동등한 수준에서의 내재적
접근을 요구한다. 이는 남한사회가 스스로 제기한 가치와 이념—가령 '자유민주
주의'라는 정치이념—에 비추어 경험적 성과나 현실을 평가하는 것이 남한사회의
'긍정적' 측면만을 드러내주고 '비판정신'을 결여하는 것으로 이해될 수 없듯이, 남
북사회에 수미일관된 '내재적' 접근은 경우에 따라서 '객관적'이라고 잘못 인식된
'외재적' 척도의 자의성을 배제함은 물론이려니와, 사회과학적 논리와 방법의 일
관성도 보여 준다.17)

    즉 송두율은 내재적 접근법을 통해 남북한을 각각 독자적인 목표와 지향
을 갖는 하나의 대상으로 설정하고 그것이 낳은 성과와 한계를 각각의 목표
와 지향을 판단과 비교의 기준으로 삼을 것을 주장함으로써, 외재적 척도의
자의성 즉, 선험적 이념에 의한 주관적 재단의 위험을 봉쇄하여 관찰자의 의
도나 이념에 의해 객관성이 위기에 처하기 십상인 사회과학연구의 일관성과
엄밀성을 견지할 수 있는 것으로 보는 것이다.
    선험적 이념의 개입을 방지하고 사회과학적 일관성을 유지하게 하는 내재
적 접근법에 기초한 북한 민주주의론 연구를 위해서는 다음과 같은 과제들
이 해명되어야 할 것이다.
    첫째, 북한의 민주주의 인식과 목표가 무엇인지 우선 해명되어야 한다. 또
한 내재적 접근법이 연구대상의 독자성까지 포괄해야 하는 점에서 북한 민
주주의론이 마르크스주의의 민주주의론과 공유하는 측면과 함께 북한의 내
적 동학, 조건 및 이념에 따른 고유한 측면도 아울러 해명되어야 한다.
    둘째, 마르크스주의 민주주의론과의 동일성과 함께 고유의 독자성을 갖는
북한의 민주주의론을 실현하기 위한 제도와 장치에 대한 해명이 필요하다.
당의 영도적 역할이나 조직화와 계획화 및 사회 전반의 조직원리로서 민주

---

17) 송두율, 1995, 「북한연구에서의 '내재적 방법' 재론」, 『역사비평』 통권 28호, 역사문제연
    구소, p. 226.

집중제(민주주의 중앙집권제)가 마르크스주의와 공유하는 사회주의적 민주주의 실현 기제라 한다면, 수령제, 항일유격대식 사업방법·청산리방법·현지지도 등은 다른 사회주의 국가들과 구분되는 북한의 민주주의 실현 장치라 할 수 있을 것이다.

셋째, 북한의 민주주의 인식과 목표 그리고 그것들의 실현 기제에 대한 이해를 바탕으로 북한의 민주주의가 처한 현실적 성과와 한계를 평가하여, 목표와 지향, 실천 기제와 관행들이 성과와 한계에 어떻게 작용했는지를 총체적으로 파악해야 할 것이다. 또한 북한이 처한 현재의 내외적 조건에서 북한의 민주주의에 대한 인식과 목표 및 실현방식에서 어떤 지속성과 변화의 측면이 존재하는 것인지를 전망해야할 것이다.

3. 북한의 민주주의에 대한 인식과 목표

가. 마르크스주의 민주주의론 개괄

마르크스는 「유대인 문제에 대하여」에서 정치적 해방과 사회적 해방을 구분한다. 정치적 해방이 봉건적 속박으로부터의 해방 즉, 부르주아 시민사회와 부르주아적 민주주의의 확립이라면 사회적 해방은 모든 억압과 구속으로부터의 근본적 해방을 의미한다.[18] 또한 마르크스는 「헤겔 법철학 비판 서문」

---

[18] 마르크스는 부르노 바우어가 유대인이 해방되기 위해서는 먼저 유대교를 버리는 종교적 해방을 성취해야 궁극적으로 정치적 해방이 가능하다고 본 것을 비판하고, 종교로부터의 해방은 곧 궁극적인 사회적 해방인 바 정치적 해방은 그 이전에 유대인이 달성할 수 있는 하위의 것이라고 주장하면서, 당시의 자본주의 사회가 더러운 유대교적 신앙 즉, 자본주의적 물신숭배에서 벗어나야 한다고 주장했다(Marx, Karl & Engels, Friedrich, 1975, *MEW* 3, Moscow: Progress Publisher, pp. 146~174).

에서도 독일의 부르주아의 취약성을 지적하면서 독일에서의 혁명에 대해 다음과 같이 말한다.

독일에서는 근본적인 혁명이 아닌 것, 일반적인 인간해방이 아닌 것이 유토피아적 꿈이고, 반대로 단지 부분적이고 정치적일 뿐인 혁명은 집의 기둥들을 그대로 세워 두는 혁명이다. 이 부분적이고 정치적일뿐인 혁명은 어디에 근거하는가? 그것은 시민사회의 한 부분이 자신을 해방시켜 일반적 지배에 도달하는 것에 근거하고, 특수한 상황으로부터 한 특정계급이 사회의 일반적 해방을 도모한다는 데 근거한다.[19]

이처럼 궁극적 사회해방과 정치해방을 구분하는 마르크스는 민주주의도 이에 근거하여 두 가지의 의미로 파악한다. 즉 "한편으로는 민주주의를 고전적 의미의 인민주권을 지향하는 운동으로, 다른 한편으로는 근대사회라고 하는 특정한 역사에서 한정되어 나타나는 정치적 제도로서 파악"하는 것이다.[20] 모든 계급적 적대가 사라지고 "개개의 자유로운 발전이 전체의 자유로운 발전의 전제로 되는 연합"[21] 속에서 실현되는 것이 인간해방 즉, 인민의 지배의 완성이라면, 부분적이고 정치적인 해방은 근대 시민사회에서 실현되는 부르주아 민주주의라는 제도를 갖고 온다고 보는 것이다. 그러나 마르크스와 엥겔스는 인민의 지배를 의미하는 말로는 "계급의 사멸"이나 "궁극적 인간해방" "사회적 해방" 등으로 주로 표현했고, 민주주의는 보통 계급지배의 형태라는 정치적 제도로 보다 빈번히 사용했다.

마르크스와 엥겔스는 「공산당선언」에서 "노동계급에 의한 혁명의 첫 단계

19) Marx, Karl & Engels, Friedrich, 1975, *MEW* 3, Moscow: Progress Publisher, p. 184.
20) 박주원, 1992, 「맑스의 민주주의론」, 손호철 편저, 『현대 민주주의론 1』, 서울: 창작과 비평사, p. 106.
21) Marx, Karl & Engels, Friedrich, 1975, *MEW* 6, Moscow: Progress Publisher, p. 506.

는 프롤레타리아를 지배계급의 지위로 올리고 민주주의 전선에서 승리하는 것이다"라고 함으로써[22] 결국 민주주의를 계급지배의 한 형태라는 제도로 파악한 것이다. 왜냐하면 프롤레타리아 혁명이 승리한 최초의 단계는 잔존한 부르주아에 대한 프롤레타리아 독재를 시행하는 국가임으로 이 또한 계급국가이기 때문이다. 엥겔스는 1884년 발표한 「가족, 사유재산, 국가의 기원」에서 민주주의 공화국을 다음과 같이 사용함으로써 계급지배의 도구인 국가와 민주주의의 관계에 대해 분명히 했다.

최고의 국가형태인 민주주의 공화국은 현대 사회의 여러 조건하에서 날이 갈수록 필연적인 것으로 되어 간다. 또 프롤레타리아트와 부르주아지간의 최후의 결전을 철저히 수행할 수 있도록 하는 유일한 국가 형태인 이러한 민주주의 공화국은 이미 공식적으로는 재산에 따른 차별을 문제 삼지 않는다. 거기에서 재부는 자기 권력을 간접적으로 행사한다. 그러나 그 대신 한층 확실하게 행사한다 …… 미국 이외에도 최근의 프랑스 공화국이 그 좋은 실례이며 또 훌륭한 스위스도 역시 이 방면에 공헌한 바가 크다. 그러나 정부와 주식거래소가 이런 친선동맹을 맺는 데에는 반드시 민주주의공화국만이 요구되는 것이 아니라는 것은 영국 외에도 신독일제국이 증명해준다.[23]

즉 엥겔스는 여기서 민주주의를 폭력적 혹은 독재적 통치와 대비되는 절차적인 민주주의 통치의 형태로 파악하고 있음을 보여 주는 것이다. 엥겔스는 역시 같은 해인 1884년 12월 12일 베벨에게 보낸 편지에서 이른바 "순수 민주주의파"가 맡을 역할에 대해 베벨의 의견에 반대하며 독일에서 "순수 민주주의파"의 역할은 공업발전이 앞선 나라들에서의 경우보다 더욱 부차적인 것으로 봄으로써, 정치적 제도로서의 민주주의와 그것의 실현을 주장하는 사

[22] Marx, Karl & Engels, Friedrich, 1975, *MEW* 6, Moscow: Progress Publisher, p. 504.
[23] F. 엥겔스 지음, 김대웅 옮김, 1987, 『가족, 사유재산, 국가의 기원』, 서울: 아침, pp. 233~234.

람들에 대해 비판적이었다.[24] 또한 레닌은 민주주의를 계급사회와 프롤레타리아 혁명 이후의 것으로 나누어 다음과 같이 설명한다.

> 그렇기 때문에 국가가 존재할 때의 민주주의와, 국가가 사멸될 때 그와 더불어 사라지는 민주주의에 관해서 구별해서 생각하지 못하는 사람은 이 말을 '이해하기 힘들 것이다.' 오직 혁명만이 부르주아국가를 '폐지'할 수 있다. 국가 일반 즉, 가장 완전한 민주주의는 단지 '사멸해 버릴' 수 있는 것일 뿐이지 결코 항구불변의 목적은 아닌 것이다. [25]

레닌은 민주주의를 계급지배의 도구인 국가의 통치형태로 파악하고 "가장 완전한 민주주의"를 혁명 이후의 프롤레타리아 독재에서 구현되는 것으로 보면서 이것은 이전의 국가나 민주주의처럼 폐지되는 것이 아니라 사멸되는 것으로 파악한다. 이처럼 마르크스주의의 민주주의론은 민주주의를 계급국가의 통치형태로 파악하며, 특정한 역사발전 단계에 출현하는 역사적 범주로 파악한다. 따라서 초역사적이고 초계급적인 이상으로서의 민주주의는 존재할 수 없는 것으로 된다.

나. 북한의 민주주의에 대한 인식과 목표

북한에서도 민주주의에 대해서 마르크스-레닌주의와 마찬가지로 계급적·역사적 성격을 갖는 것으로 파악한다. 북한의 『정치사전』(1973년판)과 『철학사전』(1985년판)에는 모두 민주주의에 관한 독자적인 규정이 없는 대신 "부르죠아 민주주의" "사회주의 민주주의/프롤레타리아 민주주의" 항목을 따로

24) F. 엥겔스 지음, 「엥겔스가 라이프치히의 아우구스트 베벨에게」, 김세균 감수, 『마르크스 엥겔스 선집 5』, 서울: 박종철출판사, pp. 464~469.
25) V. I. 레닌 지음, 김영철 옮김, 1988, 『국가와 혁명』, 서울: 논장, pp. 30~31.

두어 설명하는 것도 이 때문이다. 북한의『정치사전』의 '부르죠아독재와 부
르죠아민주주의' 항목에서는 다음과 같이 규정한다.

부르죠아독재와 부르죠아민주주의

부르죠아 독재와 부르죠아민주주의는 피착취근로대중에 대한 지주, 자본가 계
급의 무제한한 착취와 압박을 실현하기 위한 부르죠아독재의 두 측면으로서 그것
은 지주, 자본가 계급을 반대하는 근로대중의 투쟁을 가혹하게 탄압하며 그들에
게 헐벗고 굶어죽을 자유밖에 주지 않는 수단이다. 부르죠아독재는 그 계급적본
질로부터 군대, 경찰, 헌병, 정보기관, 재판소, 감옥 등 폭력기구로써 근로대중을
탄압하며 그들의 초보적인 민주주의적자유와 생존의 권리마저 빼앗는다. 또한 부
르죠아독재는 다른 나라에 대한 침략과 략탈을 감행하여 식민지고률리윤을 최대
한으로 자내면서 동시에 식민지 국가인민들의 민족해방투쟁을 야수적으로 탄압
한다. 부르죠아지들은 자기들의 독재의 반동성을 가리우기 위하여 이른바 부르죠
아민주주의를 표방하여 마치도 자본주의사회에서 인민대중이 정권에 참가하며
그들이 민주주의적 자유와 권리를 향유하는 것처럼 가장해나선다.[26]

위의 규정에서 알 수 있듯이 북한에서는 자본주의 사회에서 실시되는 통
치의 계급적 성격을 부르죠아독재로 규정하며 그 속에 두 가지의 통치형태
로 강제력에 기초한 부르주아 독재와 민주주의적 자유와 권리를 부여하는
듯 기만하는 부르주아 민주주의 방식이 있다고 인식한다. 즉 부르주아 독재
라는 계급적 본질을 갖는 통치유형에 독재적 방식과 민주주의적 방식이라는
두 가지의 통치형태가 있다고 본다.

1985년판『철학사전』에서는 '부르조아독재'와 '부르조아민주주의' 항목을
분리하고 있으나 여기서도 역시 부르주아 독재의 계급적 본질과 그것을 실
현하는 독재와 민주주의의 두 가지 방식을 설명하고 있다.

---

26) 사회과학출판사, 1973,『정치사전』, 평양: 사회과학출판사, p. 481.

부르조아독재

 노동계급을 비롯한 근로인민대중의 자주성을 억누르고 지주, 자본가들에게 온갖 자유와 권리를 보장해 주는 독재. ……

 부르조아독재의 기능은 지주, 자본가들의 이익을 옹호하기 위하여 노동자, 농민을 비롯한 피착취근로인민대중의 자주성을 실현하기 위한 투쟁을 진압하는 것이다. 자본주의 사회에서 자본가계급은 자기의 계급적 이익에 맞게 각이한 국가통치형태를 취하나 본질에 있어서 그것들은 근로인민대중의 자주성을 짓밟고 유린하는 부르조아지의 정치적 지배이다. …… 지주, 자본가계급은 부르조아독재의 반동적 본질을 가리기 위하여 '민주주의'를 표방하며 마치 부르조아국가가 '자유'와 '민주주의'를 실시하는 듯이 꾸며대고 있다. 그러나 부르조아사회에서의'자유' '민주주의'는 지주, 자본가들을 위한 것이며 그것은 근로인민대중에 대한 저들의 가혹한 독재와 결합되어 있다. 자본주의하에서 근로 인민대중은 어떠한 민주주의적 자유와 권리도 갖고 있지 못하며 그들에게는 오직 예속과 굴종만이 강요될 뿐이다.

부르죠아민주주의

 부르조아 사회에서 극소수 착취계급에게만 실시하는 민주주의. ……

 부르조아민주주의는 국가주권과 생산수단에 대한 극소수 자본가들의 소유를 정치경제적 기초로 하고 있다. 국가의 모든 권력과 기본 생산수단을 틀어쥔 극소수 자본가들은 국가의 모든 활동을 저들의 의사와 이익에 복종시키며 근로인민대중을 가혹하게 착취한다. 부르조아민주주의의 사상적 기초는 서유럽에서 부르조아혁명을 준비하고 수행하던 17~18세기에 이루어지게 되었다. …… 봉건적 전제주의를 타파하는데에서 일정하게 진보적 역할을 하였다.

 그러나 오늘에 와서는 민주주의와 관련된 그 어떤 부르조아 이론의 합리성과 진리성에 대해서도 말할 수 없다. 부르조아민주주의 반동적 역할은 무엇보다도 부르조아독재의 반인민적 본질을 가리우는데 있다. 절대다수 인민대중에게 정치적 무권리를 강요하는 부르조아 정치를 '민주주의'라는 위장물로 미화하는 것이 부르조아민주주의이다. ……부르조아민주주의는 또한 사회주의적 민주주의를 비방중상하는 역할도 한다. 부르조아민주주의는 사회주의제도가 출현한 다음 '자유민주주의'로 자신을 변색하였다. …… 부르조아민주주의의 기만성은 '보통선거에 의한 대의제 민주주의'에서 여실히 드러나고 있다. …… 부르조아지는 저들의 통치가 위기에 빠지면 임의의 시각에 국회도 해산하며 형식상의 '민주주의'마저 내던지고 파쇼통치를 행한다.[27]

부르주아 독재를 자본주의 정치의 계급적 본질로 보면서, 지배계급이 자신들의 통치의 필요성에 따라 강제력과 "형식적, 기만적" 민주주의라는 통치형태를 선택한다고 보는 점은 『정치사전』에서와 마찬가지이다. 그러나 부르주아 민주주의가 자본주의 사회에서 지배계급에 대해 실시되는 것이며 부르주아 독재의 반인민적 성격을 가리는 기만적이며 명색만의 일반선거권을 부여하는 형식적인 것으로 비판하면서, 자유와 민주주의가 자본주의에서는 결코 실시될 수 없다고 강조함으로써, 역으로 가치로서의 자유와 민주주의에 대한 적극적 평가의 길을 열어 놓은 것으로 보인다.[28]

통치형태로서의 부르주아 민주주의의 기만성과 반동성에 대한 비판과 역사적·계급적 제약성에 대한 북한의 인식은 마르크스-레닌주의 일반의 부르주아 민주주의 비판과 동일하다. 그러나 '프롤레타리아 민주주의'와 '사회주의적 민주주의'에 대한 북한의 인식에서는 마르크스주의 민주주의론과 미묘한 차이가 감지되는 데, 우선 북한에서 사회주의적·프롤레타리아적 민주주의 대해 어떻게 인식하고 있는지 살펴보자. 북한의 『정치사전』과 『철학사전』에는 다음과 같이 규정되어 있다.

[27] 사회과학원 철학연구소, 1985, 『철학사전』, 평양: 사회과학원, pp. 268~269.
[28] 이에 대해서는 1973년판 『정치사전』의 '프롤레타리아민주주의' 규정과 1985년판 『철학사전』의 '사회주의적 민주주의' 규정에서 나타나는 차이를 비교할 때 다시 설명될 것이다.

프로레타리아민주주의

프로레타리아민주주의는 부르죠아민주주의를 근본적으로 청산한 기초우에서 발생한 가장 높은 형태의 민주주의이다. 프로레타리아민주주의는 철두철미 로동계급을 비롯한 근로인민을 위한 민주주의로서 그들에게 참다운 정치적권리와 자유를 보장한다. 프로레타리아민주주의는 로동계급을 비롯한 근로대중이 나라의 주인으로서 국가사업에 적극 참가하여 주권을 실질적으로 행사할 수 있게 한다. …… 프로레타리아민주주의는 이러한 본질적우월성을 가지고 있음으로 하여 가장 높은 형태의 민주주의로 된다. 프로레타리아민주주의보다 더 나은 어떤 민주주의도 있을 수 없으며 있다면 그것은 벌써 민주주의가 아니다. 프로레타리아민주주의를 발양시키기 위해서는 프로레타리아독재를 강화해야 한다. …… 우리나라 사회주의제도하에서는 모든 근로자들에게 온갖 자유와 민주주의적 권리가 최대로 발양되고 있으며…[29]

사회주의적 민주주의

근로인민대중을 위하여 복무하는 노동계급의 국가활동의 기본방식.…… 근로인민대중의 의사가 곧 국가의 정책으로 되고 근로인민대중의 이익을 위하여 모든 것을 복종시키는 정치만이 참다운 민주주의로 된다. 진정한 민주주의는 오직 근로인민대중이 국가와 사회의 주인으로 되고 있는 사회주의사회에서만 실현될 수 있다. …… 자본주의사회에서의 이른바 '민주주의', 부르죠아민주주의는 소수를 위한 '민주주의'이며 따라서 그것은 본래의 의미에서의 민주주의가 아니다.

근로인민대중의 이익을 떠나서 소수 특권계층의 이익을 옹호하는 정치는 어떤 경우를 막론하고 민주주의가 될 수 없다. 세상에서 참다운 민주주의는 오직 근로인민대중을 위한 민주주의, 사회주의적 민주주의이다. 오늘 우리나라에서는 사회주의적 민주주의가 전면적으로 실시되고 있다.[30]

위의 두 인용문에 나타난 공통점은 프롤레타리아 혹은 사회주의적 민주주

29) 사회과학출판사, 1973, 『정치사전』, 평양: 사회과학출판사, pp. 1177~1178.
30) 사회과학원 철학연구소, 1985, 『철학사전』, 평양: 사회과학원, pp. 352~353.

의가 가장 높은 형태의 민주주의이고 부르주아 민주주의를 극복한 것이라는
데 있다. 그러나 『철학사전』에서는 "높은 형태의 민주주의"로 프롤레타리아
민주주의를 정의하고 그것보다 더욱 우월한 것은 이미 민주주의가 아닌 어
떤 것이라 하여, 레닌이 『국가와 혁명』에서 국가일반과 함께 사멸할 것으로
본 "가장 완전한 민주주의"[31]와 완전히 일치되는 것으로 정의한다. 즉 1973년
북한의 민주주의에 대한 공식적 입장은 일정한 역사적 통치형태로서 국가와
함께 소멸할 것으로 보는 마르크스-레닌주의 민주주의론과 동일했음을 알
게 한다. 그러나 1985년판 『철학사전』에서는 사회주의적 민주주의를 '진정한
민주주의' '참다운 민주주의'로 규정하면서 부르주아 민주주의를 소수를 위한
것이기 때문에 "본래의 의미의 민주주의"가 될 수 없다고 주장한다. 이 경우
'본래의 의미'는 결국 민주주의의 어원인 인민의 지배를 뜻한다고 볼 수 있을
것이다. 실제로 『철학사전』에서는 "사회주의적 민주주의를 원만히 실시하기
위해서는 근로인민대중을 인민정권사업에 널리 참가시키며 국가정치 생활에
서 근로인민대중의 역할을 끊임없이 높여야 한다"고 규정하고 있기 때문이
다.[32] 이렇게 보면 이미 1985년경 북한에서는 민주주의를 통치형태로서만 아
니라 "인민의 지배"라는 이상적 가치로서의 민주주의가 북한의 사회주의제도
속에 확립된 것으로 보는 것으로 판단할 수 있다. 즉 이것은 국가와 함께 통
치형태로서의 민주주의도 사멸할 것으로 보는 마르크스-레닌주의의 민주주
의론과 일정한 차이를 보이는 것으로 해석할 수 있을 것이다. 실제로 1992년
김정일은 중앙당 책임일꾼 담화 「사회주의 건설의 력사적 경험과 우리당의
총로선」에서 북한의 사회주의 공산주의 건설의 총노선을 다음과 같이 규정
했다.

---

[31] V. I. 레닌 지음, 김영철 옮김, 1988, 『국가와 혁명』, 서울: 논장, pp. 30~31.
[32] 사회과학원 철학연구소, 1985, 『철학사전』, 평양: 사회과학원, p. 353.

인민정권을 강화하고 그 기능과 역할을 끊임없이 높이면서 사상, 기술, 문화의
3대혁명을 철저히 수행하는 것은 수령님께서 내놓으신, 사회주의, 공산주의 건설
의 총로선입니다.[33]

즉 북한에서는 국가의 사멸 대신 인민정권의 강화를 총노선으로 채택함으
로써, 마르크스주의와 일정한 차이를 보여주고 있다. 마르크스와 엥겔스가
사멸한 국가 대신 들어설 것으로 본 "개개의 자유로운 발전이 전체의 자유로
운 발전의 기초로 되는 연합(association)"[34]이 이미 북한식 사회주의 제도를
운영하는 인민정권으로 성립되었다고 보고, 인민정권의 강화에 3대혁명의
강화를 더하면 사회주의의 완전한 승리 즉, 공산주의에 도달할 것으로 보는
것이다. 이에 따라 인민정권이 실시하는 '참다운 민주주의' '진정한 민주주의'
도 사멸되는 것이 아니라 강화되어야 할 것으로 본다. 김정일은 1991년 담화
「인민대중 중심의 우리식 사회주의는 필승불패이다」에서 다음과 같이 북한
식의 사회주의가 진정한 사회주의임을 주장하였다.

인민이 정권의 주인으로 되고 있는 우리나라에서는 모든 근로자들이 사회의
평등한 성원으로서 동등한 정치적권리를 가지고 모든 주권행사와 국가관리에 주
인답게 참가하고 있으며 사회정치활동을 자유롭게 벌리고 있습니다.
우리의 사회주의사회는 인민들에게 참다운 정치적 권리와 자유를 실질적으로
보장하여주는 진정한 민주주의사회입니다. 원래 사회주의와 민주주의는 분리될
수 없습니다. 사회주의적 민주주의만이 진정한 민주주의입니다.[35]

---

[33] 김정일, 1993, 「사회주의 건설의 력사적 경험과 우리당의 총로선(1992)」, 통일원 편, 『김
정일 주요 논문집』, 서울: 통일원, p. 289.
[34] Marx, Karl & Engels, Friedrich, 1975, *MEW* 6, Moscow: Progress Publisher, p. 506.
[35] 김정일, 1991a, 「인민대중 중심의 우리식 사회주의는 필승불패이다(1991)」, 경남대학교
극동문제연구소, 『북한자료집 김정일 저작선』, 마산: 경남대학교 출판부, p. 551.

즉 북한에서는 이미 인민이 정치의 주인으로서 인민의 지배가 완성되었고 인민정권은 인민을 위한 정치를 함으로써 진정한 민주주의라고 주장하는 것이다. 이어서 김정일은 진정한 민주주의가 구현된 북한식 사회주의는 '수령, 당, 대중이 일심단결'한 사회주의로서 세도와 관료주의를 타파하고 '혁명적 사업방법'과 '인민적 사업작풍'을 확립했다고 주장했다.[36] 즉 김정일은 인민의 지배와 인민을 위한 정권이 진정한 민주주의, 인민정권이라고 보고 이를 북한식 사회주의가 이미 실현하고 있으며, 따라서 이를 더욱 강화시켜나갈 것을 촉구하고 있는 것이다.

4. 북한의 민주주의 실현 기제

인민의 지배와 인민을 위한 정치의 결합을 진정한 민주주의로 이해하고, 북한의 인민정권에 이런 정치가 이미 체현되어 있는 것으로 주장한다. 김정일은 이런 북한의 사회주의를 수령, 당, 대중이 하나의 생명으로 결합된 사회정치적 생명체로 규정하며, 거기서는 혁명적 의리와 동지애의 원리가 작용된다고 주장한다.

> 하나의 사회적집단을 단위로 하여 볼 때 평등의 원리가 개인과 개인의 관계에서 예속과 불평등을 반대하고 개인의 자주성을 옹호하는데 이바지한다면 혁명적 의리와 동지애는 사람들을 운명을 같이 하는 하나의 사회정치적 생명체로 결합시키고 사회적집단의 자주성을 옹호하는데 힘있는 작용을 합니다. 평등의 원리가 개인의 생명을 가장 귀중한 것으로 여기는 개인주의적 생명관에 기초하고 있다면

---

36) 김정일, 1991a, 「인민대중 중심의 우리식 사회주의는 필승불패이다(1991)」, 경남대학교 극동문제연구소, 『북한자료집 김정일 저작선』, 마산: 경남대학교 출판부, pp. 560~570.

혁명적 의리와 동지애의 원리는 개인의 생명보다 사회정치적집단의 생명을 비할 바 없이 더 귀중히 여기는 집단주의적 생명관에 기초하고 있습니다.[37]

즉 북한은 이미 진정한 민주주의 즉, 수령, 당, 인민이 혈연적으로 결합되어 있는 집단주의 사회이기 때문에 자유와 평등이 아닌 혁명적 의리와 동지애가 사회의 기본원리로 된다는 것이다. 개인주의가 지배하는 사회 즉, 자본주의에서 가장 중요한 사회원리였던 자유와 평등은 집단주의 사회인 사회주의에서는 혁명적 의리와 동지애로 대체되는 데, 진정한 민주주의가 실현된 사회주의에서는 서로에 대한 믿음을 가지고 동지적 관계에서 서로 돕고 살아야 한다는 것이다. 나아가 김정일은 수령이 사회정치적 집단의 생명의 중심이기 때문에 혁명적 의리와 동지애도 수령을 중심으로 집단의 통일을 보장하는 방향으로 이루어져야 한다며, 수령, 당, 인민의 관계를 다음과 같이 규정했다.

수령, 당, 대중이 하나로 결합되어서만 영생하는 사회정치적 생명체를 이루는 것 만큼 그것을 서로 분리시키거나 대치시켜서는 안 됩니다. 당과 수령의 령도를 떠난 대중이 력사의 자주적인 주체로 될 수 없는 것처럼 대중과 떨어진 당과 수령도 력사를 향도하는 정치적령도자로서의 생명을 가질 수 없습니다. 대중과 떨어진 수령은 수령이 아니라 하나의 개인이며 대중과 떨어진 당은 당이 아니라 하나의 개별적인 집단에 지나지 않습니다.[38]

즉 진정한 민주주의가 실현된 북한의 사회주의 사회에서 지도와 대중의 유기적 결합의 필요성을 강조하면서, 김정일은 수령제를 인민의 지배와 인민

37) 김정일, 1991b, 「주체사상교양에서 제기되는 몇 가지 문제에 대하여(1986)」, 경남대학교 극동문제연구소, 『북한자료집 김정일 저작선』, 마산: 경남대학교 출판부, p. 322.
38) 김정일, 1991b, 「주체사상교양에서 제기되는 몇 가지 문제에 대하여(1986)」, 경남대학교 극동문제연구소, 『북한자료집 김정일 저작선』, 마산: 경남대학교 출판부, p. 323.

을 위한 정치를 의미하는 민주주의를 구현하는 기제로 주장한다. 이것은 민주주의에 근본적으로 대립되는 것을 관료주의로 보면서 관료주의를 타파하는 방법을 "수령식 사업방법"대로 일할 것을 강조하는 1985년판 북한의 『철학사전』에서의 다음과 같은 관료주의 규정에 의해 명백해진다.

> 착취사회에서 관료배들이 인민대중을 다스리는 반민주적 통치방법. 민주주의와 근본적으로 대립된다. ……관료주의는 인민대중의 의사와 어긋나는 것을 우격다짐으로 내려먹이며 인민들의 이익에 배치되게 행동하는 그릇된 사업태도이다. 주관적으로는 어떻든지 또 그것이 어떤 형태로 표현되든지 인민대중의 의사에 맞지 않는 것을 내려먹이며 인민들의 이익을 침해하는 것은 다 관료주의이다. 착취제도와 착취계급이 청산되고 근로인민대중이 나라의 주인으로 된 사회주의사회에는 관료주의를 낳는 사회계급적 근원은 없지만 그것은 낡은 사회의 유물로서 일정한 기간 남아 있게 된다. 사회주의사회에서 착취계급의 통치수법으로서의 관료주의가 남아 있게 되는 것은 일부 일꾼들의 머리속에 낡은 사상잔재가 남아 있으며, 그들이 혁명적 사업경험이 어리고 정치적 식견과 실무수준이 낮으며 능숙한 대중지도 경험과 방법을 소유하지 못하고 주관주의적으로 일하기 때문이다. ……… 관료주의를 철저히 없애기 위해서는 일꾼들을 김일성의 주체사상과 김정일의 사상, 이론으로 튼튼히 무장시키며 그들로 하여금 인민대중을 위하여 헌신적으로 복무하는 혁명적 사상관점과 사업태도를 확고히 가지도록 하여야 한다. 또한 혁명적 조직생활을 강화하고 자체 수양을 끊임없이 하며 모든 일꾼들이 수령식 사업방법대로 일해야 한다.[39]

사회주의 사회에서 구시대의 사상잔재로 남아 있는 관료주의는 인민의 지배인 민주주의에 가장 큰 장애인데, 이의 극복은 수령의 사업방법으로 퇴치할 수 있다고 보는 것이다. 북한에서는 수령식 사업방법에 대해 김일성이 혁명과 건설의 전과정에서 견지한 방법으로 "그 모든 내용들이 근로인민대중으

---

[39] 사회과학원 철학연구소, 1985, 『철학사전』, 평양: 사회과학원, p. 66.

로 하여금 혁명과 건설에서 주인으로서의 입장을 지키고 주인으로서의 역할을 다할 수 있도록 체계화되어 있는 주체의 사업방법"으로 규정한다.[40] 그 사업방법의 기본내용으로 위가 아래를 도와주는 방법, 실정을 요해하고 대책을 세우는 방법, 정치사업을 앞세우는 방법, 중심고리를 찾고 거기에 힘을 집중하는 방법, 일반적 지도와 개별적 지도를 결합하는 방법, 모든 사업을 격식과 틀이 없이 창조적으로 하는 방법, 사업을 대담하고 통이 크게 벌이는 방법 등의 일곱 가지로 제시하면서 그 전형적인 형태로 항일유격대식 사업방법과 청산리방법을 내세운다.[41] 항일유격대식 사업방법의 본질을 "인민대중 속에 깊이 들어가 그들을 일깨워주고 인민대중을 동원하여 혁명투쟁을 벌이는 사업방법"[42]으로 그리고 청산리방법에 대해서는 "항일유격대식사업방법의 기본내용을 새롭게 구체화하고 심화발전시킨 것이다. 청산리방법의 기본은 윗기관이 아래기관을 도와주고 윗사람이 아랫사람을 도와주며 늘 현지에 내려가 실정을 깊이 알아보고 문제해결의 올바른 방도를 세우며 모든 사업에서정치사업, 사람과의 사업을 앞세우고 대중의 자각적인 열성과 창발성을 동원하여 혁명과업을 수행하는 것"으로 규정한다.[43]

요컨대 북한에서는 이미 실현된 진정한 민주주의 즉, 인민의 지배를 실현하는 데 최대의 장애로 되는 것을 낡은 사상 잔재인 관료주의로 보면서 이의 퇴치를 위해 수령제와 수령식 사업방식을 내세운다. 여기서 수령제와 수령식 사업방식의 기본내용이 다름 아닌 인민의 자발성과 창발성에 의한 혁명과 건설이 됨으로써, 그 자체가 인민의 지배라는 민주주의의 어원적 내용에 부합하는 진정한 민주주의라는 주장이다. 따라서 북한의 독특한 민주주의의 실

---

40) 사회과학출판사, 1985/1989a, 『주체사상의 사회역사원리』, 서울: 백산서당, p. 73.
41) 사회과학출판사, 1985/1989a, 『주체사상의 사회역사원리』, 서울: 백산서당, pp. 80~172.
42) 사회과학출판사, 1985/1989a, 『주체사상의 사회역사원리』, 서울: 백산서당, p. 159.
43) 사회과학출판사, 1985/1989b, 『영도예술』, 서울: 지평, p. 167.

현 기제는 바로 수령제와 수령의 사업방법인 혁명적 군중노선 및 인민적 사업작풍으로 되는 것이다. 북한 고유의 이런 민주주의 실현 기제 외에도 북한은 당과 정권의 기본적 조직원리로 민주주의적 중앙집권제를 채택함으로써 마르크스-레닌주의 일반과 공통적인 사회주의적 민주주의 실천 기제를 채택하고 있다. 1973년판『정치사전』에는 민주주의적 중앙집권제에 대해 다음과 같이 규정하고 있다.

> 로동계급의 당과 국가 및 근로단체의 조직활동의 근본원칙의 하나로서 민주주의에 기초한 중앙집권제.
> 중앙집권제는 개인은 조직에, 소수는 다수에, 아래는 우에, 전체 성원과 조직은 중앙에 절대복종하며 아래기관은 웃기관의 결정을 의무적으로 집행하여야 하며 웃기관은 아래기관의 사업을 계통 적으로 지도하는데서 나타난다. …… 중앙집권제는 민주주의에 기초하고 있다. 그것은 모든 지도기관들은 아래로부터 우에 이르기까지 민주주의적으로 선거되며 선거받은 일군들은 선거자들 앞에서 자기 사업에 대한 책임을 지며 만일 그들이 일을 잘못하였을 때에는 선거자들이 그들을 소환할 수 있는 권리를 가지고 있는데서 나타난다. …… 민주주의원칙과 중앙집권제는 유기적인 통일을 이루고 있다. 민주주의가 없는 중앙집권제는 관료주의를 초래하며 중앙집권제가 없는 민주주의는 부르죠아 자유주의를 낳는다. 민주주의적중앙집권제는 수령의 유일적인 령도밑에서만 성과적으로 실현될 수 있다.[44]

즉 조직의 통일과 일관된 실천의 효율성을 위해 중앙집권제를 강조하면서도, 각 기관의 구성과 정책의 결정은 민주주의적 방법으로 실시함으로써 중앙집권제와 민주주의를 인과적 과정으로 결합시킴으로써 민주주의에 근본적으로 대립되는 관료주의를 방지하려는 것이다. 여기서 민주주의란 선거에 의한 간부의 선출과 그들에 대한 선거권자의 소환 등 절차적 민주주의를 강조

---

44) 사회과학출판사, 1973,『정치사전』, 평양: 사회과학출판사, pp. 435~436.

하는 것이 눈길을 끈다. 이것은 마르크스-레닌주의의 민주집중제와 동일한
것이다. 그러나 북한의 민주주의적 중앙집권제는 수령의 유일적 영도 아래
진행되는 것으로 보는 점이 특징적이다. 따라서 북한에서는 수령의 혁명적
영도방식인 혁명적 군중노선에 따라 군중 속에 들어가 사상사업을 앞세워
그들 스스로가 혁명과 건설의 주인으로 나서게 하는 데서도 민주주의적 중
앙집권제를 이용하고자 하는 것으로 볼 수 있다. 남한과 서구에서 북한의 사
상세뇌와 생활통제라 비난하는 수령의 현지지도와 5호 담당제, 인민반 조직
그리고 직장과 지역 단위에서 실시되는 수요강좌, 토요학습 및 독보회 등 북
한의 다양하고도 집중적인 조직과 학습망은 관료주의를 방지하고 인민대중
에게 당의 정책을 설명하여 이해시키고 나아가서는 인민대중의 의사와 요구
를 수렴하는 기제로서 북한식의 사회주의적 민주주의 실현에 주요한 도구로
볼 수도 있을 것이다. 왜냐하면 북한이 인민정권으로 구현하고 있다고 주장
하는 '진정한 민주주의'가 인민의 직접지배와 인민을 위한 정책이 결합된 것
으로 본다면, 인민대중이 혁명과 건설에 주인으로 나서기 위한 정보와 지식
의 습득, 그들의 의사와 이익을 대표하는 인민정권에 대한 자신들의 의사 피
력의 통로 등이 필수적으로 요구되기 때문이다. 따라서 수령, 당, 인민대중의
삼위일체적 통일을 전제로 하는 북한의 이른바 "우리식 사회주의"에서 민주
주의적 중앙집권제는 조직과 국가 전체의 진정하고 힘 있는 통일을 위해 단
순한 절차적 민주주의 이상의 민주주의를 필요로 한다고 할 것이다. 1980년
대 말 소련과 동유럽 현실사회주의의 위기와 붕괴에도 북한 사회주의가 적
어도 1994년 김일성 사망 이전의 안정성을 유지하면서, 다양한 담화들을 통
해 북한 사회주의의 차별성을 대내외적으로 선전할 수 있었던 원인들 중 하
나도 이 점에서 찾아야 한다고 본다.[45]

---

[45] 이에 대해서는 1991년 김정일의 담화 「인민대중중심의 우리식 사회주의는 필승불패이
다」와 1992년의 담화 「사회주의 건설의 력사적 경험과 우리당의 총로선」 등에 잘 나타

5. 북한 민주주의의 현황과 문제점 및 전망

절차적 민주주의를 유일하게 가능한 민주주의로 보고 형식적 자유와 선거에서의 평등만을 기준으로 하는 부르주아 민주주의 관점에서는 결코 인정할 수 없겠지만 이상과 같이 북한에서도 나름의 민주주의가 존재한다. 즉 북한에서는 1985년판 『철학사전』에서 "근로인민대중의 의사가 곧 국가의 정책으로 되고 근로인민대중의 이익을 위하여 모든 것을 복종시키는 정치만이 참다운 민주주의"[46]라고 규정하고 있듯이, 인민의 지배와 인민을 위한 정치를 민주주의로 인식하고, 북한의 인민정권은 이미 이를 구현한 참다운 민주주의이기 때문에 마르크스-레닌주의 일반의 국가사멸론과 달리 인민정권의 강화를 통한 사회주의의 완전승리와 공산주의 실현을 전망한다. 이를 위해서는 민주주의에 근본적으로 대립되는 관료주의의 청산을 목표로 수령제와 민주주의 중앙집권제, 수령의 혁명적 사업방법 및 현지지도와 다양한 조직 및 학습망을 민주주의 실현의 기제로 활용하고 있다. 여기서는 이런 참다운 민주주의에 대한 북한의 인식과 이를 구현하고 있다는 북한식 사회주의 제도의 이상적 지향을 기준으로 삼아 각각의 민주주의 실현 기제의 활용 결과 나타나고 있는 북한의 정치사회적 현실과 문제점을 내재적 접근법에 의거하여 비판적으로 평가할 것이다. 이를 위해 참다운 민주주의론과 함께 비판의 또 하나의 기준으로 되는 북한식 사회주의 제도에 대한 북한의 인식을 살펴보자. 김정일은 1991년 담화 「인민대중중심의 우리식 사회주의는 필승불패이

나 있다. 여기서 김정일은 북한식 사회주의는 인민의 선택에 따라 실정에 맞게 자체의 힘으로 세운 인민대중중심의 사회주의이고, 이와 달리 일부 사회주의가 실패한 나라들은 역사의 주체인 인민대중을 중심으로 사회주의 건설에서 주체를 강화하고 주체의 역할을 높이지 못했기 때문이라고 주장했다. 바꾸어 말하면 북한은 인민대중이 직접 혁명과 건설을 담당하는 주인으로 된 진정한 참다운 민주주의를 실행에 옮겼다는 주장으로 이해할 수 있다.

[46] 사회과학원 철학연구소, 1985, 『철학사전』, 평양: 사회과학원, p. 352.

다」에서 북한식 사회주의 제도와 인민정권의 역할에 대해 다음과 같이 규정하고 있다.

> 우리나라 사회주의 제도는 인민대중에게 자주적이며 창조적인 생활을 마련해 주는 가장 우월한 사회제도입니다. 온갖 예속과 구속에서 벗어나 자주적이며 창조적인 삶을 마음껏 누리려는 우리인민의 염원은 정치생활, 경제생활, 사상문화 생활의 모든 분야에서 빛나게 실현되고 있습니다. …… 우리나라 사회주의정권은 단순한 권력기관이 아니라 근로인민대중의 자주적 권리의 대표자, 창조적 능력과 활동의 조직자, 인민생활을 책임진 호주, 인민의 이익의 보호자로서 인민을 위하여 복무하는 정권입니다. …… 우리나라 사회주의는 수령, 당, 대중이 일심단결된 불패의 사회주의입니다. 사회주의 사회를 떠밀어 나가는 주체는 인민대중이지만, 인민대중은 당과 수령의 두리에 하나로 굳게 단결되어야 혁명의 자주적인 주체로서의 역할을 다할 수 있으며, 사회주의 건설을 성과적으로 수행할 수 있습니다. 사회주의 사회는 집단주의에 기초한 조직화된 사회인 것만큼 결코 자연발생적으로는 자기의 길을 개척해 나갈 수 없습니다.[47]

즉 북한의 사회주의 제도는 인민의 자주적 통치를 가능하게 해주는 참다운 민주주의적 제도이고, 사회주의 정권은 인민대중의 대표체이자 그들의 모든 생활영역을 보장해주는 인민에 의한 인민을 위한 정권인데, 그것을 가능하게 한 것은 바로 수령제라는 논리이다.

따라서 북한의 민주주의론에 대한 내재적 접근을 위해서는 수령제가 과연 무엇이며, 수령제가 북한의 민주주의론에 미친 영향에 대한 객관적 평가부터 시작해야 한다. 북한에서는 수령의 정의와 역할에 대하여 다음과 같이 규정한다.

---

47) 김정일, 1993, 「사회주의 건설의 력사적 경험과 우리당의 총로선(1992)」, 통일원 편, 『김정일 주요 논문집』, 서울: 통일원, pp. 223~241.

수령은 인민대중의 이익과 의사의 대변자이며 그의 유일한 대표자이다. 수령
은 단순한 개인이 아니다. 인민대중을 이루는 개별적 성원은 사회적 집단 전체를
대표할 수 없으며 집단의 활동을 통일적으로 이끌어나갈 수 없다. 수령은 개인과
엄격히 구별된다. …… 혁명의 지도사상을 창시하고 위력한 혁명역량을 마련하며
대중의 혁명투쟁을 승리의 길로 이끌고 수령의 후계자를 키우는 것은 역사발전에
서 수령이 노는 결정적 역할의 중요한 내용을 이룬다.[48]

즉 북한에서는 수령을 사상의 창시, 혁명의 지도, 후계자의 양성 등의 역
할을 함으로써 전체 인민의 의사와 이익을 대변하고 대표할 수 있게 된 지도
자라는 것이다. 따라서 수령은 개인이 아니고 선거 등을 통해 선출되는 직위
가 아니라 혁명의 과정에서의 역할을 통해 인민대중으로부터 추대되는 존재
로 보는 것이다. 즉 수령은 선거라는 절차적 민주주의의 대상이 아니고 민주
주의적 중앙집권제에서 규정된 선거를 통해 선출되는 직책과는 달리 혁명과
정에서의 역할로 인해 인민대중을 대표하게 된 존재 즉, 혁명의 뇌수이자 인
민대중의 이익의 최고체현자라는 것이다. 또한 북한에서는 관료주의에 빠지
지 않기 위해서는 수령의 사업방식에 따라야 한다고 주장하는 데, 바로 그것
은 인민대중 속에서 인민대중의 이익과 의사를 몸소 체득하는 것을 말한다.
이처럼 수령이 가능하기 위해서는 인민대중의 의사와 이익을 모두 체현할
수 있어야 하는데, 북한에서 과거부터 오늘에 이르기까지 김일성과 김정일의
빈번한 현지지도는 이를 위한 과정으로 이해된다.[49] 수령의 탄생이 제도적

---

[48] 사회과학출판사, 1985/1989a, 『주체사상의 사회역사원리』, 서울: 백산서당, pp.193~195.
[49] 황재준은 북한의 현지지도를 "김일성과 김정일이 매 시기마다 당면한 정치적·경제적
문제들에 대한 정책적 대안제시와 이의 집행, 그리고 그 과정에서 불거질 수 있는 당관
료 및 지도일군의 관료주의 및 형식주의적 사업방식 및 태도를 퇴치하는 것에서부터 지
도자의 권위 유지 및 강화, 후계자 계승에 이르기까지 북한체제가 형성·발전해온 궤적
을 그대로 투영하고 있다"고 평가하고 있다(황재준, 1998, 「북한의 '현지지도' 연구」, 서
강대학교 공공정책대학원 석사학위논문, pp. 91~96).

절차가 아닌 혁명과정에서 인민대중과의 밀접한 연계와 지도의 산물이라는 점은 김정일이 국방위원장이라는 공식 직책 칭호 외에 아직 수령의 칭호를 계승하지 않았던 점과 관련이 있는 것으로 보인다. 즉 김정일은 주체사상의 체계화와 김일성 수령으로부터 후계자 선정 등은 경과했지만 현재 현지지도와 정책수행을 통해 인민대중의 이익의 최고체현자로 명실상부한 역할과 수령의 주요 역할의 하나인 후계자의 양성 이전까지는 수령으로 가기 위한 일종의 수련기로 볼 수도 있기 때문이다.

이처럼 제도적 절차가 아닌 수령의 탄생과정은 관료주의와 형식주의의 퇴치, 인민대중의 의사와 이익의 직접 반영, 지도와 대중의 결합 등 인민의 지배라는 민주주의의 어원적 정의에 부합되는 측면이 없는 것은 아니다. 그러나 객관적인 절차의 부재로 인해 수령제는 대단히 취약한 약점이 존재하여 자칫 최소한의 절차적 민주주의마저 부정해 버릴 위험성을 갖고 있다. 첫째, 수령이 제도적 절차에 의해 선출되지 않는 것이라는 점에서 획득한 권력을 정당화하는 논리로 악용될 수 있다는 점이다. 이 점에서 김일성의 생전에는 혁명과 건설의 전과정에서 현지지도 등으로 지도와 대중의 긴밀한 협력에 의해 어느 정도 예방될 수 있었다 하더라도 최선의 상황이 지속적으로 반복될 수 있다고 생각할 근거가 없는 것이다. 둘째, 수령의 중요한 역할 가운데 하나인 후계자의 양성이 완성되지 못한 상태에서 수령에 유고가 생긴다면 결국 걷잡을 수 없는 권력투쟁 등 혼란을 야기할 수 있다는 점이다. 셋째, 현지지도나 수령의 사상과 노선, 정책 등을 인민대중에게 전달하는 통로에서 간부의 잘못 등으로 인해 상호 교통에 이상이 생긴다면 지도와 대중 사이에 심각한 분리가 야기될 수 있다는 점이다. 이상과 같은 문제점을 염두에 둔다면, 북한으로서도 '상징적 수령'으로 김일성을 계속 추대한 상태에서 최고지도자를 선출하는 방식을 제도화시킴으로써 제도적 안정을 모색하는 것이 민주주의의 발전을 위해 더욱 바람직할 것으로 생각된다.[50] 물론 현지지도 등 북한

의 건설과정에서 관료주의와 형식주의의 폐해를 방지하고 지도와 대중의 일
체화에 기여한 방식은 유지하면서도 제도적으로 선출된 최고지도자가 이전
의 수령의 역할을 대신할 수도 있을 것이기 때문이다.

　수령제가 갖는 북한식 민주주의에 대한 의의와 문제점 다음으로 두 번째
로 지적되어야 할 것은, 인민의 생활 전반을 책임진다는 북한의 사회주의 정
권의 민주주의 즉, 인민의 지배와 인민을 위한 정치 차원에서의 성과에 대한
비판적 평가이다. 김정일은 1991년 담화 「인민대중중심의 우리식 사회주의
는 필승불패이다」에서 북한의 사회주의 정권을 권리의 대표자, 능력과 활동
의 조직자일 뿐 아니라 인민을 먹여 살리는 호주로 규정했다.[51] 그러나 현실
에서 1994년 7월 8일 김일성 주석 사후 북한은 연이은 자연재해 등으로 극심
한 식량난을 비롯해 에너지와 외화의 부족으로 경제는 거의 파탄상태에 이
르러 아사자 속출이 보도되는 등 미증유의 고통을 겪었다. 그 원인이 남한과
서방에서 주장하는 것처럼 사회주의 계획경제의 내재적 요인에 의한 것이든,
북한의 주장처럼 연이은 자연재해와 현실사회주의 진영 붕괴에 따른 해외
교역상대의 상실이든 북한이 주장해왔던 호주로서의 역할을 사회주의 정권
이 제대로 수행하지 못한 점은 사실이다. 2002년 7월 1일자로 시행에 들어간
〈경제관리개선조치〉나 최근의 소위 '6·28 조치' 등 경제회복을 위한 노력이
지속되고 있지만, 여전히 위기에서 헤어나지 못하고 있는 실정이다. 정치, 경
제, 사회, 문화 등 인민생활의 모든 영역에 걸쳐 인민정권이 보장의 역할을
자임한 것이 오히려 위기에 대한 대응력을 세우는 데 장애를 초래한 것은 아
닌지 보다 발본적인 재검토가 요구된다고 하겠다.

<hr />

50) 이러한 시기는 김일성의 사망 이후, 그를 영원한 주석으로 선언한 것이나, 김정일의 사
　망 이후, 김정은의 최고지도자 취임을 앞두고, 김정일을 영원한 총비서 및 국방위원장
　으로 추대한 것과도 관련이 있다.
51) 김정일, 1993, 「사회주의 건설의 력사적 경험과 우리당의 총로선(1992)」, 통일원 편, 『김
　정일 주요 논문집』, 서울: 통일원, p. 227.

세 번째로 내재적 접근법에 의거하여 비판적으로 평가되어야 할 것은 수령의 혁명적 사업방법이라는 항일유격대식 사업방법과 청산리방법의 효과에 관한 것이다. 북한의 1985년판 『철학사전』에서는 사회주의적 민주주의의 활성화를 위해 인민대중의 적극적 참여가 필요하다며 다음과 같이 규정하고 있다.

> 사회주의적 민주주의를 원만히 실시하기 위해서는 근로인민대중을 인민정권 사업에 널리 참가시키며 국가정치생활에서 근로인민대중의 역할을 끊임없이 높여야 한다. 또한 사회주의경제문화 건설을 잘하는 것과 함께 인민대중의 이익을 침해하며 사회주의적 민주주의를 훼손하려는 온갖 적대행위를 반대하여 적극 투쟁하여야 한다.[52]

즉 사회주의적 민주주의의 발전을 위해서는 사회와 국가의 주인인 인민대중의 자주적이고 창발적인 참여가 전제되어야 하는 것으로 보고, 이를 위한 사업방법으로 관료주의를 퇴치할 수 있는 혁명적 사업 방법을 구현할 것을 요구한다. 항일유격대식 사업방법과 청산리방법은 이런 혁명적 사업방법의 두 가지 전형이고, "위가 아래를 도와주는 방법, 실정을 요해하고 대책을 세우는 방법, 정치사업을 앞세우는 방법, 중심고리에 힘을 집중하는 방법, 일반적 지도와 개별적 지도를 결합하는 방법, 모든 사업을 격식과 틀이 없이 창조적으로 하는 방법, 사업을 대담하고 통이 크게 벌이는 방법"의 일곱 가지를 기본 내용으로 제시한다.[53] 이런 혁명적 사업방법이 관료주의와 형식주의를 퇴치하고, 인민대중의 주인의식을 고취시키고 창의성을 발양시키며, 특히 사회주의 건설 초기 북한의 경제적 성과에서 알 수 있듯이 상당한 역할을 했음은

52) 사회과학원 철학연구소, 1985, 『철학사전』, 평양: 사회과학원, p. 353.
53) 사회과학출판사, 1985/1989b, 『영도예술』, 서울: 지평, p.80.

부인할 수 없다. 그러나 인민대중의 정치사상적 각성을 우선으로 하는 대중동원식 사업방법은 그 자체의 문제점을 가질 수밖에 없었던 것으로 보인다.

첫째, 인민대중의 사상의식을 주로 하는 동원은 일시적 효과를 거둘 수는 있겠지만 관성과 사회적 피로감 등을 야기하게 되어 결코 항구적으로 실시되기는 어렵고, 특히나 오랜 시간과 노력을 요하는 과학기술의 발전보다는 양적 목표 초과달성 등 가시적 성과에 급급하게 되기 쉽다는 점이다. 둘째, 북한의 소설이나 영화 또는 TV 드라마에서 자주 소재로 등장하는 헌신적인 공장당 비서와 근로자들에 대비되는 관료주의적이고 기술만능주의적인 지배인, 기사장 사이의 갈등의 대립 등에서 알 수 있듯이, 이른바 혁명적 사업방법이 가장 주요한 퇴치대상으로 삼은 세도와 관료주의를 청산한 것에도 실패했음을 엿볼 수 있다. 셋째, 북한의 식량난 등 1990년대 중반 이후 경제위기의 시기에 공장가동율의 저하와 식량 유민의 급증 등으로 사회가 혼란에 빠지자[54] 북한에서 가장 우선시하는 정치사업 즉, 사람과의 사업의 기본단위인 직장과 지역의 학습과 조직망이 와해됨으로써 위기에 인민대중이 조직적으로 통일된 대응을 할 수 없었다. 이를 통해 알 수 있겠지만 북한의 혁명적 사업방법의 기본단위는 정치, 경제, 사회 전반의 안정기에는 위력을 발휘할 수 있을지 모르지만 혼란이 조성되면 다른 단위로 그 파급력이 연쇄적으로 확산되는 취약성이 있다. 이것은 고도로 조직된 북한사회가 갖는 위기시의 취약성일 것이다. 앞으로 어쩔 수없이 국내외적 개방이 불가피한 조건에서 이에 대한 대응 즉, 대내외적 유동성이 증가되는 조건에서도 고도의 조직과 학습망을 유효하게 보존할 수 있고, 한 단위나 부문의 위기를 그 지역이나 부문 및 단위에서 차단시켜 해결할 수 있는 방안 등도 강구되어야 한다고 본다.

---

54) 김정일은 한 비밀연설에서 이 시기의 상황을 무정부상태로 표현한 바 있다. 이에 대해서는 (김정일, 1997, 「지금 식량 때문에 무정부 상태가 되고 있다(김일성대 창립 50돌 기념 김정일 연설문)」, 『월간 조선』 1997년 4월호, pp. 306~317)을 참조할 것.

6. 맺으며

현실사회주의의 위기와 붕괴의 원인에 대하여 마르크스주의 내외에서 흔히 민주주의의 부재를 거론해왔다. 특히나 유로코뮤니즘, 포스트마르크스주의의 민주주의론은 마르크스주의 내부에서의 현실사회주의에 대한 비판으로서 부르주아적 절차적 민주주의의 수용과 심화를 주장한 점에 공통성이 있었다. 이런 조건에서 이 글에서는 우리식 사회주의를 표방하며 기존의 사회주의적 민주주의론을 고수하고 있는 북한의 민주주의론을 내재적 접근법에 의거해 비판적으로 분석하려고 했다.

북한은 당과 정권 및 모든 근로단체에 이르기까지 조직의 기본원리로 삼는 민주주의적 중앙집권제에서 각급 기관의 선출에서 선거와 소환이라는 절차적 민주주의를 도입하고 있다. 그러나 북한에서의 이런 절차적 민주주의보다 인민에 의한 지배와 인민을 위한 정치의 결합인 이른바 "진정한" "참다운" 민주주의를 사회주의적 민주주의로 인식하고 있음을 확인할 수 있었다. 또한 북한은 마르크스-레닌주의 일반의 주장인 국가의 사멸 대신에 "참다운 민주주의"를 구현하고 있는 '인민정권'의 강화를 통해 사회주의의 완전 승리와 공산주의 실현이 가능하다고 보고 있음을 확인할 수 있었다. 뿐만 아니라 북한은 수령제, 인민정권, 혁명적 사업방법(청산리방법과 항일유격대식 사업방법에서 전형적으로 구현) 등을 통해 사회주의적 민주주의를 온전히 실현하려는 점에 고유한 독자성이 있음을 확인하였다.

이런 북한의 민주주의에 관한 기본인식과 목표와 지향들을 평가의 기준으로 하여 민주주의의 실현 기제들을 통해 확립된 북한의 민주주의적 성과와 함께 절차적 민주주의의 소홀, 경제적 어려움, 위기 상황에서의 대처능력 부족 등 북한 사회주의의 한계와 문제점을 비판적으로 분석하였다.

내재적 접근법에 의거한 북한 민주주의론에 대한 비판적 고찰의 결과, 이 글에서는 북한에서는 마르크스주의 일반과의 공통성과 함께 북한 독자의 논리에 의거한 사회주의적 민주주의를 목표와 지향으로 갖고 있음을 알 수 있었다. 그러나 수령제에서 보이는 절차성의 부재, 인민의 호주라고 규정하는 인민정권의 정치, 경제, 사회적 약점, 창의성보다는 양적 목표달성 위주의 혁명적 사업방법 등 아직 목표와 지향에 많건 적건 미흡한 점도 많음을 알 수 있다. 그러나 이의 극복을 위해서는 민주주의에 대한 규정을 절차적 평등과 자유에 국한하는 부르주아적 민주주의의 절차성의 부재에만 원인을 돌리거나, 체제의 완전한 전환 이외의 대안이 없다고 보는 것은 잘못된 것임을 알 수 있었다. 왜냐하면 관료주의에 대한 비판과 경계, 인민대중을 정치적 주체로 내세우려는 문제의식, 지도와 대중의 결합을 어느 정도나마 가능하게 했던 현지지도의 순기능, 민주주의적 중앙집권제가 가진 가능성 등 북한 사회주의에 내재하는 민주주의적 요소의 회복과 강화 그리고 이에 바탕한 절차적 민주주의의 장점의 과감한 도입을 통해 현재의 한계나 문제점을 치유할 잠재력이 남아 있다고 보기 때문이다. 역설적이지만 북한이 이미 확립되었다고 주장했던 사회주의적 민주주의의 많은 요소들이 아직 북한 사회에 확립되지 않았거나 현재 붕괴된 채 방치되고 있는 측면에서 더욱 그렇다고 생각된다.

참고문헌

서문

■ '분단정치학'을 넘어 '한반도정치론'을 향하여

〈논문〉

백낙청, 1992, 「분단체제의 인식을 위하여」, 『창작과비평』 78호.

손호철, 1995, 「분단체제론: 남북한은 하나의 체제인가」, 『해방50년의 한국정치』, 이매진.

_____, 1999, 「한국정치연구의 방법론적 쟁점」, 『신자유주의시대의 한국정치』, 푸른숲.

_____, 2006, 「한국정치연구 50년」, 『해방 60년의 한국정치』, 이매진.

〈단행본〉

김계수, 1987, 『한국과 정치학』, 일조각.

장을병 외, 1994, 『남북한정치의 구조와 전망』, 한울.

제1부 남북관계: 이론

■ 시선과 경쟁: 남북관계, 시선의 정치학

〈논문〉

구갑우, 2003, 「북한 인식의 정치적 회로: 국제관계학의 오리엔탈리즘 비판」, 『정치비평』 Vol. 10, 한국정치연구회.

김현선, 2002, 「애국주의의 내용과 변화: 1960-90년대 교과서 분석을 중심으로」, 『정신문화연구』 25권 2호, 한국학중앙연구원.

김희봉, 2010, 「시선의 미학: 시선에 관한 현상학적 반성」, 『철학연구』 89집, 고려대학교 철학연구소.

서곡숙, 2007, 「북한영화에서 드러나는 인물들의 시선, 감시, 권력: 〈우리 누이집 문제〉, 〈우리 처갓집 문제〉, 우리 삼촌집 문제〉, 〈우리는 모두 한 가족〉을 중심으로」, 『문학과 영상』 8권 3호, 문학과 영상학회.

장준호, 2005, 「국제정치에서 적과 동지의 구분에 대한 소고: 칼 슈미트(Karl Schmitt)의 '정치적인 것(das Politische)'을 중심으로」, 『國際政治論叢』 45집 3호, 韓國國際政治學會.

정영철, 2007, 「남북한 대립상징의 구조와 변화」, 『북한연구학회보』 11권 1호, 북한연구학회.

_____, 2011, 「북한의 반미: 이데올로기, 문화 그리고 균열」, 『신아세아』 18권 2호, 신아시아연구소.

조은성, 2008, 「김일성과 김정일 '말씀'의 사회통합적 기능: 1990-2000」, 북한대학원대학교 석사학위 논문.

최성민, 2009, 「제3세계를 향한 제국주의적 시선과 탈식민주의적 시선」, 『현대소설연구』 40호, 현대소설학회.

〈단행본〉

박정자, 2008, 『시선은 권력이다』, 서울: 기파랑.

백원담, 2008, 「냉전기 아시아에서의 아시아주의의 형성과 재편」, 성공회대 동아시아연구소 편, 『냉전아시아의 문화풍경 1』, 서울: 현실문화, 29~82.

윤민재, 2004, 『중도파 민족주의 운동과 분단국가』, 서울: 서울대출판부.

임현진·정영철, 2005, 『21세기 통일한국을 향한 모색』, 서울: 서울대출판부.

주은우, 2003, 『시각과 현대성』, 서울: 한나래.

황의각, 1993, 『북한경제론』, 서울: 나남.

〈인터넷자료〉

김대중, 1998, 「제15대 대통령 취임사(1998.2.25.)」, 대통령기록관(http://www.pa.go.kr, 검색일: 2011년 12월 1일).

_____, 2003, 「2003년 신년인사회 말씀(2003.1.2.)」, 대통령기록관(http://www.pa.go.kr, 검색일: 2011년 12월 1일).

노무현, 2007, 「2007년 신년연설(2007.1.23.)」, 대통령기록관(http://www.pa.go.kr, 검색일:

2011년 12월 1일).

노태우, 1989a, 「1989년 신년사(1989.1.1.)」, 대통령기록관(http://www.pa.go.kr, 검색일: 2011
　　　년 12월 1일).

_____, 1989b, 「한국전쟁기념사업회 창립 축하 만찬 연설(1989.2.3.)」, 대통령기록관
　　　(http://www.pa.go.kr, 검색일: 2011년 12월 1일).

박정희, 1964, 「국가안전보장회의 훈시(1964)」, 대통령기록관(http://www.pa.go.kr, 검색일:
　　　2011년 12월 1일).

_____, 1966a, 「제21회 광복절 경축사(1966.8.15.)」, 대통령기록관(http://www.pa.go.kr, 검
　　　색일: 2011년 12월 1일).

_____, 1966b, 「아시아민족반공연맹 제12차 총회 치사(1966.11.3.)」, 대통령기록관
　　　(http://www.pa.go.kr, 검색일: 2011년 12월 1일).

_____, 1967, 「제22회 광복절 경축사(1967.8.15.)」, 대통령기록관(http://www.pa.go.kr, 검색
　　　일: 2011년 12월 1일).

_____, 1971, 「국가비상사태 선언에 즈음한 특별 담화문(1971.12.6.)」, 대통령기록관
　　　(http://www.pa.go.kr, 검색일: 2011년 12월 1일).

_____, 1972, 「북한동포에게 보내는 메시지(1972.1.1.)」, 대통령기록관(http://www.pa.go.kr,
　　　검색일: 2011년 12월 1일).

_____, 1978a, 「1978년 신년사(1978.1.1.)」, 대통령기록관(http://www.pa.go.kr, 검색일: 2011
　　　년 12월 1일).

_____, 1978b, 「제9대 대통령 취임사(1978.12.27.)」, 대통령기록관(http://www.pa.go.kr, 검
　　　색일: 2011년 12월 1일).

이승만, 1948, 「대통령취임사(1948.7.24.)」, 대통령기록관(http://www.pa.go.kr, 검색일: 2011
　　　년 11월 30일).

_____, 1949, 「공산당과 협의 불가, 인권보증에 결사투쟁(1949.10.7.)」, 대통령기록관
　　　(http://www.pa.go.kr, 검색일: 2011년 11월 30일).

최규하, 1979, 「시국에 관한 대통령 권한대행 특별담화(1979.11.10.)」, 대통령기록관
　　　(http://www.pa.go.kr, 검색일: 2011년 12월 1일).

〈북한자료(단행본)〉
김일성, 1979a, 『김일성 저작집 2』, 평양: 조선로동당출판사.

_____, 1979b, 『김일성 저작집 4』, 평양: 조선로동당출판사.

_____, 1980a, 『김일성 저작집 8』, 평양: 조선로동당출판사.

_____, 1980b, 『김일성 저작집 9』, 평양: 조선로동당출판사.

_____, 1980c, 『김일성 저작집 10』, 평양: 조선로동당출판사.

_____, 1982a, 『김일성 저작집 16』, 평양: 조선로동당출판사.

_____, 1982b, 『김일성 저작집 19』, 평양: 조선로동당출판사.

_____, 1983, 『김일성 저작집 22』, 평양: 조선로동당출판사.

_____, 1985, 『김일성 저작집 30』, 평양: 조선로동당출판사.

_____, 1987a, 『김일성 저작집 34』, 평양: 조선로동당출판사.

_____, 1987b, 『김일성 저작집 35』, 평양: 조선로동당출판사.

_____, 1992, 『김일성 저작집 38』, 평양: 조선로동당출판사.

_____, 1995, 『김일성 저작집 41』, 평양: 조선로동당출판사.

_____, 1996, 『김일성 저작집 44』, 평양: 조선로동당출판사.

김정일, 1998, 『김정일 선집 13』, 평양: 조선로동당출판사.

_____, 2000, 『김정일 선집 14』, 평양: 조선로동당출판사.

〈해외자료〉

Horn, Eva, 2003, "Konowing the Enemy: The Epistemology of Secret Intelligence," *Grey Room* 70-11.

Robin, Ron, 2001, *The Making of the Cold War Enemy*, Princeton and Oxford: Princeton University Press.

▪ 한반도에서 평화와 통일의 변증법적 통합

〈논문〉

구갑우, 2006, 「한국의 '평화외교': 평화연구의 시각」, 『동향과 전망』 67호, 한국사회과학연구소.

_____, 2008, 「한반도적 맥락의 비판적 평화·안보 담론: '평화국가 담론' 재론」, 『한국과 국제정치』 24권 3호, 경남대학교 극동문제연구소.

김동춘, 1997, 「국가폭력과 사회계약: 분단의 정치사회학」, 『경제와 사회』 36호, 비판사회학회.

김학성, 2008, 「북미관계의 개선 전망에 따른 한반도 평화체제 구축의 예상 경로」, 『한국정치외교사논총』 29집 2호, 한국정치외교사학회.

박건영, 2008, 「한반도 평화체제 구축을 위한 한국의 전략」, 『국방연구』 51권 1호, 국방대학교 안보문제연구소.

박순성, 2006, 「북핵실험 이후, 6·15 시대 담론과 분단체제 변혁론」, 『창작과 비평』 34권 4호, 창작과 비평사.

서보혁·박순성, 2007, 「중간국가의 평화외교 구상: 한국 통일·외교·안보 정책의 전환과 과제」, 『동향과 전망』 71호, 한국사회과학연구소.

서동만, 2006, 「6·15시대 남북관계와 한반도 발전구상」, 『창작과 비평』 34권 1호, 창작과 비평사.

신동준, 김광수, 김재온, 2005, 「한국 시민단체의 성장에 대한 양적 연구」, 『조사연구』 6권 2호, 한국조사연구학회.

이남주, 2008, 「시민참여형 통일운동의 역할과 가능성」, 『창작과 비평』 36권 4호, 창작과 비평사.

임수호, 2009, 「한반도 평화체제 논의의 역사적 경험과 쟁점」, 『韓國政治研究』 18집 2호, 서울대학교 한국정치연구소.

장준하, 1972, 「민족주의자의 길」, 『씨알의 소리』 1972년 9월호, 씨알의 소리.

정영철, 2008, 「민주화와 통일의 역동성과 시민사회의 발전」, 『남북관계에서의 시민사회 역할과 진로모색』 우리민족서로돕기운동 발표 자료집(서울, 9월).

_____, 2010, 「천안함 사태에 대한 남북의 입장과 대응」, 『천안함 사태에 대한 남북의 입장·대응의 평가와 출로의 모색』 흥사단 통일포럼 발표논문집(서울, 7월).

조대엽, 2010, 「한반도 평화·통일운동과 시민적 정체성」, 『社會科學研究』 49집 1호, 江原大學校 社會科學研究所.

조성렬, 2010, 「한반도 평화협정 논의의 재등장 배경과 향후 전망」, 『JPI정책포럼』 제주평화연구원(제주, 2월).

최철영, 2007, 「국제법상 평화조약과 한반도 평화협정」, 『민주법학』 35호, 민주주의법학연구회.

〈단행본〉
구갑우, 2007, 『비판적 평화연구와 한반도』, 서울: 후마니타스.

김귀옥, 2008, 『전쟁의 기억, 냉전의 구술』, 서울: 선인.

김동춘, 2006, 『전쟁과 사회』, 서울: 돌베개.

김영호, 2003, 「민간통일운동의 변천과정과 현황 연구: 통일NGO들의 성장과정과 특징 분석을 중심으로」, 『통일부 신진학자연구논문집』, 서울: 통일부.

또 하나의 문화, 1996, 『통일된 땅에서 더불어 사는 연습』, 서울: 또 하나의 문화.

요한 갈퉁, 이재봉 외 옮김, 2000, 『평화적 수단에 의한 평화』, 서울: 들녘.

유팔무, 2001, 「비정부사회운동단체(NGO)의 역사와 사회적 역할」, 유팔무 · 김정훈, 『시민 사회와 시민운동 2』, 서울: 한울.

임현진 · 정영철, 2005, 『21세기 통일한국을 향한 모색』, 서울: 서울대출판부.

정영철 · 한동성, 2008, 『서울과 도쿄에서 평양을 말하다』, 서울: 선인.

조 민, 2007, 『한반도 평화체제와 통일전망』, 서울: 해남.

조희연, 1995, 「민중운동과 시민사회, 시민운동」, 유팔무 · 김호기, 『시민사회와 시민운동』, 서울: 한울.

참여연대, 2008, 『평화백서 2008』, 서울: 아르케.

최장집, 2009, 『민중에서 시민으로』, 서울: 돌베개.

한모니까, 2001, 「4월 민중항쟁 전후 북한의 통일노선과 통일정책」, 한국역사연구회편, 『4 · 19 와 남북관계』, 서울: 민연.

〈북한자료(단행본)〉

김일성, 1981, 『김일성 저작집 15』, 평양: 조선로동당출판사.

_____, 1982, 『김일성 저작집 16』, 평양: 조선로동당출판사.

_____, 1984, 『김일성 저작집 28』, 평양: 조선로동당출판사.

김정일, 2005, 『김정일 선집 15』, 평양: 조선로동당출판사.

■ '적대적 상호 의존관계론' 비판
: 1972년 남한 유신헌법과 북한 사회주의헌법 제정을 중심으로

〈논문〉

박명림, 1997, 「분단질서의 구조와 변화: 적대와 의존의 대쌍관계 동학, 1945-1995」, 『국가 전략』, 3권 1호, 세종연구소.

〈단행본〉

경남대학교 극동문제연구소 편, 1996, 『분단 반세기 남북한의 정치와 경제』, 마산: 경남대 학교 출판부.

경남대학교 북한대학원 편, 2005, 『남북한관계론』, 파주: 한울.

노중선 편, 1996, 『남북한 통일정책과 통일운동 50년』, 서울: 사계절.

류길재, 2005, 「남북한 관계와 북한의 국내정치: 남한요인은 결정적 변수인가?」, 경남대학
　　교 북한대학원 편, 『남북한관계론』, 파주: 한울.

박문갑 외, 1986, 『남북한비교론』, 서울: 문우사.

박현채 편, 1994, 『청년을 위한 한국 현대사』, 서울: 소나무.

백낙청, 1998, 『흔들리는 분단체제』, 서울: 창작과비평사.

손호철, 1991, 『한국정치학의 새구상』, 서울: 풀빛.

＿＿＿, 1995, 『해방 50년의 한국정치』, 서울: 새길.

＿＿＿, 2003, 『현대 한국정치: 이론과 역사 1945-2003』, 서울: 사회평론.

이정균 외, 1998, 『남북한비교정치론』, 서울: 형설출판사.

이종석, 1998, 『분단시대의 통일학』, 서울: 한울.

＿＿＿, 2000, 『새로 쓴 현대북한의 이해』, 서울: 역사비평사.

최　성, 1997, 『북한정치사: 김정일과 북한의 권력엘리트』, 서울: 풀빛.

통일부 편, 2004, 『남북합의서』, 서울: 통일부.

하야시 다케히코(林建彦) 저, 최현 역, 1989, 『남·북한현대사』, 서울: 삼민사.

〈북한자료(단행본)〉

조선로동당 중앙위원회 당력사연구소, 1979, 『조선로동당략사 2』, 평양: 조선로동당출판사.

조선로동당출판사 편, 1984, 『김일성 저작집 27』, 평양: 조선로동당출판사.

〈해외문헌〉

Bronfenbrenner, Urie, 1961, "The Mirror Image in Soviet-American Relations: A Social
　　Psychologist's Report," *Journal of Social Issues,* Vol. 17, No. 3.

제2부 남북관계: 역사

◣ 유신체제 수립을 보는 북한과 미국의 시각과 대응

〈논문〉

김일영, 2001, 「5·16 군사쿠데타와 군정 그리고 미국」, 『國際政治論叢』 제41집 2호, 한국
　　국제정치학회.

김연철, 2012, 「7·4남북공동성명의 재해석: 데탕트와 유신체제의 관계」, 『역사비평』 통권 99호, 역사문제연구소.

마상윤, 2002, 「근대화 이데올로기와 미국의 대한 정책: 케네디 행정부와 5·16쿠데타」, 『國際政治論叢』 제42집 3호. 한국국제정치학회.

신종대, 2010, 「5·16쿠데타에 대한 북한의 인식과 대응: 남한의 정치변동과 북한의 국내 정치」, 『정신문화연구』 제33권 제1호, 한국학중앙연구원.

손호철·방인혁, 2012, 「남북한 '적대적 의존관계론'에 관한 비판적 연구: 1972년 남한 유신 헌법과 북한 사회주의헌법 제정을 중심으로」, 『한국과 국제정치』 제28권 제2호, 경남대학교 극동문제연구소.

이완범, 2007, 「한국 정권교체의 국제정치」, 『세계정치 8』 제28집 2호, 서울대학교 국제문제연구소.

전미영, 2010, 「북한에서의 5·18과 광주에 대한 인식」, 『현대북한연구』 13권 3호, 북한대학원대학교.

정일준, 2006, 「유신체제의 모순과 한미갈등: 민주주의 없는 국가안보」, 『사회와 역사』 제70집, 한국사회사학회.

〈단행본〉

김동조, 2000, 『냉전시대의 우리 외교』, 서울: 문화일보.

김지형, 2008, 『데탕트와 남북관계』, 서울: 선인.

마상윤, 2011, 「데탕트의 위험과 기회: 1970년대 초 박정희와 김대중의 안보인식과 논리」, 서울대학교 국제문제연구소, 『데탕트와 박정희』, 서울: 논형.

박미경, 1990, 「광주 민중항쟁과 미국의 개입 구조」, 정해구 외, 『광주 민중항쟁 연구』, 서울: 사계절.

박태균, 2002, 「군사 정부 시기 미국의 개입과 정치변동」, 한국정신문화연구원 편, 『박정희 시대 연구』, 서울: 백산서당.

_____, 2006, 『우방과 제국, 한미관계의 두 신화』, 파주: 창비.

서대숙 편, 2004, 『북한문헌연구: 문헌과 해제』, 제II권 〈최고인민회의〉, 서울: 경남대 극동문제연구소.

신종대, 2009, 「유신체제 출범과 한미관계」, 한국학중앙연구원 편, 『박정희시대 한미관계』, 서울: 백산서당.

이완범, 2005, 「박정희정부의 교체와 미국, 1979-1980」, 한국학중앙연구원 편, 『1980년대 한국사회연구』, 서울: 백산서당.

이재봉, 1996, 「4월혁명, 제2공화국, 그리고 한미관계」, 백영철 편, 『제2공화국과 한국 민
　　주주의』, 서울: 나남.
이종석, 1998, 『분단시대의 통일학』, 서울: 한울.
이흥환 편저, 2002, 『미국 비밀문서로 본 한국현대사 35장면』, 서울: 삼인.
會議錄篇, 1994, 『南北對話 史料集』 제7권 (남북조절위원회 〈1971.11~1973.6〉), 서울: 국토
　　통일원.

〈언론자료〉
『동아일보』, 2009년 9월 24일 자.

〈북한자료(단행본 및 언론사)〉
김일성, 1984, 『김일성 저작집 27』, 평양: 조선로동당출판사.
『로동신문』, 1972년 10월 18일자.
_____, 1972년 10월 19일자.
_____, 1972년 10월 20일자.
_____, 1972년 11월 12일자.
_____, 1972년 11월 20일자.
_____, 1972년 12월 6일자.
_____, 1972년 12월 11일자.
_____, 1972년 12월 25일자.
_____, 1972년 12월 28일자.
_____, 1972년 12월 30일자.

▪ 서울올림픽과 남북관계

〈논문〉
김연철, 2011, 「노태우 정부의 북방정책과 남북기본합의서: 성과와 한계」, 『역사비평』 97
　　호(겨울호), 역사비평사.
고의석, 이경훈, 2001, 「바덴바덴에서의 한국대표단의 서울올림픽의 성공적 유치 과정에
　　관한 연구」, 『체육연구논문집』 Vol. 8, No. 1, 연세대학교 체육연구소.
박호성, 2002, 「국제 스포츠 활동과 사회통합의 상관성, 가능성의 한계」, 『國際政治論叢』

42집 2호, 韓國國際政治學會.

오지철, 1988, 「로잔느 체육회담과 북한의 올림픽 참가문제」, 『體育』 Vol. 239, 대한체육회.

이대희, 2002, 「세계화와 민족주의의 공존: 스포츠와 세계화를 통한 민족주의」, 『21세기정 치학회보』 Vol. 12, No. 2, 21세기정치학회.

이방원, 1989a, 「드디어 열리는 북방의 문」, 『體育』 Vol 254, 대한체육회.

_____, 1992, 「서울올림픽이 북방정책에 마친 영향 第6共期를 중심으로」, 한양대학교체육 학과석사논문.

이윤근, 김명수, 1990, 「서울 올림픽이 한국의 정치, 경제, 사회에 마친 영향」, 『한국 교육 문제연구소논문집』 Vol. 6, 중앙대학교 한국교육문제연구소.

정기웅, 2009, 「스포츠와 공공외교 수렴 가능성의 모색: 한국의 경우를 중심으로」, 『동서 연구』 Vol. 21, No. 2, 연세대학교 동서문제연구원.

전재성, 2002, 「노태우 행정부의 북방정책 결정요인과 변화과정 분석」, 『세계정치』 No. 24, 서울大學校 國際問題研究所.

〈단행본〉

강규형, 2005, 「한국과 1980년대 냉전체제: KAL기 격추, 서울 올림픽, 그리고 2차 냉전을 중심으로」, 하영선 외, 『한국외교사와 국제정치학』, 서울: 성신여자 대학교출판부.

국민체육진흥공단, 2000a, 『서울올림픽사: 올림픽 유치』 제1권, 서울: 국민체육진흥공단.

_____, 2000b, 『서울올림픽사: 올림픽의 성과(1)』 제2권, 서울: 국민체육진흥공단.

국사편찬위원회, 2009, 『고위관료들, '북핵위기'를 말하다』, 과천: 국사편찬위원회.

김계동, 2002, 『북한의 외교정책: 벼랑에 선 줄다리기 외교의 선택』, 서울: 백산서당.

노중선, 2000, 『남북대화 백서: 남북교류의 갈등과 성과』, 서울: 한울.

노태우, 2011a, 『노태우회고록 (하): 전환기의 대전략』, 서울: 조선뉴스프레스.

_____, 2011b, 『노태우회고록 (상): 국가, 민주화, 나의 운명』, 서울: 조선뉴스프레스.

리처드 W. 파운드(Richard W. Pound), 최보은 역, 1995, 『Five Rings Over Korea: 88 서울 올림픽, 그 성공 비화』, 서울: 예음.

박재규, 2011, 「서울올림픽, 북방정책에 시동 걸다: 유치와 개최준비 활동의 숨은 이야기」, 노재봉 외, 『노태우 대통령을 말한다: 국내외 인사 175인의 기록』, 파주: 동화출 판사.

안민석·정홍익·임현진 편저, 2002, 『새로운 스포츠사회학』, 서울: 백산서당.

역사비평사, 2011, 「남북기본합의서 20주년」, 『역사비평』 97 특집.

오진용, 2004, 『김일성시대의 중소와 남북한』, 서울: 나남.

외교통상부, 1999, 『한국외교 50년』, 서울: 대한민국 외교통상부.

이 근, 2012, 「노태우 정부의 북방외교: 엘리트 민족주의에 기반한 대전략」, 강원택 편, 『노태우시대의 재인식』, 파주: 나남.

이방원, 1989b, 『세울 코레아』, 서울: 행림출판사.

이상옥, 2002, 『전환기의 한국외교』, 서울; 삶과 꿈.

이연택, 2011, 「88서울올림픽과 노태우 대통령」, 노재봉 외, 『노태우 대통령을 말한다: 국내외 인사 175인의 기록』, 파주: 동화출판사.

이정철, 2012, 「외교—통일 분화기 한국 보수의 대북정책: 정책연합의 불협화음과 전환기 리더십의 한계」, 강원택 편, 『노태우시대의 재인식』, 파주: 나남.

전상진, 1989, 『세계는 서울로: 나의 서울 올림픽 9년』, 서울: 범양사.

_____, 2011, 「공산권 국가들의 올림픽 참가를 이끌어낸 노 대통령」, 노재봉 외, 『노태우 대통령을 말한다: 국내외 인사 175인의 기록』, 파주: 동화출판사.

전재성, 2012, 「북방정책의 평가: 한국 외교대전략의 시원」, 강원택 편 『노태우시대의 재인식』, 파주: 나남.

정기웅, 2010, 「전두환 정부의 외교정책과 1988년 서울올림픽」, 함택영 · 남궁곤 편, 『한국 외교정책: 역사와 쟁점』, 서울: 사회평론.

조갑제, 2007, 『노태우 육성 회고록』, 서울: 조갑제닷컴.

하용출 외, 2003, 『북방정책: 기원, 전개, 영향』, 서울: 서울대학교 출판부.

황장엽, 1999, 『나는 역사의 진리를 보았다』, 서울: 한울.

〈일간지 및 월간지〉

『동아일보』, 2009년 10월 31일자.

『월간조선』 2009년 3월호.

『통일한국』 1985년 9월호.

〈북한자료(단행본 및 언론자료)〉

김일성, 1993, 『김일성 저작집 39』, 평양: 조선로동당출판사.

리왈수, 1988, 「교차승인론은 민족의 분열을 영구화하기 위한 교활한 술책」, 『근로자』 11.

『로동신문』, 1981년 12월 3일자.

〈해외자료〉

Allison, Lincolin ed., 2005, *The Global Politics of Sport: The role of Global Institutions in*

Sport, London: Loutledge.

Isaacs, Jeremy and Taylor Downillg, 1998, *Cold War: An Illustrated History, 1945~1991*, Boston: Little Brown.

Lerner, Mitchell and Jongdae Shin, 2012, "New Ramanian Evidence on the Blue House Raid and and the USS Pueblo Incident," North Korea International Documentation Project at the Woodrow Wilson International Center for Scholars E-Dossier No.5 (March).

Moon, Chung-in, Odd Arne Westad and Gyoo-hyoung Kahng, eds, 2001, *Ending the Cold War in Korean*, Seoul: Yonsei University Press.

Oberdorfer, Don, 2001, *The Two Koreans: A contemporary History*, New York: Basic Books.

Radchenko, Sergey, 2011a, "Sport and Politics on the Korean Peninsula: North Korea and the 1988 Seoul Olympics," North Korea International Documentation Project at the Woodrow Wilson International Center for Scholars E-Dossier No.3 (December).

_____, 2011b, "Inertia and Change: Soviet Policy toward Korea, 1985~1991," In Tsuyoshi Hasegawa, ed., The Cold War in East Asia: 1945~1991, Washington, D.C.: Woodrow Wilson Center press.

Woodrow Wilson Center for Scholars, *The 1988 Seoul Olympics and Korean Peninsula(Document Reader)*, Washington DC: Woodrow Wilson Center for Scholars.

Kim, Yu-Seon, 1988a, "Letter from the DPRK's National Olympic Committee to IOC on Samaranch's Proposal to Visit North Korea," 4 June 1988, http://digitalarchive.wilsoncenter.org/document/113514.

_____, 1988b, "Letter from the DPRK National Olympic Committee to IOC President Requesting Clarification on the Comments Made by IOC during a Press Conference in Barcelona," 15 June 1988, http://digitalarchive.wilsoncenter.org/ document/110008.

Korean Overseas Information Service, 1989, *Media Heralds Seoul Olympics: The Game of the 24th Olympiad Seoul 1988*, Seoul: korean Overseas Information Service.

Kumar, Ashwini, 1985, "Report by IOC Vice President Ashwini Kumar on his Trip to North Korea," 16 July 1985, http://digitalarchive.wilsoncenter.org/ document/113444.

National Olympic Committee of North Korea and National Olympic Committee of South Korea, 1985, "Meeting between the NOCs of the ROK and DPRK held under the aegis of the IOC," 8 October 1985, http://digitalarchive.wilsoncenter.org/ document/ 113455.

NDFSK(National Demoơ atic Front of South Korea), 1988, "Letter from the Central Committee of the National Democratic Front of South Korea to the IOC Opposing the 1988 Seoul Olympics," 25 February 1988, http://digitalarchive.wilsoncenter.org/ document/ 113499.

Park, Kun, 1985, "Letter from the Permanent Mission of the ROK, Geneva to IOC President regarding the USSR. Cuba and North Korea's Position on the 1988 Olympics," 31 July 1985, http://digitalarchive.wilsoncenter.org/ document/113449.

Roh, Tae-Woo, 1985, "Memorandum of Meetings held between the IOC President and Roh Tae-Woo," 28 August 1985, http://digitalarchive.wilsoncenter.org/ document/113451.

Samaranch, Juan Antonio, 1986, "IOC President Interview with Chun Doo-hwan on North Korean Threats to the 1988 Seoul Olympics," 19 April 1986, http://digitalarchive. wilsoncenter.org/ document/113475.

_____, 1988a, "Letter from the President of the IOC to the Korean Olympic Organizing Committee, in Reference to the Letter Sent by a South Korean Student Organizing Threatening Violence During the 1988 Seoul Olympics," 10 September 1988, http://digitalarchive.wilsoncenter.org/ document/113551.

_____, 1988b, "Letter from the President of IOC to the President of the Olympic Committee of the DPRK," 19 July 1988, http://digitalarchive.wilsoncenter.org/ document/113527.

_____, 1988c, "Letter from the President of IOC to the DPRK's NOC," 8 September 1988, http://digitalarchive.wilsoncenter.org/document/113549.

_____, 1988d, "Letter from the IOC President to Roh Tae-Woo, Requesting the Adjournment of the Team Spirit 88' Exercises for the Safety of the 1988 Seoul Olympics," 21 January 1988, http://digitalarchive.wilsoncenter.org/document/113490.

_____, 1988e, "Letter from the President of the IOC to Roh Tae-Woo with a Proposal for Further Initiative between South and North Korea," 30 June 1988, http://digitalarchive. wilsoncenter.org/ document/113522.

Samaranch, Juan Antonio and Doo-Hwan Chun, 1986, "Meeting between President Chun Doo Hwan and President Samaranch," 25 April 1986, http://digitalarchive.wilsoncenter.org/ document/113918.

Tkachenko, B., 1986, "Conversation between the Secretary of the CC CPSU Yakovlev A.N. with the Secretary of the CC KWP Hwang Jang-yeop," 16 May 1986, GARF, fond 10063, opis 2, delo 55, listy 1-8, 1986.

Wieck, Klaus Georg, 1988, "Information Note from Dr. Klaus Georg Wieck to IOC President

on the Issue of Security and Terrorist Threats to the 1988 Seoul Olympics," 6 July
    1988, http://digitalarchive.wilsoncenter.org/document/1135 25.

Yakovlev A. N. and Jang-yeop Hwang, 1988, "Record of the Main Content of Content of
    Conversation of a member of the Politburo, secretary of the CC CPSU Yakovlev A.N.
    with the Secretary of the CC KWP Hwang Jang-yeop," 18 October 1988, GARF, fond
    10063, opis 2, delo 126, listy 1-13.

┗ 민주화 이후 보수정부의 대북정책 연구: 노태우, 김영삼, 이명박 정부

〈논문〉

김동성, 1997, 「바람직한 통일논의의 방향 모색」, 『한국국제정치학회 1997년도 통일학술회
    의발표논문집』, 韓國國際政治學會.

김연철, 2011, 「노태우 정부의 북방정책과 남북기본합의서: 성과와 한계」, 『역사비평』 97호,
    역사비평사.

김연수, 2012, 「김정일 사후 남북관계 전망과 우리의 대북정책 방향」, 『신아세아』 19권 2호,
    신아시아연구소.

송영훈, 권수현, 2012, 「대북정책에 대한 개인선호 결정요인: 노무현 정부와 이명박 정부
    비교」, 『북한의 경제개혁과 통일·평화의 상상력』, 북한연구학회 2012년 추계학술
    회의 발표집(서울, 10월).

이승연, 2011, 「이명박 정부의 중·후반기 대북·통일정책: 현황과 쟁점」, 『이슈와 논점』
    제176호, 국회 입법조사처.

_____, 2012, 「북·미 3차 회담이후 북·미 관계 현황과 전망」, 『이슈와 논점』 제398호,
    국회입법조사처.

이형석, 2010, 「대북정책의 실효성 제고 방안」, 『국방연구』 제53권 제1호.

임동원, 2011, 「남북기본합의서와 6·15 남북공동선언」, 『역사비평』 97호.

전동진, 2012, 「김정일 사망이후 남북한 관계 전망」, 『통일전략』 제12권 제2호.

채규철, 2010, 「이명박 정부의 대북정책과 천안함 사건 이후 남북관계」, 『글로벌정치연구』
    제3권 1호.

최완규, 1998, 「Icarus의 비운: 김영삼 정부의 대북정책 실패요인 분석」, 『한국과 국제정치』
    제14집 2호.

〈단행본〉

김영삼, 2001a, 『김영삼 대통령 회고록 (상)』, 서울: 조선일보사.

_____, 2001b, 『김영삼 대통령 회고록 (하)』, 서울: 조선일보사.

김진환, 2012, 「이명박 정부 대북 군사정책 평가와 대안」, 조돈문·배성인 역, 『217, 한국 사회를 바꿀 진보적 정책 대안』, 서울: 메이데이.

노태우, 2011, 『노태우 회고록 (하)–전환기의 대전략』, 서울: 조선뉴스프레스.

대통령비서실, 1990, 『노태우 대통령 연설문집』 제2권, 서울: 대통령비서실.

박종철 외, 2009, 『이명박 정부의 대북정책 및 추진환경과 전략』, 서울: 통일연구원.

박철언, 2005, 『바른 역사를 위한 증언 2』, 서울: 랜덤하우스 중앙.

심지연, 2001, 『남북한 통일방안의 전개와 수렴』, 서울: 돌베개.

임동원, 2008, 『피스메이커: 남북관계와 북핵문제 20년』, 서울: 중앙북스.

정영철, 2012, 「MB정부 대북정책 평가와 향후 전망」, 조돈문·배성인 역, 『217, 한국 사회를 바꿀 진보적 정책 대안』, 서울: 메이데이.

통일원, 1991, 『1990 통일백서』, 서울: 통일원.

한반도평화포럼, 2012, 『잃어버린 5년, 다시 포용정책이다』, 서울: 삼인.

◼ 민주화 이후 진보정부의 대북정책 연구: 김대중, 노무현 정부

〈논문〉

김갑식, 2007, 「한국사회 남남갈등: 기원, 전개과정 그리고 특성」, 『한국과 국제정치』 23권 2호, 경남대학교 극동문제연구소.

김기정, 2000, 「남북정상회담과 국내정치」, 『외교』 55호, 한국외교협회.

남궁영, 2004, 「김대중 정부의 대북정책에 대한 비판적 해석; 남남갈등의 쟁점을 중심으로」, 『국제정치연구』 7집 2호, 동아시아국제정치학회.

박건영, 2007, 「노무현 정부 대북정책의 평가와 과제」, 『북핵 실험과 2·13 합의 이후 북한의 선택과 한반도』, 2007년 한국국제정치학회 북핵 문제 국제 학술회의 자료집 (서울, 4월).

백종국, 2007, 「핵문제의 국내정치: 남남갈등(南南葛藤)'을 중심으로」, 『북핵문제와 한반도 평화정착』 한반도평화연구원 주최 제2회 한반도평화포럼 자료집(서울, 6월).

전재성, 2003, 「관여(engagement) 정책의 국제정치이론적 기반과 한국의 대북 정책」, 『國際政治論叢』 43집 1호, 한국국제정치학회.

정준표, 1998, 「북풍의 정치학: 선거와 북한변수」, 『한국과 국제정치』 14권 1호, 경남대학교 극동문제연구소.

조동호, 2000, 「정상회담의 경제적 성과와 추진과제」, 『정상회담의 성과와 향후 과제』 아태평화재단·통일연구원·한국개발연구원 공동주최 학술회의 자료집(서울, 10월).

_____, 2006, 「한반도 평화경제체제 형성전략 수립」, 『북한경제발전계획 수립 및 실천방안1』 통일연구원 국내워크숍 자료집(서울, 6월).

조 민, 2006, 「남북경제공동체 형성의 이론적 틀: 평화경제론」, 『남북경제공동체 형성 전략』 통일연구원 개원 15주년 기념 학술회의 자료집(서울, 4월).

〈단행본〉

강원택, 2004, 「남남 갈등의 이념적 특성에 매한 경험적 분석」, 경남대학교 극동문제연구소 편, 2004, 『남남갈등: 진단 및 해소방안』, 마산: 경남대학교 출판부.

강원택·이내영 공편, 2011, 『한국인, 우리는 누구인가?: 여론조사를 통해 본 한국인의 정체성』, 서울: 동아시아연구원.

구영록, 2000, 『한국과 햇볕정책: 기능주의와 남북한관계』, 서울: 법문사.

김근식, 2011, 『대북포용정책의 진화를 위하여』, 파주: 한울.

김연철·배종렬·류길재·박종철·조윤영·문흥호·신정화·연현식·진희관·박형중·양문수·장형수·최용환·박병광, 2009, 『북한, 어디로 가는가?: 14인의 전문가가 본 북한체제의 변화 전망』, 서울: 플래닛미디어.

김영윤·조봉현·박현선, 2007, 『북한이 변하고 있다』, 서울: 통일연구원.

박명림, 2005, 「민주주의, 남북관계, 그리고 국민통합: 국내냉전과 남남갈등을 중심으로」, 양승함 편, 『한국사회의 주요 쟁점과 국가관리』, 서울: 연세대학교 국가관리연구원.

배종윤, 2010, 「노무현 정부의 외교정책과 한·미동맹」, 함택영·남궁곤 편, 『한국 외교정책: 역사와 쟁점』, 서울: 사회평론.

손호철, 2004, 「남남갈등의 기원과 전개과정」, 경남대학교 극동문제연구소 편, 『남남갈등: 진단 및 해소방안』, 마산: 경남대학교 출판부.

신종대, 2005, 「분단체제와 '친북청산': 국가정체성, 민족정체성, '친북청산'의 연관 구조와 동학」, 양승함 편, 『한국사회의 주요쟁점과 국가관리』, 서울: 연세대학교 국가관리연구원.

임혁백, 2004, 「평화통일정책과 남남갈등의 극복」, 경남대학교 극동문제연구소 편, 『남남갈등: 진단 및 해소방안』, 마산: 경남대학교 출판부.

조한범, 2006, 『남남갈등 해소방안 연구』, 서울: 통일연구원.

〈언론자료〉

『경향신문』, 2000년 8월 15일자.

_____, 2000년 10월 9일자.

『한국일보』, 2007년 9월 11일자.

〈해외논문〉

Cha, Vitor D., 2002, "Hawk Engagement and Preventive Defense on the Korean Penninsula," *International Security*, Vol. 27, No. 1.

Gourevitch, Peter, 1978, "The Second Image Reversed: The International Sources of Democratic Politics," *International Organization*, Vol. 32, No. 4.

Haass, Richard N. and Meghan L. O'Sullivan, 2000, "Terms of Engagement: Alternatives to Punitive Policies," *Survival*, Vol. 42, No. 2.

Pierson, Paul, 1993, "When Effect Becomes Cause: Policy Feedback and Political Change," *World Politics*, Vol. 45, No. 4.

Putnam, Robert D., 1988, "Diplomacy and Domestic Politics: The Logic of Two-Level Games." *International Organization*, Vol. 42, No. 3.

〈해외 단행본〉

Cox, Robert W., 1986, "Social Forces, States and World Orders: Beyond International Relations Theory," Robert O. Keohane (ed.), *Neorealism and Its Critics*, New York: Columbia University Press.

Gourevitch, Peter, 1986, *Politics in Hard Times: Comparative Responses to international Economic Crises*, Ithaca: Cornell University Press.

Lee, Manwoo, 1994, "Domestic Politics and Unification: Seoul's Perspective," Young Whan Kihl (ed.), *Korea and the World: Beyond the Cold War*, Boulder and London: Westview Press.

Russett, Bruce, 1993, *Grasping the Democratic Peace: Principles for a Post-Cold War World*, Princeton: Princeton University Press.

Snyder, Jack, 1991, *Myth of Empire: Domestic Politics and International Ambition*, Ithaca and New York: Cornell University Press.

▙ 김일성 시대 북한의 대남인식 변화 연구

〈논문〉
정영철, 2012a, 「김정일 시대의 대남정책과 대남인식」, 『현대정치연구』 제5권 제2호, 서강
　　대학교 현대정치연구소.

〈단행본〉
고병철, 2005, 「남북한 관계의 역사적 맥락」, 경남대학교 북한대학원 엮음, 『남북한 관계
　　론』, 파주: 한울.
구갑우, 2005, 「북한 연구의 '국제 정치': 오리엔탈리즘 비판」, 경남대학교 북한대학원 엮
　　음, 『남북한 관계론』, 파주: 한울.
이종석, 1995, 『현대 북한의 이해: 사상·체제·지도자』, 서울: 역사비평사.
정영철, 2012b, 「남북관계와 바라봄의 정치: 시선의 정치와 정당성 경쟁」, 구갑우, 서보혁
　　편집, 『남북한관계와 국제정치이론』(서울대학교 국제문제연구소, 『세계정치』 16집),
　　서울: 논형.
편집부 편역, 1988, 『코민테른과 통일전선: 코민테른 주요 문건집』, 서울: 백의.

〈북한자료(단행본)〉
김일성, 1979, 『김일성 저작집 1』, 평양: 조선로동당출판사.
_____, 1980, 『김일성 저작집 8』, 평양: 조선로동당출판사.
_____, 1981, 『김일성 저작집 15』, 평양: 조선로동당출판사.
_____, 1982, 『김일성 저작집 18』, 평양: 조선로동당출판사.
_____, 1987, 『김일성 저작집 35』, 평양: 조선로동당출판사.
김정일, 2005, 『김정일 선집 15』, 평양: 조선로동당출판사.
사회과학출판사, 1973, 『정치사전』, 평양: 사회과학출판사.
허종호, 1975, 『주체사상에 기초한 남조선혁명과 조국통일리론』, 평양: 사회과학출판사.

〈북한자료(언론)〉
『로동신문』, 2011, 「〈론설〉 당국대화의 실현은 북남관계 개선의 선결과제」, 2월 5일자.
전종호, 2006, 「〈론설〉 남조선에서 반보수대련합의 실현은 절박한 과제」, 『로동신문』, 1월
　　19일자.

◼ 김정일 시대 북한의 대남인식 변화 연구

〈논문〉

김갑식, 2010, 「탈 냉전기 동북아 질서와 북한의 남북관계에 대한 인식」, 『韓國政治硏究』 19집 3호, 서울대학교 한국정치연구소.

방인혁, 2012, 「김일성시대 북한의 대남인식 변화연구」, 『현대정치연구』 5권 2호.

장달중, 2009, 「한반도의 냉전엔드게임과 북미대립」, 『한국과 국제정치』 25권 2호, 경남대학교 극동문제연구소.

전미영, 2005, 「북한 대남정책 연구의 쟁점」, 『統一問題硏究』 Vol. 17, No. 2, 平和問題硏究所.

_____, 2006, 「북한 김정일 정권의 대남·통일정책 변화: 『로동신문』 분석을 중심으로」, 『統一政策硏究』 Vol. 15, No. 1, 통일연구원.

정영철, 2012, 「남북관계와 바라봄의 정치: 시선의 정치와 정당성 경쟁」, 구갑우, 서보혁 편집, 『남북한관계와 국제정치이론』(서울대학교 국제문제연구소, 『세계정치』 16집), 서울: 논형.

〈단행본〉

도진순, 2001, 『분단의 내일 통일의 역사』, 서울: 당대.

임동원, 2008, 『피스메이커』, 서울: 중앙북스.

장달중, 이정철, 임수호, 2011, 『북미 대립: 탈냉전 속의 냉전 대립』, 서울: 서울대학교출판문화원.

정영철·한동성, 2008, 『서울과 도쿄에서 평양을 말하다』, 서울: 선인.

〈인터넷자료〉

박정희, 1978, 「제9대 대통령 취임사(1978.12.27.)」, 대통령기록관(http://www.pa.go.kr, 검색일 2011년 12월 1일).

〈북한자료(단행본)〉

김일성, 1992, 『김일성 저작집 38』, 평양: 조선로동당출판사.

_____, 1996a, 『김일성 저작집 43』, 평양: 조선로동당출판사.

_____, 1996b, 『김일성 저작집 44』, 평양: 조선로동당출판사.

김정일, 1998, 『김정일 선집 13』, 평양: 조선로동당출판사.

_____, 2000, 『김정일 선집 14』, 평양: 조선로동당출판사.

_____, 2005, 『김정일 선집 15』, 평양: 조선로동당출판사.

평양출판사, 1992, 『통일국가론: 1민족 1국가 2제도 2정부론』, 평양: 평양출판사.

〈북한자료(언론 및 기타자료)〉

김정옥, 2008, 「〈론설〉 6·15 공동선언의 기치높이 통일과 번영의 새 시대를 열어나가자」, 『로동신문』 1월 3일자,

엄일규, 2009, 「〈론평〉 북남관계 문제 국제화책동은 무엇을 노린 것인가」, 『로동신문』 3월 13일자.

전종호, 2006a, 「〈론설〉 남조선에서 반보수대련합의 실현은 절박한 과제」, 『로동신문』 1월 19일자.

_____, 2006b, 「〈론설〉 북남관계를 근본적으로 개선해야 한다」, 『로동신문』 5월 4일자.

호영길, 2005, 「〈론설〉 북남관계의 실속있는 발전은 통일운동의 절박한 요구」, 『로동신문』 10월 21일자.

_____, 2006, 「〈론설〉 3대애국운동의 기치높이 통일위업의 새로운 전기를 열어나가자」, 『로동신문』 1월 4일자.

『로동신문』, 2005년 6월 15일자, 「〈론설〉 6·15 공동선언은 민족자주통일선언」.

_____, 2005년 6월 28일자, 「〈론설〉 자주통일은 온 민족의 절박한 과제」.

_____, 2011년 2월 5일자, 「〈론설〉 당국대화의 실현은 북남관계 개선의 선결과제」.

〈노동당 규약〉, 2010년 9월 28일.

제3부 남북관계: 전망

▪ 북한인권 논의 성찰과 코리아 인권

〈논문〉

백낙청, 2012, 「2013년 체제와 변혁적 중도주의」, 『창작과 비평』 2012 가을호, 창작과 비평사.

서보혁, 2009, 「남북한 인권에서 코리아인권으로」, 『역사비평』 통권 88호, 역사문제연구소.

이대훈, 2008, 「비갈등적 북한 인권 개입」, 한국인권재단 주최 2008 제주인권회의 발표문 (제주, 6월).

〈단행본〉

박경서 · 이나미, 2010, 『WCC 창으로 본 70년대 한국 민주화 인식』, 파주: 지식산업사.

박흥순, 2012, 「유엔 개발권 논의 동향과 북한인권에의 시사점」, 북한인권연구센터 편, 『북한인권 이해의 새로운 지평』, 서울: 통일연구원.

샌드라 프리드먼 지음, 조효제 옮김, 2009, 『인권의 대전환: 인권 공화국을 위한 법과 국가의 역할』, 서울: 교양인.

서보혁, 2007, 『북한인권: 이론 · 실제 · 정책』, 파주: 한울.

_____, 2011, 『코리아 인권 ─ 북한 인권과 한반도 평화』, 서울: 책세상.

_____, 2012a, 「한반도 통일과 보편적 인권의 실현」, 지구촌 평화연구소편, 『통일 한반도를 향한 꿈 코리안 드림』, 서울: 지구촌 평화연구소.

_____, 2012b, 「국제 평화권의 논의와 북한인권」, 북한인권연구센터 편, 『북한인권 이해의 새로운 지평』. 서울: 통일연구원.

서보혁 편저, 2012, 『유럽의 평화와 헬싱키 프로세스』, 서울: 아카넷.

스탠리 코언 지음, 조효제 옮김, 2009, 『잔인한 국가, 외면하는 대중』, 파주: 창비.

윤덕민 · 김근식, 2011, 「북한 인권개선을 위한 합리적 접근: 사회통합적 시각」, 『사회통합 : 대화와 소통으로 가까워집니다』, 사회통합위원회편, 서울: 사회통합위원회.

한반도 평화포럼, 2012, 『잃어버린 5년, 다시 포용정책이다』, 서울: 삼인.

〈인터넷 자료〉

민주당 홈페이지 초기화면, www.minjoo.kr (검색일: 2014년 1월 16일).

〈해외논문〉

Bo-hyuk Suh, 2007, "Controversies over North Korean Human Rights in South Korean Society," *Asian Perspective* 31:2.

_____, 2012, "South Korea's Progressives and North Korean Human Rights," *Journal of Peace and Unification* 2:2.

〈해외 단행본〉

Bloed, Arie (ed.), 1993, *The Conference on Security and Co-operation on Europe: Analysis and Basic Documents 1972~1993*, Norwell: Kluwer Academic Publishers.

◤ 보편주의 통일론과 인권 · 민주주의 친화형 남북관계의 탐색

〈논문〉

강원식, 2004, 「남남갈등의 스펙트럼과 논점들: 현실론적 고찰」, 『統一政策硏究』 제13권 제1호, 통일연구원.

김정수, 2010, 「인도적 대북지원과 북한체제의 존속력에 미친 영향」, 『統一政策硏究』 제19권 1호, 통일연구원.

김정훈, 2002, 「세계화시대의 통일민족주의」, 『경제와 사회』 제55권, 한국산업사회학회.

김창근, 2010, 「다문화 시대의 '통일 민족주의'와 통일교육」, 『윤리연구』 제77호.

박명림, 1999, 「민주주의 그리고 평화와 통일: '민주적 평화'와 한국의 평화 · 통일」, 『세종 연구소 연구논문』 99-16, 세종연구소.

박종철, 1993, 「민족주의의 개념 및 한국 민족주의의 특성」, 『통일이념으로서 민족주의』 개원 2주년 기념 국내학술회의 발표논문집, 민족통일연구원(서울, 4월).

윤덕희, 1998, 「사회주의권 변화와 민족주의의 부활」, 『韓國政治學會報』 32집 2호, 한국정 치학회.

이경식, 2002, 「통일의 구체적 작동 메커니즘으로서의 민족주의」, 『한국시민윤리학회보』 제15집, 한국시민윤리학회.

이대훈, 2008, 「비갈등적 북한 인권 개입」, 한국인권재단 주최 2008 제주인권회의 발표문 (제주, 6월).

이원웅, 2012, 「북한인권개선: 정책자원과 접근전략」, 『신아세아』 제19권 1호, 신아시아연 구소.

장동진 · 황민혁, 2007, 「외국인노동자와 한국 민족주의: 자유주의적 민족주의를 통한 포용 가능성과 한계」, 『21세기정치학회보』 제17권 제3호, 21세기정치학회.

전재호, 2002, 「남북한 민족주의 비교 연구: '역사의 이용'을 중심으로」, 『한국과 국제정치』 18권 1호, 경남대학교 극동문제연구소.

_____, 1998, 「박정희 체제의 민족주의: 담론의 변화와 그 원인」, 『韓國政治學會報』 32권 4호, 한국정치학회.

진덕규, 1993, 「한국 민족주의의 미래구도: 통일을 위한 민족주의 이념의 정향」, 『統一硏 究論叢』 제2권 1호, 民族統一硏究院.

차승주, 2012, 「교과서에 나타난 통일담론에 대한 고찰: 민족주의를 중심으로」, 『윤리교육 연구』 제29집, 한국윤리교육학회.

〈단행본〉

경남대학교 극동문제연구소, 2004,『남남갈등 진단 및 해소방안』, 마산: 경남대학교출판부.

국가인권위원회, 2012,『2012~2016 국가인권정책기본계획 권고안』, 서울: 국가인권위원회.

김동춘, 2000,『근대의 그늘-한국의 근대성과 민족주의』, 서울: 당대.

김상배 · 이승주 · 배영자 공편, 2013,『중견국의 공공외교』, 서울: 사회평론.

김우상, 2012,『신한국책략Ⅲ: 대한민국 중견국 외교』, 서울: 세창출판사.

김찬규 · 이규창, 2009,『북한 국제법 연구』, 파주: 한국학술정보.

김형기, 2010,『남북관계 변천사』, 서울: 연세대학교 출판부.

박경미, 2012,『한국의 민주주의: 공고화를 넘어 심화로』, 서울: 오름.

박경서 · 서보혁 엮음, 2012,『헬싱키 프로세스와 동북아 안보협력』, 파주: 한국학술정보.

박기덕, 2006,『한국 민주주의의 이론과 실제: 민주화 · 공고화 · 안정화』, 파주: 한울.

박명규 · 이근관 · 전재성 외, 2012,『21세기 통일방안구상, 연성복합통일론』, 서울: 서울대학교 통일평화연구원.

박명규 · 김병로 · 송영훈 · 장용석 · 정은미, 2013,『2013 통일의식조사』, 서울: 서울대학교 통일평화연구원.

박인휘, 2013,「박근혜 정부의 신뢰 외교와 국제협력 방안」, 임강택 · 서보혁 · 이기동 · 조봉현 편,『한반도 신뢰의 길을 찾는다』, 서울: 선인.

서보혁, 2006,『국내외 북한인권 동향 평가와 인권개선 로드맵』, KINU 정책연구시리즈 2006-06, 서울: 통일연구원.

신기욱, 2006,『한국 민족주의의 계보와 정치』, 파주: 창비.

안지호 · 손기웅 · 김대경 · 베른하르트 젤리거, 2013,『서독의 대동독 인권정책』, 서울: 통일연구원.

이규창 · 김수암 · 이금순 · 조정현 · 한동호, 2013,『인도적 지원을 통한 북한 취약계층 인권증진 방안 연구』, 서울: 통일연구원.

임강택, 2013,『대북경제제재에 대한 북한의 반응과 대북정책에의 함의』, 서울: 통일연구원.

임혁백, 1997,「민주주의 공고화 연구서설」, 한배호 편,『한국의 민주화와 개혁』, 성남: 세종연구소.

조 민, 1994,『한국 민족주의 연구』, 서울: 민족통일연구원.

조정현 · 김수암 · 손기웅 · 이규창 · 이금순 · 임순희 · 한동호, 2013,『2013 북한인권백서』, 서울: 통일연구원.

조희연, 2009,『동원된 근대화』, 서울: 후마니타스.

통일교육원, 2013,『2013 통일문제 이해』, 서울: 통일교육원.

통일부, 2013, 『한반도 신뢰프로세스』, 서울: 통일부.

황병덕·박영호·임강택 외, 2013, 『한반도 통일공공외교 추진전략(II): 한국의 주변4국 통
　　　일공공외교의 실태 연구(총괄보고서)』, 서울: 통일연구원.

21세기 민족주의 포럼, 2010, 『21세기 민족주의: 재생의 담론』, 서울: 통일뉴스.

〈언론 및 정부자료〉

국제개발협력시민사회포럼, 2013, 「정부는 공적개발원조(ODA) 규모 증대 공약을 이행해야
　　　한다」, 12월 24일.

민주화를 위한 변호사 모임 등 163개 시민사회단체, 2014, 「유엔인권이사회 제2차 국가별
　　　인권상황정기검토(UPR) 권고에 따른 유엔인권권고 이행계획에 대한 시민사회 제
　　　언」, 1월 14일.

박근혜, 2013a, 「새로운 남북 관계를 위한 여정」, 12월 30일, 청와대 홈페이지
　　　www.president.go.kr (검색일: 2014년 3월 7일).

＿＿＿, 2013b, 「제68주년 광복절 경축사」, 8월 15일, 청와대 홈페이지 www.president.go.kr
　　　(검색일: 2014년 3월 7일).

백태웅, 「북한의 변화를 희구하며」, 『한겨레신문』, 2014년 3월 9일자.

『연합뉴스』, 2014년 3월 15일자.

〈북한자료〉

김정일, 1997, 「우리나라 사회주의는 주체사상을 구현한 우리식 사회주의이다 (1990년 2월
　　　27일)」, 『김정일 선집 10』, 평양: 조선로동당출판사.

〈해외논문〉

Chu, Yun-han, Larry Diamond, and Doh Chull Shin, 2001, "Holting Progress in Korea and
　　　Taiwan," *Journal of Democracy*, Vol. 12, No. 1.

Guillen, Mauro, 2001, "Is Globalization Civilizing, Destructive or Feeble? A Critique of Five
　　　Key Debates in the Social Science Literature," *Annual Review of Sociology*, No. 27.

Gutto, Shadrack, 2002, "Current concepts, core principles, dimensions, processes and
　　　institutions of democracy and the inter-relationship between democracy and modern
　　　human rights," A paper presented to the seminar on the Interdependence between
　　　Democracy and Human Rights held by Office of the High Commissioner for Human

Rights, Geneva, 25-26 November.

Sekaggya, Margaret, 2013, "Report of the Special Rapporteur on the situation of human rights defenders- Mission to the Republic of Korea," The United Nations Human Rights Council, Geneva, 23 December.

Smith, Hazel, 2000, "Bad, Mad, Sad or Rational Actor? Why the 'Securitization' Paradigm Makes for Poor Policy Analysis of North Korea," *International Affairs* 76:3.

〈해외단행본〉

Kim, Samuel (ed.), 2000, *Korea's Globalization*, New York: Cambridge University Press.

Linz, Juan J. and Alfred Stepan, 1996, *Problems of Democratic Transition and Consolidation: Southern Europe, South America, and Post-Communist Europe*, Baltimore: Johns Hopkins University Press.

Motyl, Alexander (ed.), 2001, *Encyclopedia of Nationalism 1*, San Diego: Academic Press.

Przeworski, Adam, 1991, *Democracy and the Market: Political and Economic Reforms in Eastern Europe and Latin America*, Cambridge: Cambridge University Press.

Smith, Anthony, 1991, *National Identity*, Reno NV: University of Nevada Press.

Tetsunori, Koizumi, 1993, *Interdependence and Change in the Global System*, University Press of America.

The Economist Intelligence Unit, 2013, *Democracy index 2012: Democracy at a standstill*, London.

UNHCHR, 2013, *Directory of Special Procedures Mandate Holders*, Geneva.

Weiss, Linda, 1998, *The Myth of the Powerless State*, New York: Cornell University Press.

Whitehead, Laurence, 1989, "The Consolidation of Fragile Democracies: A Discussion with Illustrations," In Robert A. Pastor (ed.), *Democracy in the Americas: Stopping the Pendulum*, New York: Holmes and Meier.

〈해외 인터넷자료〉

Freedom House, 2014, "Freedom in the World 2014." http://www.freedomhouse.org/report/freedom-world/freedom-world-2014#.Ux6pCj-SzJU (검색일: 2014년 3월 11일).

■ 북한의 민주주의론: 내재적 접근법에 기초하여

〈논문〉

강정인, 1994, 「북한연구 방법에 대한 새로운 제언」, 『역사비평』 통권 26호, 역사문제연구소.

송두율, 1988, 「북한사회를 어떻게 바라볼 것인가」, 『사회와 사상』, 한길사.

_____, 1995, 「북한연구에서의 '내재적 방법' 재론」, 『역사비평』 통권 28호, 역사문제연구소.

황재준, 1998, 「북한의 '현지지도' 연구」, 서강대학교 공공정책대학원 석사학위 논문.

〈단행본〉

강정구, 1990, 「연구방법론: 우리의 반쪽인 북한사회를 어떻게 이해하고 설명해야 할까?」 『북한의 사회』, 서울: 을유문화사.

경남대학교 극동문제연구소, 1991, 『북한자료집 김정일 저작선』, 마산: 경남대학교 출판부.

김정일, 1991a, 「인민대중 중심의 우리식 사회주의는 필승불패이다(1991)」, 경남대학교 극동문제연구소, 『북한자료집 김정일 저작선』, 마산: 경남대학교 출판부.

_____, 1991b, 「주체사상교양에서 제기되는 몇 가지 문제에 대하여(1986)」, 경남대학교 극동문제연구소, 『북한자료집 김정일 저작선』, 마산: 경남대학교 출판부.

_____, 1993, 「사회주의 건설의 력사적 경험과 우리당의 총로선(1992)」, 통일원 편, 『김정일 주요 논문집』, 서울: 통일원.

박주원, 1992, 「맑스의 민주주의론」, 손호철 편저, 『현대 민주주의론 1』, 서울: 창작과 비평사.

사회과학출판사, 1985/1989a, 『주체사상의 사회역사원리』, 서울: 백산서당.

_____, 1985/1989b, 『영도예술』, 서울: 지평.

송두율, 1995, 『역사는 끝났는가』, 서울: 당대.

이종석, 2000, 『새로 쓴 현대 북한의 이해』, 서울: 역사비평사.

F. 엥겔스 지음, 김대웅 옮김, 1987, 『가족, 사유재산, 국가의 기원』, 서울: 아침.

F. 엥겔스 지음, 김민석 옮김, 1987, 『반듀링론』, 서울: 새길.

F. 엥겔스 지음, 양재혁 옮김, 1989, 『포이에르바하와 독일고전철학의 종말』, 서울: 돌베개.

F. 엥겔스 지음, 1995, 「엥겔스가 라이프치히의 아우구스트 베벨에게」, 김세균 감수, 『마르크스 엥겔스 선집 5』, 서울: 박종철출판사.

V. I. 레닌, 김영철 옮김, 1988, 『국가와 혁명』, 서울: 논장.

〈북한 단행본〉

사회과학원 철학연구소, 1985, 『철학사전』, 평양: 사회과학원.

사회과학출판사, 1973, 『정치사전』, 평양: 사회과학출판사.

〈언론자료〉

김정일, 1997, 「지금 식량 때문에 무정부 상태가 되고 있다(김일성대 창립 50돌 기념 김
　　　정일 연설문)」, 『월간 조선』 1997년 4월호.

〈해외 단행본〉

森宏 一 編輯, 1978, 『哲學辭典』, 東京: 靑木書店.

Marx, Karl & Engels, Friedrich, 1975, *MEW 3,5,6,10*, Moscow: Progress Publishers.

논 문 출 처

제1부 남북관계: 이론

■ 시선과 경쟁: 남북관계, 시선의 정치학
☞ 남북관계와 바라봄의 정치: 시선의 정치와 정당성 경쟁
  (정영철, 2012, 구갑우 · 서보혁 편집, 『남북한관계와 국제정치이론』, 서울: 논형, 47~80)

■ 한반도에서 평화와 통일의 변증법적 통합
☞ 한반도의 평화와 통일: 이론의 긴장과 현실의 통합
  (정영철, 2010, 『北韓研究學會報』 14권 2호, 북한연구학회, 189~214)

■ '적대적 상호 의존관계론' 비판
  : 1972년 남한 유신헌법과 북한 사회주의헌법 제정을 중심으로
☞ 남북한 '적대적 의존관계론'에 대한 비판적 연구: 1972년 유신헌법과 북한 사회주의헌
  법 제정을 중심으로
  (손호철 · 방인혁, 2012, 『한국과 국제정치』 제28권 제2호, 경남대학교 극동문제연구소, 1~28)

제2부 남북관계: 역사

■ 유신체제 수립을 보는 북한과 미국의 시각과 대응
☞ 유신체제 수립을 보는 북한과 미국의 시각과 대응
  (신종대, 2012, 『亞細亞研究』 제55권 3호, 高麗大學校 亞細亞問題研究所, 183~236)

■ 서울올림픽과 남북관계
☞ 서울의 환호, 평양의 좌절과 대처: 서울올림픽과 남북관계
  (신종대, 2013, 『東西研究』 제25권 3호, 연세대학교 동서문제연구원, 71~110)

■ 민주화 이후 보수정부의 대북정책 연구: 노태우, 김영삼, 이명박 정부
☞ 민주화 이후 '보수' 정부의 대북정책 연구: 노태우, 김영삼, 이명박 정부를 중심으로
　　(전재호, 2013, 『신아세아』 제20권 2호, 신아시아연구소, 88~116)

■ 민주화 이후 진보정부의 대북정책 연구: 김대중, 노무현 정부
☞ 김대중・노무현 정부의 대북정책과 국내정치: 문제는 '밖'이 아니라 '안'이다
　　(신종대, 2013, 『한국과 국제정치』 제29권 2호, 경남대학교 극동문제연구소, 1~35)

■ 김일성 시대 북한의 대남인식 변화 연구
☞ 김일성 시대 북한의 대남인식 변화 연구
　　(방인혁, 2012, 『현대정치연구』 5권 2호, 서강대학교 현대정치연구소, 165~193)

■ 김정일 시대 북한의 대남인식 변화 연구
☞ 김정일 시대의 대남인식과 대남정책
　　(정영철, 2012, 『현대정치연구』 5권 2호, 서강대학교 현대정치연구소, 195~226)

제3부 남북관계: 전망

■ 북한인권 논의 성찰과 코리아 인권
☞ 북한인권 논의 성찰과 코리아인권
　　(서보혁, 2014, 「진보진영은 북한인권문제를 어떻게 다룰 것인가?」, 『창작과 비평』 제
　　42권 제1호, 창작과 비평사, 36~52)

■ 보편주의 통일론과 인권・민주주의 친화형 남북관계의 탐색
☞ 보편주의 통일론과 인권・민주주의 친화형 남북관계의 탐색
　　(서보혁, 2014, 『世界地域研究論叢』 32권 1호, 한국세계지역학회, 게재예정)

■ 북한의 민주주의론: 내재적 접근법에 기초하여
☞ 내재적 접근법에 기초한 북한의 민주주의론 연구
　　(방인혁・손호철, 2013, 『민주주의와 인권』 제13권 2호, 전남대학교 5・18연구소, 204~236)

찾 아 보 기

【ㄱ】

갓끈론 50

강대국의 술책 131

강요된 시선 33, 34

거울영상효과 93

고려민주연방공화국 66, 283, 295, 296,
   300, 309

고르바초프 175, 193, 195, 198, 215

괌 독트린 104, 105

광명성 3호 235

구조 내 자율성(autonomy within structure)
   273

구조의 자율성(autonomy of sturucture) 273

구조적 폭력 62, 78

국가 중심적 시각 207, 210, 222, 225

국가 지식(state knowledge) 59

국가민족주의 통일론 360

국가주의 통일론 360

국제통화기금(IMF: International Monetary
   Fund) 108, 247

그랜드 바겐 231

기든스(A. Giddens) 358

김구 41

김규식 41

김대중 55, 151, 209, 230, 248, 255

김영삼 209, 222

김정은 235

김종필 131, 143

김창봉 110

【ㄴ】

남남갈등 209, 237, 245, 247, 250, 252, 341

남방삼각동맹 280, 301

남북기본합의서 55, 85, 113, 203, 210,
   212, 340

남북체육회담 166, 167, 168, 178, 179, 180

남조선지역혁명론 283, 289, 290, 291, 292,
   296

낮은 단계의 연방제 297, 301, 303, 309

내재적 접근법 387

냉전의 시선 52, 53, 56, 57, 59, 309

노무현 56, 209, 245, 255

노태우 54, 163, 187, 191, 209, 215

【ㄷ~ㄹ】

당－국가체제(party-state system) 383

대쌍관계 동학 94

동정의 시선 57
등소평 176
리효순 109

【ㅁ】

민족 중심적 시각 207, 211, 222
민족공동체 통일방안 223, 363, 365
민족대단결 5대 방침 311
민족주의 통일론 357
민주기지론 283, 285, 286, 292, 296, 309

【ㅂ】

박금철 109
박정희 46, 52, 64, 125, 147, 161
발전의 시선 48
보편정례검토(UPR) 376
보편주의 통일론 366
부르조아민주주의 396
부흥계획 232
북방삼각동맹 280, 301
북방정책 330
북진통일 63
북한변화론 251
북한불변론 251
북한인권문제 339, 343, 345, 347
북한인권법 340
분단체제론 93
브란트(W. Brandt) 381
비핵·개방·3000 226, 228, 231, 236, 237, 331

빌 클린턴 230

【ㅅ】

사마란치(Juan Antonio Samaranch) 163, 167, 183, 187, 189
사회정치적 생명체 402
상징적 수령 411
상하이 코뮤니케 104
서울올림픽 157, 158, 164, 167, 168, 183, 185, 188, 191, 193, 204, 216
서해평화협력특별지구 259
선건설 후통일 64
세계올림픽연합회(ANOC: Association of National Olympic Cammittees) 176
세계인권선언 374
세계청년학생축전 178, 204
셰바르드나제(Eduard A. Shevardnadze) 168, 174, 198, 214
소극적 평화 84
슈미트(Shumidt) 58
시선의 정치 31, 32, 59
신사회운동 75

【ㅇ】

야코블레프(Aleksander N. Yakovlev) 169, 172, 193, 196
여운형 41
연평도 포격 사건 233
오버도퍼(Don Oberdorfer) 143
유엔 인권위원회 340

이명박 56, 209, 225, 237

【ㅈ】

적극적 평화 80, 84
적대적 의존관계 94, 95, 96, 108
전두환 162, 298
전민족대단결 10대 강령 311
제2이미지 역전이론 248
조국 근대화 46
조국통일 3대헌장 323
조국통일 3원칙 103

【ㅊ~ㅋ】

천안함 사건 232
코리아 인권 354
콜(H. Kohl) 381

【ㅌ~ㅍ】

통일 민족주의 359
통일주체국민회의 128, 136
통일혁명당 292, 295, 299, 302
프롤레타리아 민주주의 398

【ㅎ】

하이브리드 통일론 362
한민족공동체 통일방안 211, 223, 363
한반도 비핵화 공동선언 203, 213, 221
한반도 신뢰 프로세스 364, 378

한반도 신평화구상 231
햇볕정책 62, 75, 257, 318, 320
허봉학 110
호네커(Erich Honecker) 168

【기타】

10·26 사건 151, 161
10·4 선언 72, 85, 314, 321, 328, 330
12·1 조치 229
2·13 합의 325
2가지 방도와 6가지 전도 63
3대혁명역량강화론 283, 290, 295, 309
5·24 조치 233
6·15 공동선언 69, 70, 80, 86, 248, 255,
    257, 314, 327, 330
6·23 선언 210
7·4 남북공동성명 66, 97, 99, 103, 106,
    109, 130, 214, 363, 365
7·7 선언 191, 192, 200, 210, 243
8·4 노작 310, 316, 318
9·19 공동성명 235, 325
KEDO(한반도에너지개발기구) 221

저 자 소 개

정영철
- 서울대 사회학 박사
- 서강대 공공정책대학원 교수
- 『김정일 리더십 연구』(2005), 「북한에서의 국가와 시장 그리고 사회의 발견」(2014) 등 다수

손호철
- 텍사스대학교 오스틴캠퍼스 대학원 정치학 박사
- 서강대 정치외교학과 교수
- 『현대 한국정치: 이론, 역사, 현실 1945~2011』(2011), 『한국정치학의 새구상』(1991) 등 다수

신종대
- 서강대 정치학 박사
- 북한대학원대학교 교수
- 『남북한관계론』(2005), 「5·16쿠데타에 대한 북한의 인식과 대응: 남한의 정치변동과 북한의 국내정치」(2010) 등 다수

전재호
- 서강대 정치학 박사
- 서강대 SSK 연구팀 전임연구원
- 『반동적 근대주의자 박정희』(2000), 「한국 근현대사 교과서를 둘러싼 역사인식 갈등 연구: 한국민족주의의 균열을 중심으로」(2010) 등 다수

서보혁
- 한국외국어대 정치학 박사
- 서울대 통일평화연구원 HK연구교수
- 『인간안보와 남북한 협력』(2013), 『코리아 인권』(2011) 등 다수

故 방인혁
- 서강대학교 정치학 박사
- 『한국의 변혁운동과 사상논쟁: 마르크시즘, 주체사상, NL, PD 그리고 뉴라이트까지』(2009), 「진보사상의 교조적 수용에 대한 비판적 연구－1920년대 일본과 1980년대 중반 한국에서의 마르크스주의수용과정 비교를 중심으로」(2013) 등 다수